赖洪林 编

拓荒牛

刘善群先生作品选及评论（二）

海峡出版发行集团 | 海峡文艺出版社

图书在版编目(CIP)数据

拓荒牛：刘善群先生作品选及评论.二/赖洪林编.—福州：海峡文艺出版社,2022.9
ISBN 978-7-5550-3031-7

Ⅰ.①拓… Ⅱ.①赖… Ⅲ.①客家人－民族文化－中国－文集 Ⅳ.①K281.1-53

中国版本图书馆CIP数据核字(2022)第106194号

拓荒牛
——刘善群先生作品选及评论(二)

赖洪林　编

出 版 人	林滨
责任编辑	莫茜
出版发行	海峡文艺出版社
经　　销	福建新华发行(集团)有限责任公司
社　　址	福州市东水路76号14层
发 行 部	0591－87536797
印　　刷	福州力人彩印有限公司
厂　　址	福州市晋安区新店镇健康村西庄580号9栋
开　　本	787毫米×1092毫米　1/16
字　　数	440千字
印　　张	20.25　　　　　　　　　插页　6
版　　次	2022年9月第1版
印　　次	2022年9月第1次印刷
书　　号	ISBN 978-7-5550-3031-7
定　　价	95.00元

如发现印装质量问题,请寄承印厂调换

"光荣在党50年"授章仪式留影

聘 请 书

兹聘请 刘善群 同志为福建省文史研究馆馆员。

此聘

福建省人民政府省长 于伟国

二〇一七年六月

闽政办函 [2017] 34号

福建省文史研究馆馆员聘书

刘善群先生客家学术研究30周年成果研讨会留影　2017.8.5

荣誉证书

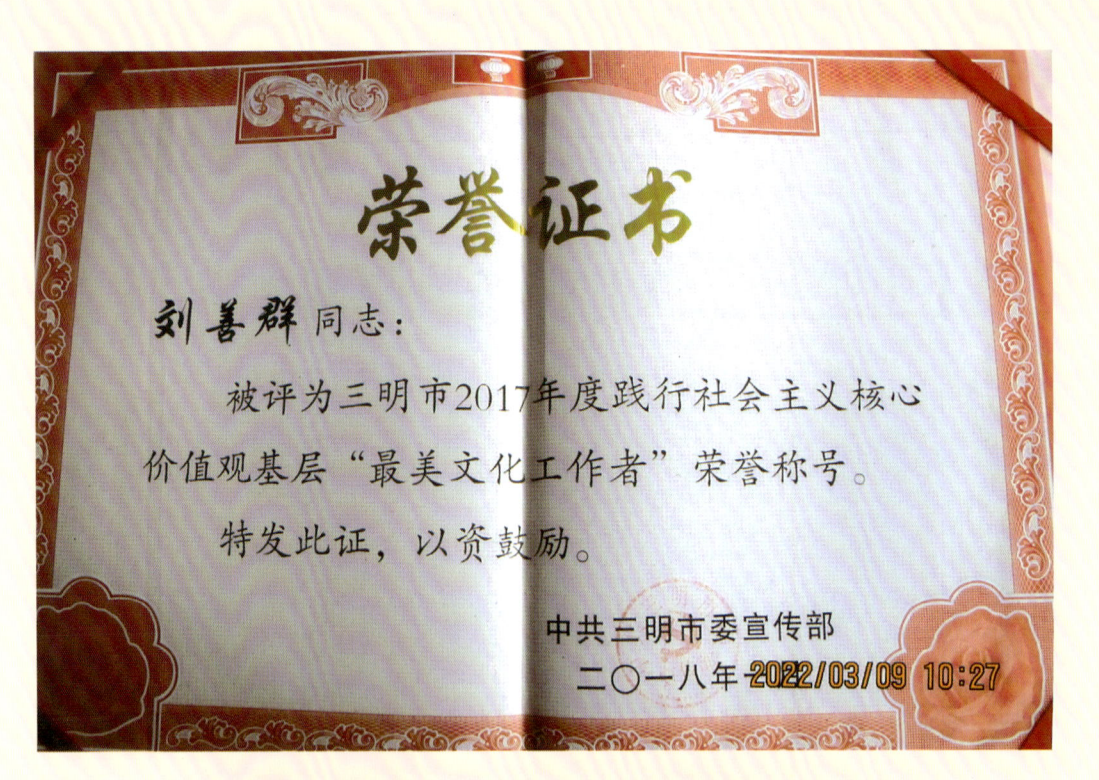

刘善群 同志：

被评为三明市2017年度践行社会主义核心价值观基层"最美文化工作者"荣誉称号。

特发此证，以资鼓励。

中共三明市委宣传部

二〇一八年

刘善群部分专著

大型客家文化题材电视连续剧《大南迁》开机仪式

刘善群在客家学术研讨会上发言

厚德传家

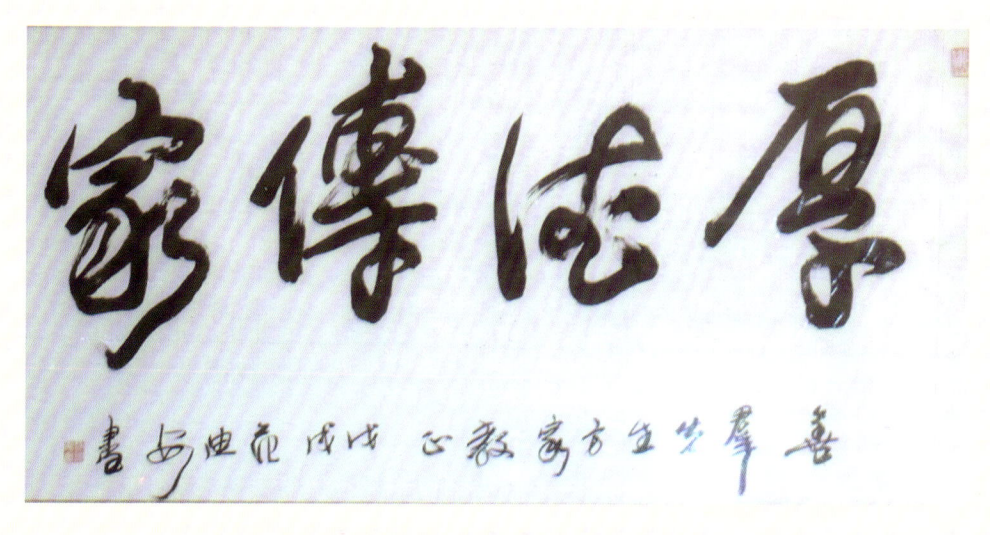

中国美术家协会主席范迪安书赠

石室蘭臺苦探尋薰
從田野證原形等身
著述生花筆祖地長
留一世名

賀善群長者研究客家三十年慶
李升寶、李啟宇詩賀
丁酉夏月三丁書屋主人書

挚友李启宇、李升宝诗赠

千古文章经纬史
一生风雨拓荒牛

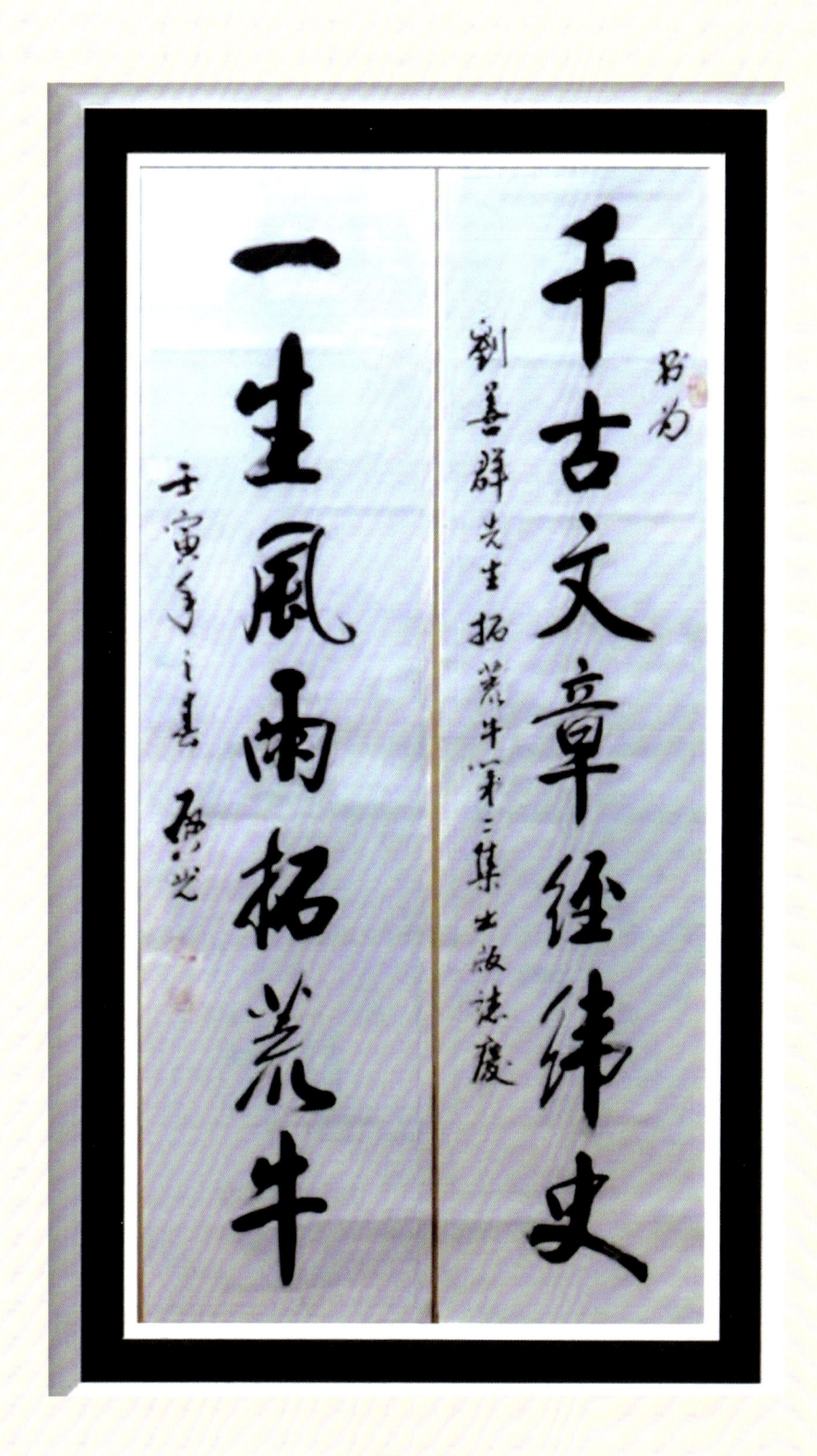

挚友谢起光赠联

天以高遠納萬物
人憑寬厚超自然

壬寅春 善章 書

前 言

赖洪林

拓荒牛，吃苦耐劳，肯干实干，不空谈，重行动。拓荒牛精神代表开拓勤勉精神。用拓荒牛来评价刘善群先生对客家事业和客家研究的贡献再合适不过了。

1984年，刘善群发表《略从姓氏流迁话石壁》论文，迈出了宁化人写宁化客家史的第一步。

1987年，刘善群编印《客家第二祖籍——宁化石壁》，引起震动，成为宁化客家研究的"拓荒之书"。

1991年10月，刘善群在新加坡崇文出版社出版的《客家渊源》中发表文章《客家人与宁化石壁》，成为宁化人在国外发表客家研究文章第一人。

1984—1992年，刘善群主编《宁化县志》，首次对宁化客家史做定位。其对客家史的注意和重视及其研究成果，走在福建、江西客家县的前面。

1992年，刘善群参加香港国际客家学研讨会和香港崇正总会71周年会庆，并提交了《关于客家民系形成的中心地域探讨》。在该文中，他提出"以石壁为中心的闽赣地区是客家民系形成的中心地域"，成为后来学术界开展"客家摇篮"和"客家祖地"大讨论的先声。

1995年，应福建省社科院客家研究中心主任谢重光教授的邀请，刘善群出版了第一部个人论著《客家礼俗》，书中对客家学研究成果的阐述引起学界的重视，特别是客家大本营内文化小区划分等开拓性见解，得到社会的认可和好评。

2000年，在第六届国际客家学研讨会上发表《试探客家民系形成的阶段性》，他指出客家形成史的"三时期四区域"理论。

2007年，刘善群出版了第二部个人论著《客家与石壁史论》，是第一部面世的论述客家与石壁的历史关系的学术著作。该书获三明市第四届社会客家优秀成果一等奖。

在跨入八十高龄门槛之时，花了两年多时间编写《宁化史稿》，成为三明地区一县编写史书的拓荒之作。

刘善群的客家研究成果为宁化客家祖地地位的确立、客家祖地品牌的打响提供了有力的学术支持，推动宁化祖地社会发展。

1990年12月，刘善群经过深思熟虑，以个人名义向县委、县政府提出《开放客家祖地的设想和建议》。正是这一建议，拉开了宁化打造客家祖地第一世界品牌的帷幕。

为扩大客家研究和宁化石壁祖地的影响力，刘善群创作出版了28集电视小说《葛藤凹》。后被改编成电视连续剧《大南迁》，成为首部反映客家先民大南迁，客家孕育时期历史文化风貌题材的电视连续剧的开荒之作。

在他的倡议下，宁化连续举办了3届石壁与客家世界学术研讨会和9届石壁客家论坛，包括合办第七届海峡两岸客家高峰论坛，邀请全国和海外专家来宁化共同研讨，赢得了大批知名学者和专家对宁化客家祖地的认可。

我很喜欢刘善群先生的这句话："人的欲望，往往是被压出来的。生存的欲望、理想的欲望，这也是一种追求。人生的追求，逼迫你去努力，不能懈怠，久而久之，便成为自觉。"也许是这种"自觉"的品性，促使他从"拓荒牛"变成"深耕牛"。刘善群先生从事客家研究、投身客家事业30多年，著述等身，建树非凡，个人著述以及主编、合编的书籍、刊物已达千万余字。他是宁化客家研究的拓荒者和领军人，是宁化客家事业的首倡者与推动者。刘善群先生还以他模范的工作、高尚的情操、无私的奉献，在宁化人民心中树立起了一座无形而高大的丰碑，在他身上所体现的客家人的宝贵精神，也是永远值得我们很好学习与传承的。

为传承和发扬刘善群先生的拓荒牛精神，展现他"立德、立功、立言"这"三不朽"的人生追求，2016年7月，吴来林主编《拓荒牛》第一部，收录评论21篇，文选34篇，影像50多幅。时隔六年，本人有幸参与汇编《拓荒牛》第二部，以资后学传承和勉励，本书共收录综述3篇，论文8篇，建言9篇，评论31篇，影像14幅。由于编撰时间仓促，水平有限，疏漏不足之处在所难免，敬请读者谅解。

目 录

综 述

凝聚众智　开拓前行
　　——宁化客家学术研究30年回顾 …………………………………（ 3 ）
从事客家学研究30余年来的心得体会 ……………………………………（ 35 ）
"石壁研究"述略 …………………………………………………………（ 40 ）

论 文

宁化文脉探讨 ……………………………………………………………（ 53 ）
石壁客家祖地的实证 ……………………………………………………（ 109 ）
宁化祖训文化精神的渊源与践行 ………………………………………（ 146 ）
坚持客家祖地文化自信 …………………………………………………（ 153 ）
石壁客家祖地独特性的研究 ……………………………………………（ 167 ）
汀州客家历史不容歪曲 …………………………………………………（ 176 ）
守护客家魂
　　——探讨客家文化生态保护的深层面 ……………………………（ 182 ）
客家孝道浅议 ……………………………………………………………（ 189 ）

建 言

开发客家祖地的设想和建议 ……………………………………………（ 199 ）

1

关于加速客家祖地开发促进旅游业发展的意见 …………………………………（203）
关于打造"中国石壁客家祭祖大典"品牌的设想和建议 ……………………（207）
建造客家历史文化名县的建言 …………………………………………………（211）
关于在石壁建造海西客家历史文化主题公园的建议 …………………………（217）
打造文化品牌　做好文化产业
　　——关于做好客家祖地文化产业的思考 ……………………………………（220）
关于建设"石壁世界客属祭祖祈福圣地"的建议 ……………………………（226）
突出乡愁建新村　发展特色乡村游 ……………………………………………（231）
进一步贯彻习近平总书记重要指示，推动宁化客家事业大繁荣大发展 ……（236）

评　论

拓荒客学　薪传文化
　　——著名客家文化研究专家和拓荒者刘善群先生 …………………林华光（243）
刘善群先生客家学术研究30周年成果简介 ………………………………张启城（253）
刘善群先生客家学术研究30周年成果研讨会致辞 ………………………李平生（256）
刘善群先生的客家文化研究成果为三明"打客家牌"提供了有利条件
　　——在刘善群先生客家学术研究30年成果研讨会上的讲话 …………刘振郁（258）
在刘善群先生客家学术研究30周年成果研讨会上的总结讲话 …………郑丽萍（260）
刘善群30年客家事业述评 …………………………………………………廖开顺（262）
我的三重致敬 ………………………………………………………………谭元亨（270）
刘善群：客家祖地研究与建设第一人 ……………………………………周建新（272）
刘老：客家学界的标杆人物（摘录） ……………………………………宋德剑（275）
新时期客家人的楷模
　　——刘善群先生从事客家研究30年有感（摘录） ……………………杨海中（277）
情系桑梓，紧扣时代脉搏，力推客家祖地建设
　　——记刘善群先生从事客家研究30周年（摘录） ……………………邹春生（280）
刘善群与客家祖地研究（摘录） ……………………………周云水　江劲松（282）
在宁化做客家田野调查
　　——刘善群先生从事客家研究30周年有感（摘录） …………………杨彦杰（284）
贺诗一首 ……………………………………………………………………李启宇（286）
向刘先生学习，深入耕耘一片土地（摘录） ……………………………张佑周（287）
宁化客家文化事业刘老现象与精神弘扬（摘录） ………………………俞如先（288）

论刘善群在客家文化传承中的作用（摘录） …………………… 涂大杭（289）
永不凋谢的葛藤花
　　——我与刘善群先生的平淡情谊（摘录） ………………… 蔡登秋（291）
三明客家研究的一面旗帜（摘录） ………………………………… 郑树钰（292）
客家研究的领军人物，闪耀志坛的一颗星光（摘录） …………… 李升宝（294）
先行者与拓荒牛（摘录） …………………………………………… 廖允武（295）
老骥伏枥　笔耕不辍
　　——我心目中的客家研究专家刘善群先生（摘录） ………… 陶　谦（296）
我们的良师益友刘善群先生（摘录） ……………………………… 谢起光（298）
不懈耕耘、不懈探索、不懈追求，抒写精彩"三立"人生（摘录） …… 刘根发（299）
刘老："三立"人生树榜样（摘录） ………………………………… 朱建华（301）
感谢　敬佩　鞭策（摘录） ………………………………………… 张万福（302）
给宁化子弟带来客家文化自信（摘录） …………………………… 俞祥波（303）
进取意识　智者心态　家国情怀（摘录） ………………………… 戴长柏（305）
学习刘善群先生的治学之德（摘录） ……………………………… 戴先良（306）
感谢　感恩　祝福（摘录） ………………………………………… 刘　恒（307）
创会元勋　同仁楷模 ………………………………………………… 吴来林（308）

综述

凝聚众智　开拓前行

——宁化客家学术研究 30 年回顾

  1991 年宁化县客家研究会成立时，提出"从史学和社会人文科学的角度，研究客家的历史和现状，研究宁化及石壁在客家史中的作用和地位，研究石壁的地理、语言、民俗、文化、经济、科技和著名人物等方面的问题。通过研究和宣传，丰富客家史的宝库，为弘扬中华民族的优秀文化，为促进祖国的统一大业作出贡献"的宗旨。宁化自 20 世纪 80 年代后期启动客家学研究，迄今已 30 余年。

  1998 年 2 月 15 日，时任中共福建省委副书记习近平莅临宁化调研后，指示：宁化客家祖地源远流长，要把它作为一篇大文章来做，做好了，对全县两个文明建设有很大的促进作用。一是要做好客家统战文章，做好台、侨、港、澳工作；二是要研究客家文化，树立石壁客家祖地的权威性；三是要做好客家民俗、节庆、服饰、礼仪、待客、姓氏源考等资料的收集整理工作；四是要开展客家旅游活动；五是要利用客家人士的牵线搭桥作用，推动经贸发展。（叶志坚主编《激活传统文化资源的宁化探索》，中共中央党校出版社 2019 年版，第 6 页）

  习近平同志对石壁客家祖地的充分肯定，对宁化客家工作的重要指示，给宁化以莫大鼓舞和鞭策，给宁化指明了工作方向，宁化县委、县政府认真学习，深刻领会，对宁化客家祖地文化、客家工作更加明确、更加自信、更加努力，使宁化客家工作、学术研究，文化平台建设迅速发展，取得历史性的成就，得到海内外客家人士和学者的高度赞赏和肯定。

  就学术研究，宁化县客家研究会、宁化石壁客家宗亲联谊会及其成员，长期以来，以小学生的姿态，认真求学，真诚与境内外客家组织、学术组织及学者广泛联谊、交流、合作，获得各方面的广泛有力支持和协作。数十年来，通过不懈努力，深入调查，综合研究，务实求真，大胆开拓，把握正道，推动学术研究不断发展。1987 年迄今，编著书刊 116 种，近 3000 万字，印刷出版 20 余万册。在学术活动中，举办学术会议 12 次，参加学术会议人数 470 余人，人次达 874，投稿者达 1200 余人（次），出版论文集

11部，论文729篇，813万字。这些是学术成果的汇集，其内容突出地表现在客家源流、客家身份、客家形成史、宁化及石壁在客家史中的作用和地位、客家文化及其传承、转化、发展，在客家文化促进中国社会现代化、为海峡两岸的客家渊源和合作，客家文化弘扬与爱国主义教育等各方面取得丰硕成果。

宁化对客家研究长期坚持并取得骄人的成就，所以，得到学界的高度评价："在当代大陆的客家研究的热潮中，宁化石壁起着前沿阵地的作用，筑了县级客家研究的时代里程碑。"[①] "在学术研究上，孜孜以求，绵绵用力，久久为功，在累计编辑出版客家文化研究文献资料、宣传书刊近百种的基础上，业已形成客家学石壁学派，这在国内县一级客家研究中首屈一指。"[②]

30年来，宁化的客家研究成果，是客家学的重要构成，为客家学建构作出重要贡献。而这一成就和贡献是在中共宁化县委、县政府直接领导和支持下，宁化学人和参与宁化客家研究的全体学人共同努力的结果。

下面分三部分阐述。

一、宁化客家学术研究的路径

宁化客家学术研究，虽然不是风平浪静，但还是坚持下来，并取得令人瞩目的成就，30年来的发展状况和研究脉络，概括起来就是"二步四转变"，"二步"即"起步—进步（发展）"两个阶段，实行四个转变。其转变的节点，大体在21世纪开始。

起步阶段自20世纪80年代后期至2000年。在这个阶段内，起动了调查、研究活动；搭建文化平台；进行舆论宣传，做了一些在客家区内开创性的工作：学术活动57次，其中接待海内外学者来宁调研49批次；成立了首个县级学术组织——宁化县客家研究会（1991年）；编辑出版首个县级客家学术刊物——《宁化客家研究》（1991年5月）；首创客家民俗文化节（1992年11月）；兴建首座客家人唯一的总家庙——客家公祠（1995年）；编辑出版首部县域文化丛书——《客家祖地石壁丛书》，此丛书被称为"首见的客家学术大事"。

在此期间，自国家级至地方媒体前来采访者50余家200多批次。他们向国内外发表了大量宁化信息，于是宁化石壁在世人面前撩开了神秘的面纱。使处于偏远山区的宁化及石壁名声传到了客家世界，国内各级党政关注了，海内外客家人士和学人关注和认识了。宁化客家学研究和客家事业取得了阶段性的成功。

[①] 冯秀珍《略论宁化石壁在世界客家的独特地位》，载《石壁与客家世界》，山西人民出版社2009年版，第51页。

[②] 戎章榕《新时代客家文化的转化与发展之思考》，载《第七届石壁客家论坛论文集》，2019年，第37页。

进入21世纪后，宁化的客家事业加强了党政领导。2007年，以县委书记为组长、县长为第一副组长的"宁化客家工作领导小组"成立。2009年，"宁化县客家工作办公室""宁化县客家研究中心"成立。此二单位都是由三明市编委批准，纳入政府编制。第四届宁化石壁客家宗亲联谊会由现职政协主席任会长，县委常委、统战部部长任常务副会长，副会长由县人大、政府、政协副职领导兼任。领导力量的加强，使客家工作有了长足发展，如客家文化平台建设大规模发展。期内新建、扩建以客家公祠为轴心的客家祖地文化园、世界客家文化交流中心、宁化长征出发纪念馆、客家美食城等，共计占地面积651亩、投资20余亿元。学术活动大量增加，30年共办学术会议12次，收到论文1000余篇，入选729篇，出版论文集11部。其中2001年后共9次，入选稿件615篇，作者来自18个省市区，出版论文集9部。

综观30年的客家学术研究路径，三明学院客家研究所所长蔡登秋教授在《论石壁客家祖地理念的形成历程》提出：萌发期、确认期、固化期的进程路径。（《第八届石壁客家论坛论文集》）刘善群在《历程——宁化客家工作20年回眸》中，则以"历史呼唤、闪亮开局、着力推进、新的跨越"概括20年进程。

本文从30年的学术研究进程梳理，可以概括为"二步"的过程，具体体现在"四个转变"上，即：被动性向主动性转变；微观向宏观转变；表层向深厚转变；专注历史文化研究向兼容时政服务研究转变。

（一）被动性向主动性转变

宁化客家学术研究，最初是为现实需要服务为目的的。如80年代后期，编修宁化县志需要认知宁化的客家史，于是调查研究宁化在客家史上的角色，通过调查研究，得出宁化县是客家摇篮和祖地的定位。随着"客家热"的掀起，90年代初，宁化县委提出"打客家牌"的战略方针。为此，为给县委、县政府提供可行性理论的实践方略支持，而更进一步地进行客家源流、客家文化、宁化史与客家史的密切关系，把研究成果既告知宁化也告知世界，一方面给当地以文化自信和鸣锣开道有力支持，使宁化县客家事业顺利进行，并得以抢得先机、抢占文化制高点。由此，引起了国家和地方党政领导的关注、重视和支持，促成了石壁客家公祠的兴建，促成了"以血缘寻根、文化寻根为主旨"的新客家运动的掀起，促成了"福建省首届客家文化旅游节"在宁化石壁举行，使宁化和石壁走出国门，走向世界，在世界客家舞台上闪亮登场。

进入21世纪后，通过前10余年的学术研究，和两届"宁化石壁与客家世界"学术研讨会，宁化和石壁在客家历史上的作用基本定位，取得广泛学者和客家人士的共识和支持。对客家历史石壁地理的二元性，基本得到认定，之后就基本没有再讨论。对"石壁客家摇篮"的定位，广东省方志办副主任、研究员侯国隆在2000年学术研讨会上，发表《石壁是客家摇篮》之后，少有再论"石壁客家摇篮"的文章。三明学院蔡登秋教授在《使石壁客家祖地理念的形成历程》中说："无论是客家先民的中转站、客家摇篮，还是客家祖地，到了20世纪90年代初，这一客家民系形成的特殊地域在客家界有识之士的心中已逐渐形成统一观念。"法国远东学院博士生导师劳格文教授2003年在《论石壁·序》中说："对发展世界客家人的认同感而言，很少有石壁那样扮演着中心的角色。""石壁代表客家人的认同感。不管历史学家对此认同感背后的事实有何看法，但他们既不能否认这个认同感，也不能否认这个由石壁来代表的认同感的事实，历史学家只能承认它们的存在。"但是宁化的学术研究并没有由此松懈，更没有止步，而是更加的努力和主动。在2009年又举行一次"宁化石壁与客家世界"学术研讨会。2013年开始，连续举行每年一届的"石壁客家论坛"，编辑出版论文集9部，出版专著《宁化县的宗族、经济与民俗》（上下集，劳格文、扬彦杰，2004年）、《客家与石壁史论》（刘善群，2007年）和《石壁客家述论》（张开顺、刘善群、蔡望秋，2012年）、《宁化史稿》（刘善群，2014年），还有其他一些刊物和著作。这些学术活动和编著是学术成果的总结，也是宁化学术研究自被动性向主动性转变的表现。

（二）由微观向宏观转变

实践性的学术研究，主要是为实践提供佐证和理论支持，其视域比较狭小，为学科建设的学术研究，其视域比较开阔，它涉及学科的多个方面。从上所述"被动性"和"主动性"也说明了"微"与"宏"的问题。我们还可以从30年的两项事业说明这一问题。

一是从学术会议的名称和选题看，在12次的学术会议中，前3次名为"宁化石壁与客家世界"，后8次为"石壁客家论坛"。前者是以"宁化石壁"为主语，主题很明确，就是以"宁化石壁"为中心开展客家研究；从三部论文看，主要内容也是围绕石壁为主题而展开的论述。据统计，前3部论文集共166篇论文，其中146篇论述或提及宁化石壁与客家史的关系，占88%。后来以"石壁客家论坛"为名，"石壁"是个地名，但在这里更是文化符号，是指在"石壁"举行的客家论坛，并非指研究"石壁"，或以"石壁"为主题的客家论坛。已举行8届论坛的"选题"，只有一届是以宁化石壁为主题的。8届提出选题65个，其中有关石壁的只有21个，占总题数的32%。而实际以宁化石壁为中心内容的论文所占比例很少。

二是从两本"文摘"内容也可以略见一斑。2003年出版的《论石壁》（论文摘录）目录是：石壁的地理概念、石壁是客家早期聚散中心、石壁是客家摇篮、石壁是客家祖地、石壁是客家圣地，共五辑。2019年出版的《论石壁》（论文摘录第二集）目录：石壁客家祖地，石壁客家祖地文化、经济，客家历史文化和现代，客家著作序文、书评，共四辑。第一集《论石壁》采摘的内容是2000年前的书刊文章，第二集是2000年后的书刊文章，两个时间段的两本文摘，所反映的是两个不同时间段学界（主要是宁化域内）学术研究的侧重。很明显，后者比前者更有宽度和深度。

上述二例，共同说明一个学术路径，就是从微观向宏观转变。

（三）由表层向深层转变

30年宁化客家研究，是由表及里、由浅而深的渐进过程。在进入21世纪后，宁化客家学术研究，在方法论和知识论方面，显得更加自觉，更加深层，促进理论和方法更为理性化，容纳更多的可能性，使客家学更合理、更自觉地发展。

赣南师大教授谢万陆在第二届"宁化石壁与客家世界"学术研讨会上说：要给石壁定位，先需给石壁定性。也就是说，要回答石壁究竟有多大，先要明确石壁在客家民系形成过程中起过怎样的作用。石壁作为一个历史过程的存在究竟是一个什么性质的存在。又如将石壁定为"客家祖地"。祖地之谓极为宽泛，因为称祖者，既可是始祖、远祖、高祖等等，也可以是五服之内的家祖，还可以是一般意义上的祖宗生息之地。（《石壁与客家》，中国华侨出版社2000年版，第13页）

问题的提出，但论述的第一个问题答案，在后两次"宁化石壁与客家世界"学术研究会上，有较全面、深层的论述，所以之后少有再论者。而后者，即"石壁客家祖地"的内涵，在刘善群《客家与石壁史论》和廖开顺《石壁客家述论》二书中，有较全面的论述。然而，直到2020年第八届石壁客家论坛上，还在讨论，主要是在"客家祖地"的定义和内涵上，还在不断深化。在进行求证和叩问历史真相的基础上，引入人类学研究，把其定位上升到理论高度。

譬如，对客家孕育过程中，汉畲交融的研究颇有进展，特别是汉畲在血缘、经济、文化方面。宁化县客家研究会副会长余保云在福建省炎黄文化研究会2004年12月举行的"客家文化学术研讨会"上发表《从宁化客畲关系看客家族群的融合》一文，引起了与会学者的关注。宁化廖仕耀先生通过安乐乡的田野调查，在2009年第三届宁化石壁与客家世界学术研讨会上发表《宁化安乐古代畲汉族群磨合的调查》。宁化县党史办主任、中国管理科研究院特约研究员刘根发先后在第七、第八届石壁客家论坛上发表《闽赣边畲族问题之初考》和《宁化畲族及其遗存民族特征痕迹之考辨》，论述了汉畲语言、经济、血缘、文化、社会的融合及宁化畲族的各方特征，对客家学在这一方面起到添砖加瓦的重要作用。

在客家文明方面，北京大学博士生导师郭华榕教授做了长时间的关注和研究，在石壁客家论坛中发表了多篇卓有见地别开生面的文章。他在2009年举行的第三届宁化石壁与客家世界学术研讨会上发表《石壁——客家文明的标志》。而后在2013年首届石壁客家论坛及之后的论坛上分别发表了《客家文明的历史性、世界性和宽容性》《客家文明中群体激情的思考》《客家文明中弱势群体的社会价值》《客家文明的动态存在》和《相率南奔艰难求生——客家文明魅力的萌生》等，深层地揭示了客家文明的方方面面。

堪称客家文明研究的佼佼者。

理学与客家文化这一命题较少被关注。可见的有三明学院蔡登秋教授在第三届宁化石壁与客家世界学术研讨会发表《石壁客家文化对儒家文化的传承和重构》，文中写道：儒家文化在石壁客家文化中的主要体现：1. 思想文化的儒家思想观念；2. 建筑文化之儒家思想；3. 礼仪文化之儒家思想。石壁文化对儒家文化传承特征：1. 重视对儒家核心思想的秉承；2. 重视对儒家孝悌忠恕观念的传承；3. 重视对儒家礼法的传承；4. 重视对儒家文化的再重构。"客家文化对儒家文化的传承并非是全盘接受，而是在固守的基础上加以一定程度的改造，而这种改造是建立在当地客家特殊的民系文化基础上的。"

廖开顺等专著《石壁客家述论》中，对石壁"对理学融入客家建构客家文化的过渡作用"作了专题论述。指出："客家文化以儒家文化为内涵，但较直接受理学的影响。理学是客家文化的思想文化，尤其表现在伦理价值体系上。""理学成熟于南宋，而南宋时期是客家先民大量进入宁化和闽西，客家民系和客家文化形成时期，理学的融入，最后形成了客家文化的思想体系，促进了客家文化的成熟。"（河南人民出版社2012年版，第81页）宁化客家学研究中体现广度和深度的文章，远不止这些，但这些也可以体现宁化客家研究由表及里的成果，它是客家学建构的重要组成。

（四）专注历史文化研究向兼容时政服务研究转变

历史研究跟上现实步伐，为现实服务，是学以致用的必需。把客家学置于整个中华文化现代化层面予以定位，并以此作为带动中华民族伟大复兴的历史脉络来予以定位，方有可能创造出新的文化产物，这是历史真正的价值所在。

在学术研究中，自首届石壁客家论坛开始，论坛讨论的中心议题，大部分围绕时政进行。如："客家民系及历史文化与实现中华民族伟大复兴的中国梦的关系""客家祖地文化的传承与创新""建设客家文化（闽西）生态保护实验区""客家地区传统经济与当地经济发展""客家与'一带一路'""传承客家文化，共建美丽家园——对十九大建设美丽中国的实践与思考""客家传统经济转型发展""发展客家优秀文化传统，推进乡村良好社会道德建设""客家文化与红色文化相互融合共同发展路径""发挥优势探讨客家文化交流新模式"等等。针对以上议题，学者们经调查、研究，发表了不少卓有见地的好文章，有效地支持了时政方略，助力地方文化、经济和社会的发展。特别在文化平台建设、美丽乡村建设、文旅建设、思想道德建设、文化创意发展等方面，都起到很好的作用。

二、宁化客家研究的成果

30年来的客家研究成果，范围涵盖客家历史本源和当今实践的方方面面，在客家形成史、文化、经济、社会各方面，卓有成果。它集中体现在长期以来的学术活动过程和12次的学术研究会论文集以及百余种书刊上，它是在宁化党、政领导下，众多学术组织、学人的大力支持下的石壁研究群体的集体创作，它体现在对前人研究基础上的传承和发展，在客家学术上添砖加瓦，向前迈进。

它侧重体现在以下几个方面：

（一）对客家民系本质的研究和认识

客家民系的形成史，是中国移民史的重要组成部分，她是中原汉族移民的产物，她的产生，由特殊的人群、时空、环境等要素综合决定。

1. 客家源流和身份的认识

我们从唯物史观，坚持形成民系的第一要素是人，是人的身份和人所承载的文化生态。

华南理工大学谭元亨教授在第六届石壁客家论坛上说："作为客家学这样一门学问，当今已成为'显学'，它所跨的学科，不仅是历史学、人类学、民族学，还有经济学、文化学、语言学，以及中国传统的不分家的文史哲。再分，则与迁移史、革命史、文明史密切相连，而从精神领域上看，客家人的宇宙观、人生观、价值观乃至生命观，都值得深入探究，就当站在更高的层面、更广的视野去审视这一学问。尤其是它与其他同类学问的不同之处，从而有所鉴别区分。"[①] 基于这一认识，并加上体质人类学，血型及人体免疫球蛋白等方法研究客家史、客家源流和客家身份。并采用历史文献法、综合与分析法、田野调查法等学术逻辑，从多层面、多角度研究客家源流和身份。在这些方面取得了基本一致的主流认知。这在宁化学者和参与宁化学术研究的各学者（或可称为"石壁学群体"）的著作和论文中有充分的表现。

譬如刘善群2007年由方志出版社出版的《客家与石壁史论》一书，在"前言"中，开宗明义便说："客家史是中华民族史的一部分，是汉族史的一部分。""客家民系的形成，使汉族多了一个分支。""她的成员是北方（主要是中原）避难的流民为主体与闽、粤、赣边地区同汉人相融的畲、瑶等族人所构成。"

廖开顺、刘善群、蔡登秋2012年由河南人民出版社出版的《石壁客家述论》一书中，第一章开始就阐明了以下论点："客家源流问题，首先是客家族源问题，即它源自何方，何时。""客家民系的形成是一个漫长的历史过程，自北方汉人大规模南迁，到唐后期开始较大规模聚集赣闽粤边地，与当地原住民杂处，发生文化碰撞、磨合，从而开始客家民系的孕育、诞生，直至成熟、定型，然后不断发展。"

北京大学教授、博导郭华榕在《客家文明的历史性、世界性与宽容性》一文中说：

---

① 谭元亨《去中原化，还有客家学吗？》，2019年，第3页。

"罗香林明确的介绍'先民居地''基本住地''客家向南迁徙''大概途径''客家民系的形成'等词语,这是千千万万民众,基本方向一致的,人类大群体的生命轨迹,也是人类大群体的和平与艰难的大迁徙,值得载入中国的人类的史册。客家文明的历史性表明她具有深远的源流,深邃的根基。"(《首届石壁客家论坛论文集》,福建教育出版社2013年版)

谭元亨在《去中原化,还有客家学吗?》一文中说:"汉民族身份的认同,也就是客家学的核心,即'中原说',客家人来自中原,姑且不论是否'华夏贵胄''衣冠士族',但族源是不可改变的。当年客家人的正名,正是由此而起,这关系到民族自尊、历史担当,尤其是中国自古以来的正统观念——承袭这种观念,本身就是客家人对自己汉民族身份的强调,不愿被边缘化,不愿做化外之民,不愿被贬抑、被排斥。无论是汉族身份,还是中原之源,这更是客家学创立时的根基。"[①]

宁化学者从历史文献中研究、查照、检索,得出宁化主要客家姓氏的主源:河南59姓,资料只显示"中原"的28姓,山西15姓,山东17姓,河北13姓,陕西7姓,甘肃3姓,安徽7姓,江苏8姓,浙江8姓,江西3姓,辽宁、广东、四川各1姓。河南占35%,若加上"中原"则为67姓,占52%,大中原范围的有149姓,占88%。实际上江西、浙江、广东等地的汉人,应该也是来自北方。

2010年10月宁化启动客家基因族谱研究项目,此项目是无锡江泽基因科技有限公司首席科学家孙朝辉等与宁化客家学者联合,通过检测Y染色体DNA上的重要STR遗传标记进行系统深入的遗传学分析,印证了客家人的主体是北方中原汉人,并为此提供了雄辩的科学依据。(见《首届石壁客家论坛论文集》,福建教育出版社2013年版,第27页)

上述列举,雄辩地论证客家民系是汉族的一个支系,源出中源。

2. 客家民系形成史的研究和认识

北方汉人经过多次的、长期的、远途的、群体性的大迁徙,在唐后期开始大规模地渡过长江,溯赣江、抚河而上,涌进赣闽粤边地区,初始聚集在以宁化石壁为中心的闽赣接合部,开始了民系的孕育、诞生。在南宋中期开始,在民系初步形成之时,便开始往南、往西大迁徙,在明清时期,民系基本成熟,或谓定型。

客家民系自唐后期开始聚集、孕育,至明清定型,经历了数百年之久。在整个民系的形成史上,经历了孕育、诞生、成长、成熟(定型)的不同阶段,这些不同阶段是在不同区域完成的。这些区域便是民系形成史的历史节点。处于不同时期的不同节点,各自起着不可替代的历史作用。这些节点,不在于区域的大小,而在于它所出现的时间点、人流量和所产生的文化生态。各节点,虽然在时间、人口、文化上有差异,但它们

[①] 载《第六届石壁客家论坛论文集》,第3页。

把整个历史连接起来，这是在特定历史范围内的特指，是在特定的时空界域内填充着仅仅为其所独有的文化内蕴，而不是人为的臆造。

这些方面，在宁化研究中有不少的成果。如刘善群在2000年龙岩举行的第六届国际客家学研讨会上发表题为《试探客家民系形成的阶段性》一文。文中提出，客家民系形成史可分为三个时期、四个地区。即诞生于闽赣边连接地区，成长于汀州，定形于梅州，赣南是客家聚居区。

赣南师院谢万陆教授、福建省客家研究联谊会执行会长刘有长等，也先后提出相类似的论点。

中国航空工业总公司六〇三研究所研究员张树祥则提出，客家民系形成和发展的阶段划分为：雏形期，时间从汉末到唐末，历史500年，中心在福建宁化石壁；成熟期，时间在唐末到宋初，历时300年，中心在汀江流域；扩展期，时间约从南宋至今，历时800年，中心在粤东北。（《宁化石壁与客家世界学术研讨会论文集》，中国华侨出版社1998年版，第384页）

北京大学教授、博导郭华榕在第五届石壁客家论坛发表《避难与谋生——客家群体柔韧性的形成与发展》一文，认为客家民系柔韧性的形成可以分为逃离中原、艰苦南迁、新地垦殖、和睦定居四个时期（阶段）。

廖开顺在《石壁客家论述》的论述是：客家人文中心，宋代在闽赣地区，到了明代中叶以后，转移到了粤东和粤东北地区。明清时期是客家文化最后的成熟期，是对宋时闽赣雏形客家文化的发展和整合，从而完成了客家文化最后的成型。

3. 客家身份若干要义界定

客家身份，除了族属之外，还有源流、诞生的时空，以及许多诸如客家人、客家后裔、客家文化的界定。

19世纪末20世纪初，社会上、学界对"客家"的认知有很大的分歧。特别是在太平天国革命和广东西路事件后，有些对客家的污名、贬义。1808年徐旭曾发表《丰湖杂记》，1933年罗香林发表《客家研究导论》，对客家源流、客家身份、客家称谓等一些基础性的问题，作出正确判断和界定，正本清源，引导了社会和学界对客家的正确认知。之后，罗香林的《客家研究导论》《客家源流考》二书，被称为客家学的拓荒之作，罗香林被称为客家学的奠基人。一段时间，罗香林二书的理论逻辑基本被全面接受和沿袭。

20世纪80年代后，客家学术界对罗氏理论的不同认识逐步露头，如"血统论""土著论""文化符号论""方言论""非中原论"等，但这些"异论"，并不成气候。宁化在客家学研讨中始终掌握马克思唯物史观，朝着正确的方向发展，对"异论"不断给予批判和否定，发出了"宁化话语"。

客家称谓。杨豪教授在1987年首届宁化石壁与客家世界学术研讨会上提出：

"客家"民系中所称"客家",承如前引,是"客而家焉"。它都直接和已建立有的家庭关联着。而此中称的家庭,并非是指某一个体家庭,而是指以宗姓为主体联结一大片的集体家庭。于此家庭下,也都已有了他们的民情、民性、方言等相同的共同体,也只有在已有了这种共同体的情况下,其民系、群体才可能出现。但是,任何的民系(亦包括民族自身)孕育形成和出现,往往都是不与呼称的确定同时发生在同一时间的。民系的孕育、形成,是一定时间中的客观存在产物,很快会被人发觉、被人承认,出现都相对较早;而称名的确定,则需要先行有个始呼(即由别人呼称,亦即他称了),然后再经过自身的同意、首诺(即自称)的这一个时空过程发展。其出现往往较晚,故对其见以"客家"呼称,也当发生在宋至明代间。①

"客家人"的界定。冯秀珍教授在第七届石壁客家论坛上认为:

对于客家人,学术界这样界定:凡具有客家血缘、客家文化素质和客家认同意识三项要素中任何两项的人,都是客家人。"客家血缘"是指祖宗是客家人;"客家文化素质"最主要指的是能操客家方言,也包括客家的生活习惯等;"客家认同意识"即承认自己是客家人。笔者在基本认同上述定义的同时,补充了人为客家后裔,三代内应无条件算作是客家人。因为,汉族后裔不管多少代都是汉族,少数民族后代不管多少代,不管在哪里都是少数民族。参照出,客家后裔不管多少代,不管他会不会讲客家话,自己承认与否都应算作是客家人,或者最起码,至少三五代内应无条件算作是客家人。②

对于客家"先民、先祖、祖先"的定义,廖开顺教授认为:

"先民"是与特定的族群(民族)相对应的群体概念。而"先祖""祖先"主要是针对宗族而言。"先民""先祖""祖先"在一定语境中等同。如"客家先民"都是现在客家人的先祖、祖先,但是,先祖、祖先不一定是客家先民。先民具有血缘属性,因为原生族群是多血缘体的集合,但是,先民更重要在其文化属性,因为族群的主要特征是文化,先民应特指某一族群物质文化的拓荒开基和精神文化的原创群体。"先祖",一般是宗族血缘体中较远的祖先,主要是血缘的、个体的,有具体所指。大部分客家先祖是中原汉人,但是,客家远古的先祖(客家的河洛先祖)在南迁大潮中没有南迁或者迁徙后融合为其他族群的先祖则不是客家先民。"祖先"比"先祖"的血缘更近,往往有谱牒可查。与先民同时代的祖先一般应包含在先民之中,其后裔则是所形成的族群的成员或血缘和文化的变化,成为其他族群成员。"祖先"同样具有文化性,"祖先"是具体的宗族和族群文化的传承和传播者。③

4. 对客家文化的研究和认识

对客家文化的研究,也是宁化县客家研究的重要课题之一。客家文化是客家的标

---

① 《宁化石壁与客家世界学术研讨会论文集》,中国华侨出版社1998年版,第232页。
② 《第七届石壁客家论坛论文集》,2019年,第400页。
③ 廖开顺、刘善群、蔡登秋《石壁客家述论》,河南人民出版社2012年版,第371页。

志，是客家精神之魂。正是客家文化的形成，才有客家民系的诞生。客家文化的孕育是同客家民系孕育同步。

宁化对客家文化的研究是全方位的，包括客家文化的形成，源流、语言、文化意识、民俗、饮食、人物以及建筑、信仰、竞技体育、音乐、舞蹈、戏剧。宁化学人和宁化学人同非宁化学者共同进行田野调查、研究、撰文、专著。在宁化举行的十余届学术会议无不涉及客家文化的内容，包括文化的源流、形成、传承、保护、弘扬和转化等等。

西安建筑科技大学教授李隆秀、陕西客家联谊会理事长李世文在1997年宁化石壁与客家世界学术研讨会上发表的《论客家民系的形成和发展》一文中，对客家文化的论述是：

客家文化是中华民族文化在特定时间、空间、社会、经济、政治条件下的延续和发展。它所秉承的中华文化在新的分支上，在新的高度上突出地放射光芒，照耀寰宇。两者之间的关系，从渊源上讲，是父母与子女的关系，子女身上流着父母的血液，包含着父母的基因。从哲学上看，是一般和特殊的关系，共性和个性的关系，一般包含着特殊又寓于特殊之中，共性包含着个性又寓于个性之中。客家文化的特点，内容是丰富多彩的，它形成的背景条件粗略能否这样概括：客家文化来自五千年中华文化的积累；来自百里千里多次迁徙的艰苦磨练；来自偏僻山区、荒野丛林中艰苦创业的锻冶；来自祖祖辈辈一代又一代的严格的言传身教；来自客家圣杰"源于斯，高于斯"的添新增彩；来自与当地居民（包括各种民族）的平和相处及相互融合，等等。①

深圳大学教授、博导周建新在《客家文化研究历程与理论范式》一文中说：

地方性和族群性分别揭示了实态的客家文化历史和动态的客家文化政治，较为全面和准确地揭示了客家文化的本质特点和根本属性。立足一地这两个文化特性，笔者进而提出了"客家文化是一个地域文化，又是一个族群文化"的理论观点，提出将客家文化研究纳入族群人类学这一学科领域。（载《第六届石壁客家论坛论文集》）

南开大学教授、博导刘敏在第三届宁化石壁与客家世界学术研讨会上，发表论文《宁化石壁——客家世界最大的"土楼"》，文中说：

什么是客家文化的精髓？什么是客家精神的主旨？这是客家学术界经常讨论的一个话题，笔者也曾经撰文专门讨论这些问题……但需要特别指明的是，不论是客家文化还是客家精神，其内涵的主旨还是儒家思想的体现……儒家思想是一种积极向上的思想，主张开拓进取，笔者将客家人在这方面的表现概括为"勤劳"精神；儒家主张王道与仁政，重视教育，有教无类，学而优则仕，崇文重教，恰恰是客家文化和客家精神的重要组成；儒家重视宗法血缘，强调尊祖敬宗，而这一点在客家世界体现得特别明显，他们

---

① 《宁化石壁与客家世界学术研讨会论文集》，中国华侨出版社1998年版，第375页。

背着祖先的遗骨迁徙，又千万里无阻地到石壁祭祀客家人的老始祖；儒家主张修、齐、治、平，主张爱身、爱家、爱族、爱乡、爱国，这在客家文化和客家精神中也都表现得特别突出。（载《石壁与客家世界》，山西人民出版社 2009 年版，第 39 页）

刘善群在《客家与石壁史论·前言》中说：

客家人的文化意识，特别是品性或谓精神，是随时代演进而发展进步，从文天祥的忠君护朝，到孙中山推翻帝制，建立共和的辛亥革命；从四海为家，到落地生根，等等，标志着客家文化意识、客家精神的升华和发展。（方志出版社 2007 年版，第 3 页）

（二）宁化石壁在客家史上的作用和地位的研究与认识

对宁化石壁研究，早在 19 世纪末就开始了，但宁化人民对客家的认识较晚，特别是宁化及其石壁的研究则在 20 世纪 80 年代后期才开始。30 余年来，在客家研究中，不断挖掘和丰富宁化及其石壁的史料，不断深化对其在客家史中的作用和地位的认知。同时，在客家研究热潮兴起之后，学界把"石壁研究"提升为不可勿缺的学术议题，对石壁的研究也热起来。不少学者积极参与宁化的客家研究，不仅是对宁化研究的大力支持，更使"石壁研究"开拓了崭新局面，把研究提升到一个新水平。在长期的学术研究中，把宁化及其石壁融入客家大历史之中，充分吸取前人的研究成果，抽丝剥茧，把石壁元素捋出来，加以客观、理性的分析研究，得出"石壁是客家早期的聚散中心""客家摇篮""客家祖地""客家圣地"等等。以及石壁在客家形成和客家文化中的早期性、集中性和唯一性。上述的定论，都集中体现在众多著作和文章之中。

1. 成果的编著

①学术著作

《宁化石壁客家祖地》一书是厦门大学陈国强教授策划、组织，带领上海、福建和厦门大学教授、研究员、研究生及宁化本地学者十余人，于 1993 年春节期间，为时 15 天在石壁村田野调查后，撰写出版的田野调查报告，其内容十分翔实具体，涵盖了十六个方面的内容，把石壁在客家领域中的方方面面调查得清清楚楚，把石壁在客家民系形成中的作用也分析得条理分明，入木三分。正如时任福建省文化厅厅长李联明在序言中说："在实地调查后，陈国强、刘善群等著述《宁化石壁客家祖地》一书，用社区调查方法，分析介绍宁化石壁客家地区的历史发展和文化特点等，这对于继承和发展客家文化，应当说是大有助益的。""《宁化石壁客家祖地》一书，不仅描述了客家形成地区——宁化石壁的历史发展和文化特点，也反映了早期客家人向外迁移衍播的历史和文化特点，这对于研究闽西、闽南、粤东、台湾及其他各地客家，具有重要意义。"

《客家与石壁史论》是宁化本地学者刘善群的专著，2007 年由方志出版社出版。该书较好地把石壁融入大客家之中，既梳理了客家史，又揭示了石壁在客家史之中的重要关系。"这本新著，不是一本普通的书，而是很有远见卓识的一部极有学术价值的力

作。"（文化部华夏客家研究所所长丘权政为该书作的序言）

《石壁客家述论》是三明学院客家研究所所长、教授廖开顺策划、编审，三明学院教授（6人）和三明宁化学者（3人）共同完成的专著，2012年由河南人民出版社出版。该书共11章，涵盖了石壁的各个方面，是综合石壁历史、文化最全面的一部论著。该书的作者"通过长期的调查、梳理众多客家族谱和历史文献，从客家民系在赣闽粤边地的形成与发展到石壁在客家民系中的作用和地位，从石壁历史上的经济生活到客家方言与客家文化的诸多方面，从石壁客家姓氏来源到宗族与社会形态、制度、伦理文化，以及客家民系形成以后向海内外的播迁，与海内外客家的姓氏血缘等进行较为全面而系统的论述。为客家文化研究做了一项很有意义的基础工作"。（三明学院校长马国防为该书作的序言）

《客家祖地石壁丛书》由张恩庭、刘善群主编，2000年由中国华侨出版社出版。该丛书共8册，由宁化学者10人编撰。内容涵盖了石壁客家源流、民俗、姓氏、人物、民间文化各个方面，是中国第一部客家社区丛书。时任福建省副省长汪毅夫，全球客家·崇正会联合总会执行长黄石华博士，中国社科院研究员、华夏客家研究所所长丘权政，香港岭南大学教授、国际客家学会会长郑赤琰等著名人士作序，给予很高评价。

《宁化县的宗族、经济与民俗》上下册，由法国远东学院教授、博导劳格文主持，福建省社科院客家研究中心主任、研究员杨彦杰主编。他们在闽粤赣客家地区作长期深入的调查研究。其中，来宁化调查前后达7次数月之久，深入各地调查研究，同时组织了宁化各地的文化人调查、撰稿，汇编而成。该书把宁化的各乡镇、村落的历史文化、经济、宗族等方面的资料几乎挖掘干净，非常翔实。可以说，在这些方面，大大超过了宁化的史志内容，而且由于他们不仅对宁化作深入调研，同时又把闽粤赣客家地区也详细地调查了一遍，所以，他们有不同地区的文化比较，而作出了独到的见解，有非常高的资料和研究价值，是一宝贵文献。

《客家礼俗》，刘善群著，福建教育出版社1995年版；《宁化客家传统文化大观》，刘善群、吴来林编著，中国文化出版社2012年版。

②文学艺术作品

宁化客家学术研究，不仅有史学、经济学、文化学、人类学、社会学等学科学者积极参与，同时也有不少文学家、艺术家参与，他们在宁化创作出不少文学、艺术作品，形象地展示了宁化及石壁丰富生动的历史风貌。

在这些作品中，有：

何葆国、曲利明《驿站》（海潮摄影艺术出版社2000年版）；刘晓双《一切为了苏维埃》（作家出版社2011年版）；杨金远《客家壮歌》（中国文联出版社2010年版）；何葆国《石壁苍茫》（湖南人民出版社2008年版）；萧春雷文，曲利明、刘强摄影《世族春秋》（海潮摄影艺术出版社2010年版）；王秋燕、王曼珍《无名英雄祭》（海峡书局 2011 年版）；刘善群《客家葛藤凹》（海风出版社 2010 年版）；连允东《绵延美味客家情》《客家山水行》（中国文联出版社 2012 年版）。

这些作品，通过塑造一个个生动的客家儿女形象，深刻地反映了客家迁移史、形成史，客家文化和客家人的精神风貌。

《客家葛藤凹》借传遍客家世界的葛藤坑传说，理性创作，生动反映中原汉人大南迁，孕育客家民系和客家文化的故事，再现了客家早期历史脉络。该书出版后，引起影视界的关注，几家传媒公司都想拍成电影或电视剧，最后由八一电影制片厂、北京霏霖子千文化传媒有限公司等单位联合改编，摄制成 32 集电视连续剧。在送国家影视总局审查时，更名为《大南迁》，于 2014 年 8 月 8 日在多家卫星电视台同时开播。

《大南迁》是我国第一部反映北方汉人大南迁、客家民系形成的历史大戏。在摄制过程中和开播后，国内外媒体高度重视和关注，自国家到地方的立体、平面媒体作了大量报道，获得高度评价和赞誉。自 8 月 8 日首播之后，连续几日中央电视台电影频道、新华网、新浪网、网易、腾讯、《福建日报》、福建电视台、北京电视台、陕西卫视、东南网等传媒都作了报道。

《三明日报》则连续几天作了大量的连续报道和评论。他们的评价是："真历史、正能量""充满着浓郁的客家孕育时期的原生态生活气息""对于宣传客家历史，传承客家文化，弘扬客家精神，必将产生积极而重要的作用"。电视剧荣获第二十七届全军电视剧"金星奖"三等奖。

宁化鬼叔中（原名宁元乖）自费拍摄、剪辑多部传统文化电视片，在国际、国内展评中得奖。如《玉扣纸》，玉扣纸采用宁化手工造纸传统工艺，为手工造纸精品，原为朝廷用纸，有"日鉴天颜"之誉。《老族谱》，记录了宁化石牛村廖氏族人，在重修族谱过程的种种遭遇，以及他们中的各色人物对于"家族事件"的各自理解，展现了具有千年历史的活字印刷术。《春社谣》，记录了每年两次"祭社"的过程。《七圣庙》，记录宁化安乐乡夏坊村的传统"三枰傩"庙会的盛况。《砻谷纪》，"砻"是农村传统农具，能把谷子加工成大米，本片记录农村加工稻谷的全过程。《罗盘经》，罗盘是风水学的检测用具，本片以罗盘风水、客家丧葬风俗、普庵教、降神等为元素，记录一位知名风水先生的传奇人生。

③史志编修

1992 年，福建人民出版社出版刘善群为主编的《宁化县志》，是中华人民共和国成立以后编修的第一部宁化县志，是第一部将宁化县定位为纯客家县、客家摇篮的县志。该志在概述中作了较为翔实的论述："客家先民进入宁化定居繁衍的最盛期，正是客家民系形成时期（即唐末至北宋），自宁化迁各地的客家被称为正宗客家，因此，石壁被称为'客家摇篮''客家的第二祖地'以及'客家祖地。'"

2018 年，国家图书馆出版社出版的《宁化县志》，其主编，先后是罗胡祥、张族进。

该志在篇首设了《特记·客家祖地》，翔实记载了"客家祖地形成""客家迁徙与衍播""客家姓氏·族谱·宗祠"（附有史料记载，与宁化有直接渊源关系的177姓的源流表）、"寻根谒祖""客家文化·研究·联谊"。可谓宁化"客家简史"。

2014年，福建教育出版社出版的刘善群著《宁化史稿》64.8万字，是宁化县的第一部县史。该史把宁化客家史、客家文化贯穿全书，同时专设了一章"石壁客家祖地的形成"。时任中共福建省委常委秘书长叶双瑜专门为该书写了"读后感"——《客家精神文化的历史画卷》，在《福建日报》2015年3月27日发表。文中写道："《宁化史稿》有几个鲜明特点：一是立意高远；二是翔实考据；三是鲜明导向。书中以写实的手法探寻历史，叙事论理素材丰富，真切朴实，哲思深邃，启人深思，富有很强的思想性、学术性、开创性；又辅以大量珍贵、精美的图片，增添了可读性、吸引力、感染力，既为深入开展客家学研究提供了许多鲜为人知的宝贵资料，也为读者了解客家文化提供了直接生动的典范读本。"

④资料汇编

30余年来，收集历史文化资料5000余万字，各种书刊、文献万余册。编辑出版了不少资料书，其中：

论文摘要《论石壁》2集。第一集为余保云摘编，海风出版社2002年出版。摘编了自19世纪末至2000年所收集到的书刊摘要，内容包括"石壁的地理概念""石壁是客家早期聚散中心""石壁是客家摇篮""石壁是客家总祖地""石壁是客家圣地"。第二集由刘善群摘编，海峡文艺出版社2019年出版，资料来自2001年之后的客家书刊。内容有："石壁客家祖地""石壁客家祖地文化、经济""客家历史文化和现代""客家著作序文、书评选"。

《宁化客家姓氏》，余保云编著，海风出版社2010年出版。该书比较全面、系统地介绍与宁化有渊源关系的174姓的源流、繁衍情况。之前，曾编撰《宁化客家百氏》和《宁化客家姓氏源流》2册。

《宁化祠堂大观》，张恩庭编著，中国文化出版社2012年出版。该书介绍了宁化236个姓氏宗祠的概况及宗祠的源流简况，还介绍了48座宁化姓氏的开基祖墓，以及部分祖训、族规、祭祀情况，图文并茂。

张恩庭编著的资料书还有《石壁客家纪事》2册（2013年、2018年），《客家名人传略》（2013年），《石壁客家祭祀纪事》（2014年），《石壁客家光彩》（2015年），《宁化客家名人谱》（2017年）等。

《历程》，刘善群编著，中国文化出版社2011年出版。

《宁化历代诗文集》（上下册），宗夏曦、朱建华、吴来林（执笔）选编。

《客家排子锣鼓》，钟宁平等编著，2001年。

《宁化（石壁）客家祠堂》，吴来林编著，2014年。

《赐砚斋诗钞》，吴来林点校，2018年。

《敬天穆祖》，叶武林、刘善群编著，中国文史出版社2012年出版。

《宁化革命史概览（1938—1949）》，中共宁化县委组织部编写，2016年。

⑤论文汇编

1992年以来举行了12次学术会议，投稿人数达1000余人，稿件近千件，采纳729件，作者776人次，编辑出版论文集11本。

《石壁之光》（论文选），张恩庭、刘善群、张仁藩主编，厦门大学出版社1993年出版。

《客家论丛精选》，杨兴忠主编，福建教育出版社2014年出版。

《客家论丛选集》，张启城主编，海峡文艺出版社2017年出版。

《石壁与台湾客家》（文选），何正彬、张恩庭主编，2008年。

《客家祖地　红军故乡》（文集），福建省炎黄文化研究会、福建省作家协会编，海峡书局2015出版。

2. 石壁地位的论证

上述几个方面的著作和论文从各个方面雄辩地论证了宁化石壁在客家史上的作用和地位。

对石壁的综合评价上，刘善群在第八届石壁客家论坛上发表了《石壁客家祖地独特性研究》一文。该文较全面地概括了石壁在客家历史上的独特之处，较全面地反映了石壁的全貌。论文阐述了6个方面：一是客家地区受关注度最早的地标；二是客家早期的聚散中心；三是同客家姓氏有最广泛、最早期的渊源关系；四是在客家文化孕育中具有独特的作用；五是在学术领域中有独特的地位；六是在客家血缘寻根、文化寻根中的独特作用。该文结论中说："百年的'石壁研究'学者们从不同学科、不同领域、不同层面，对宁化石壁进行长时间全方位的研究，得出的结论是：石壁是客家早期聚散中心，是客家摇篮、客家祖地。她在客家民系形成中，其作用表现出早期性、集中性和唯一性。她在客家世界中，具有独特性、典型性和代表性。正如许多权威学者所言，她是历史使然，不以人们意志而转移。"

①石壁的自然地理和文化领域的共识

较有代表性见解的如赣南师大教授谢万陆，他在第二届宁化石壁与客家世界研讨会上发表《再论石壁》，文中写道：

要给石壁定位，先需给石壁定性。也就是说，要回答石壁究竟有多大，先要明确石壁在客家民系形成过程中起过怎样的作用，石壁作为一个历史过程的存在究竟是一种怎样性质的存在。不少学者说，石壁是"客家南迁的中转站"或"中原汉族南迁的居地与中转站"。如仅仅是中转站，也就是歇脚地，一批一批来又一批批地走，经过的人虽多，但占地却不一定宽。因而作为中转站（当然不一定仅指"客家"的中转站，也应该包括着客家先民乃至其他南迁流人的中转站），其范围基本上便是地理概念的石壁，是指石壁村及其"周围一些村落的广义称呼"，充其量也不会超出宁化西部的范围。又如将石壁定为"客家祖地"，所以认为广义上的石壁是"宁化西部一块面积达200平方公里的沃野"。还有一种界定，即称石壁为客家摇篮，系客家民系的孕育之地。为此，他们认为，石壁包容的地域便比较广阔。如黄中岩教授的具体所指为："武夷山南段"，以闽赣汀三江之源的地段，以赣南的石城、闽西的宁化为中心的大片山区，包括宁都、瑞金、长汀、清流、明溪等地。当然，作为摇篮的三江之源的四境也还是含混的，笔者认为，在这一范围内又有一个中心地域，这一中心地域仅是较为宽泛的石壁概念，它包括石壁周边的四乡，还涵盖了石城紧靠武夷山麓各乡。因为这一带与宁化不仅山水相连，而且民居相错，乡情亲情为缕，难解难分，这就造成了经济生活、文化心理、语言习俗的一致。

也就是说，石壁地理概念有二，一是自然地理概念，指石壁盆地的全部，也就是宁化县西部。这在石壁村上市清代编修的《张氏族谱》中的《石壁形胜》就已经表述清楚。许多客家姓氏族谱的记载也可以印证。二是文化地域概念。谢万陆教授认为，"石壁不仅仅是个地理概念"，而是一个文化地域概念，是在特定历史范畴内的特指，其特定的时空界域内填充着仅仅为其所独有的文化内蕴，这是论及此问题时许多学者都认同的共识。

②石壁是客家早期的聚散中心的论证

这一议题早就取得学界的普遍共识。此谓"早期"，指的是唐末至南宋。这一时期，客家先民大量涌进宁化及石壁。南宋以前，迁入的客家先民占了迁入宁化所有南迁汉人的88%，人口总量从唐末的3万人猛增到20万人（南宋宝祐年间）。而南宋开始，"客家初民"又大量从宁化外迁，宁化人口从20万人到了明朝下降为不足3万人，回到唐末水平。所以宁化被称为客家人衍播基地。宁化这一情况，在赣闽粤边客家大本营中绝无仅有。

③石壁客家摇篮的论述

龙岩学者林嘉书1987年便在《华声报》（3月3日）发表题为《客家摇篮——石壁村》的文章。赣南师院教授谢万陆于2000年第二届宁化石壁与客家世界学术研讨会上发表《再论石壁》，较全面论述了石壁客家摇篮的历史背景和理论逻辑。

广东省方志办副主任、编审侯国隆在1997年第二届宁化石壁与客家世界学术研讨会上发表《宁化石壁是客家摇篮》一文。侯教授是广东梅州人，对客家有着很深的研究，他在论文中，阐述石壁的自然环境和社会环境——是一块福地；宁化的语言——是纯客话，在客家形成中起着承前启后的作用；宁化民俗——极多承袭中原故习，少部分是南迁汉人到了此地与本地土人相处后才有的。这些习俗大部分传至粤东客家各地。最后结论是："宁化及其石壁，说它当时在客家形成过程中起酝酿作用也好，是客家的初始期也好，它都是摇篮，客家在摇篮中成长，在客家形成过程中功不可没。如果没有前期在宁化石壁的酝酿和初步形成，便没有日后在闽粤赣边地区形成的客家民系。"

三明学院客家研究所所长、教授廖开顺在《石壁客家述论》一书中说：

"石壁不仅仅是个地理概念，更是一个文化概念，代表客家族群的孕育地和客家文化的创造地。地域文化概念，是在特定历史范畴内的特指，其特定的时空界域内填充着仅仅其所独有的文化内涵。"《石壁客家述论》在"石壁是客家文化最重要的孕育中心"一节中提出：

一是客家文化创造主体在石壁为中心的地区高度集中。二是客家方言的摇篮。三是客家文化最重要的孕育地。四是培育自强不息的客家基本精神；是重建家园、重构家国一体文化的客家文化、传承中原古老民俗文化。五是重教兴学，较早开启重文兴教之风；对孕育客家文化的早期性作用；与原住民融合的典型、葛藤坑传说对客家文化心理的安定作用、播迁对客家"四海为家"理念的强化作用。六是对理学融入客家文化的过渡作用。①

④石壁客家祖地的论证

廖开顺教授在《石壁客家述论》中说：

"客家摇篮"是就客家民系形成历史阶段而言，它指的是客家民系孕育、诞生和形成的地方。"客家祖地"是客家人的血缘关系上说的，指客家人的祖先生活过的地方……在中国客家史上，随着客家人居住地的不断迁移，能称为"客家祖地"的地方很多，而"客家摇篮"的美誉却只属于孕育了客家民系的那块特定区域。拥有"客家摇篮"的身份的"客家祖地"在客家史的地位显得比一般的"客家祖地"更加重要。宁化石壁正是这样一个在客家民系发展史上具有特殊作用和地位的客家"摇篮"和"祖地。"②

刘善群对"客家祖地"的阐述是：

"客家祖地"以血缘为基础，包含"客家"的全部元素，如地理的、历史的、人文的，各个方面。我们确定客家祖地的位置，必须从这一地方同客家民系整体的关系；看他们在人口渊源上是不是最为重要、最为原始的关系（是不是客家先民）；看看它在文化上，不是只是起着"胎盘"的作用，也就是起着孕育和发端的作用。如果这个地方是客家民系孕育的"胎盘"，是文化的发祥地，那么从这里外迁的人，便是发端的客家人，也是客家文化最初的承载人和传播人。这里说的"客家祖地"是指民系的祖地，是"客家"这个集体发端的共同家园，而不是一姓一族或数姓数族的祖地。概而言之，是"客家摇篮"的所在地。③

---

① 廖开顺、刘善群、蔡登秋《石壁客家述论》，河南人民出版社2012年版，第71-82页。
② 同上，第93页。
③ 张启城主编《客家论丛选集》，海峡文艺出版社2017年版，第51页。

关于"石壁客家祖地"的论述难以计数。较早提出的是 1991 年 1 月 9 日《三明日报》发表刘善群《石壁，客家人的祖地》一文。1991 年底，广东梅州客家历史文化考察团发表的《客家历史文化考察纪行》中写道："福建省宁化县石壁乡是粤东地区许多客家人都念念不忘的祖居地。"

根据长期对石壁客家祖地的研究，对她定位的依据，主要是从以下几个方面印证：

一是人流。石壁是客家早期的聚散中心，这在前面已有论述。这是作为客家祖地最为基本、最为主要的条件。因为"这次迁徙到各地的客家，就是今天的正宗客家"（陈远栋《客家人》）。

二是血缘。客家人 80% 以上同宁化石壁有渊源关系。这些从宁化外迁或在宁化开基的客家祖先都被奉为始祖，这是众多客家谱牒所记载的。血缘是印证"祖地"最为重要的标志。

三是文化。石壁是"客家摇篮"，这在前面已论述，"客家摇篮"是"客家祖地"重要内涵，"客家摇篮"的"客家祖地"是其独特性、唯一性的表现，也是区别于其他所谓"客家祖地"的标志。所以有学者认为，"石壁客家祖地，不是一般的祖地，她在客家形成史上起着特殊的作用"。

四是认同。是不是"客家祖地"，不是凭主观臆断，而是由历史决定，是要客家人和学者们认同方能成立。100 多年的"石壁研究"，难以计数的专著和文章从各个方面进行了论证，取得普遍共识。客家族谱的记载，近代和当代客家人普遍认同。这见诸客家谱牒，也可以见诸前来宁化寻根觅祖的众多客家人。石壁客家公祠于 1995 年建竣以来，每年举行世界客家人的祭祖大典。每年来自海内外的客家人前往石壁，拜祖、观光的客家人都有数万之多（包括参加祭祖大典和平时的拜祖者），他们来自世界五大洲的 40 多个国家和地区。有来自大洋彼岸坐轮椅前来的九旬老者，也有数岁的孩童。他们不辞劳苦，历千里万里来石壁拜祖焚香，虔诚祈祷，如果石壁不是他们的祖地，他们会来吗？这不是文章的表述，而是发自内心的孝道，这也是客家人敬祖穆宗的传统美德，是石壁祖地深入人心的表现。

以上就是"石壁客家祖地的辩证逻辑"。

全球客家·崇正会联合总会总执行长黄石华博士《石壁与客家世界论文集·序》中说：

石壁客家祖地是历史发展的客观存在，是客家先民自中原南迁的产物，石壁客家祖地不仅是宁化的，也是中国的和世界的。

宁化石壁客家祖地的历史及其文化，则是这部宝典中的一个组成部分。西方学者自 18 世纪便开始注视中国的客家文化，动用各学科方法去认识它的精髓和积极动力。可是，时至今日，仍有极少数的学者不顾宁化石壁客家祖地及其文化的客观存在，极力将它边缘化，甚至诬蔑宁化石壁客家祖地是人为虚构的，这不禁使人痛心叹惜。承前启后是人类发展的自然规律，世界上没有哪个族群可以因无视祖地的存在及其文化，放弃传统而得到进步的。①

(三) 学术研究为实践应用

数十年在客家学术研究中，始终紧紧扣住历史与现实有机结合，为国家和地方的大政方针服务。在各次学术会议的选题上，特别在历届石壁客家论坛的讨论中，大都结合时政，建言献策，为时政实践提供建设性的理论依据和实践策略，为时政，特别是宁化的文化、经济、社会建设起着重要作用。

1. 提升社会客家意识

宁化从"身在客地不知客"的未知状态，提升到对自身客家身份的自知、以客家身份为荣和自信。这是由于长期来推进客家文化进社会、进学校、进家庭、进人心的结果，是长期来营造浓郁客家社会氛围熏陶了全县人民的结果。现在不仅宁化企业争打客家牌，就是中央、省、市对宁化的客家历史和客家事业也充分肯定。如把宁化一些历史文化遗产列入非遗项目、保护项目。在宁化建设文化交流基地：海峡两岸交流基地、中国华侨国际文化交流基地、全国社科普及教育基地、国家4A级旅游县景区和福建省政协港澳台侨交流基地，还有华南理工大学客家研究基地、三明学院客家研究基地等。这些充分说明宁化学术研究所结的社会硕果。

2. 坚守客家文化理念，力推客家文化的传承和发展

习近平总书记指出："中国有坚定的道路自信、理论自信、制度自信，其本质是建立在5000多年文明传承基础上的文化自信。""文化自信，是更基础、更广泛、更深厚的自信，是更基本、更深沉、更持久的力量。"1998年2月15日，习近平同志莅宁调研对宁化所作的重要指示给宁化莫大鼓舞，更加坚定了宁化对客家祖地文化的自信，更认定了宁化坚守客家文化理念的信心，有力地推动客家文化的传承和发展。

在长期的客家学术研究中，不断深化对客家文化及其引领力的研究，学者们发表了许多卓有见地的文章。如：刘善群2008年在《三明论坛》发表《建设客家历史文化名县的建言》（多家书刊转载），2013年写了《强化葛藤凹强化文化业——宁化客家文化产业发展的一些思考》报送宁化县委、县政府。在第七届石壁客家论坛上发表：刘善群《坚持客家祖地文化自信》，周建新、谭富强《客家文化创新发展机制研究》，戎章榕《新时代客家文化转化与发展之思考》。之前的论坛也有不少有关客家文化转化和发展的文章。这些卓有见地的文章，对客家文化的传承转化和发展起了很重要的助推作用。宁化在这一方面，很显明地体现在对客家文化的坚守、文化平台建设和客家学术研究等方面。

---

① 《石壁与客家世界》，山西人民出版社2009年版，第5页。

在客家事业起步之初，就遇到历史上最大的洪涝灾害，经济损失巨大，在经济困难巨大的情况下，还是把石壁客家公祠建起来。之后，客家文化平台建设力度越来越大，石壁客家祖地文化园扩大到具有74500平方米的规模。其中的文化内涵日益丰富多彩，设施不断完善。规模宏大蔚为壮观的世界文化交流中心等9项客家文化平台项目陆续应运而生，这些建设占地达600余亩，总投资20余亿元。

一年一度的世界客家石壁祭祖大典，20余年来也遇到不少困难，有多种非议，把一项慎终追远、爱国爱乡的孝道活动，说成是封建的、宗派的。在2008年国际金融危机中，国外客家人前来祭祖的少下来，于是吹出了一股"停办风"和"间隔风"，如此等等，宁化都顶住了压力，咬着牙挺过来，坚持一年一度，直至今日，越办越好，参与人数越来越多，越办越红火。

原来数年一次的学术活动，提升为每年一届的石壁客家论坛，也不是没有阻力，对其作用质疑，有的提议不要每年都办。但是在宁化县委、县政府的肯定下还是坚持下来。学界也赋予充分肯定和支持。

这些毅力和决心，来自文化自信，来自理念的坚守和事业的把握，是文化自信的力量，是理念坚守的力量。

3. 激活客家文化，助力经济繁荣

2019年，中共中央党校出版社出版的《激活传统文化资源的宁化探索》中提道："多年来，宁化县委、县政府高度重视优秀传统文化传承发展工作，积极探索激活传统文化资源的有效路径，致力于'客家文化''红色文化''人文文化'的品牌的打造，不断提升优秀传统文化的生命力、影响力、向心力。"多年来，在学术上不断探索研究客家祖地文化和红色文化如何助力经济繁荣的方略，学者们提出了许多卓有见识的理念支持和方略建议。一方面，在招商引资上，把客家祖地文化和中央苏区文化作为宁化的软实力，吸引企业和资金进入宁化；一方面，把"两种文化"在企业和产品上打造品牌，促进企业和产品升级。宁化三大产业不断发展，特别在文旅产业、文化创意产业、民俗饮食文化方面有突出的发展。

文旅方面，20世纪90年代初起步，1995年石壁客家公祠建设，开启了客家人寻根谒祖的血缘寻根文化运动，有力带动了宁化自然的、文化的、多元化的旅游产业的发展。20余年来，文旅产业经济都以两位数的速度增长。

宁化的客家饮食文化开发更为突出。学术研究使许多饮食项目走出了家庭，走出了宁化，走上了社会，成为菜馆的知名品牌。如"擂茶""客家擂茶馆"遍布城乡。在过去，擂茶只是家庭饮用和待客之用，在20世纪90年代初期，许多外地来宁的客家人和学者想吃擂茶，没地方找，如今随地可以找到。2012年，宁化开始实施客家小吃产业，迄今举办培训班175期，免费培训学员近万人。现开办客家小吃店4700余家，其中外出经营2000余家，从业人员万余人，遍及16个省市区、38个县市区。福州市开办客家菜馆50余家。宁化客家小吃61种被评为"福建省名小吃"，其中15种被评为"中华名小吃"。宁化的饮食产业发展有效地让一些农民转型，一些贫困户得以脱贫。

学术研究，提供了"美丽乡村建设"的文化内涵、文化特色，保住了乡愁。在美丽乡村建设中，保护、恢复传统建筑、遗址，保留了传统建筑风格，在环境建设中融入了民俗文化、农耕文化、道德文化和俚语等等。近些年已经建设的美丽村庄中，因地制宜，因史制宜，有的突出客家文化，有的突出红色文化，有的突出建筑文化，有的突出农林文化等等。如石壁镇杨边村的建设，非常突出客家的物质和非物质文化，除了保留传统风格外，在环境营造上有农耕和生活器具的陈列，有客家俚语（谚语）碑，有小桥流水堤坝和水车，有亭台小径等等，这些都彰显了浓浓客家文化。石壁镇的南田村是传遍客家世界的"葛藤坑传说"的所在地，他们建设美丽乡村就是按"葛藤坑传说"所描述的历史原型营造，颇具特色。

诚然，学术研究为实践应用范围很广，难以一一证述。

（四）对海峡两岸客家源流的研究和认识

海峡两岸客家渊源研究，也是宁化数十年学术研究的重要课题。两岸客家文化交流、联谊活动从未间断。在中国大陆实行改革开放之后，台湾的客家人和非客家人前来宁化寻根，因找不到宗亲和祖先开基的地方，只好在石壁捧上一把土和一勺水，带回台湾，当祖地的水土，作为纪念。不少姓氏也有类似的情况。为满足客家乡亲前来宁化寻根谒祖的需要，宁化县政府启动兴建客家公祠的计划。

经过对谱牒和文献的调查研究，发现台湾客家人有97个姓氏同宁化有渊源关系。不少迁台的闽南人也同宁化有渊源关系。台湾省姓氏研究学会理事长林瑶棋1997年来宁化调研后，在《台湾源流》上发表《台湾客家人的弱势族群情结》一文，文中写道："石壁这个地方被客家人公认为客家人的摇篮或总祖地。我们从各种族谱中可以发现，许多福佬与客家是同一祖先，足可以说明石壁也是闽南福佬人的祖地。"

厦门大学教授陈国强1992年到台湾调查访问后得出结论："台湾客家与宁化关系密切，不仅他们的祖、根在宁化，就是现在台湾的特质文化也保留了一些传统特点。"[①]

根据调查研究，台湾同宁化在血缘、文化、经济、教育和信仰乃至军事等方面，都有深厚的渊源关系。所以两岸交流非常频密，每年都有联谊、学术考察、研究以及经贸频繁的往来。特别是客家学术交流，宁化30年来共举行12届学术研讨会（含论坛），每届都有10位以上台湾学者投稿，都有不少学者直接前来参加会议。每次学术活动，都有涉及两岸关系的文章。2014年宁化与台湾中华海峡两岸客家文经交流协会、北京联合大学台湾研究院、台湾联合大学客家研究院等联合在宁化举办第七届海峡两岸客家高

[①] 陈国强、林加煌《宁化石壁与台湾客家》，原载云南人民出版社《云南社会科学》。

峰论坛与第二届石壁客家论坛。本届论坛，重点讨论了两岸客家的各方关系。前来参加论坛的台湾学者32人。有关两岸客家关系的文章23篇。台湾中华海峡两岸文经交流协会理事长饶颖奇出席了会议，并为论文集作序，他在序言中说："台湾客家与宁化石壁渊源深厚，血缘、文缘源远流长，密不可分。"

台湾联合大学客家研究学院研究员、博士刘焕云几乎每届宁化的学术会议都来参加。他在第七届石壁客家论坛发表论文《发挥石壁客家祖地优势，推动两岸融合发展研究》，文中写道：

21世纪为追求中华民族伟大复兴，必须推动两岸客家文化之融合，并了解两岸客家文化之融合，将有助于中华民族大一统及中华民族之伟大复兴。就中华文化发展而言，海峡两岸中国人必须重新认识与了解自己的文化传统，对优秀传统中华文化有所传承，汰旧换新，进而以文化主体的身份对传统做出创造性的转化，赋予中国传统文化新的定义与价值。尤其是中国文化之支流之一的客家文化，推动两岸客家文化之融合与交流，让客家文化发挥力量，并对祖国统一做出贡献，这是当前客家人应该共同思考的问题，也是探讨客家文化创新发展时必须省思的问题。

客家研究先驱罗香林及其他许多学者早已深入考察、研究，发现"客家人从中原迁徙于中国南方乃至世界各地，几乎都经过宁化石壁"，因而称宁化石壁"客家摇篮、客家祖地和客家母亲"。

笔者认为，在全球化的历程中，实可以透过回原乡宁化石壁寻根问祖，让世人全面认识宁化客家祖地根源意识之丰富内涵。同时，在全球化大环境下，推动两岸客家文化交流可以促进两岸客家精神的凝聚和升华。

刘焕云在第八届石壁客家论坛发表《深化"宁化学"与"客家学"研究，促进客家文化之传承与创新》一文，文中写道：

宁化在历史上，是客家各姓氏迁徙发展之中继站，无宁化则无客家人，亦无后来之客家文化在台湾及全球之生根发芽。尤有甚者，台湾客家学术界正逐渐兴起抛弃"客家文化之中原北源说"，进而主张"客家南源说"，说客家人主体源于中国大陆华南地区之畲族，并不是北方中原汉族之后裔。此一说法，完全无视两岸客家各地姓氏之族谱中记载各姓先祖是中原南迁而来之事实。刘文最后写道：深化"宁化学"与"客家学"研究，可以说明客家文化源自中原、客家是中原汉人支系，亦可以促进两岸融合，让客家文化的发展成为衔接传统与现代中华文化之范式，并使之促进两岸融合、中华民族江山一统与伟大复兴之宏伟目标。[①]

全球客家·崇正会联合总会总执行长黄石华博士在《石壁与客家世界论文集·序》中写道：

---

① 《第八届石壁客家论坛论文集》，第2页。

不管否定宁化石壁客家祖地的历史及其文化的学者其动机和出发点如何，其产生的副作用和恶劣影响不能不引起人们的高度警惕和严正反驳。20世纪90年代，台湾客家人掀起回大陆寻根问祖的热潮，到宁化石壁客家祖地祭祖，"台独"分子为了"去中国化"，极力攻击罗香林教授的《客家研究导论》《客家源流考》和《宁化石壁村考》等名著，抛出所谓批判罗香林教授的"原乡论""血缘论"，要扬弃做客心态，"割断原乡脐带"，"脱离母体"，做"新客家人"。他们假研究"客家学"之名，行分裂祖国之实。在此情势下，大陆有的学者打着探索客家源流的旗号，标新立异，企图一鸣惊人，竟称"客家人并不是中原移民"，"客家各姓氏宗族的开基祖是一种文化构建，未必是历史的真实"。他们以否定罗香林教授的《客家研究导论》《客家源流考》和《宁化石壁村考》为创新。对此，必然引起正直的有造诣的专家学者的批判和澄清。

最近，中共福建省委、省人民政府提出发挥"五缘"优势，促进"六求"。"五缘"即：地缘相近、血缘相亲、文缘相承、商缘相连、法缘相循。"六求"是：力求在紧密港澳联系、两岸直接"三通"、旅游双向对接、农业全面合作、文化深入交流、载体平台建设六个方面取得新成效。"五缘"的核心是血缘亲，做好对台工作，建设好客家祖地文化。这正确的决策，对海峡两岸的客家人是巨大的鼓舞，对"台独"分子利用客家做靶子，割断血缘关系，实现"去中国化"的图谋，是有力的遏制和打击，对出现的杂音是有力的澄清。①

宁化举办的历届客家学术会议，每届基本都有涉及两岸关系的论述。宁化编著的书刊中，也少不了涉及两岸客家的内容。廖开顺等著《石壁客家述论》中，便有专门一章《石壁客家与台湾客家渊源关系》，其中详细阐述了"台湾客家概况""台湾客家与石壁客家的姓氏血缘渊源""台湾客家与石壁客家文化同根"及"台湾客家的石壁寻根"等内容。宁化还专题编著两岸客家的书籍。如《石壁与台湾马氏》《宁化与台湾客家始祖渊源》《石壁与台湾客家》等。30年来，接待台湾来访130多批次，近2000人次。台湾媒体来宁采风，摄制电视片20余次之多。

三、宁化客家研究述评

北京大学教授、博士生导师郭华榕在《石壁客家述论·序》中说："宁化的乡亲们为了弘扬客家文化，多年努力写成重要著述。作者的深入追寻、综合研究，坚持求真，成绩斐然，令人钦佩。"

全球客家·崇正会联合总会总执行长黄石华博士在《客家祖地石壁丛书》的序言中说："宁化刘善群等几位土生土长的学者，在长期积累和田野调查的基础上，编写了一

---

① 《石壁与客家世界》，山西人民出版社2009年版，第7—8页。

套《客家祖地石壁丛书》，这套丛书从历史、地理、经济、文化、民俗、语言、文物和民间传说等方面反映宁化石壁的历史文化总貌；从石壁的历史阐述石壁与客家民系、客家史的重要关系，并论及客家史的方方面面。既具体翔实，充满泥土芳香，又高屋建瓴、小中见大，有血有肉，是一部学术、资料并茂的好书，也是迄今为止第一部问世的研究客家社区历史文化的丛书，值行祝贺！""如今一部综合性研究社区历史文化丛书问世，无疑有助于对整体客家史进一步探索，亦为客家学科建设添砖加瓦。其意义与影响甚为深远。"

北京科技大学教授、博导冯秀珍说："在当代大陆的客家研究热潮中，宁化石壁起着前沿阵地作用，筑就了县级客家研究的时代里程碑。"①

福建省政协研究室原处长、主任编辑戎章榕在《新时代客家文化的转化与发展之思考》一文中说：

20多年来，宁化在客家文化研究和传承上卓有成效，取得了一系列的成果：设置机构专门从事客家文化的研究交流，成功打响了客家文化品牌；在学术研究上，孜孜以求，绵绵用力，久久为功，业已形成客家学石壁学派，这在国内县一级客家研究中首屈一指。②

北京宁化客家联谊会执行会长罗世升认为：宁化"将族谱与正史文献结合起来，姓氏人口志与中国大历史背景紧密联系起来，注意诸家观点学说的把握，科学地创立起'石壁学说'"，为"宁化是全球客家总祖地、石壁客家公祠是世界客家人的朝圣中心"的定位，提供了一套较为系统和科学的理论体系，为客家学研究深入了一步，得到客家世界多数客家研究学者的认可，肯定和称赞。③

"当前，客家地方，客家元素的时代价值确实引起了社会各界高度重视，业已形成百舸争流，力争上游的局面，但唯有作为客家祖地的宁化一地，以刘善群先生为核心的团队，几十年来，扎根祖地，不懈耕耘，把客家事业运作得风生水起，培育了享誉世界的客家祖地品牌，成功打造了客家人认同共有的精神家园。宁化客家事业发展的意义已不仅在于闽西，而且还在于整个客家世界。"④

对宁化客家研究的评价是多方面的，以上是百之一二。其主流是正面的、肯定的，但同时也有一二不同声音，但并无什么影响。

下面分别阐述。

---

① 冯秀珍《略论宁化石壁在世界客家的独特地位》，载《石壁与客家世界》，山西人民出版社2019年版，第51页。
② 《第七届石壁客家论坛论文集》，第37页。
③ 罗世升《众擎石壁客家公祠的族谱》。
④ 俞如先《宁化客家文化事业刘老现象与精神弘扬》，载《流金岁月，春华秋实》，第80页。

(一) 宁化客家研究中之所谓"宁化学""石壁学"

所谓"宁化学",是第八届石壁客家论坛上刘焕云教授文章《在深化"宁化学"与"客家学"研究,促进客家文化的传承上创新》中提出的,他认为"宁化学"是专门针对宁化在地所有类别与范畴之研究,继续彰显宁化于历史上之存在内涵。也有诸如法国远东学院博导劳格文教授在《论石壁·序》中说:"前面有刘先生自己写的非常好的导论,其中勾画了石壁学的历史并阐述了这个研究在当前的意义。"

北京罗世升在前面所引的论文中也提出"石壁学"。

笔者理解,所谓"宁化学"或者"石壁学"都是同一概念,"石壁"其实是"宁化"的代词,它们是"客家学"中的一子命题。"宁化学""石壁学"研究的对象不仅是宁化或石壁,它们都是客家史中众多节点中的一个,只不过具有更多的独特性或唯一性,起着更为重要作用而已。所以无论是"宁化学"或是"石壁学"的研究只是指"宁化,而研究的对象是全方位的客家学。只有着眼客家学研究,才能突显石壁在其中的内涵"。知全豹,方能见一斑。至于"石壁学"是否形成或成立?三明学院廖开顺教授是这样论述的:

刘善群提出"客家区内文化区域划分""客家历史孕育、诞生、成熟、发展的阶段性""宁化石壁是全世界大多数客家人的祖籍地""石壁是客家民系形成初期的中心地域""宁化石壁是客家文化的节点""客家播衍的基点"等一系列学术观点,他将客家学奠基人罗香林以及历史上其他学者论述石壁的观点进行全面而深入的实证,形成自己的论述体系,在客家学术界产生重大影响,推动了宁化石壁与客家世界之关系的学术研究不断拓展与深化,得到海内外很多客家研究专家的认可并参与研究。通过举办四届石壁与客家世界研讨会和四届石壁客家论坛,凝聚一批专家学者,围绕石壁在客家民系形成中的作用和地位发表论文,已经形成一个石壁研究群体。这个群体的特点是:尊重传统,注重实证,在罗香林研究的基础上追本溯源,坚持传承和发展客家优秀文化,推动客家认同,注重海峡两岸客家文化交流,以中华民族伟大复兴为使命,研究和推动客家地区经济社会发展。或有将石壁研究群体称之为"客家研究的石壁学派"。作为石壁学派对待似乎不够成熟,但是,确实有很多研究者关注和参与石壁研究,既有知名专家学者,也有新一代研究生。而刘善群先生是继罗香林先生之后,对石壁研究和促进石壁研究群体形成的又一位重大贡献者。(宁化县客家工作办公室《流金岁月,春华秋实》,2017年8月,第29页)

廖教授认为"石壁学派"不够成熟,作为"石壁学"同样也不够成熟。因为它作为一个学术体系不够完备。同时还需要学界的认同。至于"石壁学"最终能否形成,还得视研究的发展,需要学术群体的再接再厉。

(二) 坚持石壁客家祖地文化自信

宁化石壁在客家历史上的作用和地位，是宁化客家研究的中心课题之一。在前人研究的基础上，经30年的创新研究，得出许多科学定论，并得到学界和客家人士的普遍认同。但同时也有个别不同声音，贬低、质疑、淡化，甚至虚无化。但这些都不能撼动宁化石壁在客家史中不可替代的重要地位。因为它是历史，不可能为人们的意志而转移，这就是石壁研究群体的底气，也是宁化人的底气。这也就是石壁客家祖地文化自信的基石。这一"底气"和"基石"，来源于长期研究的成果。

廖开顺《石壁客家述论》中说：

石壁作为客家祖地的典型，是综合诸多要素做定论的。第一，与客家姓氏渊源最多；第二，是客家先民（客家入闽始祖）最多的栖居地；第三，是最早的客家文化孕育中心；第四，是客家最初的播迁中心；第五，在客家世界拥有最广泛的"客家祖地"认同。

刘善群在第七届石壁客家论坛发表《坚持客家祖地文化自信》一文中写道：

作为客家祖地的宁化石壁，"在那里他们最早获得了自己与周遭不同的独立地位身份，有了自身独立的发展"。（谭元亨）这里自身独立发展的文化，有其早期性、集中性、完整性和唯一性，它是赖以凝聚客家人的文化基因，是文化自信的基因。对让人自信的文化基因，需要坚持，需要自觉地坚守和光大。刘善群在第八届石壁客家论坛上发表《石壁客家祖地独特性的研究》，该文从六个方面阐述其独特性，可以说也是唯一性。

针对石壁地位研究的不同话语，三明学院客家研究所所长蔡登秋教授在第七届石壁客家论坛发表《"历史真实"还是"文化概念"》，对百年石壁客家文化研究进行梳理，对"血统说""谱系说""文化认同说"和"符号说"作了深入分析，提出了自己的观点。他在文章的"余论"中说："在我们研究过程中，对石壁研究应秉着历史客观、公正事实的态度，既不草率地下定论，也不必执意否弃历史真实，更不可以理论来套事实。石壁的历史性与真实性，正如赣南师院教授谢万陆在《再论石壁》一文中说：'我们说的武夷山南段，赣、汀、闽江之上游，而石壁则是这一地域的中心，是摇篮的代表。当然，我们这样断言，绝非出于主观臆造，更不沾带个人感情的炒作，是得益于天公（自然）的赐予，也依赖于历史的安排，非任何个人所能左右。'"

厦门市方志办副编审李启宇在第三届宁化石壁与客家世界学术研讨会上发表《"石壁现象"辨析》，文中辨析了谢重光教授提出的"石壁客家祖地，只是一种文化理念的建构"的观念，给了有力的辩驳，他说：

如果说，确定自己的先祖从何而来是一种文化理念的建构的话，为什么许多客家人会选择石壁这个地方来完成这种建构？如果客家祖地是一种文化符号、一种标识，为什么客家民系会选择石壁作为客家民系的文化符号和标识？从历史唯物主义的观点来看，先有活生生的物质生活的实践，再有文化理念的建构和文化符号——标识的选择，而不是相反。从文化的角度看待宁化石壁作为客家祖地的地位，在物质的层面上，应该认真分析石壁在特殊的历史时期为客家先民所能提供的特殊机遇，认真分析石壁特殊的地理条件为客家先民所能提供的特殊的家园；在精神的层面上，应该认真总结石壁客家祖地在客家民系文化形成过程中所占有的地位，所发挥的石壁作为客家祭祖活动中心、资料中心、研究中心的作用。①

法国劳格文教授在《论石壁·序》中说：

无论如何，刘善群的导论可以肯定地说，很温和地接受了诸多有关客家来源和石壁角色的不同看法。他很谦和地融合了接受石壁不仅是历史事实，而且更具有象征意义。和所有的符号一样，她所代表的内容非常复杂；从地理学的角度说代表宁化整个西片；从历史学的角度来说，代表客家民系及其语言在闽赣交界的武夷山脉周围地区形成……石壁代表客家人的认同感。不管历史学家对此认同感背后的事实如何看法，但他们既不能否认这个认同感，也不能否认这个由石壁来代表认同感的事实。历史学家只能承认它们的存在。②

还有更多的学者为维护宁化石壁客家祖地的历史地位，对一些不适之词进行有力辩驳。如刘善群《石壁客家祖地是历史的真实不容歪曲》，对个别用历史虚无主义的所谓理论逻辑，对石壁历史进行歪曲的说词进行无情的批驳。文中说："宁化石壁在客家历史上起着不可替代的重要作用，是客家祖地。经长期被众多的学者所反复论证，是客家真实存在。个别学者所谓'心理学'分析，把它神化、虚化，是对历史真实的严重歪曲，是'土著论'的另一种邪说，是历史虚无主义史论，危害极大。"（《首届石壁客家论坛论文集》，福建教育出版社2013年版，第116页）

上述的批评，不是学术偏见，而是辩证唯物主义的坚持，是真理的坚持，是历史真实的坚持，是客家祖地文化自信的坚持。石壁客家祖地文化自信，不仅仅是对石壁历史的自信，更是对客家历史文化的自信，是对客家身份的自信，绝不是仅对石壁而言。因为"从民族与国家的角度上看，就是一个族群对自己的历史传统、共同的心理特征和所拥有的核心价值系统，以及精神观念系统与经济、政治结构互摄互洽的文化共同体生命活力的心理认同和坚定信念。"③

（三）宁化客家研究推动了以血缘寻根、文化寻根为主旨的新客家运动

宁化客家研究论证，宁化石壁与客家人的密切关系，尤其在血缘和文化上，让海内

---

① 载《石壁与客家世界》，山西人民出版社2009年版，第131页。
② 《论石壁》，海风出版社2003年版，第2页。
③ 傅才武、齐千里《从现代化道路看文化自信的路径与意义》，载《中国社会科学文摘》2020年7月，第64页。

外客家人知道宁化石壁是客家人血缘寻根、文化寻根的目的地,特别是石壁客家公祠等文化平台的兴建,推动了客家寻根运动的不断发展。正如已故南源永芳集团有限公司董事长姚美良局绅在1995年客家公祠落成典礼上的致词:"石壁客家公祠落成后,将是世界上所有客家人的总家庙,是客家人朝拜圣地。我相信,石壁客家公祠落成,将有利于团结海内外所有客家人前来寻根谒祖,并形成一年一度的客家人朝拜祖先、祭祖的热潮。这将有利于团结海内外所有客家人,增强客家人及所有华人华侨的凝聚力,加强新一代华人华侨的民族意识和对祖先故土的了解,有利于弘扬客家文化,振兴民族精神,使客家人作为汉民族一支优秀的民系,在今日世界大舞台上,发挥更大的作用和影响。"

姚美良先生的预言,在近20余年中,得到充分体现。石壁客家公祠在1995年落成之后,每年举办世界客家祭祖大典,不曾间断。开始时,祭祖仪式,在只能容纳百余人的玉屏堂(祭祀厅)就可以了。一二年后,就容纳不下,只好在玉屏堂外的"天井"搭板,可容纳300余人(同场祭祖),再后又不能满足,便在公祠前面延至进口的牌楼建设客家祖地文化园,其中有可容纳万人的祭祀广场,祭祖场所便移至祭祀广场,万人广场又被挤得满满当当。同时,在非祭祖大典时间,前来寻根谒祖者络绎不绝,几乎每天都有。迄今到石壁祭祖的客家人士来自世界五大洲的40多个国家和地区。远自南美洲的巴西、巴拉圭。只有客家人数很少的国家和地区缺席。前来寻根谒祖的客家人遍及各界,有精英阶层,有普通百姓,有90多岁的老者,有不足4岁的孩童,更有坐轮椅从大洋彼岸来的残疾人。他们不远千里万里,克服身体的不适和长途的艰辛来到宁化,在石壁客家公祠虔诚跪拜,叩不完的响头,诉不尽的衷肠。他们在祭祖之余,留下一串串感人肺腑的话语:"这是我们客家先辈开辟的一方宝地,我们的先祖就是从这块土地上走出来的!""今后我们还要来,把二三代儿孙们带来走一走,看一看,让他们体验先辈艰苦卓绝、奋发图强、开拓进取的客家精神。"他们实现了诺言。如姚美良大兄森良局绅,自1995年开始,每年都在马来西亚发动、组织、带领客家人前来寻根祭祖,20余年如一日,不缺一年,而且有的年份还不止来一次。姚先生已过了古稀之年,仍然坚持如故,而且带着儿子、侄儿(美良儿子)前来,交代他们继承下去,永不断代。还有不少海外客家人祖孙三代全家都来。此举就是为了客家文化后继有人,永续传承。客家人的寻根热潮被称为"新客家寻根运动",这一运动的兴起是客家人敬祖穆宗优良传统的体现,是客家人怕失去历史文化记忆的行动,是宁化客家研究让客家人知道寻根目的地,触发客家民性的结果。没有历史研究、理念引导,不可能出现新的场景和场所。

劳格文教授说:"所以刘善群的结论说石壁是客家民系的圣地,并且在1995年建造了石壁客家公祠,满足了重视客家认同感的族群的广泛愿望和要求,这完全是一个历史学家的看法。"[①]

[①]《论石壁》,海风出版社2003年版,第2页。

廖开顺教授说：

族群文化记忆存在于族群成员的意识或潜意识之中，并对后代产生影响。在族群成员中，有可能出现文化失忆。恢复和强化文化记忆需要文化"场景"的刺激。西方族群理论的"场景论"认为，族群成员可以根据场景的变迁对族群归属作出理性的选择，而不完全是"原生"的、"情感"的因素。在海外客家后裔中，因为场景的变化，族群意识淡化，甚至难以与长辈进入寻根拜谒祖先的"场景"时，也会产生客家族群认同感。在石壁，除和大量的客家物质文化遗产构成族群认同的"场景"外，"石壁公祠"成为客家族群认同的新"场景"。石壁客家公祠还是有"场景"的意义。石壁曾经是客家先民栖居最重要的"场所"，而今的石壁客家公祠是"场所"和"场景"的再造。石壁客家祭祖大典独有的"场景"对激发客家族群文化记忆具有其他场景不可替代的作用。①

（四）为客家学守正发展

华南理工大学客家研究所所长、教授、博导谭元亨在首届石壁客家论坛上发表《客家身份的认同和背离》，在第六届石壁客家论坛又发表了《去中原化，还有客家学吗?》。这两篇论文可谓是"姐妹篇"，可谓是捍卫客家学守正的宣言，其理念逻辑都是捍卫客家的正统性——客家民系的汉族族性。在前一篇文章中，他说：

身份认同是我们对自己在世界中的地位的确定，也是社会中归属得到允诺。地位的确定，意味着自身的尊严，也包含着自信，而归属允诺则意味着得到群体（包括族群）的认可。

从血缘、时空的认同，到文化认同，客家人正是在这物欲横流、身份迷乱的历史时空作出自己的选择。

在后一篇论文中，谭教授梳理了进入19世纪后，客家研究的历程。指出，徐旭曾《丰湖杂记》、赖际照《崇正同人谱源流》、罗香林《客家研究导论》《客家源流考》"最终奠定了客家学的基础，为客家人的民族归属正名，以'大迁徙'历史确立的客家移民属性"。"汉民族身份的认同，也就是客家学的核心即'中原说'，客家人来自中原。姑且不论是否'华夏贵胄''衣冠士族'，但族源是不改变的。当年，客家人的正名，正是由此而起，这关系到民族自尊、历史担当，尤其是中国自古以来的正统观念——承袭这种观念，本身就是客家人对自己汉民族的身份的强调，不愿被边缘化，不愿做化外之民，不愿被贬抑、被排斥。无论是汉族身份，还是中原之源，这更是客家学创立时的根基。"②

深圳大学文化产业研究院执行院长、客家研究所所长、博导周建新教授在第六届石

---

① 《石壁与客家世界》，山西人民出版社2009年版，第15页。
② 谭元亨两篇论文分别载《首届石壁客家论坛论文集》，第10页，以及《第六届石壁客家论坛论文集》，第2-3页。

壁客家论坛发表的《客家文化的研究历程与理念范式》中说：

客家文化研究取得长足进展，取得一个又一个的突破，但其中又有不少值得进一步深入和拓展的地方。有着继续探讨、发展和突破的大空间，具体表现在：客家文化研究经历了一个怎样的发展历程与阶段，已有客家文化研究主要有哪几种理论范式？其主要内涵、分析路程、方法论及其在运用过程中的长短优劣及内在的局限各是什么？当下客家文化研究又有着什么样的动向和趋势，如何建构客家文化研究新的学术话语体系？

地方性和族群性分别揭示了实态的客家文化历史和动态的客家文化政治，较为全面和准确地揭示了客家文化的本质特点和根本属性。立足于这两个文化特性，笔者进而提出了"客家文化是一个地域文化，又是一个族群文化"的观点，提出将客家文化研究纳入族群人类学这一学科领域。①

黄河科技学院《黄河科技大学学报》编辑部编审陶谦在《客家人的身份认同、文化认同和家国情怀》一文中说：

身份认同是血缘、族源的认同，即古老话题中的"我是谁，我来自哪里"。身份认同是客家固本之根，否定了客家人主要来自中原汉族，就挖断了客家之根。近几年来，对客家的身份有过客家是"土著"或者"以土著为主"的观点，对罗香林先生提出的"中源说"质疑，但是，仍难以撼动"中原说"。客家祖源地在中原仍是学界乃至客家民系的普遍认识。

客家的文化认同就是找到自己的文化渊源，以及在客家民系这棵大树下的吸收滋润后所形成的思想和精神，因此，客家的文化认同是客家之魂。

自古至今，客家人对家乡、对祖国都有深厚的感情。这种家国情怀来自强烈的身份认同和文化认同。

身份认同、文化认同永远是客家固本之根和精神之源。②

宁化客家研究，自始至终都是围绕客家学建设进行。无论是对客家历史文化研究，还是对石壁研究，都是在客家学正统范围内进行，不断排除"非中原论"的干扰，始终没有偏离客家学的核心和正统性——汉族族性。可以说，宁化客家研究是成功的。

陪伴宁化客家研究30余年，最深的体会：一是坚持。最重要的是宁化历任党政领导的重视和支持，他们一任一任的接力推进，以及宁化热爱客家事业的"自愿者"始终不渝的努力。二是凝聚力。宁化学人"以小学生的姿态走出去、请进来"，以诚待人，由于不懈努力，得到众多海内外学者和学术单位的信任和支持。所以数十年来，不仅凝聚了众多海内外学者和学术单位，同时凝聚了他们的智慧和学术成果。三是自信。30多年，宁化客家研究不是一帆风顺，一路走来，不断有人质疑，干扰，否定。但是我们坚

---

① 载《第六届石壁客家论坛论文集》，第32页。
② 载《第三届石壁客家论坛论文集》，第141页。

守自信。正是有了自信，才能坚持，抵制那些非议、淡化乃至否定。这种自信是来自对历史的真实的依赖和百年"石壁研究"的丰硕成果的坚实基础。四是把握。就是把握学术道德。就是民族自尊和历史担当，就是坚持历史唯物论和方法论，坚持历史客观和公正事实。把握学术方向，把握政治大局，把握客家学的大局，把握客家民系整体性的大局，把握民族族性的大局。同时把握因应时代的需要，把握发展的需要，把握传承的需要。

2020 年 8 月稿

从事客家学研究 30 余年来的心得体会

参加工作后，搞了 30 年的文秘工作，接着搞了 30 余年的客家研究，这可谓是人生的全部。

后 30 年是偶然转型的。原先在县委办公室工作，1984 年县委叫我去参加全省的地方志工作会议，会后便叫我任县志办主任。搞地方志自然要研究地情，宁化县是客家县，编纂县志，自然要研究为什么是客家县。于是投入了客家研究。县志编纂完成，也快到退休年龄，由于爱上了客家研究，便自觉地转向了这一新的领域，退而不休，一搞就是 30 多年。30 多年时间不短，但成效微薄。宁化县委、县人民政府十分关怀和支持，批准举行这次研讨会，把各位专家、教授、老朋友请来，给我以评论，非常感谢，请各位务必不留情面给予批评，谢谢！

下面我就 30 多年的研究体会向各位作一汇报，请大家批评指教。

宁化编修新中国成立后第一部县志的时候，正是客家热掀起的时期，而宁化属于客家学启蒙时期，有很多老师对我们帮助很大。一是客家书籍。如罗香林的、陈运栋的和中国历史书籍，等等。二是厦门大学音韵学家、博导黄典诚教授。他受聘为宁化县志顾问，指导和审核宁化方言志的编纂，三次来宁化指导、调研，对宁化方言作出科学定位，把厦大唯一的一本陈运栋《客家人》借出来给我们。三是广东梅州学者。梅州方志界、文化界人士多批来宁化考察、调研，同我们座谈、传经送宝。四是大量的历史资料。这些都是求之若渴的学习来源。在大量的史料和各方面的帮助下，我们对宁化的客家史作初步正确的判断。

将宁化定位为"客家摇篮"，写进了《宁化县志》，成为第一部对宁化客家历史作出定位的县志。在这当中，也受到质疑，我们同省方志办领导进行了多次讨论，才获得批准。

下面谈谈对 30 余年来学术研究中的主要学术观点的认识。

一、关于客家文化区域的内部区划

1993年接受了编写《客家礼俗》一书，是福建教育出版社策划，谢重光教授主编的《客家文化丛书》中的一本。当时决心尽力做到全覆盖，避免以偏概全的问题，所以全力收集赣、闽、粤客家聚居区的民俗资料。在编写中发现，客家大区中的文化同异并不是以行政区划，也不是以自然地理的水系区分，而主要是因为历史进程的原因。于是在《客家礼俗·绪言》中，提出如下观点：

从文化的角度考究，闽、粤、赣接合区的客家大本营内部的文化区域划分，也值得探讨。以往，学者们一般分为闽西、粤东和赣南，或汀江、韩江、赣江三区（或三片），这种以行政区划或地理概念划片的办法，难以反映其文化内涵，同时，还有不完整之处。如闽西，若以地理位置分，宁化、清流、明溪都属于闽西，但现在属三明市管辖；而以水系划分，它们都不属于汀江水系，而属于闽江水系；若从文化内涵看（包括人口流迁、语言和文化特征），这三县同长汀、上杭、永定、武平有明显的差异。宁化、清流人口主体是唐宋时期迁入的中原汉人，语言和民俗等方面保留更多的古代汉族传统。赣南和赣江区域，也有河东、河西之别。河东区，指贡水流域，包括宁都、石城、兴国、于都、瑞金、会昌，特别是前两县，其人口主体是唐宋时期迁入的中原汉人，语言、民俗等方面与河西片有明显的差异。河西是指章江流域，南康和"三南"等地，其人口主体是明清时期由闽、粤迁入的客家人，尽管唐宋时期也迁入了部分中原汉人，但他们都以主人自居，称闽粤迁入者为客家，而这些客家人反客为主，成为主体人口。鉴于上述情形，愚见以为，客家大本营的文化区域是否可以划分为四个文化小区，即赣闽区，以江西的宁都、石城，福建的宁化、清流为代表，包括兴国、于都、瑞金、会昌和明溪，是客家民系形成的早期区域。闽西片，以长汀、上杭、永定为代表，包括武平、连城，是客家民系形成的发展区。粤东片，以梅县、兴宁、大埔、蕉岭、平远为代表，包括其他客家县，属于客家民系的成熟区或定型区。赣南的河西片，以南康、信丰、龙南、全南、定南、寻乌、安远为代表，包括其他客家县，属于客家返迁区。这一划分未必十分科学，此处只是提出初步看法，不作论证。之所以要在这里提出，主要是为了便于记述客家民俗的地区差异。

《客家礼俗》1995年由福建教育出版社出版。上文是民俗文化在赣闽粤客家大本营区内的差异性作出初步划分。客家文化区内的差异划分，实际就是客家民系历史进程的阶段性。于是在2000年第六届国际客家学研讨会上，发表了《试探客家民系形成的阶段性》一文。文中阐述和论证客家民系形成史可以分为四个阶段及其中的地域，提出"客家民系形成历史整个走势是由唐至清，自赣闽连接地区，经闽西、粤东到赣南中南部，成为一个圈"。从客家人口语言、文化意识和经济生活的历史状况，提出：

客家民系诞生于大本营北部的闽赣连接地区。

客家民系成长于汀州。

客家民系定型于梅州。

客家民系的聚居地赣南。

最后说明客家民系形成的时空，分别叙述了四个地区在客家民系形成的过程中，各自在不同的时期里起着不同的作用。这种划分是否科学，有待于学者鉴定。但这里要说明的是，各个地区，在不同时期里起着不同的作用，不是孤立的。整个闽粤赣客家大本营的各个纯客县，在客家民系形成的过程中，都在起作用。上文只是说由于历史的发展过程，其人文中心的转移和变化而已，并无排他性。

上述对客家形成史的阶段划分，有的学者也提出相同或类似的观点，应该是学术的认同和支持。

二、关于宁化石壁是客家摇篮问题

前面说过，在编纂新中国成立后第一部《宁化县志》时，把"客家摇篮"的定位写进了县志。这是根据各方面资料，经过研究，作出的结论。

但是作为地方志，只能记述史料，提出观点，不作论述。本人在县志编纂之余，作了一些论证。如于1992年在首届（香港）国际客家学研讨会上发表《关于客家民系形成的中心地域探讨》，论证了"宁化石壁是客家语言、文化习俗的摇篮"，提出了宁化石壁是客家民系形成的中心地域。而后在2007年出版的《客家与石壁史论》和2014年出版的《宁化史稿》中分别作了比较全面的论述。

在《宁化县志》编纂中和出版后，各地学者发表了不少文章，论证"石壁是客家摇篮"。如龙岩学者林嘉书先生在1987年3月3日的《华声报》上发表的文章《客家摇篮——石壁村》，如《福建侨报》记者陈梅芳女士在新加坡南洋客属总会《客总会讯》发表的文章《客家摇篮——宁化石壁村纪行》，如赣南师院谢万陆教授的《再论石壁》，如广东省方志办副主任研究员侯国隆先生的《宁化石壁是客家的摇篮》等等，都从多角度、多层面论证宁化石壁是客家摇篮，对《宁化县志》的观点高度认同和有力支持。

三、关于石壁客家祖地问题

石壁客家祖地的定位和正式提出是在20世纪90年代初，实际上之前已有不少的表述。如清光绪年间梅州温仲和编纂的《嘉应州志》写道："梅州人民抗元的壮烈，地为之墟，闽之邻粤者，相率迁移来梅，大约以宁化为最多，所有戚友询其先世，皆来自石壁人。"英国传教士艮贝尔在《客家源流与迁移》一书中说："岭东之客家，十有八九皆称其祖先系来自福建省汀州府宁化县石壁村者。"

罗香林教授在1947年发表的《宁化石壁村考》一文中写道："广东各姓谱乘，多载其上世以黄巢之乱，曾寄居宁化石壁村葛藤坑，因而转徙各地，此与客家源流关系颇巨。"以上这些表述，虽没明确石壁是客家祖地，但其内容已表达了这一定位。1990年代初，"石壁客家祖地"被明确提出。我在1991年1月3日的《三明日报》发表了一篇文章《石壁，客家人的祖地》，之后又发表了几篇关于这一命题的文章，在《客家与石壁史论》和《客家史稿》中，作了比较全面详细的论证。我们认为，石壁客家祖地并非一般概念的"祖地"。一般概念的"祖地"，只是指有一些客家祖先居住过的地方。这一概念的"祖地"，客家的每一个县都有都是。而石壁客家祖地的内涵，则不只是几个祖先的居住地而已，而是在这里居住过的祖先是客家祖先的大多数；他们是客家文化的创造者和最初传播者，也就是他们是最早的客家人；他们被多数姓氏认同为客家开基祖或一世祖。简而言之，是客家摇篮的客家祖地，也就是"客家摇篮"和"客家祖地"叠加的地方。这一观点，我进行过反复的阐述和论证。这一观点不是一家之言，有不少学者有过同样的论述。

关于石壁客家祖地的定位，也还存在一些质疑，如石壁地方太小形不成气候，族谱不可靠，不利于团结，还有所谓的"石壁现象"正统观等。这些质疑，有的学者已作了一些辨析，我也作过一些辨析，在此不多讲。

四、一些体会

如何在退休后，在没有功利、没有外界压力的情况下，坚持长时间的客家学术研究，主要是有文化自觉、自信、自谦和好运等因素。

一是自觉，有使命感。在编修县志过程中，进行客家研究是责任使然。然而在县志编修完成后，县委提出打客家牌的战略，我自觉投入其中。"打客家牌"，首先是舆论。舆论基础是大量的历史资料和研究成果，空口说白话没有用。本人在宁化客家研究中，可说是先行者，已经在路上了，就要走下去；再者接近退休年龄，基本没有工作任务，有时间条件，于是自觉担当起研究客家的任务。1991年成立客家研究会，我当了会长，这又加上了一层责任。当了十多年会长，正是推动宁化客家事业迅速发展时期，学术成果推动了宁化客家事业的发展。不当会长之后，并没有因此而退休，而是继续干下来，直到现在。

二是自信。我这个人有个特点，在无知的情况下，虚心求学，拜师读书，一旦自觉有些懂了之后，便我行我素，敢于把自己的想法观点亮出来，不怕风险，抱着有错就改的态度，抛砖引玉，使自己进步。如县委提出要拍一部电影、电视剧之后，也有人写了剧本，但都不理想，主要原因是作者对客家历史和文化不熟悉。在这种情况下，我觉得自己应该担当起来。我对客家史、客家文化有一定的把握,特别是对宁化的客家故事、民情风俗较了解,这是个基础。但技术方面,却是不懂,比如如何写电视剧本,一无所知。长期搞文书、学术,对文学非常陌生,形象思维很差,但是考虑更多的是责任,认为只要把故事写出来,故事好,自然有人加工,于是大着胆子写。写出了第一稿,内行人看了后说,离剧本还差很远。但我并不气馁,重新学习电视剧的写作。过了三年,电视小说出版,被八一电影制片厂看中,改编成32集电视剧本,拍摄成功。这一案例,自我体会,一是出于自觉、责任感,有一种舍我其谁的冲动和责无旁贷的感觉。二是自信,就是自我感觉对故事的把握要比他人强。正是自觉和自信,促成了这一事业的完成。

三是自谦。我没上过大学,文化底子非常薄,学术底子更差,30年来,能有一点成绩,靠的是虚心学习,向老师学习,向书本学习,向社会学习。几十年来遇上很多良师益友,给我帮助很大。如中国社科院近代史研究所研究员、华夏客家研究所所长丘权政教授。在20世纪90年代初,我们尚未谋面,便交上朋友。1992年在香港举行的首届国际客家学研讨会上,我们一见如故,他给了我许多指导。之后我们经常来往,我遇到难题就请教他,甚至连论文标题、书名,自己没把握,就请教他。出版的书籍的序言作者,不少都是丘教授出面帮我们邀请的。丘教授还请我们到近代史研究所开座谈会,我们2000年举行的学术研讨会,就是在这一会上征求意见,得他们的支持,几位领导亲自到宁化出席研讨会。我们每一届研讨会,他都出面帮我们邀请。他还给我们新建石壁崇正小学争取了45万元的资金。还有厦门大学音韵学家黄典诚教授,人类学陈国强教授,北京大学历史系郭华榕教授,三明学院廖开顺教授、蔡登秋教授等等,以及出席这一次会议的各位,都是我的良师益友,给了我以及宁化的客家事业很大帮助,在此表示衷心的感谢。

另一方面就是求教于书籍。尽可能购买各方面的书籍,认真研读。我们每次出访,特别是出境,都收集很多资料和书籍,包包都背坏了几个。求知若渴,才能学到知识。但终究还是底子薄,写的东西理论性差,比较肤浅,只是凑数而已。

四是好远。30年来,正逢客家热时期,大潮汹涌,有一很好的学术环境和社会环境。尤其是宁化县党委和政府,历任领导都非常重视。没有当地党政的支持,很难顺利地坚持数十年。特别是对我本人十分关心和支持,我所提出的意见和建议基本都得到支持。如摄制电视剧《葛藤凹》(后改名《大南迁》),如果没有县委和政府的支援,是不可能顺利摄制的。总之,正是遇上大好时代,在党政领导支持下,特别是宁化客家事业团队的密切配合和相互支持,在大家的帮助下,如张恩庭、余保云、谢启光、朱建华、张启城、吴来林等同志的帮助和支持,成就了一番事业。

以上心得体会,不一定正确,权当工作汇报,请指教。

2017年8月5日

"石壁研究"述略

中国人民大学教授胡绳武说:"大凡论及客家史,都难以回避石壁。石壁,是一个不大的村庄,但其名声却传遍客家世界,致使一些学者在写客家文章时,想回避石壁又无法回避,这大概就是客家历史使然。"[①] 石壁史自然是历史。"北有大槐树,南有石壁村",这也是历史,它传遍了客家世界。石壁的客家史是客家民系形成史中的一个重要节点,是客家史的重要组成部分,所以在研究客家时,无法回避。正如华东师范大学著名史学家吴泽教授说,"不研究石壁,不算研究客家"。于是对石壁的研究,几乎同客家研究同步,随着客家研究的起伏而起伏。20世纪70年代,客家研究热潮再度掀起,石壁研究也同步掀起。石壁成为客家研究中一门不可勿缺的重要课题而突显出来,获得了重要的学术成果。

一、"石壁研究"概述

对石壁的研究,据现资料表明,起自19世纪末。清光绪年间,梅州学者温仲和在编纂《嘉应州志》时,在研究梅州人口源流中,对宁化及其石壁作了研究。他在光绪二十四年(1898年)出版的《嘉应州志》中写道:"梅州人民抗元的壮烈,地为之墟,闽之邻粤之者,相率迁移来梅,大约以宁化为最多,所有戚友询其先祖,皆来自宁化石壁人。"

英国传教士艮贝尔在梅州传教多年,对客家作了不少研究。1912年,他在《客家源流与迁移》一书中写道:"岭东之客家十有八九皆称其祖先系来自福建省汀州府宁化县石壁村者,按诸事实,每一姓的第一祖先离开宁化而至广东时,族谱上必登著他的名字,这种大迁徙运动自始至终皆在14世纪。"

---

① 胡绳武《石壁与客家世界·序》,山西人民出版社2009年版,第14页。

1927年谢廷玉在《中国社会与政治科学论》杂志发表了论文《客家起源与迁移》，文中写道："嘉应州被客家人占领的历史说来特别有趣"，"第一次涌入广东的浪潮开始于南宋"，在抗元失败后，人口大减，"许多福建特别是宁化地方的人蜂拥而入，占领了那些荒地"。他认为，从南宋以后宁化人口的递减与嘉应州人口递增，可以看出两地的渊源关系。

进入20世纪70年代后，掀起了客家研究热潮。在这一热潮中，宁化石壁在客家历史上的重要作用，引起了学者的关注。台湾学者陈运栋、邓迅之等一批学者发表客家著作和论文。陈运栋1978年出版的《客家人》一书，可谓是当时的代表作。该书浓墨重彩地提到宁化石壁在客家历史上的重要作用。其中如："今日各地的客家祖先，大部分都曾经在石壁村住过。不过，当时的情形实在很乱，逃亡到其他地方的当然也有，不一定全部都住在这个村内，而且许多是后来才搬进去的。自从经过这一次战乱（指黄巢起义）之后，客家移民主力遂由长江南岸迁移到赣南山地，后来就以宁化一带为据点，向闽粤拓殖，这就是一般人所说的客家移民的第二次大迁徙。"①

进入20世纪80年代后，到宁化及其石壁调查研究的人接踵而至，先期前来调研的是广东的学者。如梅州地区文博民俗学习考察组、梅州客家历史文化考察组等等。广东省方志办公室副主任侯国隆，多次带领梅州地区的方志办领导和文化学者前来调研。侯国隆教授经过调研发表了论文《宁化石壁是客家的摇篮》，论文的结论是："宁化及其石壁，说它当时在客家形成过程中起酝酿作用也好，是客家的初始期也好，它都是摇篮。客家在摇篮中成长，在客家形成过程中功不可没。如果没有前期在宁化石壁的酝酿和初步形成，便没有日后在闽粤赣边地区形成的客家民系。"②

中国人类学会理事、厦门大学人类学研究所所长陈国强教授，组织福建省社科联及厦门大学教授、研究生及宁化本地学者十余人，于1993年春节期间，驻石壁村15天，对石壁的客家文化进行全面深入的田野调查，最后辑成《宁化石壁客家祖地》一书出版。之后陈国强教授再度来到石壁，开展村田野调查达20多天。

法国远东学院博士生导师劳格文教授同福建省社科院客家研究中心主任杨彦杰研究员，自1995年始，至2003年，前后7次深入宁化各地进行田野调查。每次十数天，可谓把宁化的历史文化翻了个底。他们在发表不少文章之后，又同宁化本地14位文化人协同组稿，编辑成《宁化县的宗族、经济与民俗》（上下册）田野调查报告出版。本书由杨彦杰主编，是劳格文主编的《客家传统社会丛书》之第23辑。前来宁化调研的外国学者还有日本、新加坡、马来西亚、新西兰等国数十人。

在客家学研究热潮的推动下，20世纪80年代，宁化开始了客家研究。宁化的客家

---

① 陈运栋《客家人》，台湾联亚出版社1978年版，第9页。
② 侯国隆《宁化石壁是客家的摇篮》，载《石壁与客家》，中国华侨出版社2000年版，第69页。

研究是从县志办公室开始，是在编《宁化县志》中开始进行客家研究。新中国成立后的第一部《宁化县志》将宁化定位为"客家摇篮"。

1991年宁化县成立了客家研究会，1992年成立了宁化石壁客家宗亲联谊会，2009年经三明市编委批准设立宁化县客家工作办公室和宁化县客家研究中心，宁化客家工作组织和机构进一步健全，工作进一步加强，各组织相互合作，坚持不懈富有成效地开展客家研究。宁化县分别于1997年、2000年、2009年举行三届以"宁化石壁与客家世界"为题的大型学术研讨会，全国多地（含香港、台湾）及一些外国学者共计200余人次参加了学术研讨会，编辑出版论文集三部，共200余万字。自2013年开始举行每年一届的石壁客家论坛，至2017年，连续举办了5届和一届海峡两岸客家高峰论坛，有全国各地和境外学者400余人次出席，发表论文374篇，共400余万字。

20余年来，宁化学人和外地专家学者广泛深入调查研究，取得丰硕学术成果，仅宁化本地学者在海内外发表论文500余篇，编著书籍79种，计1700余万字，出版总数达17万余册。这些书籍都翔实地论述了宁化石壁在客家史上无可替代的作用。如刘善群的《客家与石壁史论》、廖开顺等人的《石壁客家述论》等等。学者认为："在大陆的客家研究热潮中，宁化石壁起着前沿阵地的作用，筑就了县级客家的里程碑。"[①]

诚然，除了宁化的大量著作，更多的是海内外学者们的大量出版物，大凡论述客家的书籍，无不论及石壁。如谭元亨的《客家圣典》《客家新探》《广东客家史》《客家文化史》，严俊的《大埔源流古今谈》，罗国强的《客家迁徙》，林开钦的《论汉族客家民系》《客家通史》，无不论述到石壁。上述所列挂一漏万，便也充分说明学术界对宁化石壁的重视程度，以及其论述客家不可勿缺的历史地位。

二、"石壁研究"的学术成果

百年的"石壁研究"，对石壁的客家文化及其历史地位进行了全方位、多层面的发掘、研讨，给石壁多学科的定位，成果丰硕。

2000年伊始，宁化县客家研究会副会长余保云搜集了数十种书刊，摘录了其中对石壁的论述、论点，编辑成《论石壁》一书，2001年由海风出版社出版。该书摘录有关石壁的论述235条，其中"石壁的地理概念"27条，"石壁是早期聚散中心"49条，"石壁是客家摇篮"62条，"石壁客家总祖地"58条，"石壁是客家圣地"29条。这些仅仅是2000年前所出版、刊登的案头客家书刊，可以肯定它只是客家书刊中的一部分，或者是很小部分。进入21世纪后，客家研究热方兴未艾，比以往更加广泛深入，所出版的

---

① 冯秀珍《略论宁化石壁在世界客家的独特地位》，载《石壁与客家世界》，山西人民出版社2009年版，第51页。

书刊更多，遗憾的是没有再次进行广泛搜集和摘编。可以肯定的是，客家研究要比2000年前更加广泛深入，书刊更多。对石壁的研究也同样更加广泛深入，有不少新的论述出现。如：

"石壁——客家文明的标志"（北京大学郭华榕，2009年）

"宁化石壁——客家世界最大的'土楼'"（天津大学刘敏，2009年）

"宁化石壁——客家人的精神家园"（龙岩学院邱生汉，2013年）

"石壁作为客家摇篮和客家祖地，是海内外寻根谒祖最重要的地区，在客家族群认同运动中具有极其重要独特的地位和作用。"（三明学院廖开顺，2012年）

仅2009年的学术研讨会和2013年后5次"石壁客家论坛"所发表的论文中，有关石壁的专论达160余篇，涉及石壁客家史的方方面面。当然更多的是各种专著和报刊论述。在各种论述中，其内容主要还是《论石壁》所归纳起来的五个方面。下面就这五个方面，作些简述。

（一）石壁的地理概念

石壁作为地理概念，是宁化西部的一个村名，居石壁盆地的中央，其地理范围随着历史建置的不同有所变化。唐时，宁化建置尚没有完成，石壁范围是石壁盆地，所以史料对石壁也有不同的称谓，如石壁村、石壁镇、石壁乡、石壁市、石壁城等等，大多只称石壁，而不加建置称谓。实际所谓"市""城"也非建置，只是一种较宽广的模糊概念。有这样的民间谚语："禾口府，陂下县，石壁是金銮殿。"说明石壁是个中心的重要位置。清朝编修的石壁张氏族谱中有一篇叫《石壁形胜》的文章，其谓"石壁形胜"的地理范围包括了石壁盆地。巫氏族谱称其开基祖巫罗俊是"镇将"，但查不出是何地镇将，如果其"镇将"属实，可能是石壁镇的镇将。唐朝"镇"的建置是个经济实体，说明石壁镇已有相当规模，所以才有那么多的北方移民聚集在这里。实际作为客家历史上的石壁，它应该是文化地域概念，其范围是赣闽相连接的石（城）宁（化）连接地区。

廖开顺教授说："'石壁'在地理概念上本来只指宁化县的石壁村，但是在客家形成史上，也可以扩大为宁化县和闽赣交界的相邻地区。"[①]

谢万陆教授说："以石壁为中心的武夷山南端赣闽边区，赣、闽、汀三江的发源地是孕育客家民系的摇篮地"，作为客家摇篮的三江之源（赣江、闽江、汀江）四境有个中心地域，"这个中心地域仅是较为宽泛的石壁概念，她包括石壁周边的四乡，还涵盖了石城紧靠武夷山西麓各乡"[②]。

胡绳武教授也提出了宽泛的石壁概念，他说客家先民"于是在唐后期至南宋期间，

[①] 廖开顺《石壁在客家族群认同中的作用和地位》，载《石壁与客家世界》，山西人民出版社2009年版，第10页。

[②] 谢万陆《再论石壁》，载《石壁与客家》，中国华侨出版社2000年版，第22页。

大量涌进包括宁化全境及邻县的所泛称石壁的石壁地区"。①

众多的学者都同上述教授的观念类似，石壁是个宽泛的文化地域概念，它不仅仅是一个村的范围。

（二）石壁是早期客家聚散中心

中原汉人迁居宁化早在东汉，但作为客家先民迁入宁化的，主要是在唐后期至宋。据统计，有资料可查的171姓中原汉人迁入宁化及其石壁的情况是：隋以前10姓，占5.8%；唐41姓，占24%；五代11姓，占4.4%；北宋35姓，占20%；南宋45姓，占26%；元10姓，占5.8%；明12姓，占7%；清7姓，占4%。作为客家先民的应该是南宋（含南宋）以前南迁赣、闽、粤的汉人。据上述统计，这时期迁入的汉人有142姓，占83%，人口从唐开元十三年建县的5000多人，到南宋宝祐年间增到近20万人，达到清后期前的人口最高峰。据125姓统计，外迁情况是：五代前9姓，占7%；北宋8姓，占6%；南宋48姓，占38.7%；元24姓，占19%；明32姓，占25.6%；清4姓，占3%。宁化的人口状况是从南宋的20万，到明代人口不足3万人。上述统计说明，中原南迁汉人，在唐至南宋是蜂拥进入宁化，而南宋后期开始是蜂拥外迁，在宁化大进大出的期间正是客家民系孕育形成的时期。这种情况，在客家地区县是唯一的现象，故宁化被称为聚散中心。谢万陆教授说："石壁与上述两大区域（以筷子巷为中心的鄱阳湖区、珠玑巷为代表的粤北文化区）均不同，她以自己独特的条件，有利的历史环境熔铸了客家民系，使民系日臻成熟，是客家人步入发展的集散地。"②

巫秋玉研究员说："宁化石壁作为'客家人的中转站'，其在客家民系形成和辐射中外的'点射状'发展中起到基点作用是确定无疑的。"③

林开钦会长说："宁化石壁客家祖地一致认同是，重要的中转站，客家早期休养生息和重要聚散地之一。"④

（三）石壁是客家摇篮

学者们论证石壁是客家摇篮的主要依据是：1. 客家文化的创造主体在石壁为中心的区域高度集中。2. 石壁是客家方言的摇篮地。3. 在石壁客家心理文化的形成：①培育自强不息的基本精神；②重建家园，重构家国一体文化。其一重建家园，传承中原伦理政治文化；其二传承中原古老民俗文化；其三传承中原建筑文化、聚族而居、保卫家

---

① 胡绳武《石壁与客家世界·序》，山西人民出版社2009年版，第15页。
② 谢万陆《石壁论》，载《宁化石壁与客家世界学术研讨会论文集》，中国华侨出版社1998年版，第37页。
③ 巫秋玉《宁化石壁与海外客家人》，载《石壁与客家》，中国华侨出版社2000年版，第222页。
④ 林开钦《论汉族客家民系》，福建人民出版社2011年版，第112—113页。

园。4. 重教兴学，较早开启重文兴教之风。5. 对理学融入客家，建构客家文化的过渡作用。

1987年3月3日《华声报》刊登了林嘉书《客家摇篮——石壁村》一文，林嘉书是较早把石壁定位为客家摇篮的学者。

江西谢万陆教授发表《再论石壁》一文，文中说："笔者曾持'中转'之论，这见于拙著《客家学概论》，亦在拙文《石壁论》（1997年）中做过申述，但反复斟酌，认为'中转'之说不尽准确，还是以'摇篮'之喻更为恰当，较能反映石壁在客家民系形成过程中的独特地位。"①

河南杨海中副研究员在《石壁与"前客家文化"》一文中写道："石壁是客家形成过程中的一个'拐点'，起到重要的转型作用，是客家形成与定型的地域性标志。"②

北京丘克辉教授说："石壁是客家民系的摇篮，应当之无愧。"③

（四）石壁是客家祖地

学术界认为，石壁不是一般意义上的客家祖地，而有她的特殊性和唯一性。如她是客家摇篮，是早期（客家民系形成时期）的聚散中心，是与客家各姓氏渊源最广、最原始的地方等等。如严俊在《大埔源流古今谈》一书中说："闽西堪称'客家祖地'。其中宁化石壁，是多个时段特别重要的人口集散、中转枢纽，因此被许多人看作是'客家祖地'中的典型代表。"④

台湾姓氏源流研究学会理事长林瑶棋1997年到宁化调研后，在《台湾源流》杂志（1997年第8期）发表《台湾客家人的弱势情结》一文，文中说："许多客家人（包括闽南）的族谱都记载着祖先是经由宁化石壁再迁广东（或闽南），因此这个地方被客家人公认为客家人的摇篮或总祖地。我们从各种族谱中可以发现，许多福佬人与客家同一祖先，足可以说明石壁也是闽南福佬人的祖地。"

厦门大学陈国强教授、石奕龙教授等学者1993年春节期间驻石壁村开展田野调查研究半月之久，他们的田野调查报告便名曰《宁化石壁客家祖地》。

全国政协原副主席、客家精英杨成武将军1991年莅宁化考察调研后，提书"石壁客家祖地"。

中国改革开放后，海内外客家人接踵到宁化寻根谒祖。自1995年石壁客家公祠建竣之后，每年连续举行世界客家石壁祖地祭祖大典，前来参加盛典的计50多万人次，遍布40多个国家和地区，凡有5000客家人以上的国家和地区都有人来过。这充分说明世

---

① 谢万陆《再论石壁》，载《石壁与客家》，中国华侨出版社2000年版，第14页。
② 载《第七届海峡两岸客家高峰论坛论文集》，福建教育出版社2014年版，第238页。
③ 丘克辉《客家人与宁化石壁》，载《客家历史文化纵横谈》，广西教育出版社1993年版。
④ 严俊《大埔源流古今谈》，广东人民出版社2008年版，第26页。

界客家人和学者们对石壁客家祖地的认同。

（五）石壁是客家圣地

石壁客家公祠落成之后，这里便成为世界客家人的朝圣中心。正如全国政协委员姚美良局绅1995年11月28日在首届石壁祭祖大典上的讲话："世界上许多民族包括世界上三大宗教都有自己的朝拜圣地，客家人自古以来一向重视礼教，敬祖睦宗，各姓氏家族都有自己的祭祖祠堂。至今，仍有许多姓氏祠堂保存完好。石壁公祠落成后，将是世界上所有客家人的总家祠。这里聚120多个（现已200多个）客家姓氏祖先英灵于一堂，是客家人朝拜祖先的圣地。"20多年过去了，每年数以万计的客家人前来寻根谒祖，充分地证实了姚美良先生的预言。

新华社主任记者刘国柱说："美国黑人到非洲寻根，全球的伊斯兰教徒朝觐圣地麦加，耶路撒冷成为犹太人心中的图腾。这就是'饮水思源'所使然也。各民族寻觅祖先的足迹，探索本民族和家族的根之所在，到先辈们血汗浸染的故土走一走看一看，这已是多年来世界各地掀起的一股潮流。""宁化石壁客家公祠于1992年11月奠基，经过宁化县人民政府和海内外客家乡亲的共同努力，作为全球客家的总家庙已初具规模，已成为石壁作为客家圣地的标志性建筑物。每一位来自远方的客家人来到村口，当他们进入家庙大殿看到本姓本族的祖宗神位牌时，无不为一种庄严神圣的气氛所感染，或跪拜在地，叩不完的响头，或热泪盈眶，表不完的孝心，或站立良久，默默祈祷，此情此景非语言文字所能表达，只有深知客家人艰辛苦难历史的人才可以理解。这群建筑物的成功，表明宁化石壁作为圣地不仅有着深厚的历史内涵，而且有了举世瞩目的表征。"①

三、"石壁研究"的学术意义

厦门大学教授陈国强和福建省社科联秘书长、研究员周立方二人1992年在《福建学报》（第二期）发表《宁化石壁客家研究的意义》一文，文章从政治、经济、学术三个方面，阐述了石壁研究的意义。本文仅从学术意义方面谈点个人的认识。

（一）唤起客家形成史的重要节点的共同记忆

客家民系的形成长达数百年，在这长期的形成历史中，有不同时期的关节点，如其流迁的节点、摇篮期的节点、诞生期的节点、成熟期的节点等等。石壁的盛期是在唐末至宋代，处于客家先民向客家人转型期，也就是客家孕育诞生时期，是客家形成史的早

---

① 刘国柱《让历史作证——论石壁乃客家之圣地》，载《宁化石壁与客家世界学术研讨会论文集》，中国华侨出版社1998年版，第14、24页。

期关节点。

"石壁是客家早期的聚散中心",这是广泛认同的一个认知,虽然也有学者往往加上"之一",即"石壁是客家早期的聚散中心之一",但并没有指出另一个"之一"在哪里。笔者孤陋寡闻,尚未见到除石壁被称为聚散中心之外的什么地方有同样的界定。所以,"之一"这一比较灵活的提法是否有其存在的必要?客家早期的聚散中心,是指唐末至宋代的时期,这一时期是客家孕育诞生期,"聚散"中心是指这一时期南迁汉人在石壁高度聚集和高度扩散(播衍)。这就是客家形成史上的一个关节点。这个关节点指的是客家先民高度集中,而后演变为客家人,也就是被称为"客家初民"之后,又高度扩散。正如台湾陈运栋《客家人》中所说:"福建宁化县地接赣南,西北有高山环绕,宛如世外桃源,尤为当时避乱最安全的地方,所以这一批逃难的人民也就以迁居宁化的最多。""自经过这一次战乱(黄巢起义)之后,客家移民的主力遂由长江南岸移到赣南山地,后来就以宁化一带为据点,向闽赣区从事拓殖。"[1] 巫秋玉在《宁化石壁与海外客家人》一文中说:"宁化石壁作为'客家人的中转站',其在客家民系形成和辐射中外的'点射状'发展中所起到基点作用是确定无疑的。"[2] 这是客家形成史上的一大节点。

客家早期的聚散历经数百年,这数百年是客家的孕育期和诞生期,可谓是"摇篮期"。这也就是石壁之所以被称为摇篮的依据。这有许多论证,不用赘言。当然所谓摇篮区不仅只是石壁,而是以石壁为中心(代表)的石壁文化地域,学者认为是三江(赣江、闽江、汀江)源头流域的闽赣毗邻地区。

"石壁是客家早期的聚散中心",也是石壁之所以被称为客家祖地的基础。如果没有客家先民的高度集中并孕育出客家人,而这些被称为"客家初民"的人又从这里大规模地扩散,所谓客家祖地就没有基础,没有依据。正是"客家初民"从石壁大规模扩散,他们播衍到各地繁衍生息,成为始祖或一世祖,所以石壁方成为客家祖地。

客家早期聚散地石壁成为客家摇篮地、客家祖地,这一演变的历史就是客家形成史中早期的节点,这是通过长时间的研究才成为学者们的广泛共识,为客家史梳理了重要的一个环节,成为共同的记忆。

(二) 为客家血缘寻根论证了祖地

自南宋后期客家人大量从宁化外迁至今已有近千年,从中国大陆外迁的客家人早的有数百年之久,晚的也有二三百年之久。他们离开故土有数代乃至十数代。在大陆各地的石壁后裔,他们从族谱中可以找到祖宗的源流,远涉重洋的客家人也可以从他们先辈一代一代口耳相传或族谱中知道自己的源流。但是海外客家人,他们原本从中国大陆带

---

[1] 陈运栋《客家人》,台湾联亚出版社1978年版,第9页。
[2] 载《石壁与客家》,中国华侨出版社2000年版,第222页。

去并且传承下来的客家文化受到"全球化"的冲击,特别是年轻客家人,在所在国文化的影响下,几乎把祖先和客家文化忘掉或正在淡忘。在台湾,有些"台独"分子别有用心地抛出"客家非汉族""割断脐带"等言论,企图把台湾和祖国大陆分离开来。凡此种种,使海外客家人怕数典忘祖、怕文化失传的危机感油然而生。自20世纪70年代,"客家热"逐渐掀起,客家寻根运动也逐渐掀起,到了20世纪90年代形成高潮。海外客家寻根运动的掀起,大大地影响到中国内地。内地掀起修谱热,在修谱中必须把本姓的源流搞清楚,对源流的调查,实际上也是寻根。修谱热把内地的寻根热带动起来,同海外的寻根运动合流,形成了新的客家族群的认同运动。在这一运动中,"石壁研究"为运动指明了方向。在寻根运动的初期,宁化根据研究的成果之一——石壁是客家祖地,为了适应寻根的要求和需要,在石壁兴建客家公祠。客家公祠1995年建竣,当年11月28日举行落成典礼,前来参加典礼的海内外客家人达4000多人。世界16个国家和地区共216个客属团体和个人、20个内地单位和个人向大典发贺电贺信。马来西亚太平绅士、香港永芳集团有限公司董事长姚美良先生,带领了马来西亚、新加坡、泰国、香港、台湾等地140多位客家人士前来参加庆典。姚美良在典礼上致祠说:"公祠落成后,将是世界上所有客家人的总家庙。""石壁客家公祠落成后,将吸引着无数海内外客家人前来寻根谒祖,并形成一年一度的客家朝拜先祖祭祖热潮。这将有利于团结所有客家人,增强客家人及所有华人华侨的民族意识和对祖先故土的了解,有利于弘扬客家文化,振奋民族精神。"姚美良说出了客家寻根运动的宗旨和内涵。正如姚美良所预示,自1995年开始,每年一届的石壁客家公祠祭祖大典连续举行了23届,前来石壁寻根谒祖的人来自世界五大洲的40多个国家和地区,计50余万人次。来自台湾的客家人达200多批次。内地客家人也以极大的热情参与到寻根运动之中。宁化的主要姓氏,每年都要接待数百乃至上千宗亲前来寻根、祭祖、扫墓。石壁成为海内外客家人寻根谒祖的目的地。

(三) 为客家文化寻根论证了目的地

廖开顺教授在《石壁客家述论》一书中说:"'石壁'不仅仅是个地理概念,更是一个文化概念,代表客家族群的孕育地和客家文化创造地。"[①] 在"石壁研究"中,充分论证了石壁是"客家摇篮""客家祖地"。所以,石壁文化是客家摇篮文化、祖地文化,石壁是客家文化的原生地、创造地。当然,客家文化主体是传承中原汉文化,中原汉文化是客家文化的根。但是,作为客家文化自然有其自己的特点,不然就无所谓客家文化。我们说石壁是客家文化的原生地和创造地,说的就是客家文化的特点方面。经过长时间的研究,学者的认同是:石壁文化有许多特点,它是客家文化的源头。如:是客

---

① 《石壁客家述论》,河南人民出版社2012年版,第375页。

家方言的摇篮、培育自强不息的精神、重构家国一体文化、较早开启重文兴教之风、开创了许多民俗之风、建构客家文化的过渡作用，等等。这些带有开创性的文化事象和文化内涵在石壁展现得非常丰富，从唐宋传承至今，并且未"褪色"。石壁客家公祠建筑文化构件集中地展现了客家历史文化，每年一届的石壁祭祖大典不仅展现了传统祭祀文化，同时还有丰富多彩的民俗表演，这些让前来祭祖者不仅表达了孝心，领略了祖地风采，同时饱受了丰富的石壁客家文化的熏陶。这就是海内外客家人为什么那么重视石壁祭祖大典的原因。1995年是石壁祭祖的第一次，在这次祭祖典礼结束之后，举行了海内外祭祖团队负责人座谈会议，会议决定祭祖大典每年举行一次，时间定在11月。为什么定在11月？因为那时东南亚各国学校放假，便于海外客家人带孩子前来。在20余年的祭祖大典中，几乎每年都有孩子前来，小的只有3岁多。而老的有90多岁的耄耋老人，不少两代或三代同行。无论老少，他们到了客家公祠，都虔诚地顶礼膜拜。他们不远万里漂洋过海，不辞辛劳，就是为了把客家文化永远地传承和发扬。马来西亚太平绅士姚森良先生，自1995年踏上石壁热土之后，20余年如一日，从不缺席，23年中来宁化26次。他年事已高，为了传承，专程带领儿子和侄儿（姚美良的儿子）前来，要他们把接力棒接下去，真是用心良苦。

长期的"石壁研究"取得丰硕成果，发掘的石壁历史和文化，是客家历史的重要部分；石壁是客家形成史的早期关节点，为客家学建构作出重要贡献。

论文

宁化文脉探讨

文化学理论认为，一种文化通常包括三个层面，一是物质文化，二是理论制度，三是心理文化。不同的文化层面，在整个文化结构作用中并不相同，其中心理文化层面的作用最大。文化脉络，就是对文化的传承，特别是对心理文化中的价值观的传承。"因为文化的核心是价值观，所以价值观的变革才是文化变迁的最终实现。"①

"文化的心理层面包括人们的价值理念、思维方式、审美趣味、道德情操、宗教情绪、民族性格等，它是整个文化结构中最为稳定的部分，是整个文化的灵魂。如果说要用本末来分解文化，说物质技术是末、制度理论是本的话，那么文化心理则是本中之本，是大本。"②

依照上述的文化理论，我们来研究宁化文化的个性特征及其形成和传承。宁化有建置的时间一千余年，其文化起源则可以追溯到万年以上的文物时期。所发掘的文化，只是化石和生活器具的残片，从中只知道历史年代有人类的活动，无法知道更多的文化信息，所以难以研究文化的生成、变迁及实现。综观宁化的文化史，宁化史前的文化只能作为起源，无法更深入地研究。所以本文只能从隋唐开始阐述宁化文化脉络。

"作为人类物质文化和精神文化创造总和的文化，因时间向度的演进而具有时代性，又因空间的展开而具有地域性……时代性与地域性当然也是文化的两种相互依存的属性，我们只有全面观照这两种属性，并考察其互动关系，方能实在地把握人类创造的文化的纵深度和广阔度。"③ 研究宁化文化，自然离不开时空背景。

宁化，隋陈之前，名不见于史。唐乾封二年（667年）置镇，开元十三年（725年）升县，名黄连县，天宝元年（742年）更名为宁化县。

---

① 刘云德《文化论纲——一个社会学的视点》，中国展望出版社1988年版，第132页。
② 宠朴《近代以来中国人的文化认识历程——兼伦文化的时代性与民族性》，《教学与研究》1988年第1期。
③ 冯瑜《中国文化的地域性展开》，《江汉论坛》2002年第1期。

宁化有建置至今1000余年，而文物历史则可追溯到四万年前。宁化湖村老虎岩洞出土文物中，有大量被吃用过的动物化石，还有人类牙齿化石，据考古专家研究确定，其文化年代可追溯到四万年以前。之后新石器时期，青铜时代的文化不少。族谱记载，自东汉便有管姓汉人迁入定居。在此之前是古越人居住地，但都没有留下更多文字记载。古越文化缺失，宁化的文化历史只好从隋末开始。唐宋以降，是宁化文化的兴盛期，是客家文化孕育诞生期。总观宁化文化脉络，是否可以这样阐述，萌发于隋末，形成于唐宋，绵延至今。

宁化文化归属于中华文化，同时它又属于中华文化中的一个支系——客家文化。尽管客家民系在宋代才形成，但它传承、包容了古汉文化和土著文化，客家民系的人口构成是以南迁汉人为主体的，他们是三代文化和秦汉文化的继承人和传承人，文化薪火相传，一脉延续。也就是说，客家文化主体是汉文化，同时它又融入了闽粤边的土著文化，特别是畲瑶文化，所以它才被称为客家文化，这也是客家文化最主要的特点。宁化文化归属客家文化。同时由于宁化形成的时空背景的特定，所以宁化文化在客家文化中又有自己的个性特征，它属于早期客家文化，也被称为客家摇篮文化，同时它的稳定性相对较强。

一、宁化文化的先声

宁化古志称，宁化"隋陈以前，名不见于史"。唐乾封二年（667年）始建镇，名黄连镇。开元十三年（725年）升县，仍名黄连县。天宝元年（762年）改名宁化县，取"宁靖归化"之意。

在建置之前，"隋朝大业间，汉人巫罗俊随父昭郎自南剑州迁入宁化（时称黄连峒）"，巫罗俊"就峒筑堡卫众，寇不敢犯，远近争附之"，"开山伐木，泛筏于吴，居奇获赢，因以观占时变，益鸠众辟土"。（清康熙李世熊《宁化县志》）

在巫氏进入宁化之前，已有闽越人和汉人在宁化生活。

《史记》卷八十四《李斯传》载："北逐胡貉，南定百越，以见秦彊。"《汉书·地理志》颜师古注："自交趾至会稽，七八千里，百粤杂处。"宁化当属此"七八千里"区域。

《史记·东越列传》载："闽越王无诸及越东海王摇者，其先皆越王勾践之后也……秦并天下，皆废为君长，以其地为闽中郡。"汉分封闽越、东瓯、南海三国，把闽中郡的福建封给无诸，谓"闽越"；浙东温、台、处封给摇，谓东瓯，闽粤交界的汀、潮封给织，谓"南海"。[①] 闽越国是福建的大部分，南海国大约建于汀、潮、赣之间，地域范

---

① 见朱维干《福建史稿》，福建教育出版社1980年版，第28—29页。

围尚不清楚,但它只存在十六年,因此,宁化是归属闽越还是南海虽然不清楚,但是无论前者还是后者,二者都属百越,宁化人亦是。然而,越人虽因南海国的叛变,淮南出兵平定(元帝六年前),南海国投降后,迁于上淦[据《读史方舆纪要》,新淦故城在江西临江府,府治在清江县(今江西省樟树市)东六十里]。为越人第一次北迁。第二次北迁是东瓯迁于庐江郡(在巢湖周围的庐江舒城县)。第三次越人北迁是汉廷认为统治闽越国的余善反复无常,和南越国王通密。汉廷灭了南越之后,下决心索性把闽越解决,派兵南下攻打闽越,余善被杀,余部越军归汉,结束了闽越割据的局面。汉武帝平闽后,汉廷入闽统治,把越人迁到江淮间。

《史记·东越列传》云:武帝以"东越狭多阻,闽越悍,数反覆,诏军史皆将其民徙处江淮间。东越地遂墟"。"进入闽越的第三路汉军由虔化入闽西。"① 虔化即今江西宁都,当时石城属虔化,汉军自宁都进入闽西,宁化紧邻宁都的石城,自然是汉军的进攻范围。问题是宁化的越人是否都迁走了?朱维干在《福建史稿》中说:"汉迁闽越,并不是把全部越人都迁于江淮之间,主要是把它的贵族、官僚和军队带走。"② 明崇祯《宁化县志》亦载:"汉高祖封无诸为闽越王,郡东冶是闽越国。孝武帝元封元年东越王余善叛帝,以闽越阻悍,数反复,诏迁其民江淮间,遂虚其地。余民奔窜山谷,后乃渐出辟土化居,长生渐多。"说明并非全部赶走,根据宁化安乐乡廖仕耀调查,安乐乡的洋坊、大洋背、洋坑里等村,原住越人,躲藏后复出,居住在茶园排至古井下一带。调查发现,有些古村落的原住居民信仰蛇,以蛇为图腾。安乐乡江家园每年农历九月二十八还举办"蛇糖会"。这和文献记载相符。

宁化历多次文物普查,商周时期的文化遗址遍布全县,有87处之多,而汉代陶器皿也有发现。说明商周时期的宁化人口不少,他们应属闽越族,开创了远古时代的宁化文明。但是汉晋至隋陈的历史文物很少发现,这一现象也说明,西汉时期越人被赶跑了一部分,一部分隐匿在深山丛林之中,在"太平"之后,"渐出辟土化居",使文物出现断代现象,并非"虚其地"。

另据1981年、1982年、2008年考古发现,从宁化县湖村镇老虎岩洞,挖掘采集古脊椎动物化石20余种,各类动物牙齿上千枚,可以辨认的属17种动物,归于晚更新世纪晚期,其中有人类牙齿化石8枚,一枚为女性个体,地质年代距今4万多年。

文化是一种历史的积淀和人的创造总和,它具有历史性,而且也是某一团体成员共同生活与表现方式,具有主体际性。所谓"历史性"是指此一共同生活的团体是时间中

---

① 朱维干《福建史稿》,第38、44页。
② 同上

发展成长的，形成主体际的共同成长和共同创造，因有文化产生。[①]宁化有人类的历史悠久，有人的活动，就有文化的产生。但那个时期，宁化属于蛮荒之地，尽管有人，却不一定具有团体性。特别在被驱赶之后，剩下的人为数不多，且分散在深山之中，几乎被灭绝，所以多时期没有文物的发现，对商周时期的历史文化不但没有发展成长，而且有遗失和断层。所以，我们认为，宁化的文物历史文化，至今我们无法分析了解其文化应有三个层面的情况，无法构成总体意义的文化内涵，它只是历史记忆，对之后的宁化文化并无大的影响。

东汉开始，中原汉人陆续迁入宁化定居，对宁化主体性文化产生影响，特别是隋末，巫姓、罗姓的迁入，对宁化文化产生创世的作用。

宁化水茜张坊《管氏族谱》载：管氏之裔，盛于春秋。当时管仲，名夷吾，起家颍上，为齐国著名政治家。夷的二十一世孙敬，字仁狮，仕汉宣帝为御史。下传至道鹰，徙居豫章之带源（江西宁都县境）。再四传，有琦殷，其侄思藏，任山东副都军务，于东汉初，与叔琦殷自江西带源迁宁阳（宁化）招贤里洋岗坝（水茜乡张坊村），为入闽始祖。

东汉至隋，还有钟、邓、欧阳、丘、雷、廖、许、巫、罗等姓先后迁入宁化定居。他们带着中原古汉文化，在宁化传承和发展。

如廖姓。清康熙李元仲《宁化县志》载：连山庙，在黄龙冈，离城五里，即广济桥之上。神廖姓，忠名，陈隋间人。为人耿介有性气，习儒而精易筮，占射无爽，人皆神之。没葬于连山，时见英灵，因立祠焉。宋淳祐六年，朝奉郎监察御史雷震春为之记，记略曰："汀之邑六，宁阳为望。宁化神祠云，黄连冈为古。邑置于唐天宝，而祠始于陈隋间，盖未邑而先祠也。先是，祠为龙湫，自神奠居，龙乃徙化。土人异之，置薰炉烟穴，覆以绵蓑，乞灵辄应。江流湍急，舟子危之，祷即善济。时居民寥落，庙草创而已。"

所述连山庙的神主廖忠，有资料记载，是南北朝时期（420—489年）人，其父由浙江迁江西赣南，再迁宁化。其原籍应是中原。"土人异之"说明，当时汉人与土著杂处，从中可以探寻文化的发生。

巫、罗姓族的迁入后，宁化出现了崭新的形势。

宁化《平阳郡巫氏四修谱》载：东晋末，五胡乱华时，巫暹由山西平阳避乱兖州，转迁闽之剑津，为巫氏入闽始祖。至隋大业间，巫暹裔昭郎率子罗俊迁闽之黄连峒（宁化古称），为宁化巫氏开基祖。清李元仲《宁化县志》载：隋大业之季，群雄并起。东

[①] 沈清松《解除世界魔咒——科技对文化的冲击与展望》，台北时报出版公司1984年。引刘焕云《客家文化与中原文化传承关系之研究》，载《2014年世界客属第二十七届恳亲大会国际客家文化茶叙论文集》，第144页。

海李子通率众渡淮，据江都，称吴帝，改元明政，遣使略闽地。其时土寇蜂举，黄连人巫罗俊者，少年负殊勇，就峒筑堡卫众，寇不敢犯，远近争附之。罗俊因开山伐木，泛筏于吴，居奇获赢，因以观占时变，益鸠众辟土。武德四年，子通败死。时天下初定，黄连去长安天末，版籍疏脱。贞观三年，罗俊自诣行在上状，言黄连土旷齿繁，宜可授田定税，朝廷嘉之，因授巫罗俊一职，令归剪荒以自效。"乾封间乃改黄连为镇"。罗俊没五十余年，为开元十三年……复因居民罗令纪之请，因升黄连镇为县。明代一知县评价其建县史绩云："升镇为县，民赖以安，度地为城，国可以守，一朝之建策非常，千古之流芳未泯。"清乾隆间旌公为"义士"，建祠祀之。

罗氏，豫章之族，自汉高祖时大农令讳珠者始。珠公，字怀汉，号灵知，乃豫章郡罗氏始祖。廿一世景春，讳应春宣义，其子万发，讳万发宣义。隋开皇间，由福建沙县迁宁化，始基竹筱窝，罗令纪为廿五世。

巫罗俊、罗令纪开发黄连峒的故事，蕴含着丰富的文化精神：

其一，巫罗俊"少年负殊勇"，在乱世之秋足可以自保，但他却"筑堡卫众，寇不敢犯，远近争附之"。他考虑的不是个人，也不是一个家族，而是广大民众，是一种仁爱之心的诠释。《孟子·离娄下》："君子所以异于人者，以其存心也。君子以仁存心，以礼存心。仁者爱人，有礼者敬人。爱人者，人恒爱之；敬人者，人恒敬之。"仁者爱人，在《论语》中也有表达。而早在孔子之前，"仁"就已经是华夏民族的一个重要道德范畴。《尚书·商书·太甲下》中记载："民罔常怀，怀于有仁。"巫罗俊筑堡卫众，远近的人都投奔而来，说明"爱人者，人恒爱之"的道理。也说明巫氏的仁爱之心，是有根基的，是从春秋以前传承下来的，有久远的根脉。

其二，巫氏"开山伐木，泛筏于吴"之举，表现出刚健自强的精神。在乱世之中，把宁化的木材砍下，通过淮土溪、赣南的贡水、江西的主流赣江，流送到长江中下游的吴地。且不说路途上的风险，仅把木材从小溪到大江大河，历经千里险滩暗礁惊涛骇浪流送到当时最为繁华的都城出售，对来自中原、不熟水性的人而言，该是多么大的困难！这需要多大的勇气？不可想象。宁化淮土溪流传着许多故事，说明流送木材的艰难。民间传说，河道上有一个深坑，木材流过时，有一根竖插在深坑中，数百年不倒。巫氏领导民众，历险运送木材之举，沟通了一个荒蛮之地与当时十分繁华的地区的经济和文化往来，对宁化的发展起了十分重要的作用。而此举所表现出的刚健自强的文化精神，更加宝贵。《易经·乾卦》中说："天行健，君子以自强不息。"这种"刚健自强"的精神，是中华始祖在艰难的物质文明开拓过程中，思想抽象而凝聚出来的，是一种精神的驱动力。[①]

[①] 廖开顺《中原河洛对客家文化形成的决定性影响因素》，载《2014年世界客属第二十七届恳亲大会国际客家文化茶叙论文集》，第216页。

其三，巫氏在开发黄连峒取得重大成就之后，"自诣行在上状，言黄连土旷齿繁，宜可授田定税。"获批建镇后，罗令纪又向朝廷申请升县，获批。宁化本是山高皇帝远的蛮荒之地，巫氏完全有能力把宁化建成一个独立王国，自己做山大王，但他没有这样做，而是要求"授田定税"，将宁化纳入国家版图，说明他有强烈的家国意识，这是一种正统文化观念。

孔子作《春秋》，开篇说：隐公元年，春，王正月。意思是说，鲁隐公元年的春天，就是周王的正月。《羊公传》解释说："何言乎'王正月'？大一统也。"唐代徐彦注疏："王者受命，制正月以统天下，令万物无不一皆奉之以为始，故言大一统也。"《汉书·王吉传》也说："《春秋》所以大一统者，六合同风，九州共贯也。"荀子所提的"四海之内若一家"的理论，墨子"尚同"的主张，等等，都是春秋战国时期"大一统"思想的体现。"大一统"的观念，应该就是后世尊崇的家国一体观念。巫氏建镇，罗氏升县，同这一传统文化精神不无关系。

巫罗俊的故事还可以抽释出更多的文化内涵，但我们觉得这几方面是最为核心的文化精神。

清李元仲《宁化县志·人物志》载："伍正己，初名愿，字公谨。登唐大中十年进士。调临川尉，改今名。累迁御史中丞。自甘露变后，南北司如水火，彼此攻讦，大狱繁兴。正己居中持大体，略细故。尝从容谕台属曰：'有言责者，非特摘发小过，正当明物善类，令连茹汇升，为朝廷扶植元气耳。'一时士大夫遭谗摘者，正己营救不遗余力；咸得从轻谴，朝论题之。"伍正己是汀州府第一位进士及第者，也是汀州在唐代唯一的进士。我们从中可知，唐末始，宁化人民便崇尚文化教育。廖开顺在《中原河洛对客家文化形成的决定性影响因素》中说，中华始祖开始以"文"而"化"，文化第一层意义是"文"，第二层意义是"化"。没有这种"文"与"化"就没有中华文化和中华文明。客家传承了河洛文化"文"与"化"的基本精神，如重视兴办教育，重视文化传承，以耕读传家等。① 巫、罗、伍等先贤的故事体现了种种文化思想，这些文化思想虽然还没有形成文化思想体系，但是它对宁化文化史形成的性格、气质、情操，对宁化整个文化思想史的影响具有启蒙和先声的作用。

二、宁化文化的形成

宁化文化属于中华文化的范畴，有宋一朝形成了客家文化，当然客家文化也是中华文化的范畴，是汉文化的一支，但作为客家文化，它具有鲜明的个性特征，有别于其他

---

① 廖开顺《中原河洛对客家文化形成的决定性影响因素》，载《2014年世界客属第二十七届恳亲大会国际客家文化茶叙论文集》，217页。

汉文化的区域特点，所以才被定位为客家文化。同时作为客家文化区内的宁化文化，也有其自身的个性特点，这是地理环境、社会结构和经济条件使然。

前面写到，宁化有人类活动的历史悠久，有人的活动，便有文化的产生，所以考古发掘的历史遗址也称文化遗址。但唐中叶之前，当时只是一些集团群体的联合，如"峒蛮"文化群和汉文化群，它们并没有整合为一个统一的文化区。

廖开顺在《中原河洛对客家文化形成的决定性影响因素》一文中说："文化的发生和发展需要地理环境、经济条件和社会结构，三者相辅相成，组成一个民族和相对稳定的文化空间。"①

宁化，自唐开元十三年（725年）建县，开始纳入唐王朝的版籍。随着中原汉人的不断迁入，"峒蛮"文化与中原汉文化逐渐融合，逐渐孕育有特色的宁化文化，显现出客家文化原始特色。

（一）地理环境

"文化的产生离不开具体的区域环境，某一地域人们创造的物质财富、知识体系、生活方式、行为规范和思想道德模式等，经过漫长的历史时期，最终积淀在该地区的文化里，这就形成了这个地区的地域文化。从这个意义上来讲，每一种文化都必然打上深深的地域烙印，地域性成为与其他文化相互区别的最为显著的标志之一。'文化的完成是地区性的，而和种种集团之间的已知关系并不甚关联。'"②

宁化位于福建西部边陲，是闽北、闽西、赣南的节点。地理历史习惯，宁化以北的建宁、泰宁、将乐、沙县等县是闽北的南部边界。宁化、清流、明溪等县是闽西的北部边界，石城、宁都等县是赣南的东北部边界。宁化、建宁、石城分别处于三地区的节点，宁化是赣南、闽北、闽西的节点。

从历史层面看，宁化建县于唐开元十三年（725年），在唐开元二十四年（736年）建立汀州之前，隶属闽北。清康熙《宁化县志》载，汉永和六年（141年），会稽为东南二部，东部为临海，南部为建安都尉（即建宁府建安地）。黄连（宁化）当在南部中。吴永安三年（260年），置建安郡，始析其校乡西偏将乐地置绥安。晋灭吴，析建安立晋安（福州），建安辖吴兴、东平、建阳、将乐、邵武、延平七县。黄连属将乐，均隶扬州。东晋义熙元年（405年），改绥安为绥城。隋开皇间，废绥城，并入邵武，隶抚州（江西）。黄连当并入邵武。唐武德四年（621年），析邵武置绥城（今建宁、泰宁、将乐地），隶建州。黄连属绥城。建安、绥城、将乐、邵武均属闽北，宁化位于闽北的最南端。汀州建立之后，宁化隶属汀州。当时汀州辖宁化、长汀、新罗三县，属闽西地

---

① 载《2014年世界客属第二十七届恳亲大会国际客家文化茶叙论文集》，第214页。
② 邹春生《文化传播与族群整合》，中国社会科学出版社2015年版，第297页。

区，宁化位于闽西最北端。宁化紧邻赣南石城，两县之间没有明显的边界，往来交通非常方便。这里讲一则故事：2000年11月，宁化举行客家学术研讨会，有些北方的学者经江西石城县来宁化。在两省交界处有一界碑，分别标明福建、江西的方向，学者们停车拍照留念。见一老者牵着正在吃草的黄牛，学者问："老人家是福建人还是江西人？"老人答："我是福建人，这牛是江西的。"学者好奇，再问："为什么？"答："牛是出嫁的女儿的，她归江西管，我帮她看。"老者为学者指引，在一片小田园中有两个小村庄，遥遥相对，相距只有数百米，中间并无明显界线，只有当地人知道田和山的归属。

赣南地形向北倾斜，水往北流，与福建之间有武夷山脉阻隔。赣南汉化早，文化、经济较早开发，而一过武夷山脉，便是"蛮峒"地区。宁化是山高皇帝远的地方。在宋代之前，闽西的经济、文化交往，主要是与江西。特别是宁化。宁化隋朝末年便"开山伐木，泛筏于吴"。宁化是赣江主要支流贡水的源头，溪河两边的木材砍下，滚到河里，便可顺流而下，运到长江中下游。宁化利用这一通道与长江中下游的商业文化往来延续到清朝末年，因此受长江文化和赣文化影响很大。

闽北在福建历史上是汉化、开发最早的地区，受浙江、江西的影响很大，特别在两宋时期，著名的闽学四贤都在闽北。宁化在隶属汀州之前，受闽北文化影响很大，之后，闽北文化仍然继续影响宁化。闽学四贤集大成者朱熹曾到石壁拜詹学传（北宋末宰相，解职后，携家眷来到石壁开学馆）为师，李侗的儿子李信甫迁宁化泉上开基，杨时四世孙迁宁化泉上延祥村开基，罗从彦也是宁化罗姓同宗，宁化城关建有"豫章书院"便是由此而来。而宁化在宋代也出理学人士，如张良裔，他是绍兴五年进士，"自幼端重不媚时好。宣和间，三经考学行，良裔独好二程先生之学，虽屡黜不变"（《临汀志》）。闽学对宁化的影响延续到清代。清朝前期，当理学在闽北已经衰落时，宁化却诞生了如雷鋐、伊朝栋等一批宁化籍的理学家，起到"薪尽火传"的作用。宋代以理学为主流的闽北文化逐渐主导宁化的文化走向，推动着宁化历史的演进序列。同时也影响闽西。

宁化隶属汀州之后，随着赣南、闽北人口的迁入，闽北文化、赣南文化继续影响宁化。而以长汀为中心的闽西文化与宁化的关系如何？由于历史的进程，宁化建县早于汀州和长汀，且宁化人口流向汀州南部各县，所以汀州对宁化影响不大，相反，宁化文化随着人流长时间影响闽西文化。

1963年5月，国务院批准设立三明专员公署，辖三明市和三明、永安、清流、宁化、大田一市五县。1970年6月，福建省革命委员会将原属闽北的尤溪、沙县、将乐、泰宁、建宁五县划归三明专区，三明下辖一市十县。把原属于闽北、闽西和闽南（大田）三地的十一县归于一区。三地文化的交汇，形成了新的文化区。三地文化中，起主导作用的是闽北和闽西文化。

宁化位于三地的接合点，又因为行政区划关系，所以也成为三地文化的熔炉，三地文化兼容并蓄成为宁化文化的一大特点，也因此而赋予其特殊地位。

法国远东学院教授、博士生导师劳格文，在20世纪后期和本世纪初，致力客家文化的调查研究，辗转粤、闽、赣客家地区开展田野调查达20余年（断续），主编了《客家传统社会丛书》23部。他和福建省学者先后到宁化调查七次，他在《宁化县的宗族、经济与民俗》（杨彦杰主编）的《序论》的"结语"中写道："宁化的文化抉择，是江西的东部和中部、福建北部的县份比起长汀更接近，似乎是公平的说法……我们通过宁化的集中研究，得到一个吊诡的结论，虽然宁化拥有客家历史上非常重要的石壁平原，它的文化模式却是非常独特的，不见于其他客家地域……在文化上，宁化有一种过渡的位置，当中显示了清楚的江西和福建北部的特征，但同时，特别在南部，与长汀有其共通的地方。宁化是一种居中者，有一种文化上的混合而有自己的丰富和独特处。"

（二）社会结构

前面写到，宁化自远古便有人类活动。秦汉时期以前，宁化人属于古越部落，汉武帝灭了闽越国，把闽越贵族、官僚、军人赶到江淮间，所剩少数越人隐匿在深山密林中，待时局安定后才渐出山林，"辟土化居"。这些古越族的遗民，到了唐代，或汉化，或演化为其他族群，作为一个民族，只是留下历史记忆。

巫罗俊开发"黄连峒"时，当时宁化土著居民是"峒蛮"。清康熙李世熊《宁化县志》云，巫罗俊"就峒筑堡卫众"。在古代文献中，"峒"是指蛮獠种族居住的地方。唐刘禹锡《刘宾客文集》中说："闽有负海之饶，其民悍而俗鬼，居洞（同峒）砦，家桴筏者，与华语不通。"说明当时土著属"蛮"人。黄连地，东晋至南朝属绥城县，隶建安郡。隋开皇间，废绥城，黄连并入邵武，隶抚州。黄连地处江西与福建的交界处，南朝时期是闽中陈宝应和临川周迪两大割据势力的中间过渡地带。其时陈宝应所部多为蛮獠，故陈朝讨伐陈宝应的文告称"宝应父子，奔服支蘖"，"煽动蛮陬，椎髻箕坐，自为渠师"。周迪属何种族，史无明文，史称周迪"外诱逋亡，招集不逞"。当陈宝应和周迪败落之后，其部属和追随者多有窜于山穴中者。当李子通遣使略闽地时，"土冠蜂举"，这些土寇之众应有不少来自陈宝应、周迪旧部逃窜隐匿在山穴中者。当巫罗俊筑堡卫众成为一股强大势力时，"远近争附之"，这些归附巫罗俊的民众，可能也有不少是陈隋之际的亡命之众。故推测趋附巫罗俊的民众，有相当部分属于蛮獠种族。[①]

有唐一代，宁化的土著被称为"峒蛮"。蛮族是先秦时期对南方少数民族的泛称。蛮族支系很多，其中一支叫"武陵蛮"（槃瓠蛮的一支），主要分布在武陵地区，从东汉时开始外迁。《资治通鉴》记载：唐昭宗乾宁元年（1894年）"黄连峒蛮二万围汀州"。此"峒蛮"应该是陈宝应、周迪所留下的"蛮獠"和之后陆续迁入的"武陵蛮"。到了

---

① 谢重光《客家源流新探》，福建教育出版社1995年版，第128—129页。

宋代"开梅山"事件后，更有大量"武陵蛮"迁入，在宁化形成相当的规模。

《临汀汇考》载："长汀为光龙洞，宁化为黄连峒。峒者，苗人散处之乡，大历后始郡县其巢窟，招集流亡，辟土植谷，而纳贡赋。""唐时初置汀州，徙内地民居之，而本土之苗仍杂处其间，今汀人呼曰畲客。"

当然，《资治通鉴》所载"峒蛮二万"的数字值得质疑。因为宋元丰间（1075—1085年），汀州主客户81456。时汀州四县（长汀、宁化、上杭、武平）县均2万余户，人口10万。也许宁化建县更早，又属旺县，人口可能更多一些。但乾宁至元丰相隔200年之久，人口变化应该很大，乾宁人口远不如元丰，这是肯定的。2万占总人口的很大比例，这不大可能。所称"峒蛮"应把所有"围汀州"之人都视为蛮人，而不一定都是土著人。在宋代文献中关于蛮和畲獠的记载十分混杂，很难区分"汉"与"非汉"。但无论其2万确实如何，土著人口已有相当数量是肯定的。再者，黄连县已于天宝元年（742年）更名为宁化县，为何时隔100年之后，仍称"黄连"？不得而知。是否沿用"黄连峒"，或者说造反者不仅有宁化县人，也含邻县，如长汀。因宁化县南紧邻长汀县，毗邻地区相互响应也是常有之事。概而言之，宁化的土著人口已有相当数量是肯定的。

北方汉人自东汉始便有少数陆续迁入，唐后期开始迁入者渐多。唐天宝十四年爆发了持续8年的安史之乱，战火几乎遍及整个黄河中下游地区，波及河北、河南、都畿、河东绝大部分，致使北方人民遭受了一场空前大浩劫，从而纷纷南迁。天宝末年，北方人口900余万户，战乱后，上元元年（760年）只剩193万余户。（《通典》卷七）安史之乱平息后，天下并不太平，藩镇割据，战争频仍。隔百年，又爆发黄巢起义，战争长达9年之久，战火遍及大半个中国。黄巢起义平息后，镇压黄巢起义成长起来的军阀相互争夺，战火燃遍黄河、淮河、长江及珠江流域的主要地区，混战二三十年之久。

安史之乱、黄巢战事以及军阀割据，时间长达100多年，北方民不聊生，百姓纷纷逃难。其时赣闽粤连接地区相对太平，未及兵燹，特别是赣闽连接地区。福建在"黄连峒蛮二万围汀州"被镇压后，"闽地略定，潮（王潮）遣僚左巡州县，劝农桑，定租税，交好邻道，保境息民，闽人安之"（《资治通鉴》卷259）。宁化，成为战争的避风港、世外桃源，于是北方逃难的人民不断大量迁入。据族谱文献记载，在唐代，特别是唐中期以后，迁居宁化的北方汉人41姓族，加上隋以前迁入的北方汉人11姓族，共计52姓。

进入五代十国后，社会并不太平，史称"天下纷争，孰为天子？兵强马壮则为之耳"（《资治通鉴》卷282）。朱温称帝（后梁）封王审知为"闽王"，在闽国时期，福建出现"时和年丰，家给人足"的光景。

公元960年，赵匡胤夺取后周政权，建立宋朝；"靖康之难"，宋室南移，建立南宋。从907年五代十国开始，至1279年南宋灭亡，300多年间，中国经历了从分裂到统一,又从统一到分裂的过程。社会纷争,民不能安,特别在长江以北到中原地区,动乱逼迫中原汉人再次大规模南迁,原滞留在江淮间的移民再度南迁,他们过长江,直达赣、闽、粤三省毗邻地区,特别是赣闽连接区。在这一时期迁入宁化定居的人口特别多。据统计,五代至南宋末迁居宁化的北方汉人达91姓族。据统计,自东汉至清代,迁入宁化的北方汉人有212姓族,明确迁入时间的171姓,五代至南宋末迁入姓族占半数多。南宋宝祐年间（1253—1259年）,宁化总人口达20万人（不含清流县）,达到清道光之前的人口最高峰。

宁化人口的激增,主要是北方汉人的涌入。当然,以畲族为主的少数民族人口也在增长,这除了唐以前的土著人口自然增长之外,也有粤东、闽西南等地的畲族迁入。但从北宋开始,宁化人口以汉族为主体的状况是肯定无疑的。

汉人不断迁入宁化,他们与原住民争地盘,产生土客争端,但矛盾产生的同时也是民族融合的时机,新到汉人开发耕地,人生地不熟,往往要请教原住民,甚至请原住民帮忙管理山林,汉人给一定的报酬,或让地给他们,如此的人际交流中,促进了生产交流、文化交流、商品交流。来到宁化方田乡定居的汉人,开始不会管理山林和田地,因为山上野猪很多,竹林和庄稼常被毁害,汉人束手无策,只好请原住民帮助打野猪,管理竹林,汉人划地给原住民,并教他们生产技术,如此亲密无间。这种畲汉交流磨合之中的融合,正是客家文化的孕育过程,也是客家民系的孕育过程。

邹春生在引述当代历史学家陈春声先生关于在传统中国的区域社会研究中,国家的存在是研究者无法回避的核心的问题之一的一段话后,说:"陈先生这一段话的本意是批评一些学者用众所周知的历史知识来归纳'地方特性'的做法,然而这段话却也揭示了我国传统社会的一个重要特征,即国家权力对地方秩序的构建和地方性知识的产生,有着巨大的影响。陈先生这一段话也给我们这样的启示:同样作为'地方性知识'的客家文化,它的形成和发展,也无法脱离'国家'的影响。"[①]

也就是说,社会结构另一个重要元素是王朝政权的深入控制,国家政权建置的深入,推进了地方秩序、地方经济和地方性知识的产生和发展。宁化在唐乾封建镇,但朝廷只"授巫罗俊一职",令其剪荒以自效,没有明确的官职,看来"镇"的行政机构没有建立,实质只是"酋长"形式的一级政权。开元建县时,对罗令纪也没有明确任命,只是"委以掌管全县政务重任,还依按察院所奏,诏以冠带,赐以玉帛",没有明确"知县"一职。实际也没有正式的县级行政机构。说明当时朝廷对宁化的统治没有重视和深入,实际还是个"化外之地"。根据清《宁化县志》记载,唐元贞间有县尉羊士谔。自五代后,朝廷对宁化的政权建设才逐渐完善。五代自梁开平年间（907—910年）开始有县令的记载,知名的有三名。宋代自绍兴间（1131—1162年）至宋末有知县事28名,

---

[①] 邹春生《文化传播与族群整合》,中国社会科学出版社2015年版,第304—305页。

350年中，平均约12年一任。宋代的基层政权为乡统团、里。元符元年（1098年），划出麻仓6团里建清流县后，宁化有2乡、6团、5里。全县只有"化内之地"，并无"化外之地"了。政体健全的情况，对于推动经济建设、文化建设、制度建设起到有力有效的保证，对促进客家文化的产生和客家民系的产生有积极作用。

还有农民起义，对文化的融合诞生和民系的诞生也有积极作用。宁化在南宋绍定二年（1229年）发生盐商晏头陀武装起义，响应者达数百里72村寨，发展到数万人之众。虽然起义被朝廷镇压，但此举一是起义者有汉人畲人，聚众说明利益一致，战斗过程中，统一组织，统一指挥，形成汉畲一家，是一利益共同体，也是命运共同体。二是政府和民众矛盾尖锐，在食盐、赋税方面，民愤极大。《临汀志》云："汀，山多田少，土瘠民贫，二税视他乡为重。"这重税对"初不纳税"的土著居民来说更加难以接受，引起反抗是很自然的。从中可以解读的是，这时期族群融合已相当成熟，在某些方面，可以透视着文化的形成和民系的形成。因为经过这一事件，宁化人口大量外迁。清《宁化县志》载："宋初岁征于宁化者，夏税钱则四千三百二十四贯奇四百二十九文。正纽计四色钱则一万八千二百四十六贯而奇九百九十三文。绍定后，夏税钱则二千一百四十七贯而奇八百三十二文，正纽计四色钱则七千四百四十七贯而奇一百三十六文，钱会半之，盖耗替已逾半矣。"绍定正是爆发盐商起义，起义后岁赋减半，不是朝廷的恩赐，而是人口外迁、土地荒芜所致。这时外迁的宁化人被学者称为正宗客家人。（陈运栋《客家人》）

文化的发生和发展的三大要素中，社会结构可以说是基础性的，最为重要的因素，也可以说是决定因素，因为没有人的构成，什么都不可能有。

（三）经济条件

随着北方汉人的大量迁入，一方面北方先进的农耕技术、手工业生产技术随之传入；另一方面，人口的激增必须要开垦耕地；第三，人口规模的扩大，商业流通必然随之扩大并活跃起来。于是迅速地推动经济的发展，为新文化的产生提供条件。

1. 农耕文化起了根本性变化

五代十国时期，闽国王审知重视农业生产，劝课农桑，组织农民开垦荒地，兴修水利，对农业生产很大促进。在这一社会背景下，宁化出于自身的迫切需要，大力发展农业生产。

宁化原住民以畲族为主，畲族传统生产是刀耕火种，生产水平极低。汉人的迁入，带来北方先进的农业生产技术，同时需要大量增加耕地，因而使宁化的农业生产迅速发展。

唐文基在《福建古代经济史》（1995年版）中记载，北宋时期，福建路平均每户拥有耕地10.6亩，而同时的两浙、江南东路、江南西路分别为20.3亩、37.4亩、35亩。

宁化在南宋人口高峰达4万户，若以北宋时期福建的平均数计算，有40万亩以上的耕地。宁化是山区，可开垦地多，且汉人入迁不久，耕作水平较沿海差，为生活需要，应该要开垦更多的耕地。宋代已出现耕地买卖。据石壁上祠张氏族谱记载：张四郎在宋淳熙二年（1175年）置买白源张廷郎垦田三十二担（折8亩），土名禾口，作宗祠祭产。

为了灌溉耕地，宋代已兴修水利。《临汀志》记载，水利工程40处，其中宁化有柘湖、万斛泉"下溉田亩千亩顷"；大陂"先是田亩燥瘠旱即荒莱，居民协力障溪以成，至今为利"；吴陂有居民吴氏出力为之，灌溉甚广，人思其惠，故名。清《宁化县志》载："在县东百二十里，居民障溪以成，自宋迄今为利者，曰大陂。"

汉人的入迁使农耕文化有很大发展。畲人只能种畲禾，质差产量低。汉人入迁后，改革农耕技术，大量种植水稻，产出"贡米"。宋景德元年（1004年），宁化河龙种出的大米被朝廷钦定为"贡米"。宁化除了种水稻之外，在粮食系列中，还种小麦、大麦、粟等，同时向畲人学习种畲禾（旱稻）。此外还有苎、麻、豆、菽、桑和水果、茶叶，同时也向畲人学习种蓝靛，并学习狩猎。

2. 矿业具有一定规模

从五代开始，宁化的矿业有相当规模。五代后梁开平三年（909年），闽王王审知决定开铸本国货币，采用宁化的铅锌矿铸造钱，发行面额有一文的小平和十文的折十大钱两种。钱币面文依然沿用唐代"开元通宝"之名，小平钱背面记"福"字，大钱背面记"闽"字，下端有月纹，直径40毫米。

北宋编修的《元丰九域志》记载，"宁化有龙门新、旧二银场，长水、大庇银坑"。说明宁化最迟在五代时期便有采矿业和铸造业。

3. 手工业有相当水平

陶瓷业，自唐开始便有，宋代有较大发展。据考古发现，有泉上青瑶窑址、济村碗窑上窑址、泉上谢坊窑址。其工艺水平相当高，有白瓷、青瓷，有黑釉、赫釉，为龙泉窑系。

手工造纸业有很高水平。宁化产毛竹，史料记载："有大近斗者，编以为筏，百器近需之。一隅之地，日伐千百竿，用之不竭，其利济甚溥。"（清《宁化县志》）宁化人利用嫩毛竹（还未抽枝）人工造纸，其玉扣纸不易硬化，不易变色，不受虫蚀，定为朝廷奏折用纸，有"日鉴天颜"之誉。

4. 流通业初具规模

宋代宁化通往邻县的通道6条。水路也很方便，自隋朝末年，便开通了通过赣江到长江中下流的水道"泛筏于吴"，这一航道延续到民国时期。

集市贸易也相当活跃。葛文清在《唐宋汀江流域人文发展与社会经济关系述论》中说："宋代汀州的商业中心在汀州城和宁化县城。宁化的圩集有7个。汀州城和宁化都有商税厅专门负责对外商品坐商收税。"① 流通中，可以从矿业生产、造纸、陶瓷、纺织业生产各方面知道。《临汀汇考》云："苎布宁化四乡皆有，乡无不绩之户。"这些产品不仅是满足宁化自身的需要，其中大量产品是出境。宋绍定三年（1230年）宁化潭飞磜盐商晏彪聚集盐贩乡邻剃头发刺字，举行武装起义，队伍迅速扩大至数万之众，说明当时盐贩的商人群体人数很多，这些商人是跨州、跨省贩卖。同时还有劳动力输出江西等地"流寓赁耕"。

上述说明，宋代的宁化经济相当繁荣，是晚清以前最为繁荣的时期。经济是文化的基础，同时经济本身就是文化三大层面之一，经济本身也是文化。经济繁荣，是同制度建设、心理文化直接关系的。

（四）客家文化

宁化文化属于汉文化的一支——客家文化的属性。

1. 客家文化的创造主体在宁化高度集中

客家民系诞生于宋代，唐宋时期，聚集汉人移民较多的是闽赣连接地区，即赣南的宁都、石城县，闽西的宁化、清流、长汀，其中最为突出的是宁化。清代以前，有明确迁入宁化时间的有218姓族，其中南宋末以前迁入宁化的有192姓族，占88%。

石壁村接纳了40余姓。这种状况在客家地区各县中绝无仅有。吴松弟《中国移民史》第四卷，表9-9《客家氏族移民实例》（第365—368页）中，列入130族，在"迁客区始祖"中，迁入地是宁化的达97族，占总数的74.6%，而迁入宁化的97族中，明确迁入石壁的44族，占宁化总数的45%，占130族的33.8%。它足以说明南迁汉人在宁化及其石壁的高度集中。

人是文化创造的主体，宁化是客家先民和原住民融合的主要地区。客家先民聚集宁化达数百年之久，在这数百年间，由于生活和生产的需要，北方南迁的汉人与当地原住居民（包括闽越族的遗民、畲族人和先期入迁的北方汉人）不断磨合、交融、融合，优势互补，优存劣汰，孕育出一种综合各时期各地区各民族特色的多元文化，这一文化被后人称之为客家文化。客家文化孕育和形成的中心区是以宁化为代表（中心）的赣闽连接地区。《客家史话》作者巫秋玉在其《宁化石壁与海外客家人》一文中说："中原汉人自东晋开始南下，至唐末又从江西等地大批迁入福建宁化石壁，高度集中在以宁化及石壁为中心的地域，繁衍生息数百年，形成客家民系。南宋末，这些已'蜕变'为正宗客家人的客家始祖，又大批地继续其迁徙生活，往闽西、粤东等地迁移，继而往中国大陆各地、港台、海外。可以说，宁化石壁是客家民系形成中的胎盘和催长素，它把由中原一路南下孕育而成的胎儿催生成婴，待其羽翼渐丰，便促其展翅高飞，在这一成长过

---

① 《客家学研究》第四辑，上海人民出版社1997年版。

程中，不仅造就了客家民系之'身躯'，而且利用其原有的内涵中的流动因子，造就了客家人深具流动的习性和开拓进取精神。"[1]

广东人民出版社 2008 年出版的《大埔客家源流》一书中说，赣南是外来人和土著人最融合的地方，群体"婴儿"躺在"摇篮"里，未来特征还不太鲜明，等到"婴儿"长大，特征外露时，"摇篮"已容不下，大本营人口重心已转移到闽西，闽西是把这个群体"打造"成特征鲜明、心理稳定的共同体的地方。[2] 这里所指闽西，自然包括宁化。宁化在闽西建县最早（唐开元十三年，735 年）。闽西其他县的建县时间是：长汀，唐开元二十四年（736 年）；上杭、武平，宋淳化五年（994 年）；清流，宋元符元年（1098 年）；连城，宋绍兴元年（1136 年）；归化（明溪），明成化六年（1470 年）；永定，明成化十四年（1478 年）。建县时间早说明人口规模和经济、文化发展更早。唐、宋两代，在闽西地区，宁化和长汀是文化中心，而宁化的发展更早，因为长汀的人口大多是从宁化播迁过去的。

广东省方志办原副主任侯国隆研究员在《宁化石壁是客家摇篮》一文中作出这样的结论："宁化及其石壁，说它当时在客家形成过程中起酝酿作用也好，是客家的初始期也好，它都是摇篮，客家在摇篮中成长，在客家形成过程中功不可没。如果没有前期在宁化石壁的酝酿和初步形成，便没有日后的闽粤赣边地区形成的客家民系。"[3]

2. 客家方言的摇篮地

赣客方言原属一种方言，从客家方言的形成地域来看，只能产生于赣闽连接地区。"客赣方言早期一体，都属于古赣语——南下至江西（赣北、赣中）的北民带来的北方话在楚语一支即傒语的底子上形成的古代江西方言，后来异地分居，各自发展：赣北、赣中等地古赣语因为处在开阔的近江、近湖地带而以开放式方式发展演变（大量吸收北方的方言成分），形成现代赣语——赣方言；随客家先民进入赣南、闽西的古赣语由于处在闭塞的山区而以封闭方式发展演变（保存了更多的古赣语成分），形成客家话（后来随移民延伸至粤东、粤中），它最终一分为二是由于方言差距的拉大"，"因为客家话和赣方言都来源于古赣语，它们之间也就有天然的联系，特别是语音上，几乎没有很大的差异。[4] 著名语言学家李如龙教授说："从客家方言共有的语言历史层次看，应该说它在晚唐五代之间与中原的汉语分手，南下之后经过汀赣一带的动荡，宋代时在闽西、赣

---

[1] 巫秋玉《宁化石壁与海外客家人》，载《石壁与客家》，中国华侨出版社 2000 年版，第 224 页。
[2] 严峻《大埔源流话古今》，载《大埔客家源流》，广东人民出版社 2008 年版，第 29 页。
[3] 侯国隆《宁化石壁是客家摇篮》，载张恩庭、刘善群主编《石壁与客家》，中国华侨出版社 2000 年版，第 69 页。
[4] 温昌衍《客赣方言关系词与客赣方言的关系》，《南昌大学学报》（人文社会科学版）2003 年第 2 期。

南定型的。"①

客家方言形成的基础客家群体，客家先民（北方南迁汉人）和原住民（南宋后称为畲族的少数民族）人数相对较多，相对集中和生活时期较长的地域应是客家方言孕育和形成的地区。如前文所述，唐末至两宋，南迁汉人与畲族最为集中的地区是赣南东北，如石城、宁都，闽西北部，如宁化、清流、长汀等地。这一地域，应该是客家方言形成最早的地区，这一地区的代表或核心地区是宁化。宁都和石城的客话在赣南被定为"宁石小片"，新编《赣州地区志·方言》写道："宁石片，含宁都、石城两县，其居民以宋代以前迁入者为基础，故其方言多唐宋语言特点。"② 宁化、清流两县，在新编县志中，都是"闽西客家方言的一种土语"。以上实际说的是宁化、清流的方言是闽西客家方言的母语，闽西客家方言是宁化、清流方言的演绎和发展。

已故音韵学家、厦门大学中文系教授、博士生导师黄典诚1986年在龙岩的闽西地区专业志业务讨论会上的学术报告中说：

可以说，客家话发源在福建宁化。毫无例外，（客家）三次迁徙，祖先大多数住过宁化的石壁村。客家老祖宗在宁化石壁村，犹如河洛话的发源地在河南固始县。大体上客家话的定型在该村（石壁）。如"坐"念 cuō，"生病"念为 shēngpāng，凡是普通话讲 b、d、g、z，客家话就讲 p、t、k、c。《康熙字典》那个《等韵切音指南》上都是一个全黑的圈子，如'永定'的'定'，一定讲 tn，这个音的形成，我现在初步认为也就在石壁，所以现在客话全都有这个特点，西至四川，东至台湾，南至南洋，没有例外，这一口气是从石壁村吹出来的。③

黄典诚教授在抗日战争期间随厦门大学迁移长汀，从那时开始，他便对宁化文化进行研究。20世纪80年代，黄教授受聘为《宁化县志》顾问，先后三次到宁化和石壁进行田野调查，指导《宁化县志·方言志》的编纂和审订。黄典诚和周长辑认为："宁化通行的方言是客家话，属闽西客家话的一种土语。"

郑州大学中文系崔灿教授在《论宁化石壁与客家方言的整合统一》一文中说：

客家先民南迁的时间上下约千年，迁出的地域主要有河南、山西、陕西、山东、安徽、甘肃等省。当时少数官宦之家书香门一般使用"雅言"，而广大人民群众说的是各地方言，他们聚集在一起，纷纭复杂的方言势必成为经济联系、文化交流及群体之间一切共同活动的严重障碍。所以，他们在宁化石壁这块地域广阔、人口众多、交际频繁

---

① 引自肖彪、张长水《客家民系形成摇篮》，载《客从何来》，广东经济出版社1998年版，第183页。
② 黄典诚《1986年在龙岩闽西地区专业志稿业务讨论上学术报告》，载《闽西方志通讯》1986年第2期。
③ 黄典诚《1986年在龙岩闽西地区专业志稿业务讨论上的学术报告》，载《闽西方志通讯》1986年第2期。

的土地上，通过商品的长期交换、儒家文化的长期传播、客家群体的长期交往，求同存异，在公众场合逐渐使用大家都懂得的"雅言"，舍弃自己的方言土语，于是客家方言就应运而生。宁化石壁不仅在客家方言的整合统一方面起了重要作用，而且也为客家民系的形成打下基础。应该说，宁化石壁是孕育客家之乡，客家民系的形成就是从这里开始的。①

中国社会科学院民族研究所研究员、《客家话通用辞典》主编罗美珍在《从语言入手探讨客家民系》一文中说：

客家方言在南宋时已于赣南、闽西形成。宁化石壁是客家方言形成时期最早的聚散中心，后来由于长汀是汀州首府，中心逐渐转移到了长汀。由于人口暴涨和生活困难等原因，客家人从宋末开始就从赣南、闽西大批迁往粤东北，他们带去了当时已经形成的客家方言。②

以上几位专家都曾多次到客家地区和宁化调研，所作的结论应该是科学的。

3. 心理文化的形成

①培育自强不息的基本精神

客家基本精神即自强不息的开拓进取精神，它是客家文化的基础，也是宁化文化的基础。宁化先民来自中原，作为中原文化核心的河洛文化是中华文化的根性文化，它是中华始祖在艰难的物质文明创造中所产生。中华始祖的顽强开拓精神在《周易大传》中以"天行健，君子以自强不息"来概括。自强不息的开拓精神是河洛根性文化的重要特征，也是客家文化的精粹。中原汉人南迁过程本身就是一种自强不息精神的体现。在千年的艰难迁徙过程中和艰苦的开基创业过程中，自强不息的精神得到突出的表现。在宁化，早期到达的宁化开山祖巫罗俊，面临"隋大业之季，群雄并起。东海李子通率众渡淮，据江都，称吴帝，改元明政，遣使略闽地，其时土寇蜂举"（清康熙《宁化县志》）的严峻形势，处于建安郡郑文雅、林宝护和江西林士弘两大农民起义战火的夹缝之中，筑堡卫众，开发山林，辟土垦殖，开拓了一片新天地。唐末到两宋的400年间，客家先民在宁化打下了客家民系形成的物质基础，形成自强不息的客家基本精神，为客家文化的形成奠定了基础。客家自强不息的精神可用"硬颈精神"形象概括，无论处在如何困苦的境地，总能凭着自身的艰苦奋斗闯出一条路来。客家自强不息的基本精神在宁化的很多民谣、民谚中传诵。如"人争气，火争焰""只有上唔去的天，没有过唔去的山"等。石壁客家人要求子弟把自强不息的客家精神代代相传，要求子弟争气、自强，无论多么艰难困苦也闯得过去，如"不怕火烧屋，只怕人无志""有志成龙，无志

---

① 崔灿《论宁化石壁与客家方言的整合统一》，载《宁化石壁与客家世界学术研讨会论文集》，中国华侨出版社1998年版，第8页。

② 罗美珍《从语言入手探讨客家民系》，载《宁化石壁与客家世界学术研讨会论文集》，中国华侨出版社1998年版，第352页。

成虫""竹篙叉,叉对叉,靠来靠去靠自家""过江不怕浪,赚钱不怕艰"。既然一切靠的是自己,一方面要为理想奋斗,如"吃得苦中苦,方为人中人",另一方面要以勤为本,如"人勤地生宝,人懒地生草""勤快勤快,有饭有菜""早起三朝顶一天""番薯喜欢人抓痒,越抓越痒越快长""不怕痴汉,就怕懒汉""床上饿死天富星"。还要懂得节俭和划算,如"少年不积钱,老来叫可怜""餐餐省一口,十天省一斗""养畜不赚钱,回头看看田""家有万贯,不如一算""食唔穷,穿唔穷,冇划冇算才会穷"。客家基本精神"自强不息"不是空洞的说教,而是与艰苦创业、勤俭持家和生活智慧结合在一起,既是世俗化的,又具有超越性,表现了宁化人民对自身文化的科学建构。

②重建家园,重构家国一体文化

其一,重建家园,传承中原伦理政治文化。从隋末巫罗俊率众进行物质生产的开基创业,到南宋期间宁化县人口增长达20万之多,客家先民在石壁全面进行拓荒垦殖和稻作生产,发展手工业、矿冶、贸易,物质上达到福建山区较高水平,奠定了重建家园的物质基础。唐代至两宋,从唐乾封二年(667年)设黄连镇、开元十三年(725年)设黄连县,客家先民在宁化的数百年间,由聚宗族而居,到强化宗族关系,到建镇建县,构建了"家—宗族—村落—县(代表国家)"完整的家国一体的社会结构。宁化众多以姓氏命名的地点和祠堂庙宇、墓葬碑记、族谱县志,较完整地记载了客家先民由迁入到重建家园的历史过程。在重建家园的过程中,以血缘为基础的宗族观念发扬光大,与爱国爱乡融为一体,成为客家文化最重要的内涵。这些观念融入众多的宁化民谚、俗语,广为流传。如"不忘祖宗言,不忘祖宗田""八十公公要祖家,八十婆婆要外家""国家、国家,有国才有家""家不和邻里欺,国不和遭外凌""家贫出孝子,国乱有忠臣"等。巫罗俊"自诣行在上状,言黄连去长安天末,版籍疏脱""言黄连土广齿繁,宜可授田定税",主动要求归属国政,为国缴税;宁化开县世祖罗令纪奏准黄连镇升格为黄连县,成为汀州客家八县中建县最早的一个县,都显示出极为主动而强烈的家国一体意识。石壁上市的汉帝庙祭祀刘邦和张良,上市《清河君张氏十修谱》的《汉帝庙记》写道:"书云,圣王之制,祀也,法施于民祀,以劳定国则祀之,是非事于也不在祀典。昔我祖子房仕汉,不以力征,不自矜功,经营天下,归于一统,君敬臣忠,两相用意,故我张氏者,子房苗裔者也。然乡人题资鼎建高祖庙,立君臣像于(宋)淳祐之秋。"表达对君臣和谐的祈望。在重建家园的过程中,为了新的家园和生活的安宁,在重构家园一体文化之中,"神灵祀典化","以神道设教"的特行,在宋代有明显的发展。宋代儒学从"治"转为"教",其目的是为了重建社会秩序。在宋代的宁化,"以神道设教"的"教化"明显发展起来。据《临汀志》记载,宁化的祀典建设,所建的庙堂有12个之多,诸如社稷坛、城隍庙、救村显应通济赵惠公庙、显应庙、毗沙门天王庙、普应庙、东西官庙、武德庙、后土夫人庙、沙石庙、明山庙。宁化客家民间信仰既传承中原,又进行了革新,表现为多神信仰,表现在一庙二神甚至多神的祭奉上,反映了宁化在新的家园企望消除恩怨，祈求安宁的心态。如石壁的富下庙，祭祀刘邦、项羽两仇家于一庙。石壁下市张氏十三修族谱的《富下庙记》表达了希望刘、项消除恩怨，共佑地方的祈望。

其二，传承中原古老民俗文化。宁化是客家先民较早迁入地区，中原古老习俗遗风犹存。宁化客家礼俗多有周代礼制遗风，如婚礼的"六礼"，丧礼的"送死必极奢，酒席尤丰。稍不如俗群斥为不孝，中人之产立破"，① 是对周朝礼制"以丧礼哀死亡"的传承。饮食文化中的"七种羹"是对南朝荆楚"正月初七为人日，以七种菜为羹"② 的传承。宁化客家民俗更多的是对唐宋中原文化的传承，表现在饮食起居、婚丧喜庆、岁时年节、人生礼仪等方面，尤其是服饰文化的唐代遗风，上衫下裤分开，男衫开襟，女衫大襟，男女老少的交叉裤头和宽裤管的大裆裤，一直沿袭到民国时期。在民间信仰上，石壁有座"三圣庙"，祭祀的是朝鲜族的三位将军，这在客家地区极为罕见，反映石壁客家对中原民间信仰的直接传承，并且这种传承具有早期性。厦门大学陈国强教授考察后说："从崇拜朝鲜族的唐、葛、周三将军来看，可知其祖先（石壁客家先民）不仅来自北方，其与朝鲜族也有非常密切的关系，这是汉族其他民系所没有的。"③

其三，传承中原建筑文化，聚族而居，保卫家园。宁化客家较早建有大型的防卫兼民居的建筑——土堡。据李世熊《宁化县志》记载，隋朝末年便有巫罗俊"筑堡卫众，寇不敢犯"，其遗址可寻，至今尚未见其他客家地区有在隋末建这类大型建筑的记载。宁化境内各乡、大村基本都有土堡，历史悠久。如宁化湖村黄山寮村，建村于宋代，原名黄香村，先后建起7座土堡，居住了300余户人家。宁化的土堡规模宏大，宁化泉上土堡"四周于一百六十丈畸，城厚一丈，道外浚濠广二丈"。宁化习惯一丈为3.3米，如此计算，土堡周长达528米，其规模可想而知。宁化延祥村的200间大宅，石壁的"大夫第"围屋等，规模都非同一般。石壁大夫第称九井十三厅，整体宽40米，深60.8米。宁化土堡建于唐宋时期，正是客家民系的孕育时期，从南宋开始，宁化客家人大规模向南迁徙，建筑文化也随之流传。林嘉书在《土楼与中国传统文化》一书中写道：据笔者的长期调查，南靖县居住土楼的家庭及其上一站祖地为：

双峰丘氏（及漳州所在丘氏家族），来自宁化石壁、上杭，住圆、方土楼。

奎洋庄氏，来自粤东大埔，住圆、方土楼。

庙兜郭氏，出于宁化石壁，土楼已毁。

书山、斗山、涌山派葛氏，出于宁化石壁、赣南吉安，住圆、方、五凤楼。

版寮刘氏，由赣南瑞金入上杭，住圆、方、五凤楼。

和溪林雅林氏，祖出自宁化石壁村林文德（宋末）。南靖金山、奎洋林氏同出自石

---

① 冯秀珍《客家文化大观》，经济出版社2003年版，第201页。
② 刘善群《客家礼俗》，福建教育出版社1995年版，第14页。
③ 陈国强《宁化石壁客家的民间信仰》，《福建史志》2000年第2期。

壁。住小五凤、方楼。

竹员陈氏，祖出于宁化，住方土楼。

长教简氏，出自宁化石壁、上杭，住圆、方、五凤土楼。

张氏各派，出自上杭，住圆、方土楼。

李氏各派，出自宁化石壁，住圆、方土楼。

梅林魏氏，出自宁化石壁，住五凤楼及方、圆楼。

梅林王氏，出自宁化石壁，住方土楼。

赖氏各派，出于宁化石壁，住方土楼、小五凤楼。

金山吴氏，出于宁化石壁，住方土楼、小五凤楼。

书洋吕氏，出于上杭，住方土楼。

上列 16 姓，其中 13 姓出自宁化石壁，其他姓也不一定不出自宁化，如张姓，书中写出自上杭，明代入南靖。上杭张姓始祖张化孙是由宁化迁上杭。

林嘉书在书中列出的《深港客家土楼 18 姓源流表》中，有吴、张、曾、廖、陈、刘、萧、何、江、巫等 9 姓由宁化始迁。实际应该不止 9 姓，如李姓、黄姓、赖姓、利姓等。[①] 南靖，深港的土楼主人大多源自宁化，他们的建筑技术与居住习惯不会与宁化完全没有关系，但缺乏史料和考证。闽西永定土楼很多，其渊源关系，范京增在《从永定圆楼之"根"说到客家文化》一文中说："永定客家先民绝大多数是在南宋、元、明初入永定境内的，迁来之前，又大多数在号称'客家摇篮'的宁化石壁村'落脚'过或长或短的一段时间。永定现在，堡已无实可源考，但客家摇篮的宁化却仍可得见。永定客家先民多由宁化迁来，他们所建的堡当和宁化的差不多。据考，宁化土堡在唐宋时已有，但为数不多。"

宁化土堡与闽西、闽西南土楼相比，一是更重防御功能，如宁化泉上土堡，在第二次国内革命时期，彭德怀领导的中国工农红军东方军用武器久攻不破，只好挖掘地道，用棺材装炸药放入土堡墙基下面爆炸。而闽西、闽西南土楼更注重民居的便利，反映从刀剑到犁铧的演变进程。二是选材和工艺上用生土夯筑，生土黏性较差，因此墙体特别宽厚，稍大的土堡墙基厚达 4 米以上，福建西南部的客家土楼则基本用熟土夯筑，说明工艺已比宁化进步。但是，客家土堡和客家土楼都反映了对中原大型民居设计特点和建筑技术的吸收。

4. 重教兴学，较早开启重文兴教之风

宁化重文兴教的历史在闽西客家地区较早。从办学来看，有人认为客家地区的学校教育始于明代中期，其实，除了学校教育以外，客家人很早就从俚语、祠堂、族谱、宗族等各个方面实施对子弟的教育。史料所记载的宁化官学虽然起自北宋天圣年间，"自

[①] 林嘉书《土楼与中国传统文化》，上海人民出版社 1995 年版。

天圣始有学"，但是，民间的私学更早，从宁化的科举情况就可以证明：宁化进士及第者，唐代1名，宋代29名，在闽粤赣边地客家基本住区中，仅次赣南赣县和宁都二县，而前者于汉朝（前206—220年），后者于三国吴嘉禾五年（236年）建县，早于宁化数百年。宁化县在汀州居第一位。宁化宋代29名进士中，北宋13名，南宋16名。这些进士的家族都是自北方迁居宁化不久。如伍正己父普德于唐长庆迁居宁化，大中十年伍正己便进士及第，成为汀州第一位进士。伍氏后裔伍祐、伍择之、伍文仲、伍懋、伍仲林也都在北宋年间进士及第。南宋进士及第者，还有伍杞、伍异、伍唐、伍梦谐、伍安然等。郑氏彦华于南唐迁居宁化，其儿子郑文宝于宋太平兴国八年进士及第。黄氏唐后期间迁居宁化，黄迪于北宋景德二年进士及第，黄彧于重和元年进士及第。雷氏于周通天间从陕西迁居宁化，雷宣于北宋皇祐元年进士及第，雷尧于元丰二年、雷协于政和二年进士及，曾旦于绍圣元年进士及第。张氏于唐末迁入，张达观于政和进士及第。南宋进士及第者16人，其祖先基本都是在五代至北宋间迁居宁化的。这些进士中，不少在当时都出类拔萃。如伍正己、郑文宝、伍佑等，而未举者，如江礼、徐唐等，不仅列入清康熙《宁化县志·人物志》中的列传，更列入《嘉庆重修一统志》之中。该志所列汀州唐宋两代人物共11人：伍正己（宁化人）、江礼（宁化人）、罗彧（长汀人）、郑文宝（宁化人）、伍佑（宁化人）、郑立中（长汀人）、徐唐（宁化人）、彭孙（连城人）、伍全（长汀人）、杨方（长汀人）、邱鳞（连城人）。11人中宁化5人，而且都在北宋以前。郑立中之前的北宋8人，宁化有5人，占62.5%。如果以徐唐之前共6人计，宁化有5人。宁化历史上的这些人物，并非因北宋天圣年间"自天圣始有学"才能出现，而是较早的重文兴教的产物。

为了提供教育以有力保证，宁化在宋代就开始建立族产，用于祭祀和助学。宁化石壁上市《张氏族谱》记载，四郎在宋淳熙二年（1175年）"置买白源张廷郎垦田三十二担（折合8亩），土名禾口"作祠产。清康熙李世熊《宁化县志》载：明"宁化学田、塾田，计积二顷七十三亩有奇，豪民占佃者，岁仅输金五十二两有奇"。宁化的宗族无论大小，普遍设学租田，其租米为"抽与子孙人文武庠者平分，收为养廉以图上进之资"（石壁上市十修《张氏族谱》）。石壁杨边杨氏朝楼公房有学田4处，合租谷19石。泉上延祥杨氏的杨希曾、杨希孟二人抽学田85亩。这些学租田，既是对读书的激励，更是对读书的资助和保证。为了更好地把重教兴学意识灌输给宗族的男女与子孙，在祠堂楹联的内容上，有不少这样的表述，如石壁南田马氏宗祠堂联写道："国有贤人齐拥戴，家无学子早栽培。"石壁邓坊张文谷祠堂联写道："希贤希圣作天下一流人物，全忠全孝扶世间亿万纲常。"民间有更多的谚语反映重学意识，如"不读书，光眼瞎""书多人贤，酒多人颠""星多天空亮，学多智慧广"。还有童谣："月光光，秀才郎，骑白马，进学堂……""月光光，秀才郎，食擂茶，进厅堂，擂茶好，食得饱，食得饱，上京考，考得上，进祖堂，头带金花状元郎。"北宋靖康年间，金兵入侵，宰相詹学传力主抗金。

在京都沦陷，钦宗被俘后，他携眷南迁，到了宁化石壁村设馆讲学，理学家朱熹到石壁拜他为师。詹学传是江西广昌人氏，他不回老家，而到石壁设馆讲学，也可以反映当时宁化石壁较好的社会环境和教育环境。宁化的重文兴教起于客家民系孕育时期，随着客家的播迁，对其他客家地区不无影响。

5. 对理学融入客家，建构客家文化的过渡作用

客家文化以儒家文化为内涵，但较直接受理学的影响。理学是客家文化的思想文化，尤其表现在伦理价值体系上。虽然中原儒家文化早已为客家先民所接受和传承，但是，从儒家文化本身的发展历史来看，魏晋隋唐时期是玄学流行，佛教昌盛，儒学受到冲击，几经颉颃的时期，直到理学作为儒学的中兴，儒学（理学）才在南宋之后最终成为统治中国思想意识的主流意识形态；从客家本身来看，儒家文化是具有世俗性的精英文化，而客家的主体是平民，对于精英文化往往是"百姓日用而不知"，将其作为自己文化的主导，需要知识分子引导，并且，中原移民向闽赣迁徙的直接背景是战乱，在这样的背景下建构以儒家文化为核心价值体系的客家文化，需要较之中原更直接的儒家文化的影响和以教育为形式的儒家文化的传播。而理学正是以"闽北四学"为首的一批知识分子所引领而形成的，他们的成果被融入客家文化。谢重光教授说："客家地区能够成为宋明理学影响最深远的地区之一，或者说宋明理学是客家文化的精神核心，除了上述理学名家与客家地区的深厚因缘关系外，还有更深刻的因素在起作用，那就是宋明理学本质上是农业文明的结晶，而客家地区则是比较纯粹的农业文明之区，两者之间的关系是适宜的土壤结出了丰硕果实的关系。"① "宋明之际，正好是宋明理学兴盛的时期，加上客家地域是宋明理学的主要传习地，宋明理学的几位主将均系客家人，因此，客家文化的思想内核无疑就是宋明理学。"② 赣南、闽北、闽西是理学活动的主要范围，尤以闽北、赣南为早。宁化比邻闽北、赣南，有接受理学的地理区位之便。在行政隶属关系上，在汀州建置以前，长期属于建安郡管辖，处于闽北与闽西的接合部，直接受闽北理学影响；汀州建置以后，划归汀州府管辖，是汀州最北的县。但是，宁化建县早于汀州建州。又由于宁化与赣南北部有便利的交通，以及汉人移民进入石壁较早，具有儒家文化的积淀，因此，宁化在传播理学，融理学思想于客家文化的孕育中起了很大的作用。厦门大学人类学专家郭志超教授指出："在唐末五代以后客家先民进入闽西之前，宁化是闽北文化；在客家先民迁入后，逐渐产生客家文化；与此同时和此后，闽北文化继续融入，其中，宋代以理学为主的闽北文化逐渐主导宁化的精神走向。这不仅是宁化文化

---

① 谢重光《宋明理学在客家地区的传播》，《福建师范大学学报》（哲学社会科学版）2007年第6期。

② 周建华《客家文化的思想内核是理学》，《江西社会科学》2003年第2期。

的演进序列，也浓缩着闽西客家文化的历史进程。"① 法国人类学家劳格文教授说："我们可以找到很多长汀与宁化文化的共同点，但一般来说，宁化的文化抉择，是与江西的东部和中部、福建北部的县份比起长汀更接近，似乎是公平的说法。宁化有一种过渡的位置，当中显示了清楚的江西和福建北部的特征，但同时，特别在南部，与长汀有共同的地方。"② 以上专家所说的宁化过渡的作用，其实就是宁化在客家文化的孕育中对理学的融入。理学成熟于南宋，而南宋时期也是客家先民大量进入宁化和闽西，客家民系和客家文化形成时期，理学的融入，最后形成了客家文化的思想体系，促进了客家文化的成熟。

宁化是纯客家县，当然其文化的产生与发展，同客家文化是同步的。但同时她还有特别之处，她作为客家祖地、客家文化摇篮，所以有其先进性和唯一性。同时客家又是赣南、闽北、闽西的地理节点，是三地文化的聚合点，是客家早期的聚散中心，因此，宁化文化更具多样性和代表性。

宁化文化是在唐后期和两宋时期产生与发展的。它的文化精神、核心价值观延续至今，薪火相传，发扬光大。综观整部宁化文化史，其核心的文化价值观，可以概括为：家国一体、尚仁好义、崇文重教、敬祖睦宗和自强不息五个方面。不知是否得当，仰望日后更多学者进一步深究。

（五）宁化客家文化的主脉和传承

文化传统是看不见的，它充溢流淌在不同民族从古至今的人们的精神血液中，它就是文脉。

以上对形成客家文化的主要因素的叙述，从中，我们可以透析宁化客家文化的形成基因，它是与人们的日常生活相关的，由民众心理、社会意识、社会理念、民众心理等构成的精神因素。从这些因素中，找出共性的问题，从一个方面、一个角度、一些类型来看传统文化的主要特征和特质，抽释出宁化文化的主要脉络。

我们认为宁化客家文化的主脉是多元文化形态，富有包容性、以家族为本位的家国一体、宗教信仰多样性、红色文化的坚定性和伦理道德继承性等。

1. 富有包容性的多元文化形态

"传统文化就是传统社会遗留下来的能够看得见、摸得着的那一部分我们祖先的智慧结晶。"形成宁化客家文化的主体是中原南迁汉人（客家先民）。中原汉人迁入宁化最早在东汉，自此至隋末，迁入宁化定居的汉人11姓族，特别是巫氏一族，迁入宁化后

---

① 郭志超《序：客家研究的新洞见》，载萧春雷《世族春秋：宁化姓氏宗祠》，海潮摄影艺术出版社2010年版。
② 劳格文《序论》，载杨彦杰主编《宁化县的宗族、经济与民俗（上）》，国际客家学会、法国远东学院、海外华人资料研究中心，2005年5月第1版。

发动、组织群众开山伐木、开荒垦殖，推动了宁化文明的进程。

唐中叶开始，中原汉人陆续大量迁入宁化及其石壁，逐渐成为宁化人口的主体，反客为主，他们带进宁化的文化是汉文化，其基因是古汉文明。但从地域看，又有南北之分。被称为中国地理中枢的秦岭，其轴心地带使得华夏文明具有鲜明的南北文化区别特征，既有"江南杏花春雨，塞北铁马秋风"南北方截然不同的风景，也存在"南稻北麦，南船北马"的中国人生活方式，由此形成了南北文化的不同特征。为避战乱和灾荒，自西晋末永嘉之乱，延至两宋间的"靖康之乱"的中原汉人，其中成为客家先民的南迁汉人的出生地分布于秦岭南北，总体看是北多于南，但他们中第一波大迁徙（西晋末至隋唐）的移民，基本滞留在江淮间，在唐后期才继续南迁，过长江，迁入赣北和赣南以及赣闽粤三地接合地带。第二批大迁徙的中原汉人，他们中一部分直接过江至赣闽粤边，一部分也滞留江淮，到北宋末才同第三批大迁徙的中原汉人一同迁入赣闽粤边。由此可以看出，秦晋客家先民中原籍岭北的汉人，他们在岭南居住了很长时间，而进入赣闽粤三边之后，则全属于南部地区，属岭南文化区。在客家文化中，有岭北文化特征，也有岭南文化特征，特别是唐中叶以后，中国人口、经济、文化北优于南的状况开始反过来。尤其是在客家文化孕育期间，正是理学兴起之时，客家文化受理学影响很大，甚至成为心理文化的主体。所以，南北兼容成为客家文化的一大特点，尤其是作为客家摇篮的宁化，这一特点更为明显。

客家文化第二个特点是客土融合（"客"者是从北方迁入的汉人，"土"者为本地原住民）。也有学者称"重叠的三层文化"，此谓"三层"就是底层百越文化，次为畲瑶文化，上层为中原文化。包括宁化在内的客家核心区，秦汉时期都属于百越地区，原居民是古越族人，福建的闽越国灭亡后，越人有少数隐匿山谷之中，形势好转后，便"渐出辟土化居，长生渐多"。而当客家先民大量迁入宁化之时，宁化的"峒蛮"土著不少，还有"黄连峒蛮二万围汀州"的记载，被称为"峒蛮"者后都转为畲瑶人。他们世居宁化，有自己的文化。我们如果把北方迁入的汉人带来的文化称为"客文化"的话，原住居的文化则相对地称之为"土文化"，"客""土"杂处，在一个地方生活、生产，相交摩擦，相互交流，相互融合，孕育出了客土兼容的客家文化。这就是宁化文化的第二特点。

我们从宁化的文化事象可以清楚说明以上的特点。

①语言

客家生民来自秦岭南北，除了少数的衣冠士族，大多是平民百姓，他们来自中原各地，原本操的是各地方言，虽然同属北方言区，但还是有地域差别，所以需要整合，用雅音统一，同时又需要与宁化的土族整合，这是一个复杂而漫长的过程。经数百年的整合，才形成以汉语为母语，而兼有江淮、荆楚、赣方言和畲语的一种混合语言——客家语。

客家话的主体是古汉语，同时也含有一些"土语"——畲语，如汉语中"下雪"，畲语念"落帅"，宁化客家话念"落雪"，除保留了古汉语的"雪"，又吸收了畲语中的"落"。宁化对"下雨"也称"落雨"。

②农耕文化

"早期畲民结庐山谷，烧山种畲，上山狩猎，种蓝制靛，随山迁徙，居无定所，采取刀耕火种的生产方式，过着游耕不定的生活，形成了独特的游耕生产模式，创造了与之相适应的游耕文明。"（刘根发，2020年）客家文化源自中华文明的发源地中原大地，他们传承的是农耕文化，创造了多样性的农业经济模式，这与原住民的耕作模式完全不同。但客土杂处，客土之间相互学习，取长补短，是势所必然。一方面，客人初来乍到，为生活计，必须充分利用山里的自然条件，地势平坦的地方开垦成"平洋田"，山坡地开垦成"山排田"（即梯田），同时大力建设水利，灌溉农田。根据不同的水利条件，因地制宜，旱地种旱作物，如高粱、小麦、粟、早稻，以及经济作物；水利条件较好的种水稻，开辟农业的多样性和高产量。不仅解决了"客"的生活所需，同时为原住民树立榜样和示范，引领原住民一道发展。但宁化山多林密，河多水丰，地势不平，与中原的自然环境完全不同，照搬老家的耕作模式和习惯肯定不行。"适者生存"的法则使得客人不得不吸纳当地一些适应环境的耕作方式和种植方法。比如，既要大量发展稻作，又要"靠山吃山"，开发山林经济。

具体看，在稻作上，因为山区水冷，原住民为提高"地热"，用石灰"肥田"，或上山锄"草皮"，连泥土一起把杂草铲下，晒干燃烧后，把草灰和烧过的山土一起用作"肥田"。这些措施，不仅提高了土壤热量，同时增加了高质有机肥，对农作物的生长非常有效，这些大概都是原住民的"发明"，"客人"照单收下，数百年传承下来。

原住民烧蕨挖蕨根、制蕨粉的习惯也被客人学到手。《雅翼》曰："野人今岁焚山，则来岁蕨生甚繁。畲人以此理，冬天把长蕨的山地放火焚烧，然后挖蕨根制蕨粉。"清《宁化县志》记载："掘根捣汁澄粉，凶年以御饥。粉作粗状，质通明可爱。"此艺，客家人沿袭至20世纪中期。

菁，是畲民传统作物，史有汀州"菁民"之说，畲民"刀耕火种，艺蓝为生"。此一经济作物被客家人传续下来。

除了农耕，客家人从畲族人那里学会管理山林、狩猎、伐木、水运木材、伐竹造纸等等。

宁化的农业文化，反映了中原农耕为主体融入畲族的山地耕作文化多样性。在农耕文化的融合中，除了物质的丰富之外，更有深远意义的是改变了中原男女传统的生活模式，对妇女的解放具有深远意义。

北方的男女分工是"男耕女织"，男人下地劳动，女人因缠足，几乎"足不出户"，只在家中治理家务和纺织。而畲族妇女是"盘髻跣足"，自小便要下田上山劳动，所以，只能"跣足"赤脚上山下田。此习,对于北方妇女实在难以接受,但身处现实,不能不接受。放足下水田劳动,对于北方妇女是革命性的转变。此一转变,发展成"男读女耕"的格局,也就是男人读书,女人不仅下地劳作,而且还能长途挑担运输、做生意,甚至做工匠。所以备受世人的赞美。"客家民族是乳酪,这光辉至少百分之七十应归功于客家妇女的。"[(美)罗伯·史密斯]"客家是中国许多民族中最进步的民族,而客家妇女更是中国最优越的妇女典型。"[(英)爱德尔]客家妇女形象,是对中原妇女传统形象的颠覆性转变,从深层面剖析,是通过客家农耕文化促成了客家对传统价值观的改变。

③民间礼俗文化

宁化的民间礼俗,具有继承性、包容性和稳定性。

所谓继承性,就是客家先民世居中原大地,他们的文化基因是古汉文化,在礼俗方面,主要继承的是"三礼"(即《周礼》《仪礼》《礼记》),特别在婚丧礼仪方面。宁化亦是。如婚礼,坚持古"六礼",如今还有古礼痕迹。宁化是晚上接亲,此习是上古的遗风延续下来,在客家地区是唯一。客家的民风民俗,被称为"中国传统文化的活化石"。

包容性。宁化文化的包容性上述了一些,在礼俗方面,既坚守了古礼,又融合了不少当地的"土俗"。在婚姻上,汉族讲究的是"门当户对"的配偶原则,而畲族则有不同外族通婚的族规。但"客""土"长期杂处,青年男女自然会擦出火花,特别汉人经过长途跋涉之后,出现男多女少的现象,而且汉族青年长相英俊且有文化,对畲族姑娘更有吸引力,在情感深度融洽之后便冲破族属的束缚而联姻。根据族谱记载,宁化汉畲联姻宋元间就开始了,联姻者不在少数。通过联姻使"客""土"更加和谐团结,推动了客家文明的进程。另外还有诸如语言、饮食、服饰等方面,都有互相接受融为一体。这是经过广大学者反复调研所证实,并达成共识的。因此客家文化具有其多样性、丰厚性。

稳定性。宁化是客家文化孕育诞生的中心地,是客家文化的摇篮,许多客家文化事象都在宁化生成,特别是民俗文化和心理文化方面。同时,宁化是客家早期聚散中心。客家先民高度聚集宁化,在客家民系初步形成之后,客家初民以宁化为基点,往外播衍,而且少有返迁,所以宁化的客家文化只是往外传播,很少受域外影响,因此,宁化客家文化固本不变,薪火相传,绵延至今。如客家擂茶,宁化自唐代便开始制作,在当时的石壁地区,还有制作擂钵的陶窑。宁化擂茶曾传播到各客家地区,如今别的客家地区少有传承,而宁化却越传越红火,红遍城乡,还有擂茶专卖店。又如生鱼片,也曾传到广东,如今广东少有,而在宁化当地仍是酒店招牌菜品。田鼠干也有类似情况。还有诸多的客家文化生态,如今还完好地传承下来,有的还发扬光大。

2. 多种信仰的宗教文化

宁化客家人以中原南迁汉人为主体,他们经过长途跋涉,对根深蒂固的中原信仰文化进行了艰难的固守,保留了大量的古中原文化因子。但他们毕竟出了祖宗的大门,来到新的居地,面对全新的生活环境,重建信仰体系是必然的趋势。所以,宁化民间信仰,既保守了中原儒、释、道为主体的信仰,同时又融入了本地宗教文化,并彰显其特色。

①对中原祖灵观念的固守

中原汉人有传统的根深蒂固的血缘观念和恋土观念。如"慎终追远""尊祖敬宗""落叶归根"和"入地为安"等,这些观念就是对祖先崇拜和信仰的表现。客家人背井离乡,到处漂泊,尝尽颠沛流离之苦,更加滋长了对祖先、对故土的思念,而宁化的客家人这种心态尤为突出。正如法国远东学院劳格文教授所云:"宁化与长汀文化的另一个明显的不同之处,即祖先崇拜。"

宁化人崇祖非常突出,特别表现在编修族谱和建设宗祠等方面。客家开基始祖刘祥于唐乾符二年(875年)全家三代40余人(含家丁)南迁宁化石壁葛藤坑(今南田村)定居,刘祥孙刘沐于五代后晋天福二年(937年)春便主持首修客家刘氏族谱,北宋熙宁七年(1074年)刘月清又进行刘氏族谱的修订。宁化编修族谱有早、广、密的特点。早,即修谱年代早,据98部族谱统计,宋以前(含宋)修谱11部。广者,即在宁化世居的宗族均有族谱。安远镇封氏于明朝末开基,繁衍11代,200余人,虽然人口不多,但自清便开始修谱,至1995年,已经第八修。密者,指修谱的续修时间短,一般20年至30年进行一修。如石壁村下市张茂甫公祠,修谱14次,其中清道光五年(1825年)至民国二十六年(1937年)112年间修谱5次,平均22.5年一次。水茜乡管氏修谱达23次。这一情况,在客家地区少有。宁化人将族谱视如神明,自修谱、发谱到藏谱都十分慎重,平时不准翻阅族谱,要到清明节才可以翻阅。

宁化建设祠堂也是非常突出。宁化现有祠堂235座,知道始建时间的217座,始建时间是:唐至五代3座,宋代14座,元代6座,明代45座,清代143座,民国6座。除宗祠外,还有更多的香火堂,每个祠下各房系都有香火堂,其历史比祠堂更早。宁化宗祠富丽堂皇,大多是仿古宫廷建筑,大屋顶,翘檐斗拱,古色古香,这也是一大特色。宁化在1995年建竣客家地区第一座客家公祠,也是迄今唯一的一座,成为世界客家人的总家庙。自1995年始至今,每年在石壁客家公祠举行世界客家人祭祖大典,每届祭祖大典都有数千乃至万余海内外客家人聚集祭祀朝拜祖先。

当然敬祖穆宗的方式不仅这些,但这些应该是敬祖穆宗凝固的文化,是最为本质的特征。祠堂和族谱是表达孝心的场景和载体,无论是族谱还是祠堂,都有丰富的宗族文化,包括祖训、族规、宗祖渊源、历史、典故,对族人的希望和训诫等等,内容极其丰富。

②佛道信仰

宁化道教、佛教都随北方汉人迁入而传入。道教传进宁化较早，据清初李世熊《宁化县志》记载，隋义宁年间（617—618年）有刘、熊二道士在石壁升仙台修炼，有专供道徒常住的道院。相继建立了道观，有县城的凝真观，原名上林，建于后唐天成年间（926—929年）；县北90里有宋政和年间修建的仙隐观。元代建太空观，明建崇尚堂、真仙堂、三观堂。

宁化道教活动，多为亦民亦道，不斋戒，不出家，父子相传，师徒相继，以做道场、打醮、符箓等神道为主。可分两派，一是以诵经弹唱为主，替人做"法事"、打醮，为丧者"开门路"，俗称道士。一是以装神扮鬼为主，也为人打醮、消灾、解脱"冤魂"，俗称"觋公"。乡民每逢斋节、神诞日，集资请道士在村头或集釿打醮，设坛摆供、焚香、化符、念咒、诵经，以祭神灵，祈求消灾赐福，人寿年丰。亲人有病，请道士招魂驱魔、镇邪祛病，亲人亡故，请道士在家和祖祠做"功德""超度亡灵"。（王润生《宁化释源记》）

道教传入宁化虽然较早，但并没有成为宁化宗教的主流。长期以来，没有专职道士，没有研究和传授道义，没有道经人传承。所谓"道法自然""天人合一""人天相应""法于阴阳，以补应冗""尊道贵法""仙道贵生""清静寡欲"等教义没有在民间流传，信者只是为"驱邪祈福"而已。虽然不断修建一些道观，但逐渐被佛教混合，有的道佛合为一堂，虽有分配，但以佛祖为主。如升仙台，顶层是道主，二层是佛祖；东华山仙顶是道主，二层以下各层均为佛祖。有的道观则全部改为佛寺。

佛教虽然传入宁化较道教迟，但很快成为信仰主流，影响非常广泛深远，其特点是：一是寺庵建设早且多。宁化在唐代便逐渐进入盛期。唐贞观初（627—649年），便在安远三都灵峰隘建灵峰寺。在唐代，相继兴建了安远西竺寺（贞观十二年）等4座佛寺。据记载，宁化全县历史所建寺院：明代51所，清初109所，民国121所。高峰时期为1958年210所，1966年192所。"文化大革命"时期寺院大遭破坏，只剩12所。2006年，县佛教协会调查，共计127所。二是信众非常广泛，特别是妇女。农村妇女应有百分之九十以上信佛。农村妇女到40岁以后，有"案道"必"接珠"入佛界，成为"念佛妈妈"。她们结帮，每年必聚集一次，轮流到户上集体念佛。宁化西部的男人也有"接珠"入佛界的习俗，经过"接珠"便是佛教的信徒。出家僧尼和居家的居士也不少，据《宁化佛教志》统计，全县僧尼416人，其中僧人165人、僧尼251人，居士人数万人以上。三是在家设佛坛或摆佛像供膜拜，大多祀奉观音和弥勒。四是信仰中长期"斋戒"的很多，特别是妇女，长期吃斋。她们的理念主要是修善、不杀生、因果报应。家境好的，认为是前世修来的，再修来生。家境不好的，认为是前世没修好，要修来世。这是种宿命论，影响根深蒂固。五是对寺庵的建设、维护，不论经历什么政治环境的变故而受到破坏，一旦"气候"改善后，即自发捐款修缮或重建。有的寺庵已翻修数次或数十次,特别是"文革"后只剩12所寺庵,改革开放后迅速恢复到127所。

宁化人民也信仰基督教。基督教传入较迟,影响不广。基督教传入宁化始于明末清初,开始在城内(现中山街)购买旧房一所作为教堂。民国十四年(1925年)改建为教堂,面积450平方米。1954年因经费问题停止活动,教堂由政府接管,1986年3月恢复教会,恢复教务活动。

天主教是基督教三大宗教之一。清雍正十三年(1735年)之前已传入宁化,乾隆元年,清廷下令废除而停止活动。民国三十三年(1944年)春由汀州天主教区指派神父、修女和传道员来宁设堂传教,但信徒很少。民国三十四年(1945年)春,高价购买小溪边大坪建造教堂。1949年宁化城关天主教徒150余人。

③多种崇拜

宁化客家先民来源广泛,主体是中原汉人,他们广泛信奉中原信俗,同时在南迁过程中,长时间滞留江淮、长江沿岸、赣北各地,融进了沿途各地信俗,到了宁化后又同本地原住民杂处,融合了不少本地古老信俗,如闽越、畲瑶的信俗,混合一体,形成一种泛种和多种崇拜的信俗文化。如石壁圆墩山的神像不少于20尊,儒、道、佛和地方神不分主次杂糅于香坛之上。它有中原、江淮、荆楚信仰系统,还有闽越信仰系统。没有统一的对象,而是呈现出一种泛神信仰特点。

淮土镇田背村,其建村历史最少有1200年,田背村民的信仰具有庞杂、多元、包容、实用等特点。村民对天上、人间、地府的各路神灵都表现出敬畏崇拜的心理。其中,祖宗崇拜是村民信仰的核心。第二位是社公(土地伯公、土地神)。村里最大的庙叫将军庙,供着北宋时期的狄青等五位将军,村民也信仰老佛、二佛(即邓光古佛和伏虎禅师)。有些神祇村民没有建专门的庙宇供奉,而是将他们轮流供奉在香火堂里,或者将军庙。村里有一座庙叫"七圣庙",供奉着刘邦和项羽夫妇以及张良、韩信等汉朝的七位著名人物及其夫人。

宁化民间在多神信仰中,也有其特点:

其一,汉畲融合,彰显客家文化特色。

宁化畲民笃信"神农五谷真仙"。安乐村及周边有9座(大致按九宫八封分布),曹坊有两座"神农五谷真仙"庙,供奉"神农五谷真仙"像。唐时由"峒蛮"始建,明清重建,每年农历五月二十五日庙会,迎神打醮,信奉"五显五通",又称"五显公""五显大帝"。传说"五显五通"是山都木客化成的"山精鬼魅",还有认为是"闽早期的山鬼""五方瘟神""天上佛众兄弟五人""马元帅五兄弟""五行"等等。城关、湖村等地都有五通庙。这些是宁化原住民"峒蛮"信仰的遗传。现在无论汉、畲民众都共同信仰,各地的庙会不分族群一起合办,十分融洽。

民间流行"筊卜"占卜法,源于楚人,屈原《离骚》中的"莚"即竹卜,古楚地的苗瑶族也承袭此法。据清严如煜《苗防备览·风俗上》载:苗中其水旱疾疫,亦如卜筊，曰抛木卦，剖木为二，掷之于地，视其仰伏向背。此习盛行于宁化，凡凶古事都到庙里占卜，探之吉凶。凡婚丧日期，也要去求个卜卦，问明菩萨的态度。

宁化信俗融入汉畲者不少，这便是客家文化特色之一。

其二，化敌为友，彰显客家团结精神。

石壁村汉帝庙奉祀汉高祖刘邦夫妇，也祀楚霸王项羽夫妇，以及张良夫妇，此与前面所述的田背"七圣庙"雷同。这种把敌我双方放在一起祀奉，又是夫妇二者并列，实属少见，表现了客家人宽宏大度的团结精神。清代编修的石壁上市《清河郡张氏十修谱·石壁汉帝庙记》云："书云，圣王之制，祖也，法施于民祀，以劳定国则祀之，是非事于也不在祀典。昔我祖子房仕汉，不以为征不自矜功经营天下，归于一统，君敬臣忠，两相用意，故我张氏者，子房苗裔者也，然乡人题资鼎建高祖庙，立君臣像于（宋）淳祐之秋。"表达对君臣和谐的祈望。

其三，奉祀人神，颂扬民族气节激发正能量。

宁化信仰人神也是一大特色，而且崇拜的人神很多很广泛。宁化人普遍崇祀的人神有：关公、武侯（诸葛亮）、李纲、张巡、许远、王审知（闽王）、"三圣"（高丽籍唐、葛、周三将军）、刘邦、项羽、妈祖，还有一些姓氏的祖先。

其四，奉祀社公、灶神，祈保平安。

信奉社公、灶神是宁化人最为广泛的信俗，几乎普及到每个家庭，特别是农村。

社公，又称社官，是一种土地神，民间称之为"土地公"。社公神龛无村不有。一般都设立于村口（亦水口），以守护一村平安。信众求的是五谷丰登，六畜兴旺。过年过节杀鸡鸭、宰猪，都要请社公血食，并焚香点烛。此习，一是向土地公报告、供奉；二是祈求平安、五谷丰登、六畜兴旺。

社公与土地神本有区别，但民间并无区分。村民们把赵公元帅和土地公、土地婆祀奉一起，同样是为祈求赐福家人、消灾避邪，还能招财进宝，兴旺繁荣。对联写道："年年添吉庆，月月保平安"，就是民间对社公崇拜的意向。

灶神，又称"灶君老姆""灶君菩萨"。宁化人把灶看成是家庭的象征，骂人"倒灶"，就意味着家倒了。对灶君，早晚都要在灶台上供饭、点灯（烛）焚香，家里做米粿、蒸年糕，都要首先供奉灶君。还有一个特别的习俗是，当家里有人生病，家庭主妇会向灶君询问病源。先是焚香点烛，放碗清水，用筷子插入水中，向灶君询问病因，然后看插入水中筷子是否竖立。若是询问对了，便采取相应的迷信措施，乞求平安。也有占卜。婚礼中，新娘子进夫家门后，首向厅堂的神龛行礼，然后进厨房向灶君行礼。对灶君的崇拜，胜过对其他神祇的崇拜，因为灶君是上天降下民间的保护神，他监督家庭的行为，保护家庭平安，在过年时还上天向玉皇大帝报告，所以极受民间的尊崇，特别是家庭主妇对他崇拜有加。

其五，对自然物信仰。

宁化民间对自然物信仰十分广泛，从天空到地上，从山林到江河，从水火到雷雨，从动物到植物，名目繁多，十分繁杂。李世熊《宁化县志》中记载："宁化素有祭祀天地山川、风雨雷电之俗，在县城郊外设祭坛有三处：社稷坛、山川风云雷雨坛、邑历坛，并定期祭祀。"

天象信仰。宁化，唐玄宗时，祀雨师、雷师同坛；宋代则山川与社稷同祭；元代，把风云雷雨坛附于社稷坛；至明洪武初年，立山川于城西北，立风云雷雨于城西南。洪武元年（1373年）合山川风云雷雨于一坛祭祀；十四年，与本县城隍之神合祭，设三个神主牌，中间是"风云雷雨神"，左边是"宁化县境内山川之神"，右边是"宁化县城隍之神"，祭坛设于城南二里处，祝词是："惟神妙用神机、生育万居，是我民食。某等钦承上命，忝职兹土，今兹春（秋）谨具牲醴庶品，用伸尝祭。尚飨。"

山川林石信仰。宁化民间对山川信仰，主要表现在"风水"方面。石壁盆地形似船，所以民间不挖井。选墓地、房地，都得请"风水先生"看"风水"择山川地形，龙脉走向。这些看似迷信，实则有一定的科学道理，特别是选房址，涉及风、水走向，影响人居环境。墓址，民间把坟茔看成"阴宅"，对后代有影响，所以测"风水"不亚于选房址的重视程度。大凡天旱、水患，村民向天求雨，求"龙王"赐雨免灾。

大石、奇石被人当作神石，有的成为一个村的集体偶像予以膜拜。淮土五星村一个自然村有一巨石像母猪，该村便叫"猪嫲石"，对巨石尊敬有加。有的大石、奇石被当作干爹干娘，过年、生日都要焚香"许愿"祈求保佑。

其六，⑥巫教信仰。

巫是人类社会中最早出现的一种民间信仰。《说文》中说："觋，能斋肃事神明也。在男曰觋，在女曰巫。"徐锴注：巫觋："能见鬼神"。巫术的主要职能：一是预测有生的命运好坏，并教你如何化解，指点一二。宁化民间多有女巫。大凡家中出了病、灾、亡故等祸端，主妇会去找巫婆询问。巫婆接待后，焚香点烛，念念有词，求神降附体，然后缓缓"升天"，用巫术口气指点来者所求，并收取费用。宁化人称此为"讲童"或"跳神"。巫者"清醒"时和一般人并无区别，巫者并非一生为"巫"，一段时间后便"不灵"了。

宁化客家民间信仰繁多，它是心灵的润滑剂，并成为一套完整的信仰体系，抚慰着民众的心灵。同时，民间信仰又是一种文化，是大文化的重要组成部分，对于一地民性的构建起到重要作用，所以宁化的文化主脉离不开民间的信仰这一核心文化。

（六）红色文化

宁化是中央苏区21个基点县之一，是红军长征4个出发地之一，宁化时有总人口十分之一（13700人）儿女参军参战，为革命牺牲了一半以上。宁化为中央苏区政府和革命事业筹集大量粮食、钱款，是中央的财源地，是中央苏区"乌克兰""扩红模范区""支前模范县"，为第二次国内革命战争作出重大贡献和牺牲。她在革命斗争中产生丰富的红色文化，这一文化是革命的灵魂，也是宁化人民的灵魂。它赓续了千年的客家基因，薪火相传，延承下来，发扬光大。它既是宁化的一种特殊文化，同时又是宁化文化主脉中的核心文化之一。

1. 武装斗争与政权建设

①革命火种唤醒宁化

1928年，在长汀省立第七中学读书的宁化县曹坊根竹村人徐赤生被中共长汀临时县委接收为中共党员。次年（1929年），根据中共福建临时省指示，长汀临时县委派徐赤生回宁化开展革命活动。回宁后，4月，他在上曹曹氏宗祠成立第一个秘密农会，发展农会人员三四十人。农会计划于6月在曹坊发动第一次暴动，后因泄密，暴动失败。随后，徐赤生到连冈中学继续开展革命活动，成立团组织。7月，利用暑假安排进步青年分别到城关、泉上、曹坊、禾口组建秘密农会。在连冈中学成立党团混合小组，并在禾口等地先后建成4个地下党支部、2个党团混合小组，发展党员50多人。

"古田会议"结束后，1930年1月，毛泽东、朱德率红四军经宁化回师江西广昌。徐赤生和红四军党组织取得联系，接受了新的任务。6月，在红四军的支持下，徐赤生领导宁化地下党组织发动了曹坊、禾口、淮土、城关、李七坑等地武装大暴动，史称闽西著名的一次"宁化西南半县农民暴动"。暴动成功后，宁化党组织在红一军团领导下，着手建立红色政权和党组织及武装组织。

1930年6月27日，宁化县革命委员会成立，张志农任主席。7月1日，中共宁化县第一次代表大会召开，成立中共宁化特区委，徐赤生当选书记。

②中共红军解放宁化

1929年3月11日，毛泽东、朱德率红四军首次进入宁化，途经隘门、大王、凤山等地向长汀进发。

1930年1月，毛泽东、朱德率红四军回师赣南，第二次进入宁化。朱德率红四军一、三、四纵队途经宁化余坊、马家、安乐、谢坊、丁坑口、鱼龙铺向宁化县城进发。11月到达宁化县城，在火烧坪（县政府大门前）召开群众大会，宣传革命道理。朱德号召劳苦大众起来闹革命，打土豪，分田地。并接见张志农、黄鸿湘、范祥云等进步青年。

14日，朱德率红四军经济村乡向江西广昌进发。

毛泽东率红四军二纵经连城，1月14日从清流、明溪两县边界进入宁化，经青瑶、罗坊坝、泉上、泉下，在泉下宿营。18日途经水茜、安远向江西进发，在宁化行军中写下光辉词篇《如梦令·元旦》："宁化清流归化，路隘林深苔滑。今日向何方？直指武夷山下。山下，山下，风展红旗如画。"

1930年冬，红十二军一部进入宁化西南区，并分兵清流、归化，推动了宁、清、归革命斗争形势的发展。

第二次反"围剿"战争胜利后，为扩大闽西革命根据地，5月底至6月22日，红一方面军总前委首次召开会议，对宁、清、归区域的革命根据地创建作了部署。

1930年6月27日，红十二军罗炳辉、政委谭震林率红十二军进入宁化，开辟闽西北革命根据地，乘胜向宁化北面发展，解放了宁化东北部的中沙、河龙、水茜、湖村等地。十二军在宁期间，按毛泽东主席的战略部署，收复宁化县城，与清流、归化、长汀、石城连成一片，并指导地方建党、建政、建地主武装，分配土地等工作，使宁化成为中共革命根据地的组成部分。

1933年7月1日，中共军委下令组建东方作战军（简称"东方军"），完成中共提出的"东征福建，筹粮集款百万，赤化千里，创造百万铁红军"的任务。东方军司令彭德怀、政委滕代远率军从江西分两路挥师挺进宁化。7月5日，在宁化县城以西地区完成战略集结。7月5日，急速挥师泉上，对泉上土堡之敌实施战略包围。泉上是通往闽中腹地和闽西通往闽北的必经之要冲，战略地位非常重要。泉上土堡内龟缩敌十二师三〇七团及宁化县的地方武装1200余人。东方军以"围点打援"战术，于19日拂晓攻克土堡，全歼守敌三〇七团及宁化、清流、归化、长汀、石城等县地方反动武装1200多人，其中毙敌团长以下300余人，俘宁化新旧县长以下900余人，缴获步枪700余支、轻机枪3挺、手枪40多支、迫击炮2门、银圆万余。在攻克土堡前，在"打援"中，全歼敌三〇九团400多人，其中击毙旅长张兴隆以下100多人，俘敌团长卢胜武以下300余人，枪支400多件。打援部队乘胜进占清流东北重镇嵩溪，歼灭归化守军一个营。

③发展地方武装

1930年在"宁化西南半县农民武装暴动"后，7月5日，中共宁化特区委徐赤生主持召开特区委扩大会议，决定将暴动武装整编为宁化赤卫队，队员200余人，长短枪150余支。7日，赤卫大队在长汀涂坊改编为宁化游击大队，下辖三个中队，隶属红二十一军五纵队。游击大队在长汀配合五纵队与敌作战，一鼓作气在濯田、河田、修坊、蔡坊连打五场胜仗，在战斗中，用湿棉被作"盾"，抵挡敌人子弹，由此被称为"被牌大队"。游击大队在进攻长汀县城后，因天气转冷，队伍缺少御寒装备，情绪低落，思想不统，大队长张馥檀自带队伍回宁化遭袭，伤亡惨重，中队长黄鸿湘、财务委员范祥云受伤被俘，在宁化慷慨就义。

1931年五六月间，红十二军三十四师奉命从长汀挺进宁化，动员了60多名青壮年，组建宁南游击队，曹富生任队长，在禾口、淮阳等地发动120名青壮年组建宁西游击队，张瑞标任队长。

同年12月，为了保卫新生的苏维埃政权，组建了曹坊红色警卫营，下辖两个连，共300多人。

1932年1月，中共闽粤赣省委作出《关于扩大红军问题决意》，要求宁化、长汀、连城在3月底前成立一个独立师，宁化组建2个团。中共宁化县委、县苏根据省委决议，决定以宁西游击队和曹坊红色警卫营为主，组建独立五团，由龚连基任团长兼参谋长，范世英任政委，辖三个连，共500余人。不久又组建了新编补充团，由张瑞标任团长。后这两个团改编为独立第七团。

是年8月，在宁化县城组建独立第七师，陈树湘任师长，范世英任政委，辖两个团，每团4个连，共700余人。该团英勇作战，群众广泛传颂，有顺口溜曰："红独七师，猛如雄狮，挡着披靡，顽抗伏尸。"翌年3月，独七师在上杭石圳编入红十九军五十五师。6月，在上杭旧县红十九军整编为红三十四师，归属于红十二军，编入红一方面军战斗序列。

1932年冬，为统一军事指挥，便于战斗行动，宁清归军分区将宁化地方武装整编为两个支队。将曹坊等地的游击队整编为宁南游击支队，胡明才为支队长，王有田为副支队长，辖两个连，每连60—70人，共130余人；将禾口、淮阳等地游击队整编为宁西游击支队，李魁任支队长，辖三个连，每连100余人，共300余人。两个支队先后配合独七师打击地方武装，配合东方军围歼敌区寿年七十八师。1934年4月，宁南游击队改编为独立七团第二营。

原独七团调上杭改编，宁化又新组建一个独立团。为借助原独七师在宁化的军威，新组建的独立师称中国工农红军新编独立第七师。由宁化地方武装和石城独立团合编而成，于1933年3月在宁化县城正式成立，隶属福建省军区。新独七师当晚就开赴泉上打击刀团匪反动武装。11月缩编为独立七团。

④地方政权建设

第二次反"围剿"胜利后，在红十二军和中共闽粤赣省委工作团的直接指挥下，宁化分批开展建党、建政工作。

1931年7月，首批成立了曹坊、禾口、淮阳（今淮土镇）三个区苏维埃政府。9月底，根据中共闽粤赣省委指示，在曹坊成立中共宁清归工作委员会，王兴旺任书记。接着分别成立中共曹坊、南城堡、方田、禾口、淮阳等工作委员会。10月，中共宁清归工委从曹坊移驻淮阳，筹备宁化县第一次农兵代表大会。

1931年11月上旬，由中共闽粤赣省委人员、闽西苏维埃政府主席张鼎丞率工作团赴宁化领导建党建政工作。张鼎丞主持，在淮阳区淮阳村刘氏家庙召开宁化县第一次工农兵代表大会，在会上正式宣布成立宁化县苏维埃政府，中共宁化县委、少共宁化县委一并成立。大会选举曹正刚为主席、张恩崇和张邦富为副主席。王兴旺任中共宁化县委书记，王昭沛任少共宁化县委书记。

1932年1月下旬至2月初，成立了中共禾口、淮阳、方田、南城、长宁等区委和长宁区苏维埃政府。从此，宁化的建党建政工作逐步进入兴盛期。同年2月至1933年8

月,先后成立武层、横锁、下巫坊、南城堡、城郊、安乐、丁坑口、中沙、巫坊、方田、石壁、店上、邓坊桥、芙蓉区苏维埃政府和区委。

1933年7—8月,中华苏维埃中央政府第四十六、四十八次会议决定,增设彭湃县、泉上县,8月即先后成立两县苏维埃政府和县委,彭湃县辖12个区。

1933年8月至1934年5月,先后成立泉上、安远、营上、芒东桥、丰坊、洪围、河龙区苏维埃政府和区委。泉上县辖3个区。泉上苏维埃政府的建立,标志着宁化县全境一片红。在苏区时期,宁化境内共建3个县、28个区、190个乡苏政府和党组织以及群众团体,是福建省2个实现全县一片红的苏区县。

正是宁化全县实现"一片红",保证了宁化的经济建设、文化建设,保证了宁化红色文化的完整性和丰富性。

2. 无私奉献

①经济建设

第二次反"围剿"战争胜利后,在红十二军的指导下,宁化开展轰轰烈烈的土地运动。1931年至1933年8月,宁化先后分三批进行土地分配工作。坚持"按人平均分土地,抽多补少,抽肥补瘦,地主不分田,富家分坏田"的原则。分到土地的广大贫苦农民,实现了世代梦寐以求的"耕者有其田"的愿望,尝到土地革命的胜利果实,得到实惠,由衷感谢共产党和红军,从而扩大和提高共产党和红军在广大群众中的影响,激发了广大人民的革命热情,鼓舞了革命勇气,坚定了革命意志,积极投入到革命斗争和经济建设中。

1943年春耕前,宁化及长汀、汀东三县就修好陂圳2366条,而且新开了几十条。1933年,宁化种油菜468亩,比上年增加一倍以上,1934年宁化成为福建省种油菜最多的苏区县。宁化时有荒田2万亩,计划开荒1万亩,很多区完成了计划,不但消灭了荒田,而且还开垦了许多荒坝,至1934年4月底,全县垦荒十之六七。当时男人大都参加红军去了,劳力十分短缺,便采取一方面成立耕田队,互补余缺,提出"男人上前线,妇女学耕田"号召,发动青年妇女下田耕种;一方面组织生产,男人一边参加革命斗争,一边参加劳动生产。

在敌人严密封锁下,苏区手工业受到严重影响,尤其是纸业生产处于停顿状态。为了支援前线,宁化各级党政采取组织合作社和扶持私人投资的办法,办起各种手工业合作社(厂)。长宁300多家纸业合作社恢复生产。红军还在湖村建起兵工厂,制造子弹和手榴弹,县城、安远建起被服厂。为发展商业,成立对外贸易局、粮食调节局,成立纸业贸易公司等等,有效促进物贸流通。发展了宁化经济,有效支援苏区前线需要的后勤保障。

②无私支前

苏区时期,宁化不仅是苏区"乌克兰",在粮食方面作出重大贡献,同时也是苏区的财源地。如在第五次反"围剿"步步逼紧的形势下，宁化人民在1933年8月10日这一天，家家户户打开粮袋米缸，将一担一担粮食挑去交公粮。有的人家，一次就挑出10担谷子。然后，又组织运输队，将粮食送到红军库里。下巫坊、横锁、武层3个区获得省苏维埃政府授予"筹粮模范区"称号。1933年3月，中央发布10号训令，决定开展借谷运动，宁化借谷4.5万担。1934年2月2日，中央苏维埃政府决定，开展普遍收集谷子突击运动。宁化一次收集谷子3万余担，现金37000元。4月18—19日、6月2日，中央作出开展节省三升米运动，宁化完成任务。7月22日，中央又作出秋收借谷决定，宁化完成3.4万担，并组织运输队把粮食运送到指定地点。当时"扩红"，男人几乎都参军去了，运输粮食的任务便落到妇女身上。宁化县苏妇委员会，在短短三天内便动员和组织妇女1300名，把粮食运到前线。从1931个至1934年秋，宁化苏区累计捐献粮食20多万担。其中仅1934年就捐献了10万担，成为中央苏区收集谷子最多的县之一。

1930年6月20日、10月21日，中央执委发出13号、14号两道训令，分别分配宁化苏区公债10000元，二期7000元，宁化如期完成。1933年7月22日，中央执委决定发行经济建设公债300万元，宁化接受20万元公债和8万元合作社股金筹款任务，并与其他县开展竞赛。少共国际师组织开展"少共国际号"飞机募捐活动，发动青少年捐助大洋36.1元。据不完全统计，宁化苏区人民为革命斗争筹集苏区货币15.5万余元、银圆10万余元。

宁化苏区在开展支前突击运动中取得显著成绩，曾受到福建省苏维埃政府和中华苏维埃中央政府机关报《红军中华》多次表扬。

③献身革命

在苏区时期，宁化儿女为求解放积极参军参战。自1929年3月至1934年10月，宁化优秀儿女参加红军、地方游击队、县区党政群组织、赤卫队总人数达13700多人。当年宁化县总人口13万，其中男性共6.65万人，青壮年2.16万人。每10人中就有1人参加革命，每3户就有一户是烈士军属。宁化是福建中央苏区县中参加革命人数最多的县之一，成为福建省"扩红"重点县，也是"扩红模范县"。宁化儿女近万人跟随工农红军长征，到了陕北只幸存58人。参加抗日战争、解放战争后，全国解放时，又只剩下35名。

宁化儿女近万名为革命牺牲，他们中许多人抛头颅洒热血，但没有留下英名，正如王秋燕、王曼玲在《无名英雄祭》（海峡书局2011年版）一书中说："宁化县的红军战士长征途中牺牲了近1万人，列入共和国《英雄烈士英名录》的只有3301人，有6600多人无名可查，还有3800多失散的红军指挥员不算在内，也就是说，那些无名烈士都是中国革命的奠基石。"

无私奉献是多方面的，其中动人故事记不胜记。

3. 无畏坚守

①最远的长征出发地

第五次反"围剿"失败,迫使中央红军全军转移。在大转移到来之前,宁化是中央苏区坚持到最后的8个县之一。

宁化的凤凰山一带,地处中央苏区腹地。在第五次反"围剿"战争中,宁化是"中央苏区战略的锁匙"要地。当时在宁化驻防的部队有红三军团第四师—中直炮兵营、军团医院、少共国际师一个团、红九军团后方机关。1934年10月上旬,他们都在按中央军委命令——撤出宁化,向着集结方面而去。只有红五军团——大部分宁化子弟所在的军团,担任着最艰巨又危险的后备任务。当中央红军主力部队撤离阵地的时候,他们仍坚守在阵地上阻击国民党军,掩护红军大部队安全撤出。据有关资料记载,1934年10月上旬,从宁化出发的中央红军后备队的1.4万人,占中央红军总兵力的百分之十六。

《毛泽东选集》第一卷151页的注释道:"1934年10月,中央红军第一、三、五、八、九等军团和后方机关共86000余人,从福建西部的长汀、宁化和江西南部的瑞金、于都等地出发,开始战略性大转移,踏上长征之路。"中共中央党史研究室副主任石仲泉说,没有苏区人民为长征作出的各种准备,中央红军军事大转移是根本不可能的。仅此,苏区人民的奉献精神就是伟大的,宁化人民为红军长征作出的奉献和牺牲是极其伟大的,要充分彰显。

②血染湘江

宁化籍红军参加长征者有数千人,大部分编在红三军团第四师和红五军团第三十四师,分别担任长征中最艰巨的前卫和后卫任务。前卫红四师于1934年11月25日渡过湘江,控制了湘江西岸的界省渡河点,在界省以南的光华铺布防阻击攻敌。经过七天六夜与敌勇猛厮杀,激烈奋战,至12月1日,中央主力红军全部渡过湘江。后卫三十四师所剩1000余人,则被敌军重兵隔阻在湘江东岸,无法渡江,后艰苦转战桂北、湘南一带与敌周旋,开展游击战。1936年冬,终因孤军无援,弹尽粮绝,大部分壮烈牺牲。红三十四师是湘江战役中唯一一支从师长、政委以下成建制牺牲的部队。宁化籍红军在长征途中,尤其在湘江战役中,用自己的血肉之躯誓死掩护中央主力军和中国革命的精英,用青春热血写下了中国革命史上最为惨烈的一页,铸就了长征胜利的不朽丰碑。

③悲壮坚守

中央主力红军实行战略大转移后,国民党军五十二师于1934年12月攻占宁化县城和泉上,宁化苏区全部沦入敌手。

1934年10月,闽赣省军区在宁化县城对所属部队进行整编,宁化游击队由中共宁化县委、县苏维埃政府直接领导,留在宁化开展游击斗争。几经实地勘察,选择了南城区泗坑乡铁树坪田螺髻作为游击队的根据地。11月29日—30日,宁化县机关干部、家属、军区红军后方医院的医务人员、伤病员及警卫连,分别撤到田螺髻。根据斗争形势的需要，把全体人员整编为3个连，成立指挥部，由宁化县苏维埃政府主席黎盛根、清流县苏保卫局局长梁国斌任正副总指挥。

12月1日，敌五十二师攻占宁化县城，负责守城的宁化游击队因寡不敌众，按原计划撤退到田螺髻。12月，宁化游击队假冒敌军深入到村头、禾岭等地召集"铲共义勇队"开会，一举捕捉了敌队长谢良林、张清早以及部分队员。由于敌军步步逼紧、"围剿"，游击队孤立无援，弹药和粮食补给都非常困难，军力损耗严重，至1936年3月，游击队由原300多人锐减至100余人。4月，遭受国民党五十二师数百人和"铲共义勇队"的重重包围，游击队与敌激战三昼夜，直至弹尽粮绝，大部分游击队员壮烈牺牲，只有少数人员突出重围，转移至闽西连城等地，与方方领导的闽西红九团会合，在闽西开展艰苦卓绝的游击战争。

宁化游击队总指挥黎盛根突出重围后，与队伍失去联系，只身潜藏在一群众家中，不久被敌人发现，不幸被俘，受尽严刑拷打，宁死不屈，同年秋在宁化县城慷慨就义。

宁化沦陷后，国民党对宁化实行白色恐怖，反攻倒算，进行血腥屠杀。据统计，全县被烧毁的房屋近1.6万间，被烧光的自然村100多个，灭绝5600多户，被杀害的群众3300多人，被抓壮丁2300多人，被抢妇女500多人，下落不明的3300多人，饿死23000多人，土地抛荒33000多亩，全县总人口锐减3万多人。

（七）宁化红色文化及基因

红色文化是以中国革命为基础所形成的文化基因，是被压迫的人民群众在中国共产党的领导下，进行反抗压迫的斗争中形成的一种文化，是革命者在浴血奋斗的过程中所表现的大无畏精神的集中体现，是革命者在极端恶劣的斗争环境下所表现的艰苦朴素、团结奋斗、不怕牺牲、无私奉献精神品质的集中体现。红色文化的精髓在于有强烈的民族精神和爱国精神。

我们在前面简要地叙述了宁化人民在中国共产党通过其党员的宣传、教育，知道受穷压迫的原因以及求解放的道理和途径，启发了革命意识和勇气，在革命斗争中焕发出思变拼搏、无私奉献、英勇无畏、团结奋斗的精神和实践。而这种精神和实践的文化内涵是对追求的信仰，这种信仰是创造红色文化的核心动力。从宁化人民的革命史所体现的"红色"内涵，我们可以归纳为："红色是求变的革命信仰；红色是忠诚信仰的坚定；红色是无私奉献的道德高度；红色是无畏牺牲的精神表征。"宁化红色文化的产生，也是客家文化基因的赓续。

1. 红色是求变的革命信仰

宁化森林茂密，土地肥沃，气候温和，自然环境很好，而且还是"战争避风港""世外桃源"。所以，在唐宋时期会有大量北方移民聚集而来，在宁化安身立命、休养生息，创造出别具一格的客家文化，使宁化成为"人文秀区"。历唐宋元明清，进入民国后，宁化人民经受"三座大山"压迫，总人口从晚清的30多万，锐减约13万。宁化人民处于水深火热之中，民不聊生。在暗无天日的社会环境下，一缕火光照进了宁化，让宁化人民看到了希望。这一缕火光就是由前面所述的中共党员徐赤生带进宁化的。他在宁化宣传、动员、组织群众，发展党组织，使宁化的革命火种迅速燃烧起来。在共产党领导人和红军的领导和推动、组织之下，宁化人民广泛觉醒，迅速行动起来，宁化很快就全县"一片红"。

宁化革命的迅速发展，在于宁化人对求变信仰的坚定信心。有一首唱了几十年红歌："韭菜开花一杆心，割了髻子当红军，保护红军万万岁，割了髻子也甘心。"宁化妇女毅然决然把髻子剪掉，说明是对革命信仰怀有坚定信心。这是求变求进步的革命行为。

罗卜子从小失去爹娘，童年与迁居宁化的连城人巫林水成婚。巫林水是树厂工人，因不堪树厂老板的奴役，弃家外逃，从此杳无音信，小小的罗卜子只能砍柴卖柴养活自己。当红军来宁化不久，她就加入妇女连，很快任指导员，指挥妇女连，打了不少胜仗。1934年10月，罗卜子带领妇女连支前途中遭敌人伏击被俘，罗卜子和姐妹们在狱中组织了"誓死队"，和敌人进行斗争。不久被押送漳州，在漳州期间，无论敌人施行什么酷刑，罗卜子都坚强不屈。最后一次受审时，她神情自若，毫不惊慌，她说："人都要一死，我们革命者不怕流血，革命一定会胜利。"被杀害时，年仅42岁。

独立第七师副师长张瑞标在武平出击国民党军政府钟绍奎部时牺牲，时年27岁。

巫希权，在"皖南事变"中，带领部队突出重围，在皖南坚持抗日斗争。任游击大队大队长，队伍发展到600多人，遭日伪军几路合击，英勇牺牲，时年32岁。

吴载文在主力红军北上后，留在闽西南开展游击战，后开赴抗日前线。1940年任新四军一师三旅七团政委，在江苏盐城对日战斗中英勇牺牲，时年27岁。

……

难以枚举的无数宁化英雄是为求得解放的神圣信仰而献身，他们是客家人世代相传血脉基因。

2. 红色是忠诚信仰的坚定

无数的英雄为了信仰，不惜洒热血，抛头颅，是忠诚所致。文天祥"人生自古谁无死，留取丹心照汗青"，是对南宋忠心不二的最高境界。明朝遗老、宁化著名的文史家李世熊，清兵入闽后，遂隐居阳迟山，并将其书斋命名为"但月庵"，"但月"二字拆拼则成为"明一人"。清廷三番两次请他出山为官，都被他严词拒绝。他还著书《狗马史记》讽刺清廷为官者。在苏区时期，在长征路上、在抗日战场上、在解放战争中，延至今日，宁化儿女在对革命信仰、对共产党的忠诚、对民族复兴等方面，都表现得淋漓尽致，无所保留。

在中国进入土地革命初期，徐赤生给宁化引进第一颗革命火种，并迅速燃遍宁化大地。他积极带头"打土豪、分田地",率先造了地主父亲的反,烧毁了自家的地契,打开了自家的谷仓,把粮食分给穷苦的农民。他是宁化共产党组织的创建人,宁化第一位中共特区委书记,他曾任福建省军区二十一军第五纵队某支队政委,调任苏区中央局工作。1934年4月的一天,徐赤生带领中央工作团5人在建宁县黄泥铺村开展工作,夜里遭受国民党匪特袭击,中央工作团5人全部献出了宝贵生命。《无名英雄祭》中有这么一段话:"徐赤生一定和那个年代所有忠诚于党的共产党员一样,为党出生入死,把个人安危置之度外。我们还可以想象,在入党宣誓的那一刻,徐赤生站在鲜红的党旗面前,紧握拳头,热血澎湃,满腔虔诚对党宣誓:一生献给共产主义事业,为共产党奋斗终生!事实也证明,徐赤生的一生,正如宣誓的那样,履行了他的诺言。"

徐赤生是宁化人民的代表,宁化人民对共产党刻骨铭心的忠诚赓续至今,并将永远继续。

3. 红色是对革命无私奉献的道德情操

奉献,对生命的奉献,应该是最高境界的无私。但奉献,生命也只是一个方面,因为对任何事业的构成都是全方位的,人、财、物,乃至精神世界。

宁化是中国工农红军的重要兵源地,除了保护地方红色政权建立了大批的地方武装外,为中央红军输送了上万名优秀儿女。父子齐参军、父子争当兵、妻子送夫、兄弟齐上阵的动人故事比比皆是。淮土大王乡300多户人家就有300多人参军,平均每户有一人当了红军。

"苏区乌克兰",它标志着宁化是苏区的"粮仓"外,还有更多的内涵,中央苏维埃政府在宁化得到大量的财源,还有后勤物资补给。如1933年"三八"期间,为了完成10万双草鞋慰问红军的任务,宁化妇女们夜以继日,7天内赶制了1.78万双草鞋,也就是每天要编出2000多双草鞋。在那战火纷飞的年代,伤员很多,多得祠堂里已经容纳不下,护士、医生把自己住的地方腾出来给伤员住,还是不够,就征集老乡家的房子。1934年,苏维埃政府在苏区开展"借谷"运动,就是政府向百姓借粮。8月,全县筹粮借谷600多万斤,禾口一个妇女,把自家的900斤粮食送到"借谷"点,交给政府,但不要政府借条。1932年6月20日,临时中央执委发布13号训令,举行募捐短期"革命战争"公债60万元,分配给宁化1万元的任务;同年10月21日,发行第二期"革命战争"公债120万元,分配给宁化7000元的任务,宁化都完成了任务。1933年6月,《红色中华》号召"立即开始节省一个铜板退还公债,减少伙食费的运动",宁化人民热烈响应,积极退还公债。一个月里,淮土退还400余元,曹坊退还1800余元,一家叫张太昌的商店一次退还公债101元,他们还要求政府不要还本付息。

《无名英雄祭》说道:"苏区人民自己也要吃饭、穿衣和日常开销,他们已经毫无保留地把粮食一担一担挑到红军粮库去了,现在又一次一次把钱拿出来买公债,然后又主动退还公债,真不知苏区百姓们这种热情是怎么保持下来的,站在今天的角度,我们很难想象。"我们可以用一句话概括,就是信仰的力量,信仰爆发出无私奉献的无限力量和道德情操。

4. 红色文化是文明发展的标志

红色是革命的标志,但革命不只是武装斗争,摧枯拉朽,砸烂旧世界,是为了建设一个新世界,中国共产党领导的革命,是为了实现中华民族的伟大复兴,让人民过上美好的生活,把几千年的中华文明推向一个崭新、更高的境界,这从中国共产党建立一百周年的历史说明了一切。宁化在这一百年中,在苏区时期、抗日战争时期、解放战争中,以及新中国的建设中,紧跟共产党,作出了自己的贡献。尤其在苏区时期,所表现出的对革命信仰的坚定、对共产党的无限忠诚、对革命事业的无私奉献、对革命斗争的无畏献身,这些,就是宁化红色文化的底色,也是宁化文明的核心。我们在战斗纷飞的岁月中,还坚持着文明的核心标志文化建设。

苏区时期,1932年4月,宁化城关3个区苏维埃政府首先兴办列宁小学。同年秋,禾口、淮土、南城堡、丁坑口等10个区苏政府也办起列宁小学。至1933年7月,宁化全县21个区共办列宁小学200余所。

1933年,宁化荣获福建省苏区教育模范县称号,淮阳列宁小学被评为全省模范小学。

除兴办小学,宁化苏区还采取有力措施,对旧教育制度进行根本性的改革。1931年冬开始先后兴办识字班、午读班、干部培训班,成立图书馆、讲读所、体育场、俱乐部等,开展唱歌、读报、演讲、文娱等文化活动。

第三次反"围剿"胜利后,为改善医疗卫生条件,发展苏区卫生事业,中央及地方红军驻宁化的部队在宁化城关、湖村、泉上、禾口、石壁、淮阳、安远、方田等区设立多个医院和福建三个分院。1933年9月,中华苏维埃中央政府内务部作出在各区设立医疗所的决定,宁化办起了20多个诊疗所。

这些文化举措,在和平年代不足为奇,但在战争年代,打仗、支援前线,劳动力非常紧张,百姓生活十分困难的恶劣环境下,挤出资金、时间、精力办起这些看似不是十分要紧的事业,而得到政府的高度重视,把这些"无足轻重"的事业办起来,足以看出共产党领导的革命,不单纯是"一个阶级推翻另一阶级"的事业,而是全方位地为人民求福祉的事业,是贯彻以人为本的共产党初心,是提高人们文明素质,提高社会文明水平的革命,这就是红色文化的底色。

"树高千丈必有根,江流万里必有源。"文化是凝固的基因,宁化人是客家人,宁化红色文化也是在中国共产党领导下诞生的。它是客家文化经过革命烈火淬炼出来的特别闪光的一部分,是宁化的客家灵魂。

三、宁化文化主脉的传承

(一) 伦理道德

"'道德''伦理'这两个概念,无论是中文里,还是西文的相应词里面一般并不做严格的区分。它们都是关乎人们行为品质的善恶正邪,乃至生活方式、生命意义和终极关系。"(何怀密《伦理是什么》)

宁化传统文化的特征和物质是多方面的,我们只能找出一些共通性的问题,从一个方面、一定角度、一些类型梳理出来,作出概括。上面已述,宁化文化的多样性、多神信仰和红色文化中的许多内容也是"论理、道德"特征和特质。我们统揽宁化文化的特征和特质,宁化文化中所具伦理道德特征和特质的,不仅是上述那些,还可以更为概括地提出以下几个方面。

1. 家国一体

欧阳修《正统论下》:"夫君天下之正,合天下于一,斯正统矣。"正统观念有家国一体的意思,它是爱国观念的一种体现。这一观念自春秋之前便产生。孔子作《春秋》,开篇说:"隐公元年春,王正月。"意思是说,鲁隐公元年的春天,就是周王的正月。《羊公传》解释说:"何言乎'王正月'?大一统也。"唐代徐彦注疏:"王者受命,制正月以统天下,令万物无不一一皆奉之以为始,故言大一统也。"《汉书·王吉传》也说:"《春秋》所以大一统者,六合同风,九州其贯也。"丘幼宣在《新编论语》中说:"大一统,强调地方服从中央,反对诸侯称霸,反对国家分裂。"丘幼宣还说:"孔子竭力主张克己复礼,回复到'天下有道,则礼乐征伐自天出'的政治局面,这就是国家统一,政令集中于中央政府。他反对诸侯称霸,国家分裂。'仲尼之徒,天道桓,文之事者。'"(华夏国学出版社2016年版,第116页)

以家族为本位、家国一体,这是传统文化最为突出的特征。家国一体的观念渗透在客家社会中,客家先民在重建家园过程中,将以血缘为基础的宗族观念发扬光大,并与爱国融为一体,爱国成为客家文化最重要的文化内涵之一。这一点在宁化表现很突出。我们知道,宁化人的祖先主体是中原南迁汉人,他们自东晋开始为避战乱和自然灾害,离乡背井,辗转南迁,历千年,走万里,久历磨难。在艰辛的岁月里,他们始终与国家和民族同命运,共同面对动荡和变革,表现出十分强烈的家国情怀。隋末巫罗俊随父迁居宁化(时为黄连峒),正值隋唐纷争,流寇遍地,社会十分纷乱之时。巫罗俊年少,英勇无比,他完全可以自保,但他以一方平安、保民安境为己任,"筑堡卫众,寇不敢犯,远近争附之",把聚集起来的民众组织起来,"开山伐木,泛筏于吴,居奇获赢",开创了宁化一片新天地,成了"土旷齿繁"的地方。在这赣闽交界地,山高皇帝远的地方,他本可以"占山为王",但他却向朝廷上状"宜可授田定税",主动要求归属国政,为国家纳税。巫氏之请获批,使宁化有了正式建置,纳入朝廷版籍,开启了宁化"家国一体"这一观念的先导。之后一千余年的历史,薪火相传,表现十分突出。

著名文史学者李世熊出生于明后期(1602年),他博览群书,"六经、诸子百家靡不贯究",甚至医卜、星纬、释道等典籍也广为涉猎。他的道德文章自古至今获世人的高度赞誉。他的气节也为世人称道。正如当时汀州督学使何宗元说:"(世熊)这位廪生,不但文字奇特,富于变化,就是他的品位也卓绝不凡。"史称李世熊"气节文章,跨越前古"。他青年时期满怀壮志,在科举中挣扎,但由于他为文"沉深峭刻,奥博离奇",悲愤之意,称其所遇,不符合时势,更不符合考官口味,屡试不第,于是自明崇祯十七年(1644年)起,闭门谢客,不再应试,并终自不仕。他在《寒支诗钞》中写道:"蜗蚁国中开宦海,科名市上鹜神州,入山被发吞孤愤,浊酒弹筝耻曳裾。清兵入闽,明朝灭亡,给李世熊以沉重打击。他对清朝统治极端不满,便隐居阳迟山中,建檀河精舍,把书斋命名为"但月庵"。"但月"二字意涵深刻,把二字拆拼,便成"明一人",深深地表达了李世熊内心对明朝的留恋,对清朝的不满。清政府屡次征召,地方官员写信威胁他"不出山,祸不测",李世熊仍然坦然面对,不为所动。他隐居40年,著作甚丰,有不少文章对清朝的黑暗统治、官员腐败进行了尖刻的讽刺和鞭挞,所著《狗马史记》淋漓尽致。李世熊处在明清二朝更替时期,他作为一位明朝遗老,对明朝晚期的腐败痛心疾首,当朝纲倾覆时,却又十分眷恋,对清廷政权极端不满,充分表达了其高尚的气节和强烈的家国情怀。

唐至清相隔近千载的两位先贤足可以代表家国观念在民间的表现。而在历史长河中,连接这一观念的心理文化,更多地表现在民间的祠堂文化、族谱文化、民间谚语、人们的行为道德规范各方面。

宁化孙坑十一修《安乐郡孙氏族谱》中,《族权家规》要求族人"标名庠序,必以立品为先。居家为忠信之士,立朝为正直之臣。家产贫薄,宜苦志读书。授徒养廉,以图大用。或数奇不第,为政于家,效先贤端木氏,货殖权奇,亦不失为豪杰之士"。这种修身立品,既为家,更为国。

宁化《杜氏紫金族谱·家训》曰:"守国法,国有法律,所以治世而安民也。故宪典森严,一踏法纲,百苦备尝,小则管杖捶楚,大则倾家荡产,上辱父母,下累妻孥,乡党不我齿,宗族不我容。即或邀恩幸危,而身败名亏,已无颜对诸亲友。凡我族人,务宜安分循礼……至于国课正供,务宜早宪,方免追呼。"

宁化石壁官坑《延陵郡吴氏族谱·族训》中,明文有"禁拖欠钱粮"条:"东西南朔,寸土守土皆属帝畿;工贾农商,凡民尽为臣庶。故论伦常则君首乎亲,金德业亦农先于孝。莫为身居草野,不妨驰尊君亲之上;就令迹溷蛮夷,尚自纳款投诚之效。况钱粮乃朝廷维正之供,输将正间阎当务之急。征有常期,数无越额。倘或逾期不完,愿官史追呼之扰；博强抗欠，玷祖宗清白之规。不惟不忠，是亦不孝。"明白地把忠孝联系在一起，把国与家联系在一起。这一认识，大凡祖训都表达得很清楚。如国课早输、守国法、敦大伦、禁冲衙役等等。

在祠堂楹联中，也大体少不了阐述家国观念的内容。如：

方田张氏祠堂联："修身齐家不外纲常顺胆，继志述事毋忘忠孝初心。"

方田曾氏祠堂联："十传修齐立志，两经忠孝存心。"

在民谚中有"国家国家，有国才有家""家不和邻里欺，国不和遭外凌"等等。

家国观念，关乎国家盛衰存亡，历代王朝都极力宣传正统、伦理纲常，为的是维护王朝统治，维护国家统一。这不仅是统治者的需要，也是臣民的需要，家国相融，国盛才能民丰民安。这一观念，在当代也是有现实意义的。拥护中国共产党的领导、维护中央的权威、爱国，亦是爱乡、爱家，这对国家的兴旺统一有深远的现实意义和历史意义。

2. 尚仁好义

一则传遍客家社会的美好传说，把"仁义"诠释得淋漓尽致，它就是《葛藤坑的故事》。其原文是：

> 在昔，黄巢造反，隔山摇剑，动辄杀人。时有贤妇，挈男孩二人，出外逃难。路遇黄巢，怪其负年长者，而反携幼者以并行，因叩其故。妇人不知所遇即黄巢也，对曰："闻黄造反，到处杀人，旦夕且至。长者先兄遗孤，父母双亡，惧为贼人所获，至断血食，故负于背。幼者因吾所生子，不敢至侄而负之，故携行也。"巢嘉其贤，因慰之曰："毋恐！巢等邪乱，惊葛藤，速归家，取葛藤悬门首，巢兵至，不厮杀矣。"妇人归，急于所居，山坑径口，盛挂葛藤。巢兵过，皆以巢曾命勿杀悬葛藤者，悉不敢入。一坑男子，因得不死。后人遂称其地曰葛藤坑。今日各地客家，其先皆葛藤坑居民。（罗香林《客家研究导论》）

客家学的开拓者、奠基人罗香林在《客家研究导论》一书中登载了这一故事，注明是其先伯父生前所传。台湾《客家人》一书的作者陈运栋在书中记载了这一故事后，写道："每年到了这个时候，大家也照样把葛藤挂在门口，终于成为风俗。现在客家人每年五月五日，仍旧把葛藤挂在门上，据说就是由于这个原因。这个'葛藤坑'，事实上就在宁化县的石壁村内，今日各地的客家人的祖先，大部分都曾在石壁村住过。"

葛藤坑，经考证，其地是今宁化县石壁镇南田村。

这故事的主人公——妇人，黄巢嘉其贤。她的"贤"是多方面的，其最核心的内涵应该是，牺牲自身的利益，舍小我而为大我，舍骨肉而为血统。舍己为人的精神，不仅体现高度的"仁"，同时体现高度的"义"。她在回答黄巢的问话时说："长者先兄遗孤，父母双亡，惧为贼人所获，至断血食，故负于背。幼者因吾生子，不敢置侄而负之，故携行也。"背侄携儿，儿子比侄儿小，更需要照顾，但危难当前，顾他人而忘自我，这是一种高尚的哀悯苍生的仁厚之心。同时，她生怕兄长一家"至断血食"，而牺牲自我，这是一种高尚的义举。

"仁者爱人"，《孟子·离娄下》有这样的话："君子所以异于人者，以其存心也。君子以仁存心，以礼存心。仁者爱人，有礼者敬人。爱人者，人恒爱之；敬人者，人恒敬之。"《论语》曰："唯仁者能好人，能恶人。"

葛藤坑故事的妇人之仁、之义，是客家思想史的先声（谭元亨《客家圣典》），当然也是宁化思想史的先声。宁化的文化精神，根植在这一"先声"之中，是宁化文化精神的启蒙。北方南迁汉人聚集宁化，并在以宁化为中心的地域，孕育出客家文化，自然也孕育出宁化文化。宁化在这一故事精神的启蒙下，薪火相传，一以贯之，在历史上编修的各种族谱中的族规祖训都有明确的记载。如"敦睦之宜尚，儒风之宜讲""事父母，友兄弟""尊年高，恤孤弱""和乡邻，助善良""敦崇礼让，扶持孤寡"等等。

在延续千年的民谚中，表示仁义理念的也非常之多。如：

"德养百年，德丧一日""一人打井万人饮，一人修桥万人行""积德在前，善报在后""助人为乐，人乐己乐""人要心好，树要根好""人可钱亏，不可人亏""施恩于人莫念，受恩于人莫忘"。

在民间有许多仁义之举和感人肺腑的生动故事。清《宁化县志》、民国《宁化县志》所载《忠义传》人物15人、《孝友传》人物56人。下选列几则。

民国《宁化县志》载：

> 邱隽，泉下人。崇祯四年武进士，次年选宁波府昌国卫钦依把关。未任，奉旨回京。并甲戌以来，在京候选者，再同考试。既御试，隽复中第六名，授瑞州府新旧营守备。清介自守，思抗士卒，有儒将风。以贫绠不能事上，解组定居，萧然四壁。崇祯十七年，粤寇掠郡邑。隽率泉下乡兵，合泉上李世熊同御寇，境赖以安。隆武元年秋，回仰溃孛将奔赣，取道温泉，乡人不审，以为山寇也。集众御之。隽时抱病，众强之为帅。及兵至，而乡人自溃，隽遂遇害。时隽之内弟吴维城殿后，见乡民倒戈如崩出，亦前走，已脱矣。顾问溃众曰："邱将军免乎？"或曰："为众挤堕田中矣。"维城义不独免，反趋披隽，田兵蹑至，并害之。维城子显隆，诸生沐同死焉。隽著有《原射发微》，议论精到，亦前所未有也。清乾隆十一年，赐谥裂愍。

> 赖禄孙（《元史》附《樊渊传》）。元延二年，赣贼蔡五九陷宁化。禄孙值母伍氏病，负母逃于邑之南山。盗至，众散走，禄孙守母不去。盗将刃其母，禄以身翼蔽，曰："勿伤吾母，宁杀我。"母渴不得水，禄孙含唾煦之。盗相顾骇叹，不忍

害，反取水与之。有掠其妻去者，众责之曰："奈何，孝子？"使归之。事闻。旌表。

官友基（明人），泉上人。母病月余，友基衣不解带，汤药不委他手。闻者有服肉病亲者，友基焚香祝天，割肉以进。及母卒，哀毁骨立，庐墓三年。

丘岳（明人），泉下人。父继志，远出得暴疾。岳驰视，奄奄垂绝，痛哭割股以进，稍愈。因得异归，终正寝。而岳遂以哀卒。

邱秉洪，桂荣子也（明人），渐陶父母，勤修内行。今采其勒在《家训》，略曰："先人善迹著闻，余早夜惧忝所生。虽赈饥济贫一二事，次第行之。幸遗产颇增于前，岂天地祖宗独俟我有余哉？将籍以我周人不给也。今以建祠以报先德，增祀田以丰常祭。尤念高祖以下有贫乏者，使祖宗见之，忍彼独闲呼？今置田千秤，岁收谷于义仓，择孙贤而长者，司出纳焉。由亲逮疏，由长及少，凡年二十以上无妻者，助谷二石，无嗣继娶者如之。不能葬者，助谷五石；三十以下助谷二石五斗。有志习举业而无资者，助谷六石。无宅者，给屋三间，永不取赁。六十以上孤贫者，岁给棉布一匹。老而笃疾医者，月给谷三斗。又置大田租三十石，为子孙读书膏火资，进学而均分之。若有出仕，无论忧免多寡，悉人众均占，以彰君赐。余夫妇祀田千秤，轮收祭祀外，皆贮仓。或子孙有意外虞者量助之，父母官临乡则动支之。余悉备赈，无得营私虚耗。若肖子贤孙殷富显达者，加增数倍，尤余所厚望也！"晏平仲待举火者三百家，范文正完娶者九十口，余村之后人矣。"洪之垂训如此，诚得数君子如洪者，错落乡邑，四境亦岂有穷民哉！子万式，国子生。天启二年大饥，捐二百石为赈，郡邑交奖之。族人邱万钟，立义仓于宗祠之后，捐田租三十六石，岁给本宗之鳏寡、孤贫者。又立社馆一所，以训督本乡子弟，邑令亦奖之。邱秉贤，亦桂荣子也。又立社馆一所，以训督本乡子弟，邑令亦奖之。邱秉贤，亦桂荣子也，为人精明果断，亲族有贫者十家，贤置义田千秤均给之，俟其能自立，田方另给他人，俭岁减租赡贫不可计。捐金为贫族宗娶者十有六人，邑举介宾，贤笑曰："国家盛典，近于某某亦得与之，吾可蒙其后尘乎？"因为辞不就，及八十诞辰，诸子欲酿优称觞，耆老又劝育经礼佛求福，贤又笑曰："作剧费钱，余钱另有用处，诵经不必福，余福别有作处。"乃检籍，召诸佃之凤逋及贫莫偿责者，抹籍焚券而遣之，约捐百数十金。数十人欢踊罗拜，祝千龄而去，贤顾诸子曰："是不愈于作剧诵经乎？"其慷爽如此。

邱衍海，宁化泉下村人，1968年生。父亲早亡，大嫂也病逝，扔下3岁的侄儿。母亲和兄终日在外劳动，家务便落在衍海身上。他每天起早做饭，整天忙碌，边读书，边干活，边带侄儿，边做作业。他在日记上写道："我要学习梅花坚强的毅力和性格，做战胜困难的强者，做学习的主人。"由于坚持学习，他成绩全班第一，被评为"三好学生"。1983年5月，邱衍海加入共青团。同年，6月25日，邱衍海放学回家，放下书包就抱起侄儿，往砍柴的路上去接应母亲。走到门前蓄水塘时，突然发现一女青年跳入池塘（因抗婚自杀）。邱衍海来不及喊叫，放下侄儿，奋不顾身跃入池中抢救，终因体力不支牺牲，年仅15岁。事后，市、县共青团组织授予邱衍海"三好学生""模范共青团员"称号，福建省人民政府追认他为革命烈士。（1992《宁化县志》）

《孟子·离娄章句上》云："仁，人之安宅也，义人之正路也。"有关仁义的论述，《论语》中有不少的记载。前面列举了李世熊为反对清朝的统治而隐居40年，正践行了《论语》所云："隐居以求志，行义以达其道。"前人践行的仁义观，源自久远，传亦久远。

（二）崇文重教

《易·兼辞下》说："物相杂，故曰文。"《易·贲》彖词："刚柔交错，天文也，文明以上，人文也，观乎天文以观时变，观乎人文以化成天下。"《论语》载："行有余力，则以学文。""君子不重，则不成，学则不固。""君子食无求饱，居无求安，敏于学而慎于言，就有道而正焉，可谓好学也。"儒家"仕而优则学，学而优则仕"的理念，根植在中国人几千年的思想里。"耕读传家"成为每个家庭、家族的核心价值观，自古至今如此。

在祖训、族规中，不乏"儒家之风宜振""学田之宜役""师礼之宜隆""勤学习、重师传、务耕读"等训诫。

在家中厅堂、宗族祠堂的楹联中也少不了崇文重教的内容。如："国有贤人齐拥戴，家无学子早栽培""重诗书礼乐自然兴永久，行仁义忠孝所以福绵长""望出清河仁义相传所以椒聊香衍，系分象山读耕并重自然福泽绵长""祖德流芳先代有诒谋肇基端勤俭，宗建梃修后人宜继绪务本在耕读"。

民间谚语中，有关耕读的谚语也很多。如"人不读书，有眼无珠""书多人贤，酒多人癫""星多天空亮，学多智慧广""做人不读书，等于一头猪""养子不读书，不如养头猪"。

宁化客家祖先是接受儒家思想的熏陶，带着儒家思想南迁的，所以他们一旦定居下来，便开始教学。"宁化于天圣始有学"，应该说不算晚，但在"有学"之前，并非无学。宁化安远村"李氏开基第二代大俊就在香火堂门首鱼池外建了学堂"。说明一旦定居，客家先祖就迫不及待地办学。而家学应该就不一定等到第二代了。宁化伍氏普德在唐长庆才迁宁化，其儿子伍正己便在唐大中十年进士及第，迁居宁化只30年之久。宁化在宋代有进士29名，居汀州府各县首位，在赣闽粤三省接合部的客家大本营的30多县中，位居第三，仅次于比宁化早数百年建县的赣县和宁都县。宁化宋代的进士都是迁入宁化定居不久的一代，其家族基本都是在唐末北宋时期迁入宁化的。这充分说明其重教意识受儒家思想影响极深。

宁化崇文重教之风，自唐末始，薪火相传，人才辈出，在宋代就出类拔萃。《嘉庆重修一统志·卷四三五·汀州府》所列汀州历史名人共224人，其中名宦42人。该志所列唐宋两代人11人：唐1人，伍正己（宁化人）。宋代10人：江礼（宁化人）、罗彧（长汀人）、郑文宝（宁化人）、伍佑（宁化人）、徐唐（宁化人）、彭孙（连城人）、郑立忠（长汀人）、伍全（长汀人）、杨方（长汀人）、邱鳞（连城人）。唐宋两代宁化5人，占总数45.5%；长汀4人，占36%。如果把历史时期再往前推，唐北宋8人中，宁化5人，占62.5%；若再往前推，以徐唐所处的时代为界，则6人，其中宁化5人，占83.5%。这一趋势，说明宁化在兴学方面的领先地位。明代、清代进士数不如宋代，主要原因是人口下降所致。但人才方面并不逊色，如明洪武状元张显宗，也是汀州第一位。明遗老李世熊是享誉海内外的著名文史学者，他在80余岁高龄编纂的《宁化县志》被评为"天下两部半"之一，宁化志同武功志并列，名扬天下。清代著名人物很多，如理学家雷鋐，"扬州八怪"佼佼者黄慎，名宦、书法大家伊秉绶，"天下才子"张腾蛟（解元），易学家罗登标、刘文龙等。民国时期的知名学者有黄宗宪、黎景曾等。当代知名学者有刘振荄、雷子金、雷风行、丘幼宣等等。

宁化自唐末开始，多个时期被誉为"人文秀区"，是有其特殊的缘由的。一是思想基础。"耕读传家""学而优则仕"的理念牢固地扎根于思想价值之中。二是有丰厚的物质基础。自然环境优异，土地肥沃，森林茂密，是方"仰釜""藏材"之地。加上宗族对培养人才的重视，如建立族产，支持鼓励读书，奖掖学子。宁化在宋代便建立祠产奖学。每个宗族、宗祠都有族产、学田，有助学、奖学的条例、规定，一定学阶人物，在宗祠前竖桅杆，标榜鼓励。《汀州府志》载："王钦爵，宁化人。为人恂恂有礼，勤于训谋子弟，为族人置学田，充秉脯膏火资。遇岁荒，出粟赈饥，前明两举宾筵特奖之。"如《宁化池氏族谱·族规》："自后凡入泮者，众公太及本房公太贺银三两；出贡拔贡者，各贺银八两；中举者，各贺银二十两；中进士者，各贺银三十两；中鼎甲者，各贺银五十两。永为定例。"三是风气好，奋发进取的精神蔚然成风。宁化泉上延祥村，地处宁化清流两县交界海拔600余米的高山上，该村的《杨氏族谱》中的《家塾志》写道："后人礼祖意，隆师重道，广构书室，文风益振。"该村在兴旺时期有私塾学堂20余处，明清两代考取举人、贡生、秀才、太学生、邑庠生等功名者200余人。

宁化有不少靠勤学苦读的出人头地的布衣才子，如被称为"宁化三贤"的郑文宝、伊秉绶、黄慎。

郑文宝，生于五代南唐十一年（953年），是宋朝左千牛卫大将军郑彦华之子。南唐后主死后重走科举，宋太平兴国八年（983年）登进士第，时年30岁。少时受业于南唐吏部尚书徐铉，勤学苦练，工诗。晏殊守洛阳时，读到他的《题猴山》诗，套用白居易的话说："此诗在在处处有神物护持。"欧阳修甚至认为"兵部风味不减少陵摩诘"。他不仅当官当得好，同时兴趣广泛，其篆书《绎山碑》（重刻版）传世至今，为小篆楷模。他还工鼓琴。他著作甚丰，其中《江表志》和《南唐近事》被编入《四库全书》。

伊秉绶，清乾隆十九年（1754年）出生于官宦家庭。"幼秉庭训"，16岁进县学，26岁中乡试，36岁进士及第。他不仅是位名吏，同时"做到老学到老"。"通程朱理学"，中年喜为禅学，晚年致力于心性之学等等。他爱好广泛，绘画、治印、诗文均为世所重，尤善书法，他的隶书独成一品，时有"南伊北邓"（即伊秉绶、邓石如）之誉，成为清代的书法大家。

黄慎一介布衣，却成为诗、书、画三绝的"扬州八怪"之佼佼者，全靠勤学苦练的结果。黄慎出生于清康熙二十六年（1687年），家境清寒。14岁时，父亲客死湖南，两个妹妹也相继夭折，幼弟才3岁，家徒四壁，母亲曾氏和儿子三人在饥饿线上挣扎。16岁时，奉母命到建宁拜师学画像。十八九岁时曾寄僧寺，借烛光读《四书》《五经》《史记》《汉书》《三国志》《文选》及唐宋诗词等作品，学会作诗。正如他诗作所描写的："十年客类打包僧，无怪秋霜两鬓髯。历尽南朝多少寺，读书频借佛龛灯。"经过20多年的勤学苦练，既能工诗，又善草书，除擅长人物画之外，花卉蔬果、虫鱼鸟兽、山水楼台诸画科都有很深造诣。他以画、诗、书三绝名噪大江南北，"登莱间人极重其画"，"瘿瓢之名满天下"。雷鋐评他的诗书为："如巉岩绝巘烟凝霭积，总非凡境。其字亦如疏影横斜，苍藤盘结。然则，谓山人诗中有画也，可；字中有画也，亦可。"在当今，黄慎被赞誉为"一代画圣，千秋楷模"。刘海棠为黄慎题词"怪而不怪，艺传百代"。

当代文坛上出类拔萃的代表人士，当属丘幼宣。

丘幼宣1931年出生于宁化县城关，1948年宁化省立中学高中毕业，凭自己的努力，职称为编审。曾任福建教育出版社副总编辑（时没有总编，他履行总编工作），兼任全国教育出版研究会、福建出版协会、教育学、语文教研、诗词学会等学术组织的理事、常务理事、副会长、顾问；《福建诗词》一至四届编委会委员，副主编。现为中华传统诗词研究会研究员兼诗学教授，福建省诗词学会顾问，系国家出版基金项目《黄慎全集》编委会委员，特约编审。丘幼宣数十年来著作等身，已出版《大梦山房诗文集》（122万字）、《一代画圣黄慎研究》（82万字）、《瘿瓢山人黄慎书画集》（合编）、《大梦山房绝句选》（1307首）、《〈论语〉新编》，《论诗绝句一百首》（笺注本）、《历代绝句选鉴》《大梦山房绝句选》《大梦山房古体律诗选》《黄慎年谱》《伊秉绶书法选集》等多种著作，应邀撰写唐代诗人陈子昂、白居易、李贺诸家诗歌的赏析论文20余篇，载入《中国诗词曲艺美学大百科》。从上述职称、职务及著作可略知丘幼宣在出版、文学各方面造诣之深。正是他的成就斐然，故被称为出版家、诗词家等。他的成就分别载入《编辑家列传》（中宣部出版局主编）、《当代诗词家大辞典》《中国高级专业技术人才辞典》《中国知名专家学者辞典》《世界优秀专家人才名典》等多种辞书。是海内外全面系统深入研究黄慎的第一人。

清王廷抡《临汀考言》写道：汀州府，"汀郡风俗淳庞，英才蔚起，萃龙山之秀气，居然文献名邦；收鄞水之精英，允矣菁莪胜地。成人有德，咸被服于诗书；句履员冠，皆能汲古；小子有造，亦率循于诵读"。他写的是汀州府，也可谓是宁化的写照。

（三）敬祖睦宗

前面已说，以家族为本位，国家一体，这是传统文化最突出的特征。传统社会的家，不只是一家一户的家，也指家族。中国古代在理念上（不是说事实上）没有"社会"这个概念，"家庭和家族"成为社会的基本单位，是靠血缘为纽带维系的。家庭往外扩大，变成家族。"家族"对于家、个人而言就是一个社会，一个整体，"敬祖睦宗"实际上就是一种宗族观念。

慎终追远、敬祖睦宗的理念根源久远。西周宗法制度建立后，慎终追远的意识通过宗法制度逐步形成，同时逐步巩固起来。《左传》中说："国之大事，惟祀与戎。"《论语》说："慎终追远，民德归厚矣。"

宁化人口主要成分是南迁北方汉人，他们历千年颠沛流离，饱受离乡背井之苦，思念祖宗之情更加强烈，特别在无助的境遇中，越加希望得到亲人、族人的帮助。特别是背着祖辈的骨骸迁徙，形成二次葬的习俗，便是很好的说明。他们来到宁化后，聚姓聚族而居，以姓划村，建祠堂、修族谱、购族产、修订严格的族规、家规，定祖训、族诗等等，规范族人、家人的行为、意识，形成一整套的宗法制度。在族谱、族规和祠堂楹联中，都把敬祖睦宗的观念和制度用文字记载下来。

在祖训、族规中，几乎都有这样的条文：敦宗睦族、敦睦尚宜、子道宜尽、悌道宜教、宗族宜睦、崇祀庙、时祭祀、友兄弟、睦宗党、敦大伦、作先德、守祖业、隆祀典、遵家训、孝父母等等。祠堂堂号不乏"追远堂"和宗族的起源、宗族历史典故等。

在祠堂楹联中，几乎无祠楹联不含敬祖睦宗内容。如"存馨香崇祖德聊尽裔嗣微意，栋频藻奉心情虔当祀祭醴牲""万祀馨香光祀典，千秋俎豆报宗功""秋露春霜遵戴礼遗规敬崇祀典，左昭右穆循文公懿训笃念伦常"。

在民间中也不乏敬祖睦宗的谚语，如"瘦田丑妻，祖业根基""只有千年的宗族，没有百年的亲戚""当家方知柴米贵，养儿方知父母恩""生前不孝敬，死后枉烧香"。

为敬祖睦宗，民间采取了种种措施体现这一传统观念，让后辈不致数典忘祖。

建宗祠，宁化建宗祠（祖祠）早在唐代，民间建祠则在宋代才逐渐开放、兴盛。

罗氏，因罗令纪建县有功，朝廷授"开县董事，封忠义孝悌，诏义士"。建别墅（祠堂）于竹筱窝。后唐同光二年（924年），县令王云移县治于此，遂迁别墅于翠华山麓冬茅窠，新建祠堂，号"弗匮堂"，是纪念罗令纪的总祠。

伊文敏兄弟于唐乾符二年（875年）迁宁化永丰里武典锡源驿开基（河龙下伊）。

《下伊水南发源祖祠碑记》云：下伊水南祖祠是文敏公从河南擎家人闽最早的居住地，它"始于唐，盛于宋，圮于元"。

宁化滑石温氏宗祠建于宋咸淳二年（1206年）前，堂号"序伦堂"。

宁化全县原有宗祠500余座，现有235座，知道始建年代217座，其始建时间是：唐至五代3座，宋代14座，元代6座，明代45座，清代143座，民国后6座。宁化张氏一族建祠达46座之多。

宗祠也是祖祠，是安奉祖先的地方，是后辈敬祖穆宗顶礼膜拜的地方，是族魂的所在，也是执行祖训、族规的场所，所以对宗祠的重视胜于对自家的住宅。宁化祠堂的堂号大都是"追远堂"或郡号。为了保证宗祠的维护、活动，每个宗族都建立祠产，保证宗祠的运营费用。宁化每年有两祭，春祭（清明节）主要扫墓，秋祭（古八月初一，谓秋清明）主要是祠祭，就是聚集本祠男性后辈在祖祠集体祭拜祖宗。

宁化是客家祖地，为了满足世界客家人敬祖穆宗表达孝心的心愿，为了凝聚世界客家人，为了传承客家传统文化，宁化县政府斥资兴建世界客家人的总家庙——宁化石壁客家公祠。公祠自1995年落成，便成为客家人的朝宗祭祖胜地。平时络绎不绝的国内外客家人前来朝圣拜祖，每年一届的世界客家人祭祖大典延续至今，每年都有上千来自海内外的客家人热情参与，充分体现了客家人对祖宗的尊崇。石壁客家公祠的香火日盛。

族谱被称为"无形的祖宗言"，它是宗族的史书，是血缘的记忆。宁化人把族谱视为祖宗魂之所在，十分神圣。过去修谱有许多手续，首先要"请示"族宗是否同意。修谱是在宗祠里进行，发谱时，先要报告祖先，要举行祭拜仪式，是按房份先后发放。接谱者，全族（房）都去，长者授，接到后要赶最快的时间进香火厅，寓意"早晋早发"。进香火厅后，要举行仪式安放族谱，礼毕，全族人聚餐。外族、亲戚、朋友前往祝贺。犹如庙会，好不热闹。其全过程，都寄托着"敬祖"的心意。

宁化编修族谱时间早，密度高。全县有族谱的66姓，共269种，没族谱者，主要是没形成宗族，人口少，有的是侨居宁化，在宁化工作或经商。

根据21世纪初的调查，据98部族谱统计，首修时间：宋代前（含宋代）11部，元代2部，明代49部，民国4部，1950年后5部。20世纪90年代后几乎每姓都重修族谱，达260部以上。从这一脉络看，宁化各姓修谱所表现出的宗族观念愈来愈重，薪火相传的火越传越旺。

宁化族谱编修时间最早的在五代十国时期。刘祥于唐乾符二年（875年）祖孙三代迁居宁化开基，刘祥孙刘沐于五代后晋天福二年（937年）春主持首修客家刘氏族谱。北宋元丰二年（1074年）刘月清又进行重修。

杨氏于唐乾符元年（874年）迁入宁化石壁，北宋元祐五年（1090年）杨四郎首修客家杨氏族谱。

宁化水茜乡老屋下村雷氏族谱迄今编修18次，水茜管氏则达19次之多。

封氏于明朝迁居安远郑坊桥，至今繁衍11代，200余人。封氏虽然世居宁化时间不长，人口也不多，但自清代开始修谱，至1995年已第八修。

张氏始祖张君政第六世嵩，于唐广明元年（880年）迁居宁化石壁田屋坑（今淮土乡田背）。后多支张氏迁入宁化，繁衍茂盛，成为宁化人口最多的姓，全县42个支系建有祠堂。始修族谱时间最早的是江口一族，于北宋嘉祐八年（1063年）修谱。宁化张氏各系修谱情况是：4修1支，7修1支，8修3支，9修5支，10修10支，11修4支，13修9支。10修以上共32支，占总数的76%。张氏迁入宁化支系有七支，时间先后数百年，繁衍后达数十支系，但他们能统一在一个总祠、一套总谱之下，说明宗族强大的凝聚力。

综观宁化姓氏的修谱，有早、密的特点。这一特点说明北方汉人迁入宁化定居后，就迫不及待地修谱，而且是高密度地重修。这一特点在客家地区是很突出的，说明宁化人慎终追远的意识很突出，也说明宁化人重孝的儒家思想很突出，更说明了宁化人对伦理道德的坚守随着时间的推移，不是淡化，而是浓化、旺化。他们对"万祀馨香光祖典，千秋俎豆报宗功"的理念刻骨铭心。

宁化人敬宗的意识除了表现在建祠、修谱之外，更多的是体现在日常生活之中。

宋大观三年进士伍仲林"丁母忧，勺水不入口，哀毁骨立"。

清代"扬州八怪"之一黄慎到扬州方两年多，为解除母亲在家思儿之苦，回宁化接老母去扬州奉养。在扬州事业如日中天之时，由于母亲年迈思乡，黄慎遂奉母携家返回家乡宁化。

伊秉绶调任两淮盐运使才两个月，父丧，回家为父治丧，居家八年，不再从政。

民间敬宗尽孝者不胜枚举。民国《宁化县志》在《孝友传》中云："宁化地虽僻左，风气尚醇。为县近千五百年，虽间有阋墙之兄弟，终未闻悖伦之子，非天独厚于吾邑也。"列《孝友传》56人，列《忠仪传》15人。

（四）自强不息

客家精神被广泛概括为"硬劲精神"，许多客家学者称此精神是从宁化传承出去的。台湾学者温怀舜先生祖籍梅州，2000年他在一篇名《宁化风华石壁丰碑与客家精神——兼谈"硬颈精神"》的论文中写道："记得55年前，曾听族叔温绍仪先生（当时是梅县县立中学校长）讲，我们温氏是来自福建宁化。说到做人要有'硬颈精神'，这是祖先从宁化传下来的话，印象至为深刻。"

"硬颈精神"，通俗易懂，言简意赅。其核心的内涵就是"自强不息"。客家的基本精神即自强不息的开拓进取精神。客家民系整部历史都体现了这一精神，宁化的历史亦然。

"自强不息"精神源远流长，中华始祖的顽强开拓精神，在《周易大传》中以"天行健，君子以自强不息"来概括，中国历史长河，无不体现这一开拓精神，而延续至今。

自强不息，是对人生的理解、对世界的理解，这应该是道德最高境界，是个人正能量修维。

隋朝末年，天下大乱，巫罗俊"筑堡卫众，寇不敢犯"，他领导聚集起来的民众"开山伐木，泛筏于吴"。开山伐木，在山区司空见惯，但"泛筏于吴"却不是件简单的事。从宁化的小溪把木材大批通过江西石城开始的贡水，在赣州与章水汇流入赣江，经波涛汹涌的赣江，流入长江，运送到安徽瓜步、江苏苏州等地销售。这在隋朝末年，要有多大的胆识和魄力，冒如此大的风险而"居奇获赢"。这一壮举对宁化的文化精神影响极大，体现在各个方面，延续至今。

宁化历史上，人民为了反抗封建压迫和剥削，不断奋起斗争，较大规模的有：

唐中叶以后，朝廷实行残酷统治，土地兼并，赋税繁重，官员贪污腐败，奴隶掠卖。官逼民反，唐昭宗元年（894年）"黄连峒蛮二万围汀"（《资治通鉴》。"黄连"是宁化古称），农民起义地点在宁化南部。

宋代有五项专卖产品：香、酒、矾、盐、茶。盐关乎每个人的生活。盐由官方专卖，不准私卖。南宋还采取"计口敷盐"的政策，强迫老百姓按户等购官盐。有时官府甚至不给盐而强迫民众交纳盐钱。而且从淮南运来的官盐潮湿且夹杂泥沙，每斤官盐价47文，从福州运来的福盐每斤价高达186文。而私盐每斤才20文。如此反差，私盐极受欢迎，因此盐贩铤而走险，从事私盐贩卖。到宋仁宗时，因贩卖私盐被判罪的，仅福建一路，每年就有几万人，于是激起民反。"宋绍定三年（1229年）宁化晏头陀（晏彪）啸聚潭飞磜，残破宁化。招捕使陈桦及刘纯击破之；复谕降连城七十二寨，贼溃，头陀伏诛。"（清康熙《宁化县志》）《元一统志》释名："潭飞磜：在宁化县南乡，重冈复岭，环布森列，登陟极难。磜居其中，坦然而平……"晏彪聚集盐贩乡邻剃发刺字，喊出"吏贪暴，民无所于诉，我为直之"的呼声，打出为民消除贪暴之吏的旗号，举行武装起义。周围数百里七十二村寨的民众揭竿响应，起义队伍发展到数万之众，先后攻打汀州府和周围数县。

元王朝倒行逆施，民不聊生，民怨沸腾。正如刘基在《赠周宗道六十四韵》中写道："民情大不甘，怨气结肾肠。恨不断官头，剔骨取内偿！"

新编1992版《宁化县志》记载：

元至正二十二年（1362年），宁化曹坊曹柳顺因不服官府欺诈，为首聚集周围村庄农民上万人，以曹坊为中心据点，连续攻打宁化、清流、连城、长汀以及石城等县的兵寨、官府。为加强农兵队伍的装备，曹柳顺派先遣队88人前往明溪兵寨，被陈友定侦悉，遂先发制人，打垮曹部，柳顺被捕遭害。

曹柳顺是宁化上曹村中屋人，生于元泰定三年（1326年）。

明末清初宁化刘珠坑（今河龙明珠村）人黄通，其父亲流名，回县城祭祖，被族人黄振杀死，焚尸灭迹。黄通到官府控告，黄振被捕入狱，但不作判决。黄通从此与城中黄姓大户及官府结下仇恨。回到刘珠坑后，以中宜为据点，占据周围村寨，废除租桶（20升为一桶），获得四周乡民的拥护。他趁机把邻近各乡农民组织起来，冠名"长关"，委任各乡能人为千总，且自立规约，凡官司纠纷，皆由黄通判决，时派人切断县城的柴米供应。清顺治三年（1646年）元月二十六日，黄通率千余人从安乐进攻县城，把数名作恶多端的土豪劣绅当众击毙，将其财产全部分给群众，毁城墙十余丈，抬回两门土炮，退守中宜等地。七月初三日，巡道于华玉提兵赴宁招降。黄通于初六夺袭县城，刀伤通判署县令朱㙺，抓获了华玉。当年九月宁化降清，十月省派偏将田国泰率兵200名进攻长关，黄通所部岿然不动。顺治四年（1647年），黄通遇害，他几个儿侄坚持斗争长达30年。

民国时期，国民党反动统治，民不聊生，宁化人民反剥削、反压迫、反饥饿，求解放，斗争接连不断。1930年，在共产党领导下，宁化西南五乡举行声势浩大的农民革命武装暴动，取得了胜利，随即成立了宁化第一个红色政权——县革命委员会。在"苏区"时期，全县仅13万人口的宁化，13000多人参加工农红军。他们不怕抛头颅洒热血，经过二万五千里长征和抗日战争、解放战争，在1949年中华人民共和国成立时，幸存者仅35人。占当时全县十分之一人口的宁化儿女为革命付出了热血和生命。

在历史的长河中，劳苦大众为求平等、自由、解放，他们奋斗不息与封建势力进行不懈斗争，充分体现了宁化客家人的"自强不息"的道德伦理。同时在上层人物、精英阶层中也不泛典型，例如：

北宋太平兴国八年（983年）进士郑文宝，就任工部员外郎期间，守卫环庆的龙猛率部的士兵七年未换防，思乡谋乱，文宝"先斩后奏"，先发库银安定军心，而后上奏朝廷说此银由自己偿还，后得昭免。

宋祥符元年进士伍佑，"知宜城海昌，以康能称"。州有盐场（今盐城），自唐乾符间废，有140余年。伍佑到任后，重新开发盐场，大大发展了地方经济。

宋绍兴五年（1135年）进士张良裔，"为人有正气，不诡趋时为。宣和间，三经义行，裔独宗程氏学，屡蹶不少变"。"裔父达观，与秦桧同年进士，桧秉国，或劝之通谒，裔笑谢曰：'鬻身权门，何以行志？岂吾先人之训哉！'竟不往。"（清《宁化县志》）

"扬州八怪"佼佼者黄慎出身贫寒，一介布衣，而后成为一位诗、书、画三绝，"登莱间人极重其画""瘿瓢之名满天下""怪而不怪，艺传百代""一代画圣，千秋楷模""回迈时流，超铁前古"，跻身"扬州八怪"前列，名噪世界。黄慎有如此成就靠的是"十年客类打包僧，无怪秋霜两鬓髭。历尽南北多少寺，读书频借佛龛灯"的自强不息精神。同时他又在清朝大兴文字狱，告行构陷成风，攀引株连、滥杀无辜的黑暗现实下，敢于痛恨诡诈，批判险恶世风，表现出高度的道德伦理的人民性。他有诗写道："谲语类忠言，是非辩解谗诌。空中悬一剑，涂密令人恬。""蔡草有毒，鱼虾不知。谁投于水，圉圉饲之。"甚至喊出："世情日险阻，伤哉趋谲诡。"（黄慎《蛟湖诗钞》

黄慎在画作中充分揭露和鞭挞了"辛酸巷语虱满腰""提襟露肘筇篮摇"的社会不公，如《群丐图》《群盲聚讼图》等。

上述例子从不同角度深刻地揭示了宁化人民"自强不息"的道德精神内涵。黄慎的一生可谓是宁化"自强不息"道德文化的代表。这一精神是宁化客家文化的核心。

宁化文化源远流长，但真正形成个性特征，形成属于宁化自己的地域文化、宁化的核心价值观是在晚唐到两宋之间，客家文化的孕育、诞生是在两宋时期，形成客家摇篮文化。宁化的文化产生与客家文化同步，所以宁化文化也属于客家摇篮文化。客家文化在明清成熟，但它对宁化影响不大，因为客家文化成熟期，其人文中心是梅州，梅州客家人十之八九是由宁化迁出的，他们外迁后，少有返迁。著名的德国人类地理学家弗里希·拉策尔说："文化要素是伴随着民族迁徙而扩散开去的，物质文化只有通过人，同人并与人的精神文化一起才能够传播。"[①] "某些自然的屏障使得某些部族避开了许多重大历史事变，从而较牢靠地保持了自己的文化传统。"[②] 宁化的自然地理环境，加上宁化人在形成自己文化之后，基本只外迁，少有内迁，所以宁化文化相对保守，尽管千年历史的沧桑变化，但总体而言，少有演变，使客家摇篮文化的特征能一直传承下来。但并非没有盛衰起伏，哪是朝代更迭和政治影响使然。宁化经历了宋代的繁荣、元代的衰落、明代的富庶、清代的发展、民国的衰败。中华人民共和国成立后，宁化才复苏、发展，前所未有的繁荣。明代的富庶，是人口减少而稳定使然。整个明代宁化人口总量都在三万至四万余之间。我们可以从人口总量变化，看出社会的变迁。宁化人口在宋代，特是南宋人口出现第一个高峰，达20万之众。但随之便不断外流，明洪武二十四年（1391年）下降到44930人，明万历元年（1573年）只剩下29199人。清康熙三十五年（1696年）仅22359人，道光九年（1829年）猛增到379240人。1949年又下降至122794人。人口总量的起落与社会环境直接相关，新中国成立后实行计划生育，人口还没达到历史最高峰，但人口的素质大大提高：一是城镇化率高了，城镇人口占了总人口的三分之一；二是基本扫除文盲，文化水平大大提高；三是平均寿命大大提高，1953年平均年龄27.3岁，如今上升到78岁；四是人民的收入水平、生活水平大大提高，起了翻天覆地的变化。人口状况反映社会状况、经济状况和文化状况。如今社会翻天覆地的变化，是历史上最好时期，但文化的基本格调没有变，在文化心理上，似乎更为急躁，

[①] 引自邹养生《文化传播与族群整合》，中国社会科学出版社2015年版，第303页。
[②] 杨善民、韩峰《文化哲学》，山东大学出版社2002年版，第94页。

更为开拓，更为求变，但万变不离其宗，有的变化了，而慢慢又矫枉过正，接近于源点。而不少是复兴了，如民俗文化，特别是饮食文化，更加社会化、商品化，更加彰显其价值取向。

本文写的是文化心理层面的主要脉络，当然宁化文化中的心理层面，也不只是家国观念、尚仁好义、崇文重教、敬祖睦宗、自强不息这几个方面，如俭朴、友善、坚守等也是宁化的特质，但我们觉得这五个方面应该是宁化地域文化的核心，是核心价值。这五个方面能够在上千年传承中延续下来，是与地理环境、社会环境密切相关的。它是儒家思想的传承。儒家思想自宋后，理学的发展，对儒教的强化，尤其在宁化，理学薪火相传，少有所动，因为它代表着社会正能量，所以能被坚守和传承。过去如此，当今仍然。

2021 年 10 月修改稿

石壁客家祖地的实证

客家学开拓者、奠基人罗香林在1933年出版《客家研究导论》后，发觉"惟黄巢变乱与石壁及其与客家迁移之关系，尚未提述，不无遗憾"，便写了《宁化石壁村考》一文，于1947年发表。此文是石壁研究拓荒之作。罗香林教授正式将石壁作为研究对象引入学术领域。当然作为对宁化石壁的研究，并非从罗氏开始，早在清光绪二十四年（1898年），嘉应州学者温仲和在编纂《嘉应州志》时，便对宁化石壁客家人与嘉应州的重要关系作了研究。温仲和在《嘉应州志》中写道："梅州人民抗元的壮烈，地为之墟、闽之邻粤者，相率迁移来梅，大约以宁化为最多，所有戚友询其先世，皆来自宁化石壁人。"迄今已一个多世纪。在100多年中，对宁化石壁在客家史上的作用的研究没有间断，特别在20世纪80年代后，对宁化石壁的调查研究形成热潮，对石壁在客家史上的重要作用作出种种定位，学术界取得普遍共识。如今重论这一课题，似乎老调重弹。但笔者认为，对宁化石壁的研究和共识并没有终结，因为对任何历史的研究，都不可能有终结之时，所以，尽管有旧话重提之嫌，也还是想再提、再认识，对以往的研究作一补充。

一、客家研究中的石壁

石壁，她在客家历史上起着非常重要的作用，被称为唐宋时期的"世外桃源""战争的避风港"，是客家的摇篮和祖籍地。

（一）石壁概念

1. 石壁自然地理概念

石壁是福建省宁化县西部的一个村，紧邻江西省的石城县。如今是宁化县石壁镇（原为禾口乡，1994年改为石壁镇）的一个行政村，也是个自然村，地处石壁盆地中央，地势平坦，历史上有过玉屏、石碧、石壁等称谓。文献记载还有石壁村、城、镇、寨、市、乡、都、里等，这些称谓，除了都、里之外，均不见有建置方面的记载，尚不知有何缘由。石壁地区曾广泛流传"禾口府，陂下县，石壁有座金銮殿"的民谚，说明石壁的突出位置及其在这一地区的核心价值。也许因此而有城、市等记载。这是狭隘的石壁村。

广义的石壁地理概念就不仅仅是石壁村，而是包括石壁盆地及盆地的周边，也就是说，包括如今的石壁镇、淮土镇及方田、济村二乡的一部分，总面积有200余平方公里。也就是指宁化"西乡"，即宁化西部。宁化民间通常把这一范围称为"西乡"或"禾口"（石壁镇原称），把这一片的人统称为"西乡人"或"禾口人"。根据族谱、文献资料统计，南宋以前迁入宁化的姓氏中，有明确迁入时间的192姓族，其中明确写明迁入石壁的40余姓。吴松弟《中国移民史》第四卷，表9-9《客家氏族移民实例》中，列入130族，在"迁客区始祖"中，迁入宁化的97族，其中明确迁入石壁的44族，占宁化总数的45%。这么大数量的姓族迁入石壁一个村，那是不可设想的。合理的解释是，迁入"石壁"包括不仅是石壁村的石壁地区。族谱在记载其始祖迁入宁化时，不少是这样记载的："宁化石壁""石壁"，不标明"村"或"乡"的建置范围。有的记载"石壁澳内村""石壁葛藤坑"等，把石壁村的范围扩大到乡的范围，甚至超出乡的范围。再是迁进又迁出，迁入时人口不多，仅一家或一个家族，而不久，又因各种原因，如人口发展或外边有更好的风水地，于是外迁。所知的如杨姓，原迁居石壁杨家排，不久迁出石壁村，到杨边村开基。还有李姓、吴姓等，也是如此，鉴于这一情况，迁入数十姓，便可以理解。

石壁的地理概念甚至涵盖了宁化县范围。因为石壁开发比宁化早，隋朝末年，巫罗俊"开山伐木，泛筏于吴"的伐木在宁化境内的流送区就在石壁地区的淮土乡境内，他"筑堡卫众"的地方也在淮土乡境内，而宁化有建置是在唐朝乾封年间，此时才终结了"名不见于史"的状况。因此，历史上修族谱的人往往忽视宁化，而直接记"石壁"，直到如今，在海内外客家人中，不少只知有石壁，不知有宁化。所以，在史料上，很难区分石壁的边界，很难区分是石壁的，或者不是石壁的。所以通常写"石壁"时，涵盖了宁化全县。从某种角度而言，石壁者，宁化也。

2. 石壁文化地域概念

石壁既是一个自然地理概念，又是一个文化地域概念。它是客家先民最重要的聚集地和客家播迁最主要的迁出地，因此，她在客家历史上是一个节点，是一个文化符号，代表客家的孕育地、摇篮地，是客家先民和先祖最早的栖居地，也是客家人心中的原乡。流传于中国移民史中的口头禅说："北有大槐树，南有石壁村。"高度概括了石壁在中国移民史上的重要地位和文化象征意义。

赣南师院谢万陆教授认为："赣闽汀三江之源的武夷山南段成为客家摇篮"，"这一范围内还有个中心地域,这一中心地域是较为宽泛的石壁概念,她包括石壁周边四乡,还涵盖石城紧靠武夷山西麓各乡。因为这一带与宁化不仅山水相连,而且民居相错,乡情亲情为缕,难分难解,这就造成了经济生活、文化心理、语言习俗的一致"。"正是基于上述原因,我们才认为,以石壁为中心的武夷山南段赣闽边区,赣闽汀三江的发源地是孕育客家民系的摇篮地。"[①] 谢教授说得很清楚,以宁化石壁为中心的赣闽汀三江之源,是石壁文化地域概念。它不仅是宁化,也包括江西石城和福建长汀紧邻宁化的部分地域。

3. 石壁社会环境

清康熙《宁化县志》载:"宁化县,初称黄连峒,隋陈以前,名不见于史。"可知宁化在隋陈时期属峒蛮之地,虽然在唐开元十三年建县,但直至唐后期,仍被称"峒蛮"。如《资治通鉴》记载:唐昭宗乾宁元年(894年)"黄连峒蛮二万围汀州"。那时已经有不少北方汉人迁入,但原居民仍占多数,故称黄连峒。虽然已纳入朝廷版籍,但仍然没有脱掉"蛮荒"的帽子。

宁化的"蛮"主要是闽越族的遗民和武陵蛮。尽管自东汉始便有汉人迁入,但可能为数不多,也可能早期迁入的汉人也被列入"蛮"之中。所谓的"黄连峒蛮二万围汀州",实际能参加造反的"蛮人"不可能有那么多,因为当时宁化的总人口也只有3万人左右。

在隋末,巫罗俊"筑堡卫众,寇不敢犯,远近争附之"。(清《宁化县志》)直到南宋中期,宁化兵革未及,尽管中原接连不断的大规模战乱,但都没有波及宁化,特别是黄巢战事,在宁化周围转了一大圈,宁化安然无事,成了战争避风港。

自巫罗俊"开山伐木,泛伐于吴,居奇获赢,因以观占时变,益鸠众辟土"(清《宁化县志》)把蛮荒之地的宁化发展为"土旷齿繁,宜可受田定税"的地方。黄连(宁化),安定的环境加上初有开发且未尽开发的一片沃土,被称为"世外桃源",是北方流民安身立命的乐土。

巫罗俊的"泛筏于吴",通过赣江把宁化与"吴地"(长江中下游)联系起来,把北方流民招引进来,把江淮的文明引进了宁化。宁化(黄连)于是名声远扬。

正由于上述的自然环境和社会环境,所以罗香林教授在《宁化石壁村考》中会说:石壁"其地址踞闽赣要冲,客家先民,大抵先自中原南下徙赣,再由赣徙闽,复由闽徙粤,其与宁化石壁发生居处关系,盖亦时势与地理使然也"。

(二)石壁研究

"我们是谁,从哪里来,到哪里去",这个由柏拉图提出的哲学命题,表现出有关人

[①] 谢万陆《再论石壁》,载《石壁与客家》,中国华侨出版社2000年版,第22—23页。

类生存和发展的永远思考。客家研究长期以来也一直在研究这一课题。关于客家历史的许多重大问题获得科学结论，其中根本性的结论是"客家是汉族的一支民系"。这一结论，除极少数人之外，得到广泛的认同，这是主流。然而，客家形成之中的诸多课题，至今仍在讨论之中，如形成的时间、称谓的由来、形成的中心地域等问题，但主流的观点应该是确定的。其中，如对宁化石壁在客家民系形成中的作用和地位，对这一课题的研究已长达一个多世纪，对石壁的基本定位是确定的，然而也仍有少数的不同声音。但历史总归是历史，通过长时间的讨论，总能够得出科学结论。

有学者认为，"在当代大陆的客家研究的热潮中，宁化石壁起着前沿阵地的作用，筑就了县级客家研究的时代里程碑"①。下面简述对石壁研究的历史过程。

清光绪年间，梅州学者温仲和在从事《嘉应州志》[清光绪二十四年（1898年）出版]编纂工作中，对梅州人的源流作了研究。他在《嘉应州志》中写道："梅州人民抗元的壮烈，地为之墟，闽之邻粤者，相率迁移来梅，大约以宁化为最多。所有戚友询其先世，皆来自宁化石壁人。"

英国传教士艮贝尔在梅州地区传教多年，对客家作了不少研究。1912年，他在《客家源流与迁移》一书中说："岭东之客家，十有八九皆称其祖先系来自福建省汀州府宁化县石壁村者。按诸事实，每一姓的第一祖先离开宁化而至广东时，族谱上必登著他的名字，这种大迁徙运动自始至终皆在十四纪。"

1927年谢廷玉在《中国社会与政治科学论》杂志发表了论文《客家起源和迁移》，文中写道："嘉应州被客家人占领的历史说来特别有趣"，"第一次涌入广东的浪潮开始于南宋"，在抗元失败后，人口大减，"许多福建特别是宁化地方的人蜂拥而入，占领了那些荒地"。谢廷玉列举了宁化人口：北宋（1078年）13700户，南宋（1253年）35000户，明初（1391年）12588户，明中（1492）6565户，明末（1613年）5279户。他认为从南宋以后宁化人口的递减与嘉应州人口递增可以看出两地的渊源关系。

1933年罗香林教授出版了拓荒之作《客家研究导论》，而后在继续不断研究客家学中，发现"惟黄巢变化与石壁及其与客家之关系，则尚未提述，不无遗憾"。于是在1947年发表了《宁化石壁村考》一文，这篇文章可谓对石壁研究的拓荒之作，正式将石壁作为研究对象引入学术领域。文中写道："广东各姓谱乘，多载其上世以避黄巢之乱，曾寄居宁化石壁村葛藤坑，因而转徙各地，此与客家源流关系颇巨。"

20世纪70年代后，客家研究又渐热起来，对石壁的研究也同时渐热。在这热潮中，到石壁进行田野调查的学者接踵而来，他们在调查之后，发表有关石壁的专著和论文如春花绽开。之中可谓之代表作的专著如台湾学者陈运栋先生的《客家人》。这部1978年

---

① 冯秀珍《略论宁化石壁在世界客家的独特地位》，载《石壁与客家世界》，山西人民出版社2009年版，第51页。

出版的著作对石壁的论述很多,其中如:"今日各地客家的祖先,大部分都曾经在石壁村住过。不过,当时的情形实在很乱,逃亡到其他地方的当然也有,不一定全部都住在这个村内,而有许多是后来才搬进去的。自从经过这一次战乱之后(指黄巢起义),客家移民的主力,遂由长江南岸迁移到赣南山地,后来就以宁化一带为据点,向闽粤拓殖,这就是一般人所说的客家移民的第二次大迁徙。"[1]

中国人类学会理事、厦门大学人类学研究所所长陈国强教授,组织福建省社科联、厦门大学数名教授、研究员和研究生以及宁化本地学者,于1993年春节期间,驻石壁15天进行田野调查,最后形成田野调查报告《宁化石壁客家祖地》出版。

法国远东学院教授劳格文(美国哈佛大学博士)同福建省社科院客家研究中心主任杨彦杰研究员自1995年始,至2003年前后7次深入宁化各地进行田野调查,每次数十天,并由14位宁化本地学者协同组稿,编辑成《宁化县的宗族、经济与民俗》(上下册)出版。由杨彦杰主编的这本书,是劳格文主编的《客家传统社会丛书》之第二十三辑。

宁化对石壁的研究始于20世纪80年代中期。1984年宁化县启动新中国成立后第一部县志的编修工作。刘善群任办公室主任和主编,为了寻觅和研究抽绎宁化的地方特色,而开始进行客家研究。经过8年的收集资料和研究、编修工作,编修出宁化第一部突出客家文化内涵的新县志,第一次对宁化县作出"客家摇篮"的定位。《宁化县志》由福建人民出版社于1992年出版。在编修《宁化县志》过程中,不断挖掘史料,不断发表文章,不断宣传,撩开了石壁客家祖地的历史面纱,唤醒了"身在客地不知客"的宁化客家人。

1991年,以刘善群为会长的宁化县客家研究会成立,从而宁化的客家研究步入有组织、有领导、有队伍的轨道。

1992年,以张恩庭为会长的宁化石壁客家宗亲联谊会成立,由此与客家研究会密切配合,开始了客家联谊和客家研究,宁化客家工作步入快车道,开启了宁化打"客家牌"的发展战略。其间开展客家研究,开展海内外客家联谊,开展客家文化平台建设,开展客家文化生态保护,发展客家文化产业等,取得举世瞩目的成就。

在客家研究方面,硕果累累,成就斐然。

分别于1997年、2000年、2009年举行了三届以"宁化石壁与客家世界"为主题的学术研讨会,全国各地(含港、台)及国外200余人次专家学者参加会议,编辑出版论文集3部,近200万字。自2013年连续举行4届石壁客家论坛和一届海峡两岸客家高峰论坛。与会者有来自全国各地和境外的专家学者共300余人次,发表论文293篇,计300余万字。学术研讨会和论坛广泛深入地研讨了客家的历史和文化,重点突出了宁化

---

[1] 陈运栋《客家人》,台湾联亚出版社1978年版,第9页。

石壁在客家历史上的重要作用和地位。

20余年来，宁化学人和外地专家广泛深入调查研究，取得丰硕学术成果，仅宁化本地学人在海内外发表论文500余篇，编著书籍77余种、1700余万字，出版总数达17万余册。这些成果大大丰富了客家学的构建，促进了客家认同，大力宣传了宁化及其石壁。

张恩庭、刘善群主编，由中国华侨出版社2000年出版《客家祖地石壁丛书》。该丛书共8册：刘善群《客家与宁化石壁》，余兆廷《宁化客家姓氏源流》，李根水、罗华荣《宁化客家民俗》，余保云《宁化掌故》，王建和、张标发《宁化民间音乐》，谢启光《宁化民间传说》，张恩庭《宁化客家人物》，伊可生、蒋道钟《宁化风光》。这套丛书的编辑出版受到社会的关注和赞誉，获得很高评价。《人民日报》（海外版）、中央人民广播电台和许多地方报刊作了大量报道和评价。时任福建省副省长汪毅夫研究员，全球客家·崇正会联合总会总执行长黄石华，香港岭南大学教授、国际客家学会会长郑赤琰，中国社科院侨联副主席、文化部华夏客家研究所所长丘权政，分别为丛书作序。郑赤琰在序文中说："此丛书有五个优点。第一是本书所提供的资料是第一手由本土学者研究本土社会的著作。这在学术上来说很有原始资料的价值，再由本土学者作出阐释，便有真实的价值，好处就是不必担心外人的见解往往会有偏见或误解的缺点。第二是本丛书以深入本土素材的编写为主。在学术上来说是难得的，因为素材直接提供事实的信心，也比较不会被人误导，有助学者本身发挥研究心得。第三是本丛书涉及的社会面相当全面，由客家在石壁建立社区的历史到现在的定位，把客家族群南迁重建家园的全套文化演变的内涵采用记录的方法，这对于研究客家学的全面了解有很大的帮助，对于了解客家族群如何在文化承传，如何在文化上与他族整合与吸收的情况，提出了一个很好的、重要的个案记录。第四是自客家学研究兴起的近十年间，多数学者的研究多以个别单一的课题下手，类似本丛书这样以一个地方作为案例全面收集资料的做法，还是首见的学术大事。第五是所有参与研究工作的都是年轻有干劲、对客家文化有亲身经验的学者，而且也抱着参与国际客家学工作的态度。若能持久做出长期观察与研究，不但他的本身可茁长成为学术巨人，同时也可为客家学搭建伟大工程。"[1] 丘权政在序文中说："这套《客家祖地石壁丛书》的出版，意义非凡，影响深远，将使海内外客家人及其后裔乃至非客家中国各族儿女更加了解石壁及客家源流、文化，对客家文化的中国价值和世界价值有更深刻的认识。从而有益于客家精神和华夏文化的弘扬，增强中华民族自立于世界民族之林的能力。"[2]

2007年，方志出版社出版刘善群《客家与石壁史论》一书。文化部华夏客家研究所

---

[1]《客家祖地石壁丛书》，中国华侨出版社2000年版，第5、6、12页。
[2] 同上

所长丘权政研究员在序文中说："刘善群研究员的这部新著，不是一本普通的书，而是很有远见卓识的一部极有学术价值的力作。"① 这本书在2009年被评为三明市第四届社会科学优秀成果一等奖。

2014年，福建教育出版社出版刘善群《宁化史稿》。该书的出版引起社会的关注和好评。中共福建省委常委、秘书长叶双瑜在《福建日报》发表题为《客家精神文化的历史画卷》的评论文章。文中说："纵览《宁化史稿》全书，我感到有几个鲜明的特点：一是立意高远……以全景区、多角度、宽领域的视角，生动展示了千年古县的悠久历史和客家祖地的灿烂文化。二是翔实考据……三是鲜明导向……文风朴实。书中以写实的手法探询历史，叙事论理素材丰富、真切朴实，哲思深邃，启人深思，富有很强的思想性、学术性、开创性；又辅以大量珍贵、精美的图片，增添了可读性、吸引力、感染力，既为深入开展客家学研究提供了许多鲜为人知的宝贵资料，也为读者了解客家文化提供了直接、生动的典范读本。"②

1990年，梅州学者在新加坡《南洋客家总会40周年纪念特刊》发表《宁化石壁——客家南迁的中转站》一文。

龙岩学者吴福文发表《宁化石壁——客家迁徙的中转站与中原移民所以成为客家的里程碑》论文（载上海人民出版社《客家学研究》第三辑）。

《华声报》1987年3月3日载龙岩学者林嘉书文章《客家摇篮——石壁村》。

1991年，刘善群在新加坡崇文出版社出版的《客家渊源》一书发表《客家人与宁化石壁》，把宁化石壁与客家民系的密切关系介绍到国际上。此文在上海人民出版社出版的《客家研究》第三辑上转载（1993年）。

1992年，刘善群在首届（香港）国际客家学研讨会发表《试探客家民系形成的中心地域》，载于1994年出版的《国际客家学研讨会论文集》。此文提出，客家民系形成时期有一个人文中心，其中心地域就是以石壁为中心的闽赣连接地区。

2000年，刘善群在第六届国际客家学研讨会发表《试探客家民系形成的阶段性》，载2002年北京燕山出版社出版的《第六届国际客家学研讨会论文集》。此文提出了客家民系形成史的"三个阶段、四个区域"的理论。

百余年来，对石壁的研究没有间断，众多的著作和论文对宁化石壁在客家史上的作用和地位作了反复讨论和论证，得出并得到普遍认同的结论是：石壁是客家迁移特别重要的中转站，是客家早期的聚散中心之一，是客家摇篮、客家祖地。

宁化石壁为何在客家学研究中如此受到关注和重视？正如罗香林教授所说："此与客家源流关系颇巨。"中国人民大学教授胡绳武在论文集《石壁与客家世界》的序文中

---

① 《客家与石壁史论》，方志出版社2007年版，第1页。
② 《福建日报》2015年3月27日

说："大凡论及客家史，都难以回避石壁。石壁，是一个不大的村庄，但其名声却传遍客家世界，致使一些学者在写客家文章时，想回避石壁，而又无法回避，这大概就是客家历史使然。"①

(三) 客家摇篮与客家祖地的联系与区别

客家摇篮和客家祖地是客家研究中的常用概念，这两个学术概念既有联系又有区别，是从两个不同角度进行界定的。

赣南师院教授谢万陆（《客家学概论》的作者）认为："民族民系的孕育是将有生命之始到体之成型视为一体，均以摇篮相喻的。所以我们把炎黄部落活动的主要区域黄河中下游称为汉民族的摇篮，也把楚、越活动的长江流域称为摇篮。在做这种比喻时，时间自然是首先考虑的因素。"②"祖地之谓极为广泛，因为称祖者，既可是始祖、远祖、高祖等等，也可以是五服之内的家祖，还可以是一般意义上的祖宗生息之地，内里的差别我们就暂且置诸不议，仅就一种约定俗成的理解。"③

廖开顺教授说："'客家摇篮'是就客家民系形成的历史阶段而言的，它指的是客家民系孕育、诞生和形成的地方。'客家祖地'是就客家人的血缘关系上说的，指的是客家人的祖先生活过的地方。称得上'客家摇篮'的地方一定是'客家祖地'，而可称为'客家祖地'的地方却并不都是'客家摇篮'。在中国客家史上，随着客家人居住地的不断迁移，能称为'客家祖地'的地方有很多，而'客家摇篮'的美誉却只属于孕育了客家民系的那块特定区域。拥有'客家摇篮'身份的'客家祖地'在客家史的地位显得比一般的'客家祖地'更加重要。宁化石壁正是这样一个在客家民系发展史上具有特殊作用和地位的客家'摇篮'和'祖地'。"④

刘善群对客家祖地的阐释是："'客家祖地'以血缘为基础，包含'客家'的全部元素，如地理的、历史的、人文的各方面。我们确定客家祖地的位置，必须从这一地方同客家民系整体的关系，看看它在人口渊源上是不是有最为重要、最为原始的关系；看看它在文化上是不是起着'胎盘'的作用，也就是起着孕育或发端的作用。如果这个地方是家民系孕育的'胎盘'，是文化的发祥地，那么，从这里外迁的人便是发端的客家人，也是客家文化的最初的承载人和传播人。"⑤ 刘善群这里说的"客家祖地"是指"是民系的祖地，是'客家'这个集体发端的共同家园，而不是一姓一族的祖地"。概而言之是"客家摇篮"的所在地。但是广义上的祖地，就是祖先住过的地方，正如谢万陆

---

① 《石壁与客家世界》，山西人民出版社 2009 年版，第 14 页。
② 谢万陆《再论石壁》，载《石壁与客家》，中国华侨出版社 2000 年版，第 15 页。
③ 《石壁与客家世界》，山西人民出版社 2009 年版，第 13 页。
④ 廖开顺等《石壁客家述论》，河南人民出版社 2012 年版，第 93 页。
⑤ 刘善群《客家祖地阐释》，载《石壁与客家世界》，山西人民出版社 2009 年版，第 53 页。

教授所云,"因为称祖者,既可是始祖、远祖、高祖等等"。廖开顺教授认为:"客家先民、客家先祖、客家祖先的联系和区别。'客家先民'是对应'客家族群'的概念,而不能泛化为汉民族先民,对客家先民既要从血缘上溯源,更要从文化创造的历史过程中溯源。客家族群的血缘渊源主要在中原汉人中(也包括在汉民族'雪球'般流动中所融合的赣闽粤边地以北地区其他族群),但是先祖并不是客家先民,只有向客家族群孕育与形成地区迁徙并参与物质文化与精神文化创造的客家先祖才是客家先民。比较复杂的问题是,虽然南迁,但是他们自身没有到达客家孕育和形成地区,而且他们的后裔进入客家形成区……这样的中原汉人,应称之为'客家先祖',而他们向客家形成地区迁徙的后裔则是客家先民。此外,在客家族群形成地区被'客化'的原住民如畲族等族群成员也可以视为客家先民,但他们不是客家先民的主体,因为他们不是中原文化的传播者。可以将'客家祖先'视为比'客家先民'世系更近,更具有血缘概念,在客家形成地区拓荒开基的'客家先民'较早的客家祖先,客家族群形成以后,客家人的祖辈是较近的客家祖先。当然,这样的界定仍然具有很大的模糊性,祖先与先祖没有界定的标准,只能对它们作一个大致的区分。"[①]

"客家先民""客家先祖""客家祖先"的关系,是不是可以理解为"客家先民"是直接参与客家孕育、形成的中原南迁汉人,也包括客家形成地区的原住民。"客家先祖"是客家先民的父辈或祖辈,"客家祖先"是"客家先民"的直接后辈,是最早的客家人。当然有些可以是"客家先民"演变的,因为客家民系孕育期长达数百年,不是一代人可以完成的,是数代乃至数十代的先民的功劳,临到诞生期的先民便成为客家人了,因为他们参与了客家族群物质文化和精神文化的创造,经历过客家的孕育期,本身也是客家文化的创造者。"客家祖先"也可称为客家始祖,但客家文化的创造者或开拓者,是可称为客家人的那一代。如此,不会把客家人的源流搞乱。客家人诞生在客家民系的形成地区,其根在中原(指汉族部分)。

搞清楚参与客家民系孕育、诞生的各种"角色",他们的身份搞清楚了,他们所在地区的定位也就搞清楚了,如客家先民集中区就是摇篮区,最集中的地区就是中心区或核心区。客家祖先最集中的地区就是客家祖地,而不仅仅是只有少数或者数姓的客家祖先居住的地方。少数客家祖先居住的地方是不是可以称为"客家祖地",值得商榷。

二、客家血缘

(一) 客家源出中原

西晋末年,自永康元年发生"八王之乱",接着自然灾害频仍,中原汉人被迫离乡

[①] 廖开顺等《石壁客家述论》,河南人民出版社2012年版,第372页。

背井，向南迁移。这波移民高潮历时100多年，而其余波长达300年。这一波的北方移民南迁后，主要侨居在西起益州（今重庆市区域）东至长江口的长江沿岸。少数先头部队到达赣闽边界。

唐后期"安史之乱"及黄巢发动的大规模农民起义战争，引发中原汉人再次大规模南迁，在农民战争平息之后，又陷入全国性的军阀混战，导致了唐王朝的灭亡。进入五代十国的割据时期，由于各政权之间的纷争，战火不断。被称为中原第二波汉人南迁大潮，延续两三个世纪，使中国的人口、经济、社会文化的南北格局发生了根本性的改变。这一波移民，一部分是原集中侨居在江淮地区的移民往南推进；一部分是在中原老家启程。他们长驱直入江西中南部，过武夷山到达闽西，有少部分进入到粤东。这一波中原移民对客家民系的形成起了决定性的作用，是后来形成的客家民系的主力军。

唐天宝至北宋初南方各区域户口数及南方总人口所占比重①

区域名	天宝	占比重（%）	北宋初	占比重%
山南道	598627	14.8	467660	11.8
淮南道	390583	9.6	355513	9
江南道	1736137	42.9	2074639	52.5
福建	91186	2.3	467878	11.8
江西	250287	6.2	682408	17.3
湖南	215550	5.3	198865	5
剑南道	937124	23.1	896867	22.7
岭南道	388980	9.6	158643	4
各道合计	4015451	100	3953322	100

从表中可看出，江南道人口所占比重从42.9%上升到北宋初的52.5%，占了江南总人口的半数多。而人口增长最快的是江西，从6.2%，上升为17.3%，增加了11.1个百分点，其次是福建，从2.3%上升为11.8%，增加9.5个百分点。而山南、淮南、湖南、剑南、岭南等地所占比例反而下降，是由江南、江西、福建所占比例上升的原因所致。

第三波中原汉人南迁大潮发生在北宋"靖康之难"，断断续续地持续了一个半世纪。它比以前的两波规模更大，对中国的政治、经济重心南移和客家民系形成产生决定性影响。这一波的移民主要是第一波、第二波离开老家中原，侨居江淮以南的再迁移，自中原出发的很少。

移民的迁入区，同客家民系形成直接相关的是江西、福建和广东。

赣州，绍兴年间（1131—1162年）主客户合计120985户，淳熙年间（1174—1189

---

① 吴松弟《中国移民史》卷三，福建人民出版社1997年版，第356页。

年）主客户合计 293344 户，宝庆年间（1225—1227 年）则达 321356 户。从绍兴到宝庆的六七十年中，净增 200371 户，增长率 267%。特别从绍兴到淳熙的三四十年间，净增 172359 户，增长率 242%，这么大的增长率，主要是移民所致。

南宋编修的《临汀志》载："迄宋承平日久，生聚日滋。《元丰九域表》已载主客户 66157，客户 15229，视唐既数倍。"庆元旧志载："主客户 218570 人，主客丁 453237，视元丰又数倍。"据《宋史·地理五》记载，崇宁初，汀州境内有主客户合计 81454。从崇宁到庆元（1102—1200 年），前后不过数十年，汀州境内净增长 137184 户，增长率为 268.3%，年均增长率超过 9%，远远高于全国同期平均水平。

广东，"广东人言其地有宋坟无唐坟，盖自宋南渡后衣冠家多流落至此，始变其族事丧葬也。"此话是明人叶盛于《水东日记》中所说。说明南宋时有一部分移民迁入广东。南宋末期迁至梅州地区的有曾、徐等 16 姓。虽然迁入不少，但"不甚安稳，多复散四方"，且在文天祥兵败后遭受元兵屠杀，致使人口锐减。

中原汉人大规模迁入赣闽粤连接地区后，这里的人口身份结构发生了根本性的变化。这里的原住民主要是古越族后裔、盘瓠蛮、畲族，最后都称畲族。汉人大规模迁入后，逐渐反客为主，然后形成绝对优势，无论人口总量或文化优势，都占主导地位，所以客家民系属汉族大家庭的一支民系。客家人的先祖是中原人（除了畲族人），根在中原。

无锡汇泽基因科技有限公司首席科学家孙朝辉领衔研究的结论是：从分子人类学、遗传学研究角度出发，在不同地区采集数以千计基因样本，通过检测 Y 染色体 DNA 上重要 STR 遗传标记，进行系统的深入的遗传学分析，印证了"客家人祖先的主体是北方汉人"，并为此提供雄辩的科学依据。[①]

（二）石壁与客家人的血缘

宁化石壁与客家人的血缘关系十分密切。据案头的族谱和文献统计，客家人的主要姓氏中，有 210 姓以上同宁化有血缘关系。

他们是：卜、刁、丁、万、于、马、上官、方、贝、孔、王、尹、毛、邓、车、文、韦、尤、田、古、占、斥、史、白、宁、左、申、尼、圣、甘、龙、石、叶、包、卢、冯、丘（邱）、艾、刘、伍、过、齐、权、关、农、庄、年、阳、任、华、危、江、许、吕、朱、邢、阴、阮、伊、孙、邬、汤、池、纪、羊、尧、毕、余、何、闵、麦、辛、佘、邵、利、花、李、陈、吴、张、宋、陆、苏、罗、巫、连、沈、汪、杜、严、邹、杨、时、罕、练、范、居、幸、房、易、卓、欧、武、庞、岳、油、陕、孟、屈、

[①] 孙朝辉《分子人类学视角下的客家源流——客家人祖先主体是北方中原汉人》，载《首届石壁客家论坛论文集》，福建教育出版社 2013 年版，第 27 页。

周、官、郑、林、金、欧阳、单、莢、项、修、封、段、饶、洪、胡、柳、钟、侯、姚、赵、骆、郝、柯、姜、施、俞、贺、科、徐、袁、晏、聂、贾、钱、凌、班、秦、顾、桂、陶、能、高、莫、翁、涂、唐、郭、夏、通、梅、章、龚、曹、谌、梁、康、黄、常、阎、萧、崔、湛、揭、童、韩、葛、彭、董、蒋、程、曾、温、谢、傅、游、焦、雷、褚、鲍、蓝、赖、詹、简、虞、谭、廖、管、缪、裴、蔡、熊、鄢、潘、滕、颜、黎、薛、戴、魏。其中巫、林、王等姓，有的自宁化外迁后，改为他姓。如巫姓迁江西石城的改姓黄，迁江西会昌的改姓蒙。林姓迁梅县的支系改姓杨。王姓迁福建漳浦的改姓游。

据最新统计和分析，中国前100个姓氏总人口占全国总人口的84.7%。同宁化有渊源关系的200余姓中，有98姓都在100姓之中，只缺排名第94名的覃姓和排名第99名的向姓。客家姓氏人口应同中国姓氏人口类似，所以我们可以认为同宁化及石壁有渊源关系的姓氏人口占客家总人口的80%以上。这是很保守的估算。这一人口比例，同其他很多文献资料的统计都十分吻合。英国传教士艮贝尔1912年在《客家源流与迁移》中说："岭东之客家，十有八九皆称其祖先来自福建省汀州府宁化县石壁村者。"梅州客联会《客家姓氏渊源》二集所载，迁自宁化及其石壁的分别占总数的90%和77%。新编《梅县志·人口》所记载的梅县姓氏源流统计，同宁化及其石壁有渊源关系的姓氏占75%，人口占85%。① 如此等等，都充分说明客家人口总量的大部分祖先都是由宁化及其石壁播衍各地的。

广东大埔县的姓氏统计，由宁化石壁直接移埔的36姓，占姓氏构成的36%；由长汀、上杭、武平、龙岩、永定等地移埔的30姓，占30%；由程乡、兴宁移埔的20姓，占20%，其他类型的占20%。② 刘南彪在《"客家"略说与"埔客"小考》一文中说到"石壁直接移埔"，而别地没有提"直接"二字，石壁一地占了36%，而别的地方移埔的姓氏，其源头应该不会都与宁化或石壁无关。从清光绪温仲和的《嘉应州志》、罗香林的奠基之作《客家源流考》到近年出版的诸多著作，都肯定客家人的大多数同宁化及其石壁有渊源关系，这应该是无可争议的。

众多客家姓氏修谱，都把迁入石壁的先祖作为始祖或新一代。这种现象早在宋代就已出现。如宋元丰二年（1079年），刘月清为《重修刘氏族谱》所作序言写道："溯我祖刘氏，系原姓伊祁。自唐尧之后赐姓刘，至后代有太始祖讳累，事夏孔甲，封为御龙氏——在商为豕韦氏，在周为唐杜氏，其裔孙适秦，归晋大夫，徙居沛县……仁号公生一子颢初公，妣李氏四十三岁而终。生高祖，名邦，字季，居沛城……以布衣破秦灭楚，而成帝业，国号西汉，为高祖皇帝……迄唐朝以来，黄巢害乱天下，人人不得集居

---

① 刘善群《客家与石壁史论》，方志出版社2007年版，第267—266页。
② 刘南彪《"客家"略说与"埔客"小考》，载《大埔客家源流》，广东人民出版社2008年版，第98页。

一方，按我中代始祖祥公，自江苏沛县，兄弟三人，离散失群，仅得祥公一人，走至福建汀州府宁化县石壁葛藤凹，遗嗣数传……"此序在刘氏世系几千年中，只突出三个人，一是得姓始祖刘累，一是汉朝的开基人刘邦，接下来便是唐末的刘祥，而且把刘祥奉为"中代始祖"。从刘邦到刘祥跨越1000多年，其中汉武帝刘彻、东汉光武帝刘秀、目录学家刘向、天文学家刘歆、蜀汉昭烈帝刘备、南朝宋武帝等等名声显赫者不尊为一代始祖，而把一位只官至刺史的刘祥奉为中代始祖，原因在于刘祥是在宁化石壁开基，刘氏客家始祖。很多客家姓氏的族谱以及前文所列举的一些宗祠、祖堂的楹联也是这样。客家族谱大多是在明清以后编修的，已距客家先民南下数百年或千余年之久，本宗先祖曾辗转迁徙大江南北，迁徙地不少，而且上下几十代，但是，突出对栖居石壁的先祖的推崇，其原因在于石壁是客家发祥地，是"正宗客家源头、基点"。《客家纵横》杂志执行主编吴福文于1990年在《闽西客家文化事象举探》一文中说："这种切断渊源而取其中间为源的做法，对于极端'爱种爱家'心理的客家来说，实在是种痛苦而又甘愿之举。它说明客家先民在迁徙时一进入福建宁化，就有一种北归无望，甚至义无反顾而自甘承认是不同于祖先的人——也就是我们称之为'客家'的人——的心理。所以说，从客家各氏本身的潜意识中，也在认为自己流居宁化之后就是'客家人'了。"所以，"宁化石壁：客家迁徙的中转站与中原移民成为客家的里程碑"①。可以将这种现象视为客家人"石壁情结"的流露，而这种情结的积淀，来自客家先民和先祖在石壁的历史。

客家民系形成的时期，绝大多数学者的共识是在宋代。自宁化及其石壁迁出的客家祖先，大多数是在宋代，尤其是南宋和南宋以后，据125姓族的文字资料统计，自宁化及其石壁外迁的情况是：

五代以前9姓族，北宋8姓族，南宋48姓族，元代24姓族，明代32姓族，清代4姓族。两宋外迁56姓族，占45%。南宋（含南宋）后外迁108姓族，占87%。其中，南宋和元代外迁72姓族，占58%。

自宁化及其石壁外迁的客家祖先，基本都是第一代的客家人，所以他们被其后裔奉为一始祖、开基祖或始祖。如：

《李氏族谱》载："闽开基大始祖火德公……"

《梅州刘氏族谱》载："闽粤的刘氏后裔，均以祥公为始迁之祖。"

《丘氏族谱》载："我始祖三五郎公……""三郎（法言）从河南固始迁居宁化石壁，是广东发祥之始祖。"

兴宁《伍氏族谱》载："我远祖宋由闽汀州府宁化县石壁乡，后迁居于潮州程乡县松口，即嘉应松口溪南为始祖。"

---

① 吴福文《闽西客家文化事象举探》，载《客家学研究》第二辑，上海人民出版社1990年版，第37—40页。

《张氏族谱》载:"张氏——七世张端是入闽始祖,从宁化石壁迁居上杭,成为上杭的开基始祖。"

兴宁《吴氏族谱》载:"吴纶次子吴宥,迁居福建宁化石壁,是闽粤吴氏始祖。"

大埔《范氏族谱》载:"六十一世,坤,移福建宁化开基为始祖。"

五华《蓝氏族谱》载:"万一郎由崇善场迁居宁化石壁。二十一世念郎迁程乡,开基创业,为梅县蓝氏开基始祖。"

《邓氏族谱》载:"裔孙志斋(九十五世)于宋庆元五年,自宁化石壁移居潮州府程乡,为邓氏一世祖。"

《巫氏族谱》载:"一世罗俊。入粤各地世系、英德高坎世系,一世仕聪,宁化十七世大一郎长子。惠州一世仕政,大一郎三子……潮州一世仕宗,大一郎四子。丰顺汤坑一世仕敬,大一郎六子……"

《罗氏族谱》载:"罗氏于晋永嘉年间始入赣南,唐僖宗时迁宁都,不久入宁化石壁乡。五代以后,分迁各地,支派甚众。闽系罗氏,均出自汀宁化石壁。"

《兴宁县志》载:"南宋初卢宜同由虔州迁福建宁化。南宋末年卢天堡由宁化石壁迁广东大埔三河坝,后其子卢隐乾迁梅县尧唐堡,为梅州始祖。"

《兴宁县志》载:"元朝末年林文懋由宁化石壁出任广东潮阳县主簿,遂立籍海阳(潮州)为林氏入粤始祖。"

《兴宁县志》载:"入粤始祖潘琴于南宋末年偕弟由宁化移居广东长乐卜居南段。"

《温氏族谱》载:"四十三世,南宋由石城迁福建宁化石壁乡。子三,次子瑾,讳同保,其裔孙分布闽、粤、赣各地,故闽、粤、赣之温氏均奉同保为大始祖。"

《谢氏族谱》载:"开书,宋末元初,由浙江始宁迁居宁化石壁村,传二世孙逢春,迁居大埔,其子朴六任梅州尉令,迁居梅县。后衍平选、惠州、蕉岭、潮州、河源、兴宁、五华以及江西。"

梅县《侯氏族谱》载:"我族始祖乡贤公,名安国,世居福建汀州宁化县。"

《何氏族谱》载:"始祖,大郎……唐天成元年,任满定居石壁村。"

梅州《姚氏族谱》载:"始祖念一郎,字景清,由莆田迁宁化,宋时任梅州驿遂徙梅州之均田……"

兴宁《幸氏族谱》载:"始祖郎鄹公字伯茂,由江西南康徙居福建汀州宁化县石壁村,明洪武年间因乱,曾孙四人等负祖上金骸徙居广东惠州府兴宁东厢章峰堡起户开籍。"

梅县《曹氏族谱》载:"始祖明贵,于宋乾祐年间,由山东曹州迁闽宁化石壁传至八世,文林长子法录,由宁化迁嘉应州开基。"

梅县《池氏宗族续修谱》载:"即以粤论,有居于广之番禺、南海者;有居于潮之揭阳、大埔、饶平、程乡者,皆自闽之宁化石壁来也。"

兴宁《马氏族谱》载："南宋初年马七郎移宁化安乐乡，为闽汀派马氏之始祖。七郎之九世孙马十三郎于明永乐五年出任惠州府营千总，十年落居于兴宁西厢茅塘堡乌鸦落阳。"

兴宁《陈氏四修谱》载："一世祖文公，原居福建汀州宁化，宦游广东，徙居循州石马乡。"

《洪氏族谱》载："始祖贵生公，由石壁迁丰顺布心，再迁梅县石坑玉坪。"

《梅县隆文冯氏世系》载："一世，念二郎，由福建宁化石壁迁梅县隆文开基。"

《五华华城邬氏族谱》载："成化宋进士，宦任福建汀州宁化县正堂。解祖后，立基宁化上三乡石壁，为入闽始祖。"

梅县《邓氏族谱》："八十九世大猷，宋徽宗时为国子监，于汀州宁化立业。其孙志斋，南宋宁宗庆元五年（1199年）由宁化石壁移居广东程乡，为梅州一世祖。"

兴宁《河西刁氏族谱》："始祖刁清，生四子，元末明初自宁化石壁始迁潮州府揭阳县萱田村第八图小径村。"

梅县《杨氏族谱》（新扬）："原姓林，住宁化石壁，传至第七代绍远，于元末徙梅县半径村，更姓杨，绍远称梅县一世祖。"

民国丘复《上杭县志》载，袁氏始祖于元末自宁化石壁迁杭。据上杭袁氏族人考证，袁德公，原居江西，后迁居闽之宁化石壁葛藤坑，传至万三公，生子满珊，于元末迁居汀州上杭白沙，白沙建有昆山祠，奉满珊公为开山祖，其裔孙分衍广东潮汕、饶平等地。

宁化曹坊《方氏族谱》载："宋治平二年（1065年），开宣公始入宁化肇基，为入宁始祖。后裔分徙闽、粤、赣各地。"

《客家纵横》载："北宋末，詹学传因属主战派，被贬出朝廷，南下避居福建宁化石壁村。为闽、粤詹氏始祖。"

宁化曹坊罗溪《聂氏族谱》载："宋景祐二年，龙德公父子游学至闽宁，卜居宁化滑石聂坊，为宁化聂氏始祖。后裔播衍福建、广东、台湾等省。"

梅州《客家姓氏渊源》（第二集）载："戴氏七十四世春，定居于宁化石壁乡杏花村。生子四，三子澄逊由宁化再迁漳州漳埔，生子九，元朝初年与第七子玉麟（号念七郎）云游名胜，抵粤，择居镇平（蕉岭），为镇平戴氏开基祖。后裔分迁福建、广东、江苏各地。"

武平《练氏族谱旧序》等载：舜麒次子友明，字小聪，由河南河内县迁福建宁化县，为入闽练氏始祖。临江练氏六世学珠第四子渊文，讳豪任，元延祐间任宁化县教谕，为避乱举家迁武平象洞肇基。象洞练氏始祖，裔孙广布闽、浙、陕、蜀、黔、粤、滇、桂、湘、赣各地。

《宁化县志》载："留公，字佛只，生子善郎，官南昌吏部中郎，于宋嘉定年间入闽，卜居宁化县招得里（今宁化安远乡）肇基繁衍，留公为万氏入宁始祖，裔孙衍播闽、赣各地。"

台湾高雄《朱氏谱牒》载："高雄朱氏以朱熹为一世，传六世炳，于仁宗延祐六年任宁化县令，遂家于宁化，后传五世，至十七郎，迁龙岩开基为始祖。"

梅州《客家姓氏渊源》（第二集）载："南宋，文辉由邵武迁居宁化石壁村，生一子，十郎，闽赣之高氏均奉十郎为始祖。"

梅州《客家姓氏渊源》（第二集）载："孟坚，讳固，南宋由广东石蜡迁闽宁化石壁乡开基，为宁化石壁梁氏开基始祖。孟坚六世孙永年，迁梅县水南，为开基祖。孟坚六世孙永贞之第六子，由元大德十一年，由宁化石壁迁梅县松口田心开基，为一世祖。其子孙为梅县的松东涧田、松口马头岗下、松北车田上、大唐唇、枧头和五华、蕉岭、大埔县等地梁氏开基祖。"

宁化济村《阮氏族谱》载："宁化阮氏以文富公为入宁始祖，裔孙播闽、赣等省。"

以上列举了部分姓氏族谱，他们或奉宁化开基的祖先为始祖，或奉自宁化外迁者，有的族谱虽未写明始祖，但或在谱中，或在祠联中明白无误地说明其源流，肯定其始祖地位。如大埔《杨氏族谱》写道："用藩生二子，胜二郎、仍郎。胜二郎（圣郎）……乾符元年避黄巢起义自延平迁居宁化县石壁杨家排。宋末，用藩第二十九世孙，四十一郎，避元兵迁居潮州白侯乡（今大埔县白侯乡）。"此处并未表明四十一郎为始祖，但其祠堂联上写得很明白："谓龟山后裔，我不敢知。陈俎豆而荐德馨，道脉遥通陟降；从宁化始迁，今犹可考。笃本支以昭世系，守功其嘱几筵。"

还有其他不少姓氏祖祠的堂联类似把同与宁化或石壁的渊源关系写清楚。

上杭李氏大宗祠椁叙堂修祠庆联中一联曰："火炽照乾坤由宁化而丰郎派衍三房万代子孙推望族，德星照日月历宋元而明清散居寰宇千秋俎豆荐馨香。"

广东平远县麻楼村陈氏祖堂柱联："溯闽宁迁居平阻越八代，人吉于斯，族姓晋衍绵世泽；经明清迨至民国历三朝，诗书启后，人文蔚起振家声。"

广东梅县廖氏始祖实蕃，由唐末避乱迁入宁化，其五世孙仲远，宋末任三院太尉，镇守梅州时，偕子安督定居梅城，其曾孙（即闽八世）得贵于水南坝莆田里开基，传书堂联曰："由宁化来梅州，贻谋后裔，百代簪缨声扬世彩荣万代；始水南居莆田，体念先人，一堂昭穆名垂俎豆享千秋。"

兴宁幸氏"念祖存仁祖联"曰："由宁化而开基本儒学而受恩荣艺苑之芳声宛在，自豫章而胥宇采藻芹而探桂杏兴朝之伟绩聿新。"

广东孙氏祖屋联："石壁溯渊源，纬武经文，篡历朝鹊起蝉联，闻帅前人光俎豆；珊田承统绪，支分派别，冀来世鑫诜嶙振，乡宾后裔荐馨香。"

台湾类似情况也非常多，根据邱春美《石壁与客家之文化创意研究》一文所提供的堂联（作者称栋对），仅高雄美浓区就有钟、曾、张、郑、李等5姓18个祠堂的堂联中记录了与宁化石壁的渊源。如：美浓区龙山里三省堂曾姓："姓肇武城溯石壁迁嘉应蕉岭分支祖德流芳昭万代，基开宁化由广东渡台疆美浓聚族宗功衍庆耀千秋。"

邱春美在文中写道："总之，溯源有出现石壁者为直接佐证，更多以大范围包括石壁在内者不胜枚举，所以石壁之地位已受海内外肯定。"①

在宁化及石壁，如今仍保存各族谱中记载的始祖宗祠、始祖开基地址和坟墓。

宁化在"文革"期间不少族谱、宗祠祖庙被当作"四旧"拆除，至今保存或重建的尚有65姓的235座，各宗祠的神坛上都祀奉着本宗族宁化开基始祖的神位。族谱还保存2600多部。

许多始祖的坟墓，虽年代久远，因为各种原因，如今难以找寻，但不少如今仍存。如刘氏的刘祥、杨氏的用蕃、罗氏的令纪、巫氏的罗俊、温氏的同保，以及张氏、邱氏、雷氏、孙氏、黄氏、王氏、廖氏、谢氏、何氏、曹氏、李氏、吴氏、伍氏等的祖坟，大多保存完好，有的进行了修葺。如刘祥墓，据《梅县刘氏族谱》载：刘祥"享年82岁。公妣合葬宁化石壁村葛藤凹八仙下棋形"。近年经过宁化刘氏族人的反复调查证实，"葛藤坑"是今石壁镇南田村，原坟墓所在地是该村的沙州段。其坟墓在20世纪50年代遭雷击，坟堂被炸毁，但坟穴仍在，据考证无误。近年宁化刘氏族人在原址重建，还得到香港原刘氏总会会长刘兴邦大力赞助。

许多姓氏在宁化及其石壁开基的地址也还有不少可考。如许多客家族谱都载其始祖开基宁化石壁村、葛藤坑（坪）等。石壁村历唐、宋、元、明、清各朝，虽然"壁"字曾改为"碧"，但音未变，村庄仍在原址，郭沫若祖先居住的龙上下里七都也就是今之石壁村。据考证，宋朝时，该村曾住40多姓，而如今是以张姓为主，其他如刘、管等数姓都只有几户。李氏大始祖火德公的出生地李家坪，杨胜二郎的出生地杨家排等，这些遗址都在石壁村范围内。葛藤坑是客家家喻户晓的传说《葛藤坑的故事》原址，她离石壁村只5公里，距江西石城县县城20余公里，现名南田村，唐宋间也有数十姓客家先民在此开基立业。村中的小地名有俞坑里、南田、沙洲段、塘坑里、南山下、庵坝里、南田街、程家屋、蓝家屋、蒋家窠、尚家坳、夏家屋、邹家排、李子坪、陈家屋等，不少是以居住的姓氏命名的。如今该村还居住谢、马、张、朱、涂、伊、曾、王、虞、雷10姓。当然，年代久远，时过境迁，不少遗址如今难以查找。近年不少姓氏族人带着族谱前来，或来信、来电据其族谱记载，查找其祖先开基居住地，没有结果。但其族谱清清楚楚地记载是福建宁化县某村，应不会有错，如果不曾到宁化，应无需讹称宁化某地，因为这并无意义。

（三）客家祖地的提出和认同

1990年3月，三明市旅游局、侨办、三明日报社等单位邀请新华社及上海、福建等

---

① 载《首届石壁客家论坛论文集》，福建教育出版社2013年版，第156—157页。

地新闻媒体到宁化石壁做旅游新闻采访。宁化县旅游局在宁化石壁张氏宗祠举办了客家文化庙会,并首次公开将石壁称为"客家祖地"。此后,宁化石壁在客家历史上的"摇篮"和"祖地"地位,逐渐被人们所广泛认可,并引起了媒体的关注。1991年,广东省梅州市客家历史文化考察团赴中原、闽赣考察的报告《客家源流考察纪行》中说:"福建省宁化县石壁乡是粤东地区许多客家人都念念不忘的祖居地。"1991年4月,全国政协副主席杨成武将军莅宁化考察后,亲笔题署:"石壁客家祖地"。1992年3月11日,台湾《中国时报》发表文章《客属衍四方,朝夕不忘祖——客家祖地宁化石壁村探访》。1992年6月23日,《中国新闻》刊发《首座百姓客家公祠将在客家祖地闽宁化县动工》一文。1992年12月3日,香港《电视日报》刊发文章《福建宁化扩大对外开放》,称:"福建省宁化县位于福建西部,与江西省毗邻,是客家民系形成的中心地域,被誉为客家的摇篮,是大多数客家人的祖籍地。"随着宁化石壁在客家历史上的"摇篮""祖地"地位越来越为世人所关注,1992年11月20日,在宁化举办的"客家史与客家文化研讨会"上,来自中国社会科学院、文化部、福建社会科学院、厦门大学等单位的35位专家交流了各自的研究成果,并一致认为宁化石壁是世界客家人的南方祖居地。

据不完全统计,曾发表有关宁化石壁客家祖地的专著、论文的专家学者有200人以上。到石壁田野调查的学者,国内的有北京、湖北、河南、陕西、天津、上海、江苏、四川、江西、广东、福建及台湾、香港、澳门等14个省、市、区100余人次。国外的有法国、日本、新加坡、马来西亚等国的学者10余人。中国社科院侨联副主席、文化部华夏文化促进会客家研究所所长丘权政研究员曾先后5次到宁化和石壁调研。中国画报社高级编辑、《客家人》大型画册主编古进三度到宁化调查。厦门大学陈国强教授、石奕龙教授带领研究生于1993年初居住石壁村,进行了半个多月的田野调查。调研之后,与宁化本地学人共同编著了《宁化石壁客家祖地》一书,这是中国大陆第一本客家社区调查研究专著。湛江师范学院历史系刘佐泉教授数次到宁化石壁考察,应新加坡崇文出版社之约著有《客家祖地宁化石壁》一书。新华社福建分社主任记者刘国柱撰文《让大山作证——论石壁乃客家之祖地》[①]。台湾学者、台湾省各姓氏渊源研究学会理事长林瑶棋教授撰文说:"石壁这个地方被客家人公认为客家人的摇篮或总祖地。"[②] 中国社科院侨联副主席、文化部华夏客家研究所所长丘政权研究员说:"宁化是不折不扣的客家祖地。"[③] 中国社科院研究员韩信夫在《黄巢起义与客家祖地宁化石壁》中说:"黄巢起义造成中原汉族第二次大规模南迁,第二次大规模南迁的居地——宁化石壁,是客家人的祖地之一。"[④] 日本著名学者、日本一桥大学经济学部兼大学院言语社会研究科中川学教

[①] 《石壁与客家》,中国华侨出版社2000年版,第217页。
[②] 《台湾客家人的弱势族群情结》,载《台湾源流》1997年第8期。
[③] 《宁化石壁与客家世界学术研讨会论文集》,中国华侨出版社1998年版,第534页。
[④] 《宁化石壁与客家世界学术研讨会论文集》,中国华侨出版社1998年版,第65页。

授在1980年发表的《客家中国人的政治、经济史像》中说："客家先祖终于定居下来的根据地，最初是福建省汀州府宁化县石壁村。"① 陕西学者丘锦能在《客家祖地与宁化石壁》中说："后代有人把她（石壁）称之为'客家人的图腾'或'客家人的第二故乡'并非无稽之谈……依笔者之见，宁化石壁在历史上的作用是极其重大的，用什么字眼怎么比喻都不过分，甚至还可以把她誉为世界客家的祖居地。"②

特别是在2009年10月第三届石壁与客家世界学术研讨会上，客家研究界很多专家学者针对台湾"台独"势力对罗香林先生的客家研究名著《客家研究导论》《客家源流考》《宁化石壁村考》的攻击，抛出所谓批判罗香林先生的"原乡论""血统论"的谬论，以及大陆一些学者的错误观点，诸如"宁化石壁作为客家祖地，是文化建构的结果，与历史事实本身基本无关""石壁在哪里，如果从作为正史的古籍文献中，基本上找不到答案，从行政区划地图上，一般也不会找到石壁""宁化人不认为自己是客家人，也没有客家的说法"等等。专家学者纷纷撰文，再次肯定石壁客家祖地在客家民系形成中的历史作用和地位，肯定从中原南迁的客家先民在石壁对客家物质文化和精神文化的开创，以及石壁在当代客家寻根谒祖热潮中不可替代的祖地和中转地作用。如，全球客家·崇正会联合总会会长兼总执行长、香港中文大学新亚学院校董、中国农业大学名誉教授黄石华先生撰文说："石壁客家祖地是历史发展的客观存在，是客家先民自中原南迁的产物。石壁客家祖地不仅是宁化的，也是中国和世界的。""石壁客家祖地文化，是中华文化中一个具有莫大创造力、骄人传统和顽强竞争力的子文化。"③ 中国人民大学胡绳武教授指出："（石壁）这里的自然环境和社会环境，对于长期颠沛流离、疲于奔命的中原移民，实在是再理想不过，于是在唐后期至南宋间，大量涌进包括宁化全境及邻县的所泛称石壁的石壁地区。在这里休养生息，建家立业，垦荒拓殖，与土著居民长时期磨合，在生产、生活、文化意识乃至血缘上融为一体，而孕育出客家民系。当新民系诞生之际，因为宁化整体环境发生了变化：人满为患、社会动乱、资源耗损，不再是当年'世外桃源'光景，所以这些已树立四海为家、不怕奔波观念的客家人，又从这里再往闽西南部、广东、闽南迁移，以致最后播衍世界五大洲。这是客家史上非常重要的一页，客家史缺了这么一页，就不完整，成了断代史。"④

中国社会科学院近代史研究所韩信夫研究员长期研究石壁，在2009年10月参加第三届石壁与客家世界学术研讨会所交流的论文中，谈到他再次阅读1991年11月20日梅州客家历史文化考察团撰写的《客家源流考纪行——广东梅州客家历史文化考察团赴中原、闽赣考察报告》和考察团成员黄火兴所发表的"考察散记"。韩信夫认为"《考察

---

① 《论石壁》，海风出版社2003年版，第242页。
② 《石壁与客家》，中国华侨出版社2000年版，第181页。
③ 黄石华《序三》，载《石壁与客家世界》，山西人民出版社2009年版，第6页。
④ 胡绳武《序五》，载《石壁与客家世界》，山西人民出版社2009年版，第13页。

报告》指出：宁化石壁是'粤东地区许多客家人念念不忘的祖居地'；'考察散记'称宁化石壁是'客家第二祖居地'，对客家祖地宁化石壁咸表认同。鉴于梅州在客家民系中的特殊重要地位，因而这一认同更具权威性。"①南开大学历史学院博士生导师刘敏教授说："不论是把石壁称为客家祖先不断迁徙过程中的'中转站'，还是称为客家民系孕育生成的'摇篮'，或者是称为全世界客家人的'圣地'或'祖地'，笔者认为都是合情合理的比喻，因为这几种称谓是分别从某一侧面反映了宁化石壁在客家民系形成与发展中的作用与影响，而且是显示了其历史性方面的特点。而宁化石壁在客家文化上的象征性和代表性，同样是不可忽视的，比如笔者认为其中重要的一点就是，在客家世界中它具有客家土楼的文化特质和精神内涵，它是客家世界中最大的'土楼'。"②

《首届石壁客家论坛论文集》中，三明学院党委书记曾祥辉研究员在序文中写道："三明和石壁客家祖地永远是世界客属的家园。"

广东中山大学巫长林在《全球化条件下客家人的共同记忆》中写道："石壁是客家人共同记忆之根基。"③

福建龙岩学院客家学研究中心主任张佑周教授在《历史选择了石壁》文中写道："石壁终于成了海内外一代又一代客家人心中难以磨灭的圣地。"④

台湾联合大学客家研究学院院长刘锦云博士、刘焕云在《石壁客家祖地与客家民系之关系》中写道："全球之客家人，都源自宁化石壁。客家人应该'万殊归于一本'，回到石壁原乡寻根问祖。"⑤

中共龙岩市委党校副教授俞如先博士在《客家外迁研究意外收获：宁化客家外迁频率最高》一文中说："宁化客家祖地文化定位是学界热议且有广泛共识的话题。客家外迁研究中意外收获的宁化（含石壁）历史上外迁发生频率最高的数值，从数量直观的全新角度，有说服力地证明了宁化是历史上福建客家最为重要的迁出地，是名副其实的客家祖地。"⑥

中山大学教授张维耿在《客家祖地与客家民系形成》一文中写道："诸姓氏由石壁外迁闽西，多辗转于汀江流域即汀州下辖的宁化、长汀、上杭、永定、武平一带，然后迁入粤东嘉应州。""梅县44个姓氏乃至100多个客属姓氏，其祖先与宁化石壁的渊源

---

① 韩信夫《从梅州〈考察报告〉看客家祖地宁化石壁》，载《石壁与客家世界》，山西人民出版社2009年版，第24页。
② 刘敏《宁化石壁——客家世界最大的"土楼"》，载《石壁与客家世界》，山西人民出版社2009年版，第36页。
③ 载《首届石壁客家论坛论文集》，福建教育出版社2013年版，第40页。
④ 同上，第107页。
⑤ 同上，第130页。
⑥ 同上，第162页。

关系均在族谱中有记载。石壁定位为客家祖地,早已获得海内外广大客属人士的认同。"①中共福建省委常委、秘书长叶双瑜在2015年3月27日《福建日报》上发表文章《客家精神文化的历史画卷》,文中写道:"天下客家是一家,客家祖地在宁化,这是世所公认的。"

自1995年石壁客家公祠建竣开始每年举办一次国际性客家祭祖大典,迄今,境外已有近40个国家和地区的50余万人次和中国大陆14个省的500余团队的客家代表前来石壁客家祖地寻根谒祖。这充分说明世界客家人对石壁客家祖地的认同。

宁化县石壁客家祭祖习俗入选国家非质物文化遗产保护名录(2011年)。

三、客家摇篮

(一)石壁客家摇篮的提出及其内涵

宁化于20世纪80年代后期启动编修新中国成立后第一部县志。宁化县志办经过多年调查研究,根据客家民系形成史的全过程,认定宁化是客家摇篮。1992年由福建人民出版社出版的《宁化县志·概述》写道:"客家先民进入宁化定居繁衍的最盛期,正是客家民系形成时期,自宁化迁移各地的客家被称为正宗客家。因此,石壁被称为'客家摇篮''客家的第二祖籍',以及'客家祖地'。"②

龙岩学者林嘉书在1987年3月3日《华声报》发表题为《客家摇篮——石壁村》的文章,先于《宁化县志》作出石壁村是"客家摇篮"的定位。相续不少国内外的报刊作了石壁客家摇篮的报道。如菲律宾《世界报》(1991年11月14日)、泰国《中华日报》(1991年10月29日)、香港《华侨报》(1991年11月6日)分别转载中新社文章《闽西宁化县石壁村为客家中转站》,文中指出:"闽西宁化石壁村是'客家南迁的中转站''客家摇篮'"。

赣南师院教授谢万陆在2000年宁化石壁与客家世界学术研讨会上发表论文《再论石壁》,文中说:"笔者曾持'中转'之论,这见于拙著《客家学概论》,亦在拙文《石壁论》(1997年)中做过申述。但反复斟酌,认为'中转'之说不尽准确,还是以'摇篮'之喻更为恰当,较能反映石壁在客家民系形成过程中的独特地位。"③

以上文中所论石壁为客家摇篮,其依据或说内涵是什么,下面作简单阐述。

1. 客家文化的创造主体在以石壁为中心的地区高度集中

唐宋时期,南迁中原汉人高度集中到闽赣连接地区,即赣南的宁都、石城,闽西的

---

① 载《第七届海峡两岸客家高峰论坛论文集》,海风出版社2014年版,第229页。
② 《宁化县志》,福建人民出版社1992年版,第21页。
③ 《石壁与客家》,中国华侨出版社2000年版,第14页。

宁化、清流、长汀。其中，聚集最多的是宁化。南宋末以前，宁化集中了清代以前有明确迁入时间可查的218姓中的192姓族，占88%，石壁则接纳了40余姓。这种状况在客家地区各县中绝无仅有。

吴松弟《中国移民史》，表9-9《客家氏族移民实例》（第365-368页）中，列入130族，在"迁客区始祖"中，迁入地是宁化的达97族，占总数的74.6%，而迁入宁化的97族中，明确迁入石壁的44族，占宁化总数的45%。它足以说明，南迁汉人在宁化及其石壁的高度集中。

人是文化创造的主体，宁化是客家先民和原住民融合的主要地区。客家先民聚集宁化进进出出达数百年之久。在这数百年间，由于生活和生产的需要，北方南迁的汉人与当地原住居民（包括闽越族的遗民、畲族人和先期入迁的北方汉人）不断磨合、交融、融合，优势互补，优存劣汰，孕育出一种综合各时期、各地区、各民族特色的多元文化，这一文化被后人称之为客家文化。客家文化孕育和形成的中心区是以宁化石壁为代表（中心）的赣闽连接地区。《客家史话》作者巫秋玉在其《宁化石壁与海外客家人》一文中说："中原汉人自东晋开始南下，至唐末又从江西等地大批迁入福建宁化石壁，高度集中在以宁化及石壁为中心的地域，繁衍生息数百年，形成客家民系。南宋末，这些已'蜕变'为正宗客家人的客家始祖，又大批地继续其迁徙生活，往闽西、粤东等地迁移，继而往中国大陆各地、港台、海外。可以说，宁化石壁是客家民系形成中的胎盘和催长素，它把由中原一路南下孕育而成的胎儿催生成婴，待其羽翼渐丰，便促其展翅高飞。在这一成长过程中，不仅造就了客家民系之'身躯'，而且利用其原有的内涵中流动因子，造就了客家人深具流动的习性和开拓进取精神。"①

广东省方志办原副主任侯国隆研究员在《宁化石壁是客家摇篮》一文中作出这样的结论："宁化及其石壁，说它当时在客家形成过程中起酝酿作用也好，是客家的初始期也好，它都是摇篮，客家在摇篮中成长，在客家形成过程中功不可没。如果没有前期在宁化石壁的酝酿和初步形成，便没有日后的闽粤赣边地区形成的客家民系。"②

2. 客家方言的摇篮地

已故音韵学家、厦门大学中文系教授、博士生导师黄典诚1986年在龙岩的闽西地区专业志业务讨论会上的学术报告中说：

可以说，客家话发源在福建宁化。毫无例外，（客家）三次搬迁，祖先大多数住过宁化的石壁村。客家老祖宗在宁化石壁村，犹如河洛话的发源地在河南固始县。大体上客家话的定型在该村（石壁）留下全部的痕迹，如"坐"念 cuō，"生病"念为

---

① 谢万陆《再论石壁》，载《石壁与客家》，中国华侨出版社2000年版，第22—23页。
② 侯国隆《宁化石壁是客家摇篮》，载张恩庭、刘善群主编《石壁与客家》，中国华侨出版社2000年版，第69页。

shēngpāng，凡是普通话讲 b、d、g、z，客家话就讲 p、t、k、c。《康熙字典》那个《等韵切音指南》上都是一个全黑的圈子，如'永定'的'定'，一定讲 tn。这个音的形成，我现在初步认为也就在石壁。所以现在客话全都有这个特点，西至四川，东至台湾，南至南洋，没有例外，这一口气是从石壁村吹出来的。①

黄典诚教授在抗日战争期间随厦门大学迁移长汀，当时即对宁化的文化开展研究。20世纪80年代，黄典诚教授受聘为《宁化县志》顾问，先后三次到宁化和石壁进行田野调查，指导《宁化县志·方言志》的编纂和审订。黄典诚教授和周长辑教授认为："宁化通行的方言是客家话，属闽西客家话的一种土语。"

郑州大学中文系崔灿教授在《论宁化石壁与客家方言的整合统一》一文中说：

客家先民南迁的时间上下约千年，迁出的地域主要有河南、山西、陕西、山东、安徽、甘肃等省。当时少数官宦之家书香门第一般用的是"雅言"，而广大人民群众说的是各地方言，他们聚集在一起，纷纭复杂的方言势必成为经济联系、文化交流及群体之间一切共同活动的严重障碍。所以，他们在宁化石壁这块地域广阔、人口众多、交际频繁的土地上，通过商品的长期交换、儒家文化的长期传播、客家群体的长期交往，求同存异，在公众场合逐渐使用大家都懂得的"雅言"，舍弃自己的方言土语，于是客家方言就应运而生。宁化石壁不仅仅是在客家方言的整合统一方面起了重要作用，而且也为客家民系的形成打下基础。应该说，宁化石壁是孕育客家之乡，客家民系的形成就是从这里开始的。②

中国社会科学院民族研究所研究员、《客家话通用辞典》主编罗美珍在《从语言入手探讨客家民系》一文中说：

客家方言在南宋时已经于赣南、闽西形成。宁化石壁是客家方言形成时期最早的聚散中心，后来由于长汀是汀州首府，中心逐渐转移到了长汀。由于人口暴涨和生活困难等原因，客家人从宋末开始就从赣南、闽西大批迁往粤东北，他们带去了当时已经形成的客家方言。③

以上几位专家都曾多次到客家地区和宁化调研，所作的结论应该是科学的。

3. 心理文化的形成

①培育自强不息的基本精神

客家基本精神即自强不息的开拓进取精神，它是客家文化的基础，也是宁化文化的

---

① 黄典诚《1986年在龙岩闽西地区专业志业务讨论上的学术报告》，载《闽西方志通讯》1986年第2期。
② 崔灿《论宁化石壁与客家方言的整合统一》，载《宁化石壁与客家世界学术研讨会论文集》，中国华侨出版社1998年版，第8页。
③ 罗美珍《从语言入手探讨客家民系》，载《宁化石壁与客家世界学术研讨会论文集》，中国华侨出版社1998年版，第352页。

基础。宁化先民来自中原，作为中原文化核心的河洛文化是中华文化的根性文化，它是中华始祖在艰难的物质文明创造中所产生。中华始祖的顽强开拓精神在《周易大传》中以"天行健，君子以自强不息"来概括。自强不息的开拓精神是河洛根性文化的重要特征，也是客家文化的精粹。中原汉人南迁过程本身就是一种自强不息的精神体现。在千年的艰难迁徙过程中和艰苦的开基创业过程中，自强不息的精神得到突出的表现。在宁化，早期到达的宁化开山祖巫罗俊，面临"隋大业之季，群雄并起。东海李子通率众渡淮，据江都，称吴帝，改元明政，遣使略闽地，其时土寇蜂举"（清康熙《宁化县志》）的严峻形势，处于建安郡郑文雅、林宝护和江西林士弘两大农民起义战火的夹缝之中，筑堡卫众，开发山林，辟土垦殖，开拓了一片新天地。唐末到两宋期间的400年间，客家先民在宁化打下了客家民系形成的物质基础，形成自强不息的客家基本精神，为客家文化的形成奠定了基础。客家自强不息的精神可用"硬颈精神"形象概括，无论处在如何困苦的境地，总能凭着自身的艰苦奋斗闯出一条路来。客家自强不息的基本精神在宁化的很多民谣、民谚中传诵。如"人争气，火争焰""只有上唔去的天，没有过唔去的山""不怕火烧屋，只怕人无志""有志成龙，无志成虫""竹篙叉，叉对叉，靠来靠去靠自家""过江不怕浪，赚钱不怕艰"。既然一切靠的是自己，一方面要为理想奋斗，如"吃得苦中苦，方为人上人"，另一方面要以勤为本，如"人勤地生宝，人懒地生草""勤快勤快，有饭有菜""早起三朝顶一天""番薯喜欢人抓痒，越抓越痒越快长"，还要懂得节俭和划算，如"少年不积钱，老来叫可怜""餐餐省一口，十天省一斗"等等。客家基本精神"自强不息"不是空洞的说教，而是与艰苦创业、勤俭持家和生活智慧结合在一起，既是世俗化的，又具有超越性，表现了客家先民对自身文化的科学建构。

②重建家园，重构家国一体文化

其一，重建家园，传承中原伦理政治文化。从隋末巫罗俊率众进行物质生产的开基创业，到南宋期间宁化县人口增长达20万之多，人口密度超过了同时期的福州。客家先民在石壁全面进行拓荒垦殖和稻作生产，发展手工业、矿冶、贸易，物质上达到福建山区较高水平，奠定了重建家园的物质基础。唐代至两宋，从唐乾封二年（667年）设黄连镇、开元十三年（725年）设黄连县，客家先民在宁化的数百年间，由聚宗族而居，强化宗族关系，到建镇建县，构建了由"家—宗族—村落—县（代表国家）"完整的家国一体的社会结构。宁化众多以姓氏命名的地点和祠堂庙宇、墓葬碑记、族谱县志，较完整地记载了客家先民由迁入到重建家园的历史过程。在重建家园的过程中，以血缘为基础的宗族观念发扬光大，与爱国爱乡融为一体，成为客家文化最重要的内涵。这些观念融入众多的宁化民谚、俗语之中，广为流传。如"宁卖祖宗田，不忘祖宗言""八十公公要祖家，八十婆婆要外家""国家、国家，有国才有家""家不和邻里欺，国不和遭外凌""家贫出孝子，国乱有忠臣"等。巫罗俊"自诣行在上状，言黄连去长安天末，版籍疏脱""言黄连土广齿繁,宜可授田定税",主动要求归属国政,为国缴税;宁化开县始祖罗令纪奏准黄连镇升格为黄连县,成为汀州客家八县中建县最早的一个县,都显示出极为主动而强烈的家国一体意识。石壁上市的汉帝庙祭祀刘邦和张良,上市《清河郡张氏十修谱》的《汉帝庙记》写道:"书云,圣王之制,祀也,法施于民祀,以劳定国则祀之,是非事于也不在祀典。昔我祖子房仕汉,不以力征,不自矜功,经营天下,归于一统,君敬臣忠,两相用意,故我张氏者,子房苗裔者也。然乡人题资鼎建高祖庙,立君臣像于(宋)淳祐之秋。"表达对君臣和谐的祈望。在重建家园的过程中,为了新的家园和生活的安宁,在重构家园一体文化之中,"神灵祀典化",以神道设教的特征,在宋代有明显的发展。宋代儒学从"治"转为"教",其目的是为了重建社会秩序。在宋代的宁化"以神道设教"的"教化"明显发展起来。据《临汀志》记载,宁化的祀典建设,所建的庙堂有12个之多,如社稷坛、城隍庙、敕建显应通济赵惠公庙、显应庙、毗沙门天王庙、普应庙、东西官庙、武德庙、后土夫人庙、沙石庙、明山庙。宁化客家民间信仰既传承中原,又进行了革新,表现为多神信仰,表现在一庙二神甚至多神的祭奉上。这反映了宁化在新的家园企望消除恩怨,祈求安宁的心态。如石壁的富下庙,祭祀刘邦、项羽两仇家于一庙,石壁下市《张氏十三修族谱》的《富下庙记》表达了希望刘、项消除恩怨,共佑地方的祈望。

其二,传承中原古老民俗文化。宁化是客家先民较早迁入地区,中原古老习俗遗风犹存。如宁化客家礼俗,多有周代礼制遗风,如婚礼的"六礼",丧礼的"送死必极奢,酒席尤丰。稍不如俗群斥为不孝,中人之产立破",是对周朝礼制"以丧礼哀死亡"的传承。饮食文化中的"七种羹"是对南朝荆楚"正月初七为人日,以七种菜为羹"的传承。宁化客家民俗更多的是对唐宋中原文化的传承,表现在饮食起居、婚丧喜庆、岁时年节、人生礼仪等方面。尤其是服饰文化的唐代遗风,上衫下裤分开,男衫开襟,女衫大襟,男女老少的交叉裤头和宽裤管的大裆裤,一直沿袭到民国期间。在民间信仰上,石壁有座"三圣庙",祭祀的是朝鲜族的三位将军,这在客家地区极为罕见,反映石壁客家对中原民间信仰的直接传承,并且这种传承具有早期性。厦门大学陈国强教授考察后说:"从崇拜朝鲜族的唐、葛、周三将军来看,可知其祖先(石壁客家先民)不仅来自北方,且与朝鲜族也有非常密切的关系,这是汉族其他民系所没有的。"[①]

其三,传承中原建筑文化,聚族而居,保卫家园。宁化客家较早建有大型的防卫兼民居的建筑——土堡。据李世熊《宁化县志》,隋朝末年便有巫罗俊"筑堡卫众,寇不敢犯",其遗址可寻,至今尚未见其他客家地区有在隋末建这类大型建筑的记载。宁化境内各乡、大村基本都有土堡,而且历史悠久。如宁化湖村黄山寮村,建村于宋代,原名黄香村,先后建起7座土堡,居住了300余户人家。宁化的土堡规模宏大,宁化泉上

[①] 陈国强《宁化石壁客家的民间信仰》,《福建史志》2000年第2期。

土堡"四周于一百六十丈畸,城厚一丈,道外浚濠广二丈"。宁化习惯一丈为3.3米,如此计算,土堡周长达528米,其规模可想而知。宁化延祥村的200间大宅、石壁的"大夫第"围屋等,规模都非同一般。石壁大夫第称九井十三厅,整体宽40米,深60.8米。宁化土堡建于唐宋时期,正是客家民系的孕育时期。从南宋开始,宁化客家人大规模向南迁徙,建筑文化也随之流传。林嘉书在《土楼与中国传统文化》一书中列了16座土楼的主人,其中13座土楼主人出自宁化石壁,其他姓也不一定不出自宁化。如张姓,书中写出自上杭,明代入南靖。上杭张姓始祖张化孙是由宁化迁上杭。

林嘉书在书中列出《深港客家土楼18姓源流表》,表中有吴、张、曾、廖、陈、刘、萧、何、江、巫等9姓由宁化始迁。实际应该不止9姓,还有如李姓、黄姓、赖姓、利姓等。① 深港的土楼主人大多源自宁化,他们的建筑技术与居住习惯不会与宁化完全没有关系,但缺乏史料和考证。闽西永定土楼很多,其渊源关系,范京增在《从永定圆楼之"根"说到客家文化》一文中说:"永定客家先民绝大多数是在南宋、元、明初入永定境内的,迁来之前,又大多数在号称'客家摇篮'的宁化石壁村'落脚'过或长或短的一段时间。永定现在,堡已无实可源考,但客家摇篮的宁化却仍可得见。永定客家先民多由宁化迁来,他们所建的堡当和宁化的差不多。据考,宁化土堡在唐宋时已有,但为数不多。"

③重教兴学,较早开启重文兴教之风

宁化重文兴教的历史在闽西客家地区较早。从办学来看,有人认为客家地区的学校教育始于明代中期,其实,除了学校教育以外,客家很早就从俚语、祠堂、族谱、宗族等方面实施对子弟的教育。史料所记载的宁化官学虽然起自北宋天圣年间,但是民间的私学更早,从宁化的科举情况就可以证明:宁化进士及第者,唐代1名,宋代29名,在闽粤赣边地客家基本住区中,仅次于赣南赣县和宁都二县,而前者于汉朝(前206—220年),后者于三国吴嘉禾五年(236年)建县,早于宁化数百年。宁化县在汀州居第一位。宁化宋代29名进士中,北宋13名,南宋16名。这些进士的家族都是自北方迁居宁化不久。如伍正己父普德于唐长庆迁居宁化,大中十年伍正己便进士及第,成为汀州第一位进士。伍氏后裔伍佑、伍择之、伍文仲、伍懋、伍仲林也都在北宋年间进士及第。南宋进士及第者,还有伍杞、伍异、伍唐、伍梦谐、伍安然等。郑氏彦华于南唐迁居宁化,其儿子郑文宝于宋太平兴国八年(983年)进士及第。黄氏唐后期间迁居宁化,黄迪于北宋景德二年(1005年)进士及第,黄彧于重和元年(1118年)进士及第,雷氏于周通天间从陕西迁居宁化,雷宣于北宋皇祐元年(1049年)进士及第,雷尧于元丰二年(1079年)、雷协于政和二年(1112年)进士及第。曾旦于绍圣元年(1094年)进士及第。张氏于唐末迁入,张达观于政和进士及第。南宋进士及第者16人,其祖先基

---

① 林嘉书《土楼与中国传统文化》,上海人民出版社1995年版。

本都在五代至北宋间迁居宁化。这些进士中，不少在当时都出类拔萃。如伍正己、郑文宝、伍佑等，而未举者，如江礼、徐唐等，不仅列入清康熙《宁化县志·人物志》中的列传，更列入《嘉庆重修一统志》之中。该志所列汀州唐宋两代人物共 11 人；伍正己（宁化人）、江礼（宁化人）、罗彧（长汀人）、郑文宝（宁化人）、伍佑（宁化人）、徐唐（宁化人）、彭孙（连城人）、郑立中（长汀人）、伍全（长汀人）、杨方（长汀人）、邱鳞（连城人）。11 人中宁化 5 人，而且都在北宋以前。郑立中之前的北宋 8 人，宁化有 5 人，占 62.5%。如果以徐唐之前共 6 人计，宁化有 5 人。宁化历史上的这些人物，并非因北宋天圣年间"自天圣始有学"才能出现，而是较早的重文兴教的产物。

为了提供教育以有力保证，宁化在宋代就开始建立族产，用于祭祀和助学。宁化石壁上市《张氏族谱》记载，四郎在宋淳熙二年（1175 年）"置买白源张廷郎垦田三十二担（折合 8 亩），土名禾口"作祠产。清康熙李世熊《宁化县志》载：明"宁化学田、塾田，计积二项七十三亩有奇，豪民占佃者，岁仅输金五十二两有奇"。宁化的宗族无论大小，普遍设学租田，其租米为"抽与子孙人文武庠者平分，收为养廉以图上进之资"（石壁上市十修《张氏族谱》）。石壁杨边杨氏朝楼公房有学田 4 处，合租谷 19 石。泉上延祥杨氏的杨希曾、杨希孟二人抽学田 85 亩。这些学租田，既是对读书的激励，更是对读书的资助和保证。为了更好地把重教兴学意识灌输给宗族的男女与子孙，在祠堂楹联的内容上，有不少这样的表述，如石壁南田马氏宗祠堂联写道："国有贤人齐拥戴，家无学子早栽培。"石壁邓坊张文谷祠堂联写道："希贤希圣作天下一流人物，全忠全孝扶世间亿万纲常。"民间有更多的谚语反映重学意识，如"不读书，光眼瞎""书多人贤，酒多人颠""星多天空亮，学多智慧广"。还有童谣："月光光，秀才郎。骑白马，进学堂……""月光光，秀才郎。食擂茶，进厅堂。擂茶好，食得饱。食得饱，上京考。考得上，进祖堂，头带金花状元郎。"北宋靖康年间，金兵入侵，宰相詹学传力主抗金，在京都沦陷，钦宗被俘后，他携眷南迁，到了宁化石壁村设馆讲学，理学家朱熹到石壁拜他为师。詹学传是江西广昌人氏，他不回老家，而到石壁设馆讲学，也可以反映当时宁化石壁较好的社会环境和教育环境。宁化的重文兴教起于客家民系孕育时期，随着客家的播迁，对其他客家地区不无影响。

④对理学融入客家，建构客家文化的过渡作用

客家文化以儒家文化为内涵，但较直接受理学的影响，理学是客家文化的思想文化，尤其表现在伦理价值体系上。虽然中原儒家文化早已为客家先民所接受和传承，但是，从儒家文化本身的发展历史来看，魏晋隋唐时期是玄学流行，佛教昌盛，儒学受到冲击，几经颉颃的时期，直到理学作为儒学的中兴，儒学（理学）才在南宋之后最终成为统治中国思想意识的主流意识形态；从客家本身来看，儒家文化是具有世俗性的精英文化，而客家的主体是平民，对于精英文化往往是"百姓日用而不知"，将其作为自己文化的主导，需要知识分子引导。并且，中原移民向闽赣迁徙的直接背景是战乱，在这

样的背景下建构以儒家文化为核心价值体系的客家文化，需要较之中原更直接的儒家文化的影响和以教育为形式的儒家文化的传播。而理学正是以"闽北四学"为首的一批知识分子所引领而形成的，他们的成果被融入客家文化。谢重光教授说："客家地区能够成为宋明理学影响最深远的地区之一，或者说宋明理学是客家文化的精神核心，除了上述理学名家与客家地区的深厚因缘关系外，还有更深刻的因素在起作用，那就是宋明理学本质上是农业文明的结晶，而客家地区则是比较纯粹的农业文明之区，两者之间的关系是适宜的土壤结出了丰硕果实的关系。"[1] "宋明之际，正好是宋明理学兴盛的时期，加上客家地域是宋明理学的主要传习地，宋明理学的几位主将均系客家人，因此，客家文化的思想内核无疑就是宋明理学。"[2] 赣南、闽北、闽西是理学活动的主要范围，尤以闽北、赣南为早。宁化比邻闽北、赣南，有接受理学的地理区位之便，在行政隶属关系上，在汀州建置以前，长期属于建安郡管辖，处于闽北与闽西的接合部，直接受闽北理学影响，汀州建置以后，划归汀州府管辖，是汀州最北的县，但是，宁化建县早于汀州建州。又由于宁化与赣南北部有便利的交通，以及汉人移民进入石壁较早，具有儒家文化的积淀，因此，宁化在传播理学，融理学思想于客家文化的孕育中起了很大的作用。厦门大学人类学专家郭志超教授指出："在唐末五代以后客家先民进入闽西之前，宁化是闽北文化；在客家先民迁入后，逐渐产生客家文化；与此同时和此后，闽北文化继续融入，其中，宋代以理学为主的闽北文化逐渐主导宁化的精神走向。这不仅是宁化文化的演进序列，也浓缩着闽西客家文化的历史进程。"[3] 法国人类学家劳格文教授说："我们可以找到很多长汀与宁化文化的共同点，但一般来说，宁化的文化抉择，是与江西的东部和中部、福建北部的县份比起长汀更接近，似乎是公平的说法。""宁化有一种过渡的位置，当中显示了清楚的江西和福建北部的特征，但同时，特别在南部，与长汀有共同的地方。"[4] 以上专家所说的宁化过渡的作用，其实就是宁化在客家文化的孕育中对理学的融入。理学成熟于南宋，而南宋时期客家先民大量进入宁化和闽西，客家民系和客家文化形成时期，理学的融入，最后形成了客家文化的思想体系，促进了客家文化的成熟。

（二）石壁客家摇篮的认同

石壁客家摇篮的定位，于20世纪80年代正式被提出后，许多学者纷纷发表文章和

---

[1] 谢重光《宋明理学在客家地区的传播》，《福建师范大学学报》（哲学社会科学版）2007年第6期。
[2] 周建华《客家文化的思想内核是理学》，《江西社会科学》2003年第2期。
[3] 郭志超《序：客家研究的新洞见》，载萧春雷《世族春秋：宁化姓氏宗祠》，海潮摄影艺术出版社2010年版。
[4] 劳格文《序论》，载杨彦杰主编《宁化县的宗族、经济与民俗（上）》，国际客家学会、法国远东学院、海外华人资料研究中心，2005年5月第1版。

著作，论证这一观点和对石壁的定位。仅在由余保云摘编、海风出版社2003年出版的《论石壁》第三辑《客家摇篮》中，就有58条关于石壁客家摇篮的论述。该书摘录的是2002年以前案头上的文章和著作，遗漏者不知多少，而自此迄今，又有多少人论述这同一课题，难以统计。下面简要摘录几则。

北京学者丘克辉教授说："石壁是客家民系的摇篮，应当之无愧。"① 原广东省方志办副主任、研究员侯国隆在《宁化石壁是客家摇篮》中说："宁化及其石壁，说它当时在客家形成过程中起酝酿作用也好，是客家的初始期也好，它都是摇篮，客家在摇篮中成长，在客家形成过程中功不可没。如果没有前期在宁化石壁的酝酿和初步形成，便没有日后在闽粤赣边地区形成的客家民系。"②

陕西学者谢烈元、郭文才在《闽粤赣边是孕育客家民系的温床》中说："闽粤赣边是孕育客家民系的温床，宁化石壁是'客家摇篮'。"③ 广东梅州作家黄火兴在《客家的摇篮：宁化石壁》中说："到了宁化以后，我们迫切地希望能早点到石壁去，亲眼看看被称为'客家第二祖居地''客家摇篮'的地方。"信息产业部高级工程师叶运泉在《宁化石壁在客家历史上占有十分重要的地位》中说："宁化石壁是客家人的摇篮、中原汉人南迁的中转站、客家人迁徙各地的发源地、客家民系形成的中心。"④ 龙岩市文化局副局长、作家马卡丹在《宁化石壁谚语：客家民系形成的见证》中说："把客家民系形成的时间界定在五代宋初，形成的中心区域界定在石壁一带的闽赣边区是颇有道理的。"⑤ 西安交通大学黄中岩教授在《宁化石壁是客家民系的摇篮》中说："由于宁化石壁为中心地区有上述自然环境和社会历史的许多优越的条件，所以促使自唐朝末年社会动乱以来许多汉族人为避乱南迁过程中选择了这块'乐土'居住下来。自唐朝末年黄巢起义至南宋末年四百余年间，宁化人口剧增。据历史记载和有关专家学者统计，在唐朝末年宁化只有人口1万余人，但是到了宋朝宝祐年间达到11万人，是清朝以前宁化人口的最高峰。根据罗香林的《客家源流考》和有关学者专家的统计，唐末曾在宁化石壁居住过的有44个姓氏的先民，南宋末年有22个姓氏的先民曾在宁化石壁居住过，占宁化共有88个姓氏先民的70%多。这个统计数字有力地说明了唐末至宋末年间，宁化石壁地区曾是客家先民居住的集中之地。这些客家先民汇集宁化石壁地区，经过400余年长期居住，相互交往联系，形成了共同的语言（客家话）、共同的文化习俗、共同的心理素质（勤劳刻苦、勇敢刚毅、开拓进取……）等等。寒来暑往，日久天长，他们成长为汉民族的一支新军——客家民系。所以，可以说宁化石壁就是'客家的发祥地''客家

---

① 《客家人与宁化石壁》，载《客家历史文化纵横谈》，广西教育出版社1993年版。
② 《石壁与客家》，中国华侨出版社2000年版，第69页。
③ 《石壁与客家》，中国华侨出版社2000年版，第521页。
④ 《石壁与客家》，中国华侨出版社2000年版，第209页。
⑤ 《宁化石壁与客家世界学术研讨会论文集》，中国华侨出版社1998年版，第194页。

的故乡'和'客家的摇篮','是客家子孙后裔辐射中外的基点'。"①

还有一些专家学者通过对石壁进行长期的深入调查研究，修正自己对石壁的认识。如赣南师范学院谢万陆教授在20世纪90年初便对宁化石壁做了不少研究，并将研究成果写入他1995年出版的《客家学概论》一书之中，其中认为石壁处于"中转"地位。1997年谢万陆教授在宁化石壁与客家世界学术研讨会上再发表论文《石壁论——宁化石壁在客家民系形成中的定位》。他在文中说："石壁，她从自己独特的条件，有利的历史环境熔铸了客家民系，使民系日臻成熟，是客家人步向发展的集散地。"② 2000年在第二届宁化石壁与客家世界学术研讨会上，谢万陆教授又发表新作《再论石壁》，他说："以石壁为中心的武夷山南段赣闽边区，赣、闽、汀三江的发源地是孕育客家民系的摇篮地，而不仅仅是进进出出的中转站，或者祖宗曾在此滞留的祖地。"③

三明学院客家研究所所长、教授廖开顺在《石壁在客家族群认同中的作用和地位》一文中写道："由于石壁是闽赣粤大三角地区中客家先民较早的集聚地和客家族群的孕育地，因而，石壁客家文化遗产更有早期性特点。集中性、完整性和早期性构成石壁客家文化遗产的主要特征。"④

南开大学教授、博导刘敏在《宁化石壁——客家世界最大的"土楼"》一文中说："宁化石壁是全世界的祖地，无疑它也是客家文化和客家精神的荟萃地。"⑤

龙岩学院客家研究中心办公室主任、讲师丘立汉在《宁化石壁：客家人的精神家园》一文的"结语"中说："'宁化石壁'是客家精神的象征，是志在四方、四海为家的客家人永远的精神家园。"⑥

河南社会科学院副研究员杨海中在《石壁与"前客家文化"》一文中写道："石壁是客家形成中的一个'拐点'，起到重要的'转型'作用，是客家形成与定型的地域性标志。"⑦

四、相关质疑的辨析

自19世纪末，便有学者对宁化石壁在客家史中的作用进行研究。如梅州近代著名爱国诗人、杰出外交家、改革家、教育家黄遵宪在《己亥杂诗》诗下自注："客家来州，多在元时，本河南人。五代时，有九族随王审知入闽，后散居八闽。今之州人，皆由宁

---

① 《宁化石壁与客家世界学术研讨会论文集》，中国华侨出版社1998年版，第127页。
② 谢万陆《石壁论——宁化石壁在客家民系形成中的定位》，载《宁化与客家世界学术研讨会论文集》，中国华侨出版社1998年版，第37页。
③ 谢万陆《再论石壁》，载《石壁与客家》，中国华侨出版社2000年版。
④ 载《石壁与客家世界》，山西人民出版社2009年版，第13页。
⑤ 同上，第40页。
⑥ 载《首届石壁客家论坛论文集》，福建教育出版社2013年版，第193页。
⑦ 载《第七届海峡两岸客家高峰论坛论文集》，海风出版社2014年版，第238页。

化县之石壁乡迁来,颇有唐魏俭啬之风,礼俗多存古意,世守乡音不改,故土人别之曰客人。方言多古语,尤多古音。""己亥",应是清光绪二十五年(1899年),迄今已100多年了。100多年来,随着客家学研究的不断深入,"石壁研究"也成为备受关注的课题,特别是客家学的开拓者、奠基人罗香林于1947年发表《宁化石壁村考》之后。20世纪70年代后,随着"客家热"的掀起,客家寻根运动迅速发展,石壁更加备受关注,海内外客家人纷纷到石壁寻根觅祖,学者接踵到石壁开展田野调查,石壁凸显在客家世界。由于学者们的深入调查研究,石壁在客家史上的作用和地位显现出来,被定位为"客家早期的聚散中心""客家摇篮""客家祖地",得到客家人和学术界的广泛认同。当然也有质疑的声音。如"石壁地域太小难成气候""族谱不可信""不利团结"、石壁是"客家人创造出来的一个符号"的所谓"石壁现象"等。这些质疑,前面所例证的历史事实本可以充分作答,但还是想再多说几句,以作辨析。

(一)关于石壁地域太小的问题

小和大是相对概念,多大面积才能成"气候"?恐怕没有一个统一的标准。人类起源是多元的,但其起源与其发展的范围比,比例不知是否有人计算出来。但起源与日后发展的范围应该小得不知多少万倍,这应该是肯定的。中华民族的摇篮是黄河中下游和长江流域,她与全中国的比例是多少?赣南师院教授邹春生在《文化传播与族群整合》一书中讲:"文化的产生与地域环境有着密切的关系。'作为人类物质文明和精神文明创造总和的文化,因时间向度的演进而具有时代性,又因空间向度的展开而具有地域性……时代性与地域性当然也是文化的两种相互依存的属性,我们只有全面观照这两种属性,并考察其主动关系,方能实在地把握人类创造的文化的纵深度和广阔度。'文化的产生离不开具体的区域环境,某一地域人们创造的物质财富、知识体系、生活方式、行为规范和思想道德模式等,经过漫长的历史时期,最终积淀在该地区的文化里,这样就形成了这个区域的地域文化。从这个意义上来讲,每一种文化都必然打上深深的地域烙印,地域性成为与其他文化相互区别的最为明显的标志之一。'文化的完成是地区性的,而和种种集团之间的已知的关系并不甚关联。'"[1] 石壁地域对客家文化难道不是这样吗?如语言、许多民间习俗、建筑、思想意识等,在前面已有所记述。

"星火燎原"这一哲学命题,应该适应文化的历史,包括客家文化在内。100多年前,梅州著名学者黄遵宪就知道"今之州人,皆由宁化县之石壁迁来,颇有唐魏俭啬之风,礼俗多存古意,世守乡音不改,故土人别之曰客人"。如今有更多资料证明黄遵宪所说。

再者,关于石壁地理概念,许多学者有论述,石壁作为自然地理概念,是特指宁化

---

[1] 邹春生《文化传播与族群整合》,中国社会科学出版社2015年版,第297页。

县石壁镇（原禾口乡）的一个建置村，四周有明确的界限。同时，由于历史和地理的原因，她又是宁化西乡的代表，是指宁化西部，范围200多平方公里。甚至是宁化县的代称，面积2400多平方公里。再者，石壁在客家历史上，更多的是文化地域概念。正如赣南师院谢万陆在《再论石壁》中所云："其实，要给石壁定位，先需给石壁定性。也就是说：要回答石壁究竟有多大，先要明确石壁在客家民系形成过程中起过怎样的作用，石壁作为一个历史过程的存在究竟是一种什么性质的存在。如不少学者所说，石壁是'客家南迁的中转站'，或'中原汉族南迁聚居地与中转站'，如仅仅是中转站，也就是歇脚地，一批一批来，一批一批走，经过人虽多，但占地都不一定宽。因而作为中转站，其范围基本上便是地理概念的石壁，是指石壁村及其'周围一些村落的广义称呼'，充其量也不会超出宁化西部的范围。又如将石壁界定为'客家祖地'，祖地之谓极为广泛，因为称其祖者，既可以是始祖、远祖、高祖等等，也可以是五服之内的家祖，还可以是一般意义上的祖宗生息之地，内里差别我们就暂且置之不议，仅就一种约定俗成的理解，即陈国强先生所言：'中原汉人自东晋开始南下，至唐末又自江西等地大批迁入福建宁化石壁，高度集中在以石壁为中心的地域，生息繁衍百年，形成客家民系。到了南宋，又大批继续往闽西、粤东等地迁移，明清再迁到粤中、湖、赣、桂、川、黔、海南岛、台湾以及东南亚，甚至世界各地……说明石壁是……大多数客家人的祖居地。'还有一种界定，即石壁是客家摇篮，系客家民系孕育之地。为此，他们认为，石壁包容的地域便比较广阔，如黄中岩教授具体所指：'武夷山南段，以闽赣汀江之源地段，以赣南的石城、闽西的宁化为中心的大片山区，包括宁都、瑞金、长汀、清流、明溪等地区……'笔者曾持'中转'之论，这见于拙著《客家学概论》，亦拙文《石壁论》中做过申述。但经反复斟酌，认为'中转'之说不尽准确，还是以'摇篮'之喻更为恰当，较能反映石壁在客家民系形成过程中的独特地位。"谢教授在分析了客家先民赣闽的迁徙路线后说："按此路线，汇聚点都在宁都、广昌、石壁、瑞金及长汀、宁化、清流，即我们说的武夷山南段，赣、汀、闽三江之上游，而石壁则是这一地域的中心点，是摇篮的典型代表。当然，我们这样断言，绝非出于主观臆造，更不是沾带个人感情的炒作，而是得益于天公（自然）的赐予，也仰赖于历史的安排，非任何个人所能左右。"①

（二）关于族谱的真实性

有人质疑族谱的真实性，从而否定石壁客家祖地。族谱是正史和方志的补充，是中国重要史籍之一，已被充分肯定。族谱所记载的内容，是其他史籍所无法全部包容的。族谱，被宗族奉为族史、家史，非常敬重、尊重。特别是宁化客家人视族谱为"祖魂"，非常神圣，一次修撰的族谱印数只按房份数加上总祠一套，不能多印。发谱时，仪式非

---

① 原载《石壁与客家》，中国华侨出版社2000年版，第13—18页。

常隆重，要祭拜祖宗，根据房份长次分发。各房组织接谱队伍，接到谱后，以最快速度送到香火厅。香火厅组织迎接，接谱后，进行祭拜，端放族谱，平时不能移动，清明节时才能翻阅。关于族谱的保管，许多族规中都有明文规定。这些现象都说明宁化客家人对族谱的重视。从而可知修谱人也相应对修谱的重视，往往为理清渊源、世系等资料，不惜花大量精力人力去搜集，去校核，并不随意。如果马虎随意，则被视为对祖宗的不敬，所以绝不苟且。关于源流，也存在由于时间久远而缺资料，一时难以查核而靠上他族的移花接木的现象。这种情况，一般是小族靠大族，大族的源流、世系一般都比较清楚。绝不可以偏概全，全盘否定。

另一种是"正统"说。其说法是，有的姓氏不曾到过石壁，而牵强附会写上经过石壁，是由于"正统观念"所致。石壁是在全国地图上都找不到的地名，为何就成为"正统"的标志？如果她真成为"正统"的标志，那就说明石壁的历史地位和文化标志的高度，说明石壁是客家摇篮和客家祖地地位的确定。如果是这样，早在明清修谱高潮时期，石壁在客家史上的地位就已确定，那修谱者是不是"移花接木"就已经不重要了。再者，前面所记录的200余姓经过宁化及其石壁，究竟哪些本来没有经过的，请质疑者一一列出说明，如此才能让人信服，仅凭主观臆测而无根据的质疑，是不能让人信服的。历史讲究的是依据，而不是随意猜测。

（三）为了团结

历史是一个漫长的过程，无论什么历史，都有时空关系，总是随着时间的推移在不同地方有着不同的历史过程。不同的历程过程，有着不同的历史特点，在历史的长河中，每个时期，每个地方都扮演着不同的角色，都起着不可替代的作用。它们之间起着承前启后的作用，绝无相互排斥、相互矛盾的问题。客家历史也如此。从北方汉人迁入赣、闽、粤连接地区开始，至客家民系的孕育、诞生、生长、成熟再迁徙，经历上千年。从迁移路线看是从江西、福建到广东，然后又播衍到国内数省，乃至海外各地。这一漫长的过程，赣南、闽西、粤东都在不同时期起着不同的重要作用。它们之间并不矛盾，是历史进程使然。再者，各地的历史不仅是本地研究的结果，而是不同地区的学者共同研究的结果，应该是客观的，符合历史真实的。如宁化石壁在客家历史上的作用，最早是广东的学者提出的，而提出的当时，甚至之后的一段时间，宁化人还处于"身在客地不知客"的状态。石壁客家摇篮、客家祖地的定位，也是海内外学者经过长期调查研究提出的，并非宁化人自吹自播。大家提出的结论，当然有代表性和说服力，才能达成广泛共识。如前面所列举的，历史定位是客观的，没有排他性。比如客家早期（宋代）聚散中心在以宁化为中心的赣闽接合部，而晚期（明清）聚散中心转移到了梅州，而宁化衰落了。这是历史，它们之间并不矛盾，也不存在不团结的问题。又比如"石壁客家祖地"是根据广东大量族谱和文献资料总结出来的，也是梅州学者提出来的，作为梅州客家人是接受的。如客家祖地一说，早在1991年《客家源流考察纪行——赴中原、闽赣考察报告》中就提出"福建省宁化县石壁乡（现分为禾口、淮土两个乡），这是粤东地区许多客家人念念不忘的祖居地"①。又如"石壁客家摇篮"是龙岩学者林嘉书提出的，发表于《华声报》1987年3月3日。严峻在《大埔源流古今说》中写道："迁移造成的结果是渐次到了赣南、闽西、粤东北三个人口重心。赣南是外来人和土著最早融合的地方，群体'婴儿'躺在'摇篮'里，未来特征还不太鲜明，可能还没取名，等到了'婴儿'长大，特征外露时，'摇篮'已容不下，大本营人口重心已转移到闽西。闽西是把群体'打造'成特征鲜明、心理稳定的共同体的地方。闽西堪称'客家祖地'。其中宁化石壁，是多个时段特别重要的人口集散、中转枢纽，因此被许多人看作是'客家祖地'中的典型代表。埔地很多姓氏，在族谱中留下了祖上曾经寓居石壁的记载。"②

如今，赣州称"客家摇篮"，长汀称"客家首府"，梅州称"客都"。各有各的道理。这些定位是不是历史的客观，应由广大学者研究、认识。大家都抱着历史的、包容的态度，并不因此而不团结。相互排斥、相互否定甚至攻击，才会产生不团结。如果大家都秉持唯物史观，不团结的问题应不会产生。

（四）所谓的"石壁现象"③

从罗香林于20世纪30年代提及客家民系与宁化石壁的特殊关系，到20世纪80年代末学术界开始探讨宁化石壁作为客家祖地的地位，关于宁化石壁在客家民系的形成、发展过程中的地位的讨论已经有了近百年的历史。特别是20世纪80年代以来，在以刘善群先生为首的宁化客家研究会的努力之下，不断有新的史料被发掘，不断有新的研究成果出现，客家民系形成于宁化石壁、成熟于长汀、拓展于梅州的观点逐渐得到学术界多数学者的肯定，宁化石壁作为客家祖地的地位得到大多数客家人的认同——这种认同已经通过每年一届的客家祭祖大典的盛况得到证实。但是，争论仍在进行之中。

在诸多意见中，谢重光教授提出的"石壁现象"的观点最引人注目。所谓"石壁现象"观点的核心，就是"客家人大都声称祖先曾经居住宁化石壁，福佬人皆言来自光州固始，与广府人追根南雄珠玑巷、北方汉人托始洪洞大槐树，以及整个中华民族自认炎黄子孙的现象一样，只是一种文化理念的建构"④。石壁，"是客家人创造的一个文化符号，是客家人用作族群认同而与别的族群相区别的标识"⑤。

---

① 载《客家学研究》第三辑，上海人民出版社，第58页。
② 载袁光明主编《大埔客家源流》，广东人民出版社2008年版，第19、26页。
③ 本节是厦门市方志办公室副编审李启宇发表于《客家魂》杂志2009年第14期的论文《"石壁现象"辨析》全文。
④ 谢重光《南方少数民族汉化的典型模式——"石壁现象"和"固始现象"透视》，《中共福建省委党校学报》2000年第9期。
⑤ 谢重光《闽西客家》，生活·读书·新知三联书店2002年版。

"石壁现象"论表面上承认宁化石壁客家祖地的地位,实际上却认为,将石壁当作客家祖地"只是"一种"理念"、一种"标识"、一个"符号",在史实的层面上,石壁并不可能成为客家的祖地。为了证明这一观点,谢重光教授从交通的角度分析:自古以来,由江西越过武夷山通往福建的隘口有杉关、甘家隘、桃源嵊、火星嵊、长汀古城、长汀新路岭等多处,那种认为由赣入闽的移民都要或大部分要经由站岭隘先留居宁化再分迁各地的看法,是没有历史根据的、不客观的。[①]

从史实的层面看,客家先民确实可以从多个途径进入福建。笔者也曾经写过一篇题为《客家先民进入客家大本营路线新探讨》的论文[②],认为客家先民入闽的路线应该是多途径、多方向的。但是,从逻辑的角度分析,多途径、多方向入闽显然不能作为石壁不能成为客家中转站的理由。原因有三:一是并非移民经过的地方都具备成为孕育民系形成的条件。二是移民的流动性相当大,进入闽西之后,还有可能重新选择比较适合居住的区域做相对长期的居留,而大量的资料已经证明:石壁在客家先民早期入闽时,其地理环境、社会环境是最容易成为客家先民休养生息的首选地的。三是历史经常会发生偶然事件,形成历史之谜。我觉得石壁成为客家祖地就是一个历史之谜,要破解这个历史之谜很不容易,但要否定它不是那么简单的事。因此,如果要从史实的层面上否定石壁作为客家祖地的地位,就不应该仅仅停留在客家先民从何处进入福建,而应该列举史实,证明客家先民进入福建后不可能选择石壁作为休养生息的家园,或者从另一角度入手,论证客家先民的祖地应该是什么地方。但是,谢重光教授关于史实方面的举证只停留在多途径入闽的环节,此后便脱离史实的探索、罗列,将争论引入文化理念的层面。这种论证方法实际上已经使自己陷入避实就虚的不利地位。

在文化理念的层面上,谢重光教授提出"石壁现象"和"固始现象"的两概念,并把"石壁现象"和"固始现象"相提并论。所谓"固始现象",指的是福佬民系伪托祖先来自固始县的现象。即便历史上真的有所谓的"固始现象"的话,这种把两个民系独立发生的历史事件生拉硬扯在一起的做法难免给人以荒谬之感。更何况所谓的"石壁现象"与"固始现象"并没有可比之处。据南宋郑樵所言:之所以产生"固始现象",是因为王审知家族治理福建期间,对来自固始县的老乡给予一定的优惠,福佬民系中有些非固始籍的家族为了享受优惠,便冒认为固始人。这里的记述十分清楚:"福佬"民系的一些人冒认固始人,是因为王审知家族对家乡人多有照顾引起的。那么,所谓的"石壁现象",即客家人伪托自己的祖先出自石壁,难道也能得到什么优惠吗?显然这又是一个无解的问题。

为了解决这个从史实的层面无法解决的问题,谢重光教授又把讨论引入更为广阔的

[①] 谢重光《南方少数民族汉化的典型模式——"石壁现象"和"固始现象"透视》,《中共福建省委党校学报》2000年第9期。

[②] 载《三明与客家》,方志出版社2003年版。

历史背景。他把客家人以宁化石壁为祖地同福佬人皆言来自光州固始、广府人追根南雄珠玑巷、北方汉人托始洪洞大槐树以及整个中华民族自认炎黄子孙联系在一起，归结为"南方少数民族汉化的典型模式"。① 也就是说，客家人、福佬人、广府人、北方汉人原来都是南方的少数民族，冒认祖地是为了达到"汉化"的目的。

遗憾的是，这种说法不仅仅是一种缺乏史实作为论据的揣测，在论证方法上也是前后矛盾的。前文已有引述，所谓福佬人冒认祖籍固始，是因为可以得到王审知家族的优惠。而在这里，冒认的原因变成了"汉化"。实际上，如果是为了达到"汉化"的目的而"冒认"的话，广袤的中原有足够多的地区可供"冒认"，固始并不是唯一的选择。说客家人为了"汉化"而"冒认"祖先来自宁化石壁，更是说不通。早期的石壁并不是汉族的世居之地，岂能因为声称来自石壁就可以达到"汉化"的目的？

少数民族的汉化是一个漫长的历史过程。从秦汉一直到清代晚期，福建的少数民族一直同汉族保持着两个明显的距离，一是少数民族不列入人口统计的范畴，二是与汉族定居的生活方式迥然不同的流动性。这些土著民族"随山迁徙，去瘠就腴，无定居"，"椎结跣足，随山散处，刀耕火种，采实猎毛，食尽一山则他徙"。② 这两个明显的距离使得少数民族的汉化不可能表现为通过"冒认"就可以达到目的的简单的行为。郭志超先生的《闽台民族史辨》有大量的证据说明，福建少数民族的汉化主要是通过个体的婚姻行为、经过几代人的结合才完成的。这期间起主导作用的一方一般是汉族。不管是男性或女性的少数民族的个体，进入汉族家族之后，自然就成为这一家族的成员，这个个体以及这个个体的后代称自己为某个汉族家族的后裔，当然不能被贬为"冒认"。

实际上，所谓福佬人冒认祖先来自固始现象是被一些学者扩大化了。虽然确实有不少学者言之凿凿，但迄今为止尚没有任何翔实的资料可以说明这种冒认达到何种程度。根据一般的常识，根据王审知时期的社会治理的水平，可以想象得到，这种冒认祖地的行为似乎不大可能成为普遍的社会现象。最先提出此事的是著名史学家郑樵。郑樵主要活动时间在南宋，南宋时福建民间修谱尚未普及，因此，即便郑樵发现在修家谱时有冒认祖籍在固始的现象，也应该只是个别的。而郑樵所说的冒认固始籍的原因是闽王"以桑梓故，独优固始人，故闽人至今言氏族者皆曰固始"③，则显然是不甚可靠的。郑樵在世时距王审知治闽已有200余年，"闽人至今言氏族者"不用说冒认，即便是祖籍确实是在固始的，也得不到任何优惠了。到了福建境内各家族普遍编修家谱的明清时期，王审知家族对同乡的优惠更是无从说起。但是，因为郑樵是《通志》的编著者，他的关于闽人冒认固始籍的观点在当时以及后来的学者中引起很大的反响，以致成为福建民系研

---

① 谢重光《南方少数民族汉化的典型模式——"石壁现象"和"固始现象"透视》，《中共福建省委党校学报》2000年第9期。
② 郭志超《闽台民族史辨》，黄山书社2006年版，第172、173页。
③ 转引自乾隆《福建通志》卷六六《杂记·丛谈二》。

究中一个广为流传的观点。冒认的原因也由"独优固始人"衍化为"攀附名门望族"和"汉化"等等。冷静地剖析这些原因,不难发现,所谓"独优固始人",从郑樵开始提出时就不曾存在;而"攀附名门望族"确实是一些族姓修谱时经常出现的弊端,但这种攀附也只能涉及同姓的名门望族,同地域并无直接关系;而如前所述,即便是为了实现"汉化"的目的,也未必以固始为首选目标。因此,所谓"固始现象"能否成立,在史实上还是存在较大争议的。

如果说,以王审知为背景的所谓的"固始现象"存在与否尚且值得研究,所谓的"石壁现象"就更加值得商榷了。

从文化的层面看待和分析宁化石壁客家祖地的地位问题,是极为正确的。民系,祖地都属于文化概念,文化的概念只能用文化的方式来诠释。

笔者完全赞同谢重光教授关于宁化石壁作为客家祖地是客家民系的一种文化理念的建构、是一种文化符号、是一种标识的观点。但对于谢重光教授关于石壁客家祖地"只是"作为一种脱离史实的理念、符号和标识,是南方少数民族汉化的一种模式的看法则不敢苟同。

文化是各个历史时期人类创造的物质生活和精神生活的总和。客家民系的产生、发展、成长是一个实实在在的历史进程,在这个历史进程中,实践是第一性的。总是先有实践,再有文化理念。如果说,确定自己的先祖从何而来是一种文化理念的建构的话,为什么客家人会选择石壁这个地方来完成这种建构?如果客家祖地是一种文化符号、一种标识,为什么客家民系会选择石壁作为这个民系的文化符号和标识?从历史唯物主义的观点来看,总是先有活生生的物质生活的实践,再有文化理念的建构和文化符号、标识的选择;而不是相反。从文化的角度看待宁化石壁作为客家祖地的地位,在物质的层面上,应该认真分析石壁在特殊的历史时期为客家先民所能提供的特殊的机遇,认真分析石壁特殊的地理条件为客家先民所能提供的特殊的家园;在精神的层面上,应该认真总结石壁客家祖地在客家民系文化形成过程中所占有的地位,所发挥的石壁作为客家祭祖活动中心、资料中心、研究中心的作用。宁化客家研究会、石壁客家宗亲联谊会等团体在上述两个方面已经做了大量的、卓有成效的工作。有理由相信,在广大专家、学者的共同努力下,关于宁化石壁作为客家祖地的地位和作用的探讨,一定会有更多、更深刻的成果问世。

宁化祖训文化精神的渊源与践行

我们通常说的祖训包括了族规、族训、家规、家训。族规、族训，通常是在修谱时制订的，每届续修谱时，作些修改或完善。它由一个宗族的长老们和各层次的代表集体研究、通过，或开全族大会通过。家规、家训，一般由家族的贤者、老者，有权威的家族长辈制订，如《朱子家训》，是理学大师朱熹制定的。《朱子家训》，后来不仅是朱姓宗族的道德规范，同时也受国人尊崇和垂范，成为有名的古训。祖训是垂范族人道德行为的规章，它在族中、家中起到伦理道德的教育和约束；起到维护国家法规，甚至某些国家法规所起不到的作用；同时起到维护宗法制的作用。

祖训，几乎每个宗族都有，它明文记载在族谱、家乘之中，其内容包含方方面面。在此略举几则：

太原王氏族规（宁化）：

禁抗粮以免追呼、禁忤逆以重孝弟、禁奸淫以正伦常、禁盗窃以安善良、禁优伶以敦品行、禁差役以征民蠹、禁吞灭以存祀产、禁赌博以务正业、禁侵占以保坟墓、禁欺骗以扶良弱。

郑氏族谱家规（宁化郑坊）：

国课宜早输、敦睦之宜尚、儒风之宜讲、学田之宜役、师礼之宜隆、勤俭之宜务、祀田所以供祭祀之费丰薄多寡弗论。

范阳邹氏族规（宁化城关）：

崇祀庙、严世派、慎继嗣、锄非种、黜乱伦、戒混争、惩匪类、儆僭越、肃礼仪、珍族谱。

周氏家规（宁化官坊）：

时祭祀、事父母、友兄弟、恭续圣谕、肃闺门、戒溺女、睦宗族、尊年高、哀有丧、锄强恶、恤孤弱、重耕作、勤学习、供赋役、戒赌博、慎埋葬、禁冲衙役、禁入匪类。

伊氏规训（宁化）：

敦教弟、睦宗党、隆学校、褒贞节、剪奸淫、除贼盗、惩赌博、戒荡游、严侵葬、究私卖。

杜氏家训（杜氏紫金族谱）：

孝父母、守国法、重师传、友兄弟、别夫妇、教子孙、睦宗族、和乡邻、端品行、立家规、务耕读、严防闲。

吴氏族训（石壁官坑）：

孝尊父母、友爱兄弟、和睦族众、勤修职业、樽节费用、蠲除愤怨、敦崇礼让、恢扩蒸尝、顺立继嗣、扶持孤寡。

黄氏族规（宁化古背）：

敬父母、友兄弟、尊齿德、崇庙祀、族（助）善良、表贞节、恤孤弱、惩淫盗、斥胥役、慎继嗣、尚有功。

刘氏族规（宁化官坑）：

国课早输、敦宗睦族、输房值事、省视坟墓、积贮祀产、定时文、分别嫌、顺立继嗣、作养人才、樽节费用。

张氏族规（宁化石壁）：

子道宜尽、悌道宜教、宗族宜睦、廉耻宜励、讼端宜息、宜习正业、谱牒宜珍、宗盟宜笃、社会宜审、宜锄族蠹、宜禁女淫、宜禁匪类、宜警窝贼、宜慎婚姻。[①]

从上例族规、家训的内容看，大致相仿，归纳起来，核心的文化精神主要是敬祖睦宗、爱国守法、崇儒重教、崇尚仁义、惩恶扬善几个方面，当然也有婚姻、子嗣等一些内容，但不是核心内容，有的还带有封建礼教意识，在此不作一一解读。下面简要分析上述五个方面的文化精神的渊源和践行状况。

一、敬祖睦宗

慎终追远、敬祖睦宗的理念，在祖训中非常突出，凡族规族训、家规家训都有这一内容。如敦宗睦族、敦睦宜尚、子道宜尽、悌道宜教、宗族宜睦、崇祀庙、时祭祀、友兄弟、睦宗族、敦孝弟、睦宗党、敦大伦、作先德、守祖业、隆祀典、遵家训、孝父母等等。

《左传》中说："国之大事，惟祀与戎。"《论语》说："慎终追远，民德归厚矣。"

慎终追远的意识，在西周宗法制度建立后，就逐渐形成，传承几千年。客家人逃离战乱、天灾，历千年颠沛流离，饱受背井离乡之苦，念祖思乡之情更加强烈，一旦定居

---

① 以上族规家训引自吴来林《宁化（石壁）客家祠堂》，中国文化出版社2014年版。

下来，这一情怀便付诸行动，建家庙、修族谱，缅怀先祖，凝聚宗族。这方面，在宁化表现得很突出。他们在立足未稳，便开始建立祠堂、编修族谱。

罗氏，因罗令纪建县有功，朝廷授"开县董事，封忠义孝悌，诏义士"，原建别墅（祠堂）于竹筱窝，唐同光二年（924年）县令王云移县治于此，遂迁别墅于翠华山麓冬茅窠，另建新祠，号"弗匮堂"，是为祭祀罗令纪之总祠。

伊文敏兄弟于唐乾符二年（875年）迁入宁化永丰里的武曲锡源驿开基（河龙下伊）。《下伊水南发源祖祠碑记》云：下伊水南祖祠是文敏公从河南擎家入闽最早的居住地，它"始于唐，盛于宋，圮于元"。

宁化滑石温氏宗祠建于宋咸淳二年（1206年）以前，堂号"序伦堂"。

宁化全县宗祠235座，知道始建时间的217座，其始建时间是：唐至五代3座，宋代14座，元代6座，明代45座，清代143座，民国后6座。宁化张氏一族建祠达46座之多。

编修族谱时间早，密度高。全县169姓中，有族谱的66姓，共269种。没族谱的姓，主要是没有形成宗族，人口少，有的是侨居宁化工作、经商的。宁化族谱编修时间始于五代。刘祥于唐乾符二年（875年）全家三代从浙江金华迁居宁化石壁葛藤坑（今南田村），刘祥孙刘沐于五代后晋天福二年（937年）春主持首修客家刘氏族谱。北宋元丰二年（1074年）刘月清又进行重修。

杨氏于乾符元年（874年）迁入宁化石壁，北宋元祐五年（1090年）杨四郎首修客家杨氏族谱。

宁化水茜乡老屋下村雷氏族谱迄今编修18次，水茜张坊管氏则达19次之多。

为了保证宗族活动经费，各祠堂都建立族产、祠产。已知最早建族产的是石壁张氏。石壁上市《张氏族谱》记载：四郎在宋淳熙二年（1175年）"置买白源张廷郎垦田三十二担（8亩），土名禾口"作为宗祠祭产。

宁化许多祠堂号都冠以"追远堂"。凡形成宗族的姓氏都执行春、秋二祭。凡有祖坟的家庭，每年都有一祭（扫墓），清明节扫墓比每年任何节日都隆重。

上述足以表明沿自古代的慎终追远意识，在宁化践行很突出，薪火相传，一以贯之。正如宁化邓坊张氏祠堂楹联："希贤希圣作天下一流人物，全忠全孝扶世间亿万纳常。"

二、爱国守法

家国一统的观念，自春秋之前便产生。孔子作《春秋》，开篇说："隐公元年，春，王正月。"意思是说，鲁隐公元年的春天，就是周王的正月。《羊公传》解释说："何言乎'王正月'？大一统也。"唐代徐彦注疏："王者受命，制正月以统天下，令万物无不一一皆奉之以为始，故言大一统也。"《汉书·王吉传》也说："《春秋》所以大一统者，六合同风,九州共贯也。"①

大一统,爱国守法的正统观念,源远流长,在族规家训中表现得很突出。如前面所列:国课早输、守国法、敦大伦、禁抗粮以免追呼、惩匪类、斥胥役、除贼盗、禁冲衙役等等。类似的内容在族规家训中表现很突出,用正统道德观念,以规范族人。在宁化历史上,先贤者和民间都努力践行。

如宁化的开山祖巫罗俊和罗令纪。巫氏自隋大业迁入宁化定居,在隋唐乱世之秋,"筑堡卫众,寇不敢犯,远近争附之",聚集民众"开山伐木,泛筏于吴,居其获赢"。开垦土地,使峒蛮的宁化变成一方"土旷齿繁"的地方,他向朝廷上状"宜可授田定税",纳入大一统。获批置镇,使宁化有了正式建置,纳入朝廷版籍。后由罗令纪申请升镇为县,他们把峒蛮宁化开发成殷实的地方。不占山为王,自立王国,而申请"授田定税",表现了强烈的大一统观念和家国意识,开启了宁化这一核心价值观的先导。之后近2000年的历史,宁化人民忠实地践行了这一优秀道德。除了在族规家训中表述之外,在民谚、祠堂文化中也充分表现。如民谚中流行的"国家,国家,有国才有家""家不和邻里欺,国不和遭外凌"等等。在民国时期宁化人民为国家、为民族,不惜抛头颅洒热血,占当时宁化人口十分之一的13000多人参加工农红军,经抗日战争和解放战争,在中华人民共和国成立时,幸存者只28人,付出了重大牺牲和贡献。进入社会主义建设时期,由于"左"倾路线,在"大跃进""瞎指挥"和浮夸风的影响下,加上自然灾害,宁化经济遭受严重破坏,出现饥荒、饿死人的惨象,但宁化人民宁愿饿死,不去破国库抢粮食,社会治安仍然良好。为什么?人民群众有一种坚定的信念,强烈的国家观念,他们相信共产党好,人民政府好。对共产党、对党中央、对人民政府绝对信赖,使得宁化社会安定。

三、崇文重教

《易·系辞下》说:"物相杂,故曰文。"《易·贲》彖词:"刚柔交错,天文也,文明以上,人文也,观乎天文以察时变,观乎人文以化成天下。"《论语》载:"行有余力,则以学文。""君子不重,则不成,学则不固。""君子食无求饱,居无求安,敏于学而慎于言,就有道而正焉,可谓好学也。"儒家"仕而尤则学,学而优则仕"的思想,根植在中国人几千年的思想里。宁化百姓也一样,耕读传家成了每个宗族、每个家庭的核心价值观,自古至今都如此。在族规家训中都有这样的表述,如:儒风之宜振、学田之宜役、师礼之宜隆、勤学习、重师传、务耕读,等等。在民谚中和祠堂联中也比比皆是,如"养子不读,不如养头猪""国有圣人齐拥戴,家无学子早栽培"等等。

---

① 翟文明《中国文化1000问》,中国华侨出版社2010年版,第246页。

宁化客家祖先是接受儒教熏陶，带着儒家思想南迁的，所以他们一旦定居下来，便开始教学。"宁化于天圣始有学"，而在"有学"前，并非无学。宁化安远村，"李氏开基第二代大俊就在香火堂门首鱼池外建了学堂"。唐大中十年（856年）宁化人氏伍正己便进士及第，成为汀州府属第一位进士。伍氏是其父亲普德在唐长庆间才迁宁化的。迁居宁化30年，便中举进士。这一学风，应该就是自中原带下来的。宁化在宋代有29名进士，位居汀州府的首位，在赣闽粤的客家大本营中，也仅次于比宁化早数百年建县的赣县和宁都。宁化的进士，他们的家庭都是唐末至北宋才迁入宁化定居的，充分说明宁化崇文重教、耕读传家的意识非常强烈。这一传统传承至今。所以宁化名人辈出，如宋代的郑文宝；明代洪武状元张显宗；明末清初著名文史学家李世熊；清代的理学家雷鋐，扬州八怪黄慎，名宦、书法大家伊秉绶等等。在历史上，宋、清时期，宁化被称为汀州的人文秀区。当今，宁化的教育质量是三明市十个县（市）的前两名。

四、崇尚仁义

仁义观，早在孔子之前，就已经是华夏民族的一个重要道德范畴。后来，在《论语》《孟子》中有明确的表述。崇尚仁义，在族规家训中很突出。如尊年高、重身家、遵家训、教子孙、和乡邻、立家规、敦崇礼让、扶持孤寡、族（助）善良、恤孤弱、禁欺骗以扶良弱等等。

宁化开山祖巫罗俊，他家族从中原南迁，隋末迁入宁化定居。时天下大乱，巫罗俊不只图自保，而是"筑堡卫众，寇不敢犯"，保了"蛮峒"的一方平安，使宁化开始开发，并逐渐繁荣起来。

自隋唐之后，宁化人民践行仁义者，贯穿于历朝历代，清《宁化县志》、民国《宁化县志》所载《忠义传》人物有15人、《孝友传》人物56人。下列几则：

民国《宁化县志》载：

邱隽，泉下人。崇祯四年武进士，次年选宁波府昌国卫钦依把关。未任，奉旨回京。并甲戌以来，在京候选者，再同考试。既御试，隽复中第六名，授泉州府新旧营守备。清介自守，思抗士卒，有儒将风。以贫窭不能事上，解组定居，萧然四壁。崇祯十七年，粤寇掠郡邑。隽率泉下乡兵，合泉上李世熊同御寇，境赖以安。隆武元年秋，回仰溃卒将奔赣，取道温泉，乡人不审，以为山寇也。集众御之。隽时抱病，众强之为帅。及兵至，而乡人自溃，隽遂遇害。时隽之内弟吴维城殿后，见乡民倒戈如崩出，亦前走，已脱矣。顾问溃众曰："邱将军免乎？"或曰："为众挤堕田中矣。"维城义不独免，反趋掖隽，田兵蹴至，并害之。维城子显隆，诸生沐同死焉。隽著有《原射发微》，议论精到，亦前所未有也。清乾隆十一年，赐谥烈愍。

赖禄孙（《元史》附《樊渊传》）。元延二年，赣贼蔡五九陷宁化。禄孙值母伍氏病，负母逃于邑之南山。盗至，众散走，禄孙守母不去。盗将刃其母，禄以身翼蔽，曰："勿伤吾母，宁杀我。"母渴不得水，禄孙含唾煦之。盗相顾骇叹，不忍害，反取水与之。有掠其妻去者，众责之曰："奈何　孝子？"使归之。事闻，旌表。

官友基（明人），泉上人。母病月余，友基衣不解带，汤药不委他手。闻者有服肉病亲者，友基焚香祝天，割肉以进。及母卒，哀毁骨立，庐基三年。

丘岳（明人），泉下人，父继志，远出得暴疾。岳驰视，奄奄垂绝，痛哭割股以进，稍愈。因得异归，终正寝。而岳遂以哀卒。

邱秉洪，桂荣子也（明人）。渐陶父风，勤修内行。今采其勒在《家训》，略曰："先人善迹著闻，余早夜惧忝所生。虽赈饥济贫一二事，次第行之。幸遗产颇增于前，岂天地祖宗独俟我有余哉？将籍我以周人不给也。今已建祠以报先德，增祀田以丰常祭。尤念高祖以下有贫乏者，使祖宗见之，忍彼独闲呼？今置田千秤，岁收谷于义仓，择子孙贤而长者，司出纳焉。由亲逮疏，由长及少，凡年二十以上无妻者，助谷二十石，无嗣继娶者如之。不能葬者，助谷五石；三十以下助谷二石五斗。有志习举业而无资者，助谷六石。无宅者，给屋三间，永不取赁。六十以上孤贫者，岁给棉布一匹。老而笃疾医者，月给谷三斗。又置大田租三十石，为子孙读书膏火资，进学而均分之。若有出仕，无论优免多寡，悉人众均占，以彰君赐。余夫妇祀田千秤，轮收祭祀外，皆贮仓。或子孙有意外虞者量助之，父母官临乡则动支之。余悉备赈，无得营私虚耗。若肖子贤孙殷富显达者，加增数倍，尤余所厚望也！晏平仲待举火者三百家，范文正完娶者九十口，余村之后人矣。"洪之垂训如此，诚得数君子如洪者，错落乡邑，四境亦岂有穷民哉！子万式，国子生。天启二年大饥，捐二百石为赈，郡邑交奖之。族人邱万钟，立义仓于宗祠之后，捐田租三十六石，岁给本宗之鳏寡、孤贫者。又立社馆一所，以训督本乡子弟，邑令亦奖之。邱秉贤，亦桂荣子也。为人精明果断。亲族有贫者十家，贤置义田千秤均给之，俟其能稍自立，田方另给他人。俭岁减租赡贫不可计。捐金为贫族宗娶者十有六人。邑举介宾，贤笑曰："国家盛典，近于某某亦得与之，吾可蒙其后尘乎？"因力辞不就。及八十诞辰，诸子欲酿优称觞，耆老又劝诵经礼佛求福，贤又笑曰："作剧费钱，余钱另有用处，诵经不必福，余福别有作处。"乃检籍，召诸佃之凤逋及贫莫偿责者，抹籍焚券而遭之，约捐百数十金。数十人欢踊罗拜，祝千龄而去。贤顾诸子曰："是不愈于作剧诵经乎？"其慷爽如此。

邱衍海，宁化泉下村人，1968年生。父亲早亡，大嫂也病逝，扔下3岁的侄儿。母亲和兄终日在外劳动，家务便落在衍海身上。他每天起早做饭，整天忙碌，边读书，边干活，边带侄儿，边做作业。他在日记上写道："我要学习梅花坚强的毅力和性格，做战胜困难的强者，做学习的主人。"由于坚持学习，成绩全班第一，被评为"三好学生"。1983年5月加入共青团。6月25日，衍海放学回家，放下书包就抱起侄儿，往砍柴的路上去接应母亲。走到门前蓄水塘时，突然发现一女青年跳入池塘（因抗婚自杀），衍海来不及喊叫，放下侄儿，奋不顾身跃入池中抢救，终因体力不支牺牲，年仅15岁。事后，市、县共青团组织授予他"三好学生""模范共青团员"称号，福建省人民政府追认他为革命烈士。（1992《宁化县志》）

五、惩恶扬善

在族规、家训中，几乎都有关于惩恶扬善的内容。如：除强恶、戒赌博、禁入匪类、剪奸淫、惩赌博、惩淫盗、禁奸淫以正伦常、禁盗窃以安善良、禁赌博以务正业、禁欺骗以扶良弱、惩匪类等等。

惩恶扬善，是历朝以来治国安邦平天下的重要法则。中国自夏代便开始有了法律。《孟子·离娄章句上》说："天下有道，小德役大德，小贤役大贤。天下无道，小役大，弱役强。斯二者天也。顺天者存，逆天者亡。"无道社会必乱，所以无论宗族、家族都十分重视社会安宁，对无道者、匪盗、不法分子都疾恶如仇，所以凡族规家训都有惩恶扬善的条款，自古至今都在践行。如《范阳邹氏族谱》族规"惩匪类"条规定：凡子姓，有醉酒、打架、赌博、盗窃、蔑视宗法者，小则房族长告庙惩治，大则送官究处，断不徇恕。《影树坑王氏族谱》谱中"禁匪类"条：倘有无恶，不孝不悌，犯上作乱，奸淫盗窃，十恶不赦者，父兄有投状入祠，及亲房伯叔指实无异者，经明族众，鸣官处死，罪不至死者逐出境外，永不许归土，外有赌博游食不务生理，行事多秽人口者，此皆贻羞祖父，合众行杖责仍不改，则合族摈斥永革，不许入祠。在民间，路见不平，拔刀相助者，见义勇为者很多，但社会恶习，主要还是依政府的法治。下列二则：

宁化第一个治县者罗令纪，时有福州西境3000余户百姓流寓黄连（宁化，时含清流大部分和明溪一部分），令纪制订规章制度，严明赏罚，妥善安置客户。对惹是生非者，"绳强弹暴"毫不妥协，使黄连出现"出入相友""守望相助"的新风尚。后得朝廷"义士"的旌表。（1992《宁化县志·人物传》）

叶氏，赖元仲之妻，（宋）建炎初，盗起，元仲客游岭表，叶以舅姑年耄，不能逃，委命以待。俄而，盗至被执，叶笃赋以身触刀，盗怒，断其喉舌，子女皆遇害。（民国《宁化县志》）

族规、家训内容涉及面比较广，上列五个方面，可能有失偏颇，请方家指教。

宁化祖训浓缩了忠孝节义、家国情怀、居仁内义、勤奋自强、疾恶扬善等方面内容，是祖先传承古代文化精神内核，经生活体验、社会认识、人生感悟而凝聚成的言简意赅的条款，堪称中华祖训的一小缩影。宁化祖训上接商周的文化精神，历时代变迁，条款有所变通、修改，但基本的文化精神沿袭下来，基本价值观不变。它的核心文化精神与当代社会主义核心价值观基本一致，我们研究它，是为了弘道养正，也就是弘扬祖德，培养社会主义核心价值观的践行，凝聚民族精神和力量，为实现中华民族的伟大复兴而共同努力。

坚持客家祖地文化自信

习近平总书记深刻指出:"中国有坚定的道路自信、理论自信、制度自信,其本质是建立在5000多年文明传承基础上的文化自信","文化自信,是更基础、更广泛、更深厚的自信,是更基本、更深沉、更持久的力量"。源于中华文化的客家文化,自然也值得客家人自信。然而,作为客家祖地的宁化石壁,"在那里他们最早获得了自己与周遭不同的独立地位身份,有了自身独立的发展"[①]。这里自身独立发展的文化,有其早期性、集中性、完整性和唯一性,它是赖以凝聚客家人的文化基因,是文化自信的基因。对让人自信的文化基因,需要认知,需要坚持,需要自觉的坚守和光大。

一、文化自信基于文化基因

"文化基因是民族身份的标志,是各民族凝聚力形成的基础,对各民族具有不可替代的符号与象征意义。"[②]

全球客家·崇正会联合总会总执行长黄石华博士说:"客家祖地文化,是中华文化中一个具有莫大创造力、骄人传统和顽强竞争精神的子文化。人们必须注意到:数千年沉淀下来的语系文化传统不是一件薄弱的东西,尤其是它曾以无比的内聚力支撑了客家多次四出迁移,甚至远涉重洋至地球每个角落而竞存。"[③]

客家祖先、客家先民为避战乱和自然灾害,带着中原汉文化颠沛流离,不断迁徙、不断融合、不断创业,创造出不同于周遭富有独特个性的独立文化,被称为客家文化。客家文化的基因诞生于"最早获得自己与周遭不同的独立地位身份,有了自身独立发

---

① 谭元亨《客家文化史》,华南理工大学出版2009年版,第304页。
② 李明、么加利《现代化进程中少数民族文化传承危机与应对——基于文化基因视角》,载《社会科学文摘》2019年第1期。
③ 黄石华《石壁与客家世界·序》,山西人民出版社2009年版。

展"的以宁化石壁为中心的闽赣地区。这是因为"几乎每地每姓都把最早迁抵闽西的先祖尊为南方始祖,'葛藤坑'的传说更使闽西宁化石壁被称为'客家摇篮''客家祖地'。"① 这便使宁化石壁客家文化具有早期性、集中性、完整性,而且它是"客家摇篮"和"客家祖地"叠加的唯一性。

(一) 客家文化的创造主体在石壁为中心的地区高度集中孕育了客家文化

宁化石壁是客家早期的聚散中心。所谓"早期",是指客家先民于唐末至南宋,高度聚集在以石壁为中心的闽赣接合部。宁化既是聚集中心,又是扩散中心。宁化的人口自唐末的不足3万人,到南宋宝祐年间猛增到近20万人,而明朝初年又下降为3万人。姓氏流迁情况也是如此:客家主要姓氏与宁化及其石壁有渊源关系的210姓以上,其中有明确迁入时间的171姓,他们在唐宋时期迁入宁化的121姓,占71%。125个有明确从宁化外迁的姓氏中,南宋后(含南宋)外迁的108姓,占86%,其中南宋和元代外迁的72姓,占58%。这种人口大进大出的状况,在客家地区同一时期是绝无仅有。所以宁化才被称为客家早期聚散中心,是客家播衍的基地。

宋代是客家文化、客家民系孕育诞生的时期,客家先民在这一时期高度集中在以宁化为中心的这一地域,经过长时间的同当地土著居民的杂处,共同生活、生产、交融,产生了以汉文化为主体,兼容土著文化的新文化,被称为客家文化,同时诞生了客家民系。客家文化体现了中原移民、客家先民、客家人从安土重迁到四海为家、落地生根转变的人生观、世界观,体现了硬颈精神,体现了自强不息、艰苦奋斗、崇文重教、爱国爱乡的精神。这些客家文化的内核,在两宋时期的宁化及其石壁就有很突出的表现。

《客家史话》的作者巫秋玉在其《宁化石壁与海外客家人》一文中说:"中原汉人自东晋开始南下,至唐末又从江西等地大批迁入福建宁化石壁,高度集中在以宁化及石壁为中心的地域,繁衍生息数百年,形成客家民系。南宋末,这些已'蜕变'为正宗客家人的客家始祖,又大批地继续其迁徙生活,往闽西、粤东等地迁移,继而往中国大陆各地、港台乃至海外迁移。可以说,宁化石壁是客家民系形成中的胎盘和催长素,它把由中原一路南下孕育而成的胎儿催生成婴,待其羽翼渐丰,便促其展翅高飞,在这一成长过程中,不仅造就了客家民系之'身躯',而且利用其原有的内涵中流动因子,造就了客家人深具流动的习性和开拓进取精神。"②

(二) 客家方言的摇篮地

已故音韵学家、厦门大学中文系教授、博士生导师黄典诚1986年在龙岩的闽西地区

---

① 谭元亨《广东客家史》,广东人民出版社2010年版,第77页。
② 载《石壁与客家》,中国华侨出版社2000年版,第224页。

专业志业务讨论会上的学术报告中说:

可以说,客家话发源在福建宁化。毫无例外,(客家)三次搬迁,祖先大多数住过宁化的石壁村。客家老祖宗在宁化石壁村,犹如河洛话的发源地在河南固始县。大体上客家话的定型在该村(石壁)留下全部的痕迹,如"坐"念 cuō,"生病"念为 shēngpāng,凡是普通话讲 b、d、g、z,客家话就讲 p、t、k、co、《康熙字典》那个《等韵切音指南》上都是一个全黑的圈子,如'永定'的'定',一定讲 tn。这个音的形成,我现在初步认为也就在石壁。所以现在客话全都有这个特点,西至四川,东至台湾,南至南洋,没有例外,这一口气是从石壁村吹出来的。[1]

郑州大学中文系崔灿教授在《论宁化石壁与客家方言的整合统一》一文中说:

客家先民南迁的时间上下约千年,迁出的地域主要有河南、山西、陕西、山东、安徽、甘肃等省。当时少数官宦之家书香门第一般用的是"雅言",而广大人民群众说的是各地方言,他们聚集在一起,纷纭复杂的方言势必成为经济联系、文化交流及群体之间一切共同活动的严重障碍。所以,他们在宁化石壁这块地域广阔、人口众多,交际频繁的土地上,通过商品的长期交换、儒家文化的长期传播、客家群体的长期交往,求同存异,在公众场合逐渐使用大家都懂得的"雅言",舍弃自己的方言土语,于是客家方言就应运而生。宁化石壁不仅在客家方言的整合统一方面起了重要作用,而且也为客家民系的形成打下基础。应该说,宁化石壁是孕育客家之乡,客家民系的形成就是从这里开始的。[2]

中国社会科学院民族研究所研究员、《客家话通用辞典》主编罗美珍在《从语言入手探讨客家民系》一文中说:

客家方言在南宋时已经于赣南、闽西形成。宁化石壁是客家方言形成时期最早的聚散中心,后来由于长汀是汀州首府,中心逐渐转移到了长汀。由于人口暴涨和生活困难等原因,客家人从宋末开始就从赣南、闽西大批迁往粤东北。他们带去了当时已经形成的客家方言。[3]

以上几位专家都曾多次到客家地区和宁化调研,所作的结论应该是科学的。

(三) 心理文化的形成

1. 培育自强不息的基本精神

客家基本精神即自强不息的开拓进取精神,它是客家文化的基础,也是宁化文化的

---

[1] 黄典诚《1986年在龙岩闽西地区专业志业务讨论会上的学术报告》,载《闽西方志通讯》1986年第2期。

[2] 崔灿《论宁化石壁与客家方言的整合统一》,载《宁化石壁与客家世界学术研讨会论文集》,中国华侨出版社1998年版,第8页。

[3] 罗美珍《从语言入手探讨客家民系》,载《宁化石壁与客家世界学术研讨会论文集》,中国华侨出版社1998年版,第352页。

基础。宁化先民来自中原，作为中原文化核心的河洛文化是中华文化的根性文化，它是中华始祖在艰难的物质文明创造中所产生。中华始祖的顽强开拓精神在《周易大传》中以"天行健，君子以自强不息"来概括。自强不息的开拓精神是河洛根性文化的重要特征，也是客家文化的精粹。中原汉人南迁过程本身就是一种自强不息精神的体现。在千年的艰难迁徙过程中和艰苦的开基创业过程中，自强不息的精神得到突出的表现。客家自强不息的基本精神在宁化的很多民谣、民谚中传诵。如，"人争气，火争焰""只有上唔去的天，没有过唔去的山""不怕火烧屋，只怕人无志""有志成龙，无志成虫""竹篙叉，叉对叉，靠来靠去靠自家""过江不怕浪，赚钱不怕艰"。既然一切靠的是自己，一方面要为理想奋斗，如"吃得苦中苦，方为人中人"，另一方面要以勤为本，如"人勤地生宝，人懒地生草""勤快勤快，有饭有菜""早起三朝顶一天""番薯喜欢人抓痒，越抓越痒越快长"，还要懂得节俭和划算，如"少年不积钱，老来叫可怜""餐餐省一口，十天省一斗"等等。客家基本精神"自强不息"不是空洞的说教，而是与艰苦创业、勤俭持家和生活智慧结合在一起，既是世俗化的，又具有超越性，表现了客家先民对自身文化的科学建构。

2. 重建家园，重构家国一体文化

其一，重建家园，传承中原伦理政治文化。从隋末巫罗俊率众进行物质生产的开基创业，到南宋期间宁化县人口增长达20万之多，人口密度超过了同时期的福州。客家先民在石壁全面进行拓荒垦殖和稻作生产，发展手工业、矿冶、贸易，物质上达到福建山区较高水平，奠定了重建家园的物质基础。唐代至两宋，从唐乾封二年（667年）设黄连镇、开元十三年（725年）设黄连县，客家先民在宁化的数百年间，由聚宗族而居、强化宗族关系到建镇建县，构建了由"家—宗族—村落—县（代表国家）"完整的家国一体的社会结构。宁化众多以姓氏命名的地点和祠堂庙宇、墓葬碑记、族谱县志，较完整地记载了客家先民由迁入到重建家园的历史过程。在重建家园的过程中，以血缘为基础的宗族观念发扬光大，与爱国爱乡融为一体，成为客家文化最重要的内涵。这些观念融入众多的宁化民谚、俗语，广为流传。如，"宁卖祖宗田，不忘祖宗言""八十公公要祖家，八十婆婆要外家""国家、国家，有国才有家""家不和邻里欺，国不和遭外凌""家贫出孝子，国乱有忠臣"等。巫罗俊"自诣行在上状，言黄连去长安天末，版籍疏脱""言黄连土广齿繁，宜可授田定税"，主动要求归属国政，为国缴税；宁化开县始祖罗令纪奏准黄连镇升格为黄连县，成为汀州客家八县中建县最早的一个县，都显示出极为主动而强烈的家国一体意识。宋代儒学从"治"转为"教"，其目的是为了重建社会秩序。在宋代的宁化"以神道设教"的"教化"明显发展起来。据《临汀志》记载，宁化的祀典建设，所建的庙堂有12个之多。宁化客家民间信仰既传承中原，又进行了革新，表现为多神信仰，表现在一庙二神甚至多神的祭奉上，反映宁化在新的家园企望消除恩怨，祈求安宁的心态。如石壁的富下庙，祭祀刘邦、项羽两仇家于一庙，石壁下市《张氏十三修族谱》的《富下庙记》表达了希望刘、项消除恩怨，共佑地方的祈望。

其二，传承中原古老民俗文化。宁化是客家先民较早迁入的地区，中原古老习俗遗风犹存。如宁化客家礼俗，多有周代礼制遗风，如婚礼的"六礼"，丧礼的"送死必极奢，酒席尤丰。稍不如俗群斥为不孝，中人之产立破"，是对周朝礼制"以丧礼哀死亡"的传承。饮食文化中的"七种羹"是对南朝荆楚"正月初七为人日，以七种菜为羹"的传承。宁化客家民俗更多的是对唐宋中原文化的传承，表现在饮食起居、婚丧喜庆、岁时年节、人生礼仪等方面，尤其是服饰文化的唐代遗风，上衫下裤分开，男衫开襟，女衫大襟，男女老少的交叉裤头和宽裤管的大裆裤，一直沿袭到民国期间。在民间信仰上，石壁有座"三圣庙"，祭祀的是朝鲜族的三位将军，这在客家地区极为罕见，反映石壁客家对中原民间信仰的直接传承，并且这种传承具有早期性。厦门大学陈国强教授经考察后说："从崇拜朝鲜族的唐、葛、周三将军来看，可知其祖先（石壁客家先民）不仅来自北方，其与朝鲜族也有非常密切的关系，这是汉族其他民系所没有的。"[1]

其三，传承中原建筑文化，聚族而居，保卫家园。宁化客家较早建有大型的防卫兼民居的建筑——"土堡"。据李世熊《宁化县志》，隋朝末年便有巫罗俊"筑堡卫众，寇不敢犯"，其遗址可寻，至今尚未见其他客家地区有在隋末建这类大型建筑的记载。宁化境内各乡、大村基本都有土堡，历史悠久，如宁化湖村黄山寮村，建村于宋代，原名黄香村，先后建起7座土堡，居住了300余户人家。宁化的土堡规模宏大，宁化泉上土堡"四周于一百六十丈畸，城厚一丈，道外浚濠广二丈"。宁化习惯一丈为3.3米，如此计算，土堡周长达528米，其规模可想而知。宁化延祥村的200间大宅，石壁的"大夫第"围屋等，规模都非同一般。石壁大夫第称九井十三厅，整体宽40米，深60.8米。宁化土堡建于唐宋时期，正是客家民系的孕育时期，从南宋开始，宁化客家人大规模向南迁徙，建筑文化也随之流传。林嘉书在《土楼与中国传统文化》一书中列了16座土楼的主人，其中13座土楼主人出自宁化石壁，其他姓也不一定不出自宁化，如张姓，书中写出自上杭，明代入南靖。上杭张姓始祖张化孙是由宁化迁上杭。

林嘉书在书中列出的《深港客家土楼18姓源流表》[2]中，有吴、张、曾、廖、陈、刘、萧、何、江、巫等9姓由宁化始迁。实际应该不止9姓，如李姓、黄姓、赖姓、利姓等。深港的土楼主人大多源自宁化，他们的建筑技术与居住习惯不会与宁化完全没有关系，但缺乏史料和考证。闽西永定土楼很多，其渊源关系，范克增在《从永定圆楼之"根"说到客家文化》一文中说："永定客家先民绝大多数是在南宋、元、明初入永定境内的，迁来之前，又大多数在号称'客家摇篮'的宁化石壁村'落脚'过或长或短的一段时间。永定现在，堡已无实可源考，但客家摇篮的宁化却仍可得见，永定客家先民多

---

[1] 陈国强《宁化石壁客家的民间信仰》，《福建史志》2000年第2期。
[2] 林嘉书《土楼与中国传统文化》，上海人民出版社1995年版。

由宁化迁来，他们所建的堡当和宁化的差不多，据考，宁化土堡在唐宋时已有，但为数不多。"

（四）重教兴学，较早开启重文兴教之风

宁化重文兴教的历史在闽西客家地区较早。从办学来看，有人认为客家地区的学校教育始于明代中期，其实，除了学校教育以外，客家很早就从俚语、祠堂、族谱、宗族等方面实施对子弟的教育。史料所记载的宁化官学虽然起自北宋天圣年间，"自天圣始有学"，但是，民间的私学更早，从宁化的科举情况就可以证明：宁化进士及第者，唐代1名，宋代29名，在闽粤赣边地客家基本住区中，仅次赣南赣县和宁都二县，而前者于汉朝（前206—220年），后者于三国吴嘉禾五年（236年）建县，早宁化数百年。宁化县在汀州居第一位。宁化宋代29名进士中，北宋13名，南宋16名。这些进士的家族都是自北方迁居宁化不久。如伍正己父普德于唐长庆迁居宁化，大中十年伍正己便进士及第，成为汀州第一位进士。伍氏后裔伍佑、伍择之、伍文仲、伍懋、伍仲林也都在北宋年间进士及第。南宋进士及第者，还有伍杞、伍异、伍唐、伍梦谐、伍安然等。郑氏彦华于南唐迁居宁化，其儿子郑文宝于宋太平兴国八年进士及第。黄氏唐后期迁居宁化，黄迪于北宋景德二年进士及第，黄彧于重和元年进士及第。雷氏于周通天间从陕西迁居宁化，雷宣于北宋皇祐元年进士及第，雷尧于元丰二年、雷协于政和二年进士及第。曾旦于绍圣元年进士及第。张氏于唐末迁入，张达观于政和进士及第。南宋进士及第者16人，其祖先基本都在五代至北宋间迁居宁化的。这些进士中，不少在当时都出类拔萃。如伍正己、郑文宝、伍佑等，而未举者，如江礼、徐唐等，不仅列入清康熙《宁化县志·人物志》中的列传，更列入《嘉庆重修一统志》之中，该志所列汀州唐宋两代人物共11人：伍正己（宁化人）、江礼（宁化人）、罗彧（长汀人）、郑文宝（宁化人）、伍佑（宁化人）、徐唐（宁化人）、彭孙（连城人）、郑立中（长汀人）、伍全（长汀人）、杨方（长汀人）、邱鳞（连城人）。11人中宁化5人，而且都在北宋以前。郑立中之前的北宋8人，宁化有5人，占62.5%，如果以徐唐之前共6人计，宁化有5人。宁化历史上的这些人物，并非因北宋天圣年间"自天圣始有学"才能出现，而是较早的重文兴教的产物。

为了提供教育以有力保证，宁化在宋代就开始建立族产，用于祭祀和助学。为了更好地把重教兴学意识灌输给宗族的男女与子孙，在祠堂楹联的内容上，有不少这样的表述，如石壁南田马氏宗祠堂联写道："国有贤人齐拥戴，家无学子早栽培。"石壁邓坊张文谷祠堂联写道："希贤希圣作天下一流人物，全忠全孝扶世间亿万纲常。"民间有更多的谚语反映重学意识，如"不读书，光眼瞎""书多人贤，酒多人颠""星多天空亮，学多智慧广"。还有童谣："月光光，秀才郎，骑白马，进学堂……""月光光，秀才郎，食擂茶，进厅堂，擂茶好，食得饱，食得饱，上京考，考得上，进祖堂，头带金花状

元郎。"

（五）对理学融入客家，建构客家文化的过渡作用

谢重光教授说："客家地区能够成为宋明理学影响最深远的地区之一，或者说宋明理学是客家文化的精神核心，除了上述理学名家与客家地区的深厚因缘关系外，还有更深刻的因素在起作用，那就是宋明理学本质上是农业文明的结晶，而客家地区则是比较纯粹的农业文明之区，两者之间的关系是适宜的土壤结出了丰硕果实的关系。"① "宋明之际，正好是宋明理学兴盛的时期，加上客家地域是宋明理学的主要传习地，宋明理学的几位主将均系客家人，因此，客家文化的思想内核无疑就是宋明理学。"② 赣南、闽北、闽西是理学活动的主要范围，尤以闽北、赣南为早。宁化毗邻闽北、赣南，有接受理学的地理区位之便，在行政隶属关系上，在汀州建置以前，长期属于建安郡管辖，处于闽北与闽西的接合部，直接受闽北理学影响，汀州建置以后，划归汀州府管辖，是汀州最北的县，但是，宁化建县早于汀州建州。又由于宁化与赣南北部有便利的交通，以及汉人移民进入石壁较早，具有儒家文化的积淀，因此，宁化在传播理学，融理学思想于客家文化的孕育中起了很大的作用。厦门大学人类学专家郭志超教授指出："在唐末五代以后客家先民进入闽西之前，宁化是闽北文化；在客家先民迁入后，逐渐产生客家文化；与此同时和此后，闽北文化继续融入，其中，宋代以理学为主的闽北文化逐渐主导宁化的精神走向。这不仅是宁化文化的演进序列，也浓缩着闽西客家文化的历史进程。"③

廖开顺教授在其《石壁在客家族群认同中的作用和地位》一文中说："'石壁'不仅仅是个地理概念，更是一个文化概念，代表客家族群孕育地和客家文化创造地。" "石壁客家文化遗产具有早期性、集中性和完整性。"④ 廖教授所阐述的是由石壁历史文化的独特，所作出的科学结论，完全正确。

二、文化自信需要坚持

文化自信，首先是需要文化认知，然后要坚持。认知是基础，要充分认识自身文化之根是什么，它的基因是什么，魂是什么。然而，认知之后，需要坚持、坚守，去保护

---

① 谢重光《宋明理学在客家地区的传播》，《福建师范大学学报》（哲学社会科学版）2007年第6期。
② 周建华《客家文化的思想内核是理学》，《江西社会科学》2003年第2期。
③ 郭志超《序：客家研究的新洞见》，载萧春雷《世族春秋：宁化姓氏宗祠》，海潮摄影艺术出版社2010年版。
④ 载《客家论丛选集》，海峡文艺出版社2017年版，第91页。

它,既要传承,又要光大,才能使"根"不烂,梦可圆,世代永续。中华文化五千年的传承不败,发扬光大,正是中华民族对自己文化自信坚持、坚守、发展的结果。

宁化文化,是中华文化主体中的客家文化,宁化是客家文化的孕育地、创造地。但是长时期处于"身在客地不知客"的蒙昧状态,中国改革开放之后,"客家热"之风吹进中国,吹进宁化。学者们撩开了石壁神秘的面纱。尤其是广东的学者敲开了宁化文化闭塞之门,帮助了宁化觉醒。20 世纪 80 年代,宁化开启了客家研究,90 年代初,成立了宁化县客家研究会和宁化石壁客家宗亲联谊会,客家文化研究步入有序、持续的历程。采取"走出去""请进来"的方法,广泛收集前人的研究成果和地方历史资料,奠定了研究基础。在求知、深化、提升文化内涵、探索文化基因中,宁化采取了有力措施。

(一) 不懈进行客家文化研究

自 20 世纪 90 年代初迄今,宁化学者不懈努力,深入钻研,著书立说,计编著书籍 79 种,1700 余万字,出版总数达 17 万余册。这些书籍都翔实地论述了宁化石壁在客家史上无可替代的重要作用,深刻挖掘了宁化客家祖地文化的方方面面,及其在客家世界的影响力。学者认为:"在大陆的客家研究热潮中,宁化石壁起着前沿阵地的作用,筑就了县级客家的里程碑。"[①]

(二) 不断举行学术研讨会

宁化自 1997 年举行首届宁化石壁与客家世界学术研讨会之后,分别于 2000 年、2009 年举行第二届、第三届同一主旨的学术研讨会。全国十余省市区(含台湾、香港)和外国学者计 200 余人次参加学术研讨会,编辑出版论文集三部 200 余万字。2013 年开始每年举行一届石壁客家论坛,到 2018 年,连续举行六届,其中第二届与海峡两岸客家高峰论坛联办,有全国各地和境外学者近 500 余人次出席,编辑出版论文集 6 部,计近 500 万字。学术研讨会、论坛越办越红火,参加联办单位越来越多,投稿者越来越多。第一届学术研讨会联办单位有:中国社会科学院近代研究所、文化部华夏文化促进会客家研究所、福建省客家学会、香港南源永芳集团有限公司、三明市客联会(筹)、宁化县石壁客家宗亲联谊会、宁化县客家研究会等 6 个单位。2009 年的第三届学术研讨会联合主办单位有:三明市政府、福建省台办、文化部华夏文化促进会客家研究所、北京大学客家历史与文化研究所、宁化县人民政府、三明市台办、全球客家·崇正会联合总会、三明市客联会、宁化县客研会等 9 个单位,比第一届多 3 个单位。供稿人数,1997

---

① 冯秀珍《略论宁化石壁在客家的独立地位》,载《石壁与客家世界》,山西人民出版社 2009 年版,第 51 页。

年第一届学术研讨会是60人，2009年增加到82人。石壁客家论坛方面，2013年第一届联合主办单位有：宁化客家研究中心、三明学院、台湾联合大学客家研究学院、北京大学历史系客家历史与文化研究所、华南理工大学客家文化研究所、立弘（福建）置业有限公司等6个单位。2018年的第六届论坛联合主办单位有：宁化客家研究中心、三明学院、台湾联合大学客家研究所、北京大学历史系客家文化研究所、福建省文史研究馆、海风出版社、华南理工大学客家研究所等7个单位。其中第三届论坛，由于同第七届海峡两岸客家高峰论坛联合举办，所以联合单位增到18个。供稿人数，第一届论坛141人，第六届论坛增加到168人，其中第二届达201人。

从以上宁化举办的学术活动看，一方面宁化对客家研究的坚持，不懈的努力，且越搞越好；一方面反映了客家世界、学术单位、学者对宁化的学术活动越来越认可，越来越支持，使学术活动越办越好。

（三）不断搭建文化平台

1. 兴建客家公祠

20世纪90年代初，以血缘文化寻根热掀起，为了提供海内外客家人血缘文化寻根的需要，宁化县委、县政府决定在石壁村兴建客家公祠。于1992年11月18日奠基，并举行了海内外客家人参加的奠基仪式和祭祖仪式。1993年，宁化县遭遇史上罕见的特大洪水灾害，多方面遭受严重损失，但是客家公祠的兴建项目并没有放弃，在经济困难的情况下，1994年开工建设，1995年竣工，于10月16日举行落成典礼和第一届世界客家石壁祭祖大典。客家公祠的兴建，得到海内外客家人的极大支持。世界16个国家和地区共216个客属团体和个人、20个国内单位和个人向庆典发来贺电贺信。时任全国政协副主席叶选平专为公祠书匾文："客家公祠"。公祠落成之后，便被客家精英们定位为"客家人的总家庙"。

客家公祠总建筑面积4000多平方米。随着客家人的寻根热不断上升，客家公祠的规模显得不能适应形势发展的需要，因而2010年开始建设以客家公祠为核心的"客家祖地文化园"。文化园占地面积扩展到260多亩，一个多功能的、文化内容丰富多元的、大型的、世界性的客家"朝圣中心"呈现在世界客家人的面前，使客家人的血缘寻根和文化寻根目的地得到大大的升华。

廖开顺教授说："石壁客家公祠的意义远远超过实存的血缘意义，是血缘和文化建构的象征物。"[①]

2. 兴建世界客属文化交流中心

为发挥世界客家祖地优势，宁化县政府投资1.8亿元人民币，兴建世界客属文化交

[①] 廖开顺《石壁在客家族群认同中的作用和地位》，载《客家论丛选集》，海峡文艺出版社2017年版，第87页。

流中心。中心面积8万平方米,建筑占地4万平方米。建筑设计构思为"天地八方,灵气之汇;四水归堂,百家相聚;客属文化,根深情重;玉带环绕,源远流长"。建筑形体为三层紧密相扣、相叠的方形围合体。总体体现汇、聚、根、源的设计理念和文化内涵,是一座堂堂正正、大气辉煌,容会议、展览、陈列、储藏、接待、办公、娱乐等功能为一体的文化大厦。于2014年世界客属第二十五届恳亲大会上落成。是迄今国内外最大的客家文化设施。

3. 兴建客家美食文化城

为了弘扬客家饮食文化,2010年开工兴建客家美食文化城,现已基本建竣。该项目占地640亩,总体设计为"一轴一带六心",是一处容量硕大的客家文化大观园,观、学、食、喝、玩、乐、游无所不有。该建筑已入驻数十家餐馆,展示、经营客家特别是宁化本土客家饮食,淋漓尽致,一派繁荣。本"城"也是客家饮食培训中心,几年来,已培训宁化客家餐饮从业人员1.07万人,大大带动和发展了宁化的饮食文化产业。现在全县"宁化客家小吃"店4700余家,出外经营的2000余家。评上"中华名小吃"15种,福建名小吃61种,使原来只是家庭餐桌上的食品,走出了家门,成了社会商品。如宁化客家擂茶,原来只是家庭饮品,现在不仅成了商品,而且成了一些餐馆的品牌商标。不仅光大了宁化客家传统饮食文化,而且已成为一种时尚的产业链,为宁化的第三产业发展起了很大的促进作用,同时使农民有了更多的转业机会,有些农民富起来了,有些得以脱贫。

4. 坚持举办世界客属石壁祖地祭祖大典

石壁客家公祠兴建之后,成为客家人血缘寻根和文化寻根的目的地。自1995年举行首届世界客属石壁祖地祭祖大典之后,由世界客家领袖讨论决定每年举行一届,自此坚持至今已24届,一届不缺,就是世界金融危机的年份,在许多国家经济不景气的困境下,仍然坚持前来参加祭祖大典。特别是马来西亚的客家人,在姚森良局绅的号召、组织和带领下,一届不缺,姚森良则在24年中,前来27次之多。"回乡、祭祖"成了海外客家人的口号和要求。海外客家人凭着一颗赤子之心不远万里,从世界五大洲的不同国度,漂洋过海来到宁化,其中有来自美国90多岁高龄、身有残疾、坐轮椅而来,有3—4岁的孩童,有一家三代一同前来,他们一进祖地石壁便肃然起敬,肃穆虔诚参加祭祀,在祖宗灵位前三拜九叩,有的热泪横流,有的念不完祈告,感人至深。正是客家人的情感坚持和当地政府、社团的认真、热情、执着,使祭祖大典20余年如一日坚持下来,并越办越红火。开初,一个300位的祭祀大厅还空位不少,近年,万人的祭祀广场仍拥挤不堪。近年新建了几个星级大酒店,床位增加了千位以上,仍不能适应,还要安排到邻县接待。这种状况充分表明客家人对血缘寻根和文化寻根的愿望越来越强烈;表明客家人对石壁客家祖地的认同感越来越广泛,越来越坚守;充分表明宁化石壁客家祖地对世界客家人越来越有凝聚力;充分体现了当地政府对客家人寻根的热情越来越同情，越来越支持，越来越服务到位。

文化自信，基于对自身文化的认知，基于自觉的坚持。坚持就会有结果，坚持就会有成功，坚持就会胜利。文化自信的坚持和开发，不仅得到客家人、学术界的充分认同和支持，同时得到各级政府的认可和支持。

2011年5月23日，国务院批准了文化部确定的第三批国家级非物质文化遗产名录，其中有"宁化石壁客家祭祖习俗"。

2008年获得文化部第一批中国民间文化艺术之乡——宁化县（客家祖地习俗）的称号。

2010年，经联合国地名专家组评审，授予宁化县"千年古县"称号。

2014年，宁化石壁镇被评为"客家历史文化名镇"。

还有一批获得省级的非遗名录和名镇名村称号。

这些都是实至名归，是对宁化客家祖地文化的肯定。

当然文化的自信、坚持和开发，不仅光大了文化自身，更重要的是大大促进了经济的发展。1992年宁化县国民生产总值才5.4亿元，2018年上升为139.9亿元。第三产业产值、文化产业产值和旅游产业收入每年都以两位数增长。

三、坚定文化自信要自觉光大文化价值

坚持客家祖地文化自信，才能培固客家精神之根，涵养客家核心价值之源，光大文化价值。全面贯彻落实文化部关于闽西客家文化生态保护实验区的指示，自觉守护好客家祖地文化，并让它活化起来，实现文化价值的最大化，是对客家祖地文化最好的保护、传承。

（一）坚持客家祖地文化研究

30多年来，宁化学者和外地学者相互协作对客家祖地文化全方位、深层次的研究、探讨，获得丰硕成果。但是，作为一门学术研究是没有完成时，只有进行时。特别是要把祖地的优秀传统文化的精神标识提炼出来、展示出来，把祖地优秀文化中具有当代价值、世界意义的文化精髓提炼出来，更是任重道远。所以，"石壁研究"，要更加全面深入的研究，只有更加深度的认识，才能更加坚定文化自信。

①要培养壮大"石壁研究"的学术队伍，建设一支高素质的"石壁学派"，集中攻关，提炼形成具有当代意义的客家祖地文化精髓，有和客家文化整体相融通的新概念、新范畴、新表述，研发一批大众喜欢、具有文化内涵的文化产业。

②要继续办好"石壁客家论坛"，使它真正成为客家学的一个重要学术平台，同时又是一个凝聚海内外学者的学术平台，不断提升学术品位、文化内涵、组织格调。

③要充分发挥已有的学术成果,加强传播、交流,让学术成果活起来、走起来,走出库门、走出县门、走出国门,认真研究成果作用最大化。

(二) 保护、传承祖地文化记忆

全面贯彻落实客家文化生态保护实验区的各项措施,唤醒大众的文化自觉,自觉起来对优秀传统文化实行保护和传承。"我国著名学者费孝通先生认为,文化自觉是指生活在一定文化中的人对其文化有'自知之明',明白它的来历、形成过程、所具有的特色和它的发展趋向……自知之明为了增强对文化转型的自主能力,取得为适应环境、新时代而进行文化选择的自主地位。少数民族文化及其精神内核的传承与发展不仅需要'他者'(研究者)的理性意识、高度的责任和良知,更需要文化的'我者'(本民族人民)的文化自觉。"[①] 文化自觉,需要当地政府、全体民众对自己文化有自知之明,才能自觉起来,只有自觉起来,才能保护好、传承好、发展好优秀的传统文化。

1. 摸清家底,实施保护

新中国成立以来进行的几次文物普查很成功,但对历史活态文化的普查,却显得很不够。全国进行的"三套集成"工程(民间故事、歌谣、谚语集成)和地名普查等工程都很好,挖掘和收集到丰富的历史、民间文化。广大学者进行田野调查,也取得很大成绩。但可以说,还有很多历史文化、民间文化还沉睡着,鲜为人知,而不少是由于新农村建设,受到摧残、破坏,有的则好心办了坏事,想维护,但不知如何维护,弄得面目全非,见不到历史的原貌。对于民众的文化自信是一种伤害。

开展广泛文化普查,把那些传统的优秀文化查清、整理、鉴别、保护。如日常生产生活、传统节日、祭祀仪式、民间传统、故事、谚语等方面以及人际交往等共同体活动,这些都是文化及基因赖以生存的基础。通过普查,进行鉴别、梳理、整理,用文字、照相、摄制等手段保护起来,输入数据库,重要的,具有基因性质的以非物质文化遗产保护起来。现在国家、省级都在进行非遗保护目录保护、传承,但很有限,这一措施是不是可以向下延伸,市、县也实施这一工作,这样以行政手段保护的文化项目就更加广泛,更加具有群众性。

2. 充分发挥学校教育功能

客家地区的学校应该切实承担起本土文化传承和创新的历史任务。以地方性开发为契机,在客家文化课程开发过程中深度挖掘客家祖地文化的精神内核进行合理阐释,安排适应的课时和课余时间进行祖地文化教育。现在教育系统做了不少工作,如编写乡土教材、在校园中布置客家文化形象、故事、先贤等各方面内容。教孩子们读客家儿歌、

---

① 李明、么加利《现代化进程中少数民族文化传统危机和应对——基于文化基因视角》,载《社会科学文摘》2019年第1期。

客家祖训、讲客家故事等等，这些举措对于宣传教育、传承客家文化起到很好的作用。但是覆盖面还不大，课堂教育还不够，这方面的教程，教育主管部门应该纳入教育纲要，有明确的计划和安排，让学校有章可循，有自觉性、有使命感、有成就感。

3. 发动、组织、建立一支文化志愿者队伍

志愿者在社会活动中起了很大作用，现在许多社会活动中，都有志愿者积极参与。文化事业很需要这方面的生力军。宁化这些年来，虽然没有发动，但有不少文化自觉者在积极地做文化工作。如宁元乖（化名鬼叔中），他是一位税务干部，近年来利用业余时间进行许多文物文化调查、研究，自费摄制了一些面临失传的传统文化项目，如《老族谱》《砻谷纪》《罗盘经》《七圣庙》《玉扣纸》《春社谣》等，获得国内外展评嘉奖。笔者非文化工作者，但被评为三明市"最美文化工作者"，实际只是一名文化志愿者。一个县，如果有更多的文化志愿者，进行地方文化的发掘、保护、宣传，将起到很大很好的作用。这方面需要政府有关部门认真做好发动、组织、指导工作，给予一定的支持和鼓励。

4. 把客家祖地文化融入美丽乡村建设之中

近些年来，政府推动的美丽乡村建设取得很好成绩，但在如何保护文化原生土壤、保住乡愁方面，有的做得不是很好。富有特色的客家祖地文化是在其所处的独特环境系统中形成的，如石壁村、葛藤坑村（今南田村）等，都是客家祖地文化的滋生地、"博览馆"，如何保住其文化原生土壤、保住乡愁至关重要。在规划建设中要有"自知之明"，明白每个乡村的形成史，明白其历史的演变、发展过程，保住、体现其农耕文化、耕读文化、日常生活文化、语言文化、传统节日文化、祭祀文化、血缘文化等等。利用环境的整治、优化，把各种传统文化融入其中，提倡建立图书馆、博览园，编修乡志、村志，把乡愁留住并传承下去，发扬光大。

（三）建设石壁朝圣祈福中心

多年来，许多学者呼吁将石壁打造成客家朝圣祈福中心。其中最具代表性的是三明学院客家研究所原所长廖开顺教授的《建设"石壁世界客属祭祖与祈福圣地"的思考》。廖教授在文章中说，石壁既是客家先民最重要的聚居地、客家民系的主要形成地、客家播迁的主要始发地，又是全球客家人心中的精神原乡，所以，石壁客家祖地实际上具有圣地的作用和意义。建设石壁祈福圣地，除了它具有圣地性质以外，也取决于石壁本身是一块福地。石壁是客家先民躲避战乱的福地，是繁衍人口的福地，是发展经济的福地。将石壁这一福地建设为祈福圣地，还要充分挖掘和开发"福地"文化资源，抖开掩盖福地的历史尘埃，揭开福地的朦胧面纱，将世界客属引导到福地祈福，把石壁建设为祈福之地。如客家葛藤坑就是一个避凶趋福，具有吉祥文化内涵的福地文化资源，有待更深入挖掘和开发。

廖教授说，必须做好能够使"天下归心"的前提工作，由祖地升华为"圣地"，至少有三个方面的前提工作：一是血缘归心；二是家园归心；三是魂魄归心。在"圣地"建设中，对于祭祖仪式，主要有三方面的主要工作：第一，要继续坚持仪式的严肃性和程式化；第二，充分发挥祭祀者的主体性作用；第三，尽量提升"世界客属石壁祖地祭祖大典"的规格，因为规格愈高，归心力愈强。还有，建设"石壁世界客属祭祖与祈福圣地"离不开文化创意，主题是圣地、祭祖、祈福。[1]

正如中共三明市委党校教授涂大杭在《将宁化石壁打造成全球客家朝圣祈福中心》一文中所说："将宁化石壁打造成全球客家朝圣祈福中心，既有客家民系形成和发展的历史条件，也有改革开放后特别是1995年举办首届世界客属石壁祖地祭祖大典后宁化上下和客家各界共同努力奠定的现实基础，因而明确确认的时机已经成熟。宁化石壁被明确确认是全球客家朝圣祈福中心后，将有助于进一步推进宁化石壁和全球客家事业的发展，也有助于使客家事业能够更好地为实现中华民族伟大复兴的中国梦贡献精神和力量。"[2]

廖开顺教授、涂大杭教授的论述很有建设性、非常好。的确，世界客属石壁祖地祭祖大典到今年已连续举办了25届。25年来，在当地政府、各社团、各单位的共同努力下，在海内外客属团体、客家人士的大力支持下，大典愈办愈好，已成为中国大地上祭祀大典中的一例。它是大中华血缘文化活动中的一个分枝，它的作用和历史、现实意义已经凸显出来，所以2011年5月被国务院批准为国家级非物质文化遗产。现在广大学者和客家人士呼吁把石壁提升为朝圣祈福中心，它既是一种民众愿望和呼声，更是现实发展的需要。我们应该有文化自信和文化自觉，把这项既是文化事业又是经济事业切实做好，要聚学者的智慧、行政和民众的力量，做出方案和实施措施，扎扎实实地把这一事业做好。在不久的明天，一方犹如麦加的石壁朝圣、祈福中心红火起来，使祖地和圣地叠加起来，成为客家世界的一座文化高台。

2019年3月

---

[1] 载《第六届石壁客家论坛论文集》，海风出版社2019年版，第138页。
[2] 载《第六届石壁客家论坛论文集》，海风出版社2019年版，第185页。

石壁客家祖地独特性的研究

如果把赣闽粤连接地区都作为客家祖地的话，那么，宁化石壁客家祖地则具有与众不同的个性，就是典型性和独特性。原福建省客家研究联谊会会长（今福建省客家研究院院长林开钦在其《论汉族客家民系》一书中写道："关于客家祖地，闽粤赣边都是客家祖地，宁化石壁客家祖地是一般认同的'重要的中转站'，客家早期休养生息和重要聚散地之一。"① 广东严峻在《大埔源流古今谈》一书中说："由于客家人口资源主要蕴藏在闽西，以后再由此地释放出来，源源不断地转移到其他地方，因此闽西堪称'客家祖地'，其中宁化石壁，是多个时期特别重要的人口集散地、中转枢纽，因此被许多人看作是'客家祖地'的典型代表。"② 福建省文史研究馆办公室主任林华光在《馆员风采》一书中写道："通过刘善群以及一批宁化本土客家研究者的科学实证，广大专家学者的理论阐述，可以清晰看到石壁客家祖地是赣闽粤客家大祖地的典型和代表。"③ 石壁客家祖地在客家历史长河中，在文化领域中，在客家世界中，有哪些独特性，本文中作一些研究和阐述。

一、石壁是在客家地区受关注度最早、最高的村级地标

客家刘氏始祖刘祥于唐乾符二年（875年）因黄巢起义战乱，全家三代40多人（含家丁）从浙江金华迁居宁化石壁葛藤坑（今石壁镇南田村）开基。刘祥孙刘沐于五代后晋天福二年（937年）春主持首修客家刘氏族谱。北宋元丰二年（1074年）刘月清便进行重修。这是奉节县清末所修的《刘氏考订族谱》以及许多广东客家刘氏族谱所记载的。刘祥被明、清刘氏族谱奉为刘氏中代始祖、客家刘氏始祖。刘氏得姓始祖源明，

---

① 林开钦《论汉族客家民系》，福建人民出版社2011年版，第112页。
② 载袁光明主编《大埔客家源流》，广东人民出版社2008年版，第26页。
③ 《馆员风采》，海峡文艺出版社2019年版，第388页。

西汉开国皇帝刘邦被奉为古代始祖，刘祥是中代始祖，刘祥第十五代孙刘开七出镇广东潮州都统制，即在潮州立业，后迁程乡（梅县），其儿子刘广传在宁化进士及第，授江西瑞金县令，卒于官。两妻十四子，被奉为客家刘氏近代始祖。这就是刘氏几千年的发展脉络，四个历史节点，宁化是第三个节点。从族谱而言，刘沐修的刘氏族谱可能是宗族最早关注宁化石壁的族谱，可说从五代起。

而学者对宁化或石壁的关注始自19世纪后期。

1880年梅州诗人黄遵宪发表了《己亥杂诗》，其二十四首注曰："客人来州，多在元时，本河南人。五代时，有九族随王审知入闽，后散八闽。今之州人，皆由宁化县之石壁迁来，颇有唐魏俭啬之风。礼俗多存古意，世守乡音不改，故土人别之曰客人。方言多古语，尤多古音。"光绪二十四年（1898年）出版的温仲和《嘉应州志》，1912年英国传教士艮贝尔的《客家源流与迁移》，还有诸如黄遵楷、梁伯聪、谢廷玉等等，在发表的著作中，都关注到宁化或石壁。1947年罗香林专门发表了《宁化石壁村考》，把石壁引入学术领域研究。自20世纪80年代后，客家研究掀起前所未有的热潮，宁化石壁被视为客家研究不可或缺的课题，更加备受关注，前往石壁做田野调查的学者接踵而至。专论专著不断问世，揭开了石壁层层的神秘面纱，丰富了客家学研究的内涵。对石壁的研究也进入全方位、多层面，如地理、历史、文化、语言、社会、经济，以及与客家世界的地域关系等等，参与研究的学者遍及各学科各领域。据2003年和2019年分别出版的《论石壁》（论文摘要）第一、二册统计，有关石壁论述的论文摘要达409条。

作为一个村级的地理标志，如此受世人的关注，应该是独一无二的。在客家领域里，而且它超出了客家领域，成为全国乃至世界的关注点，如"北有大槐树，南有石壁村"的谚语，就是一种全国性的宣释，"葛藤坑传说"传遍客家世界。

二、石壁是客家早期的聚散中心

"石壁是客家早期的聚散中心"，是许多学者得出的结论。也有人加上"之一"二字，这样留有空间，可能更机动一些，不那么绝对。但是，历史就是历史，加"之一"者，并没有提出还有另一个"之一"，那么，石壁就成了"唯一"。这并非在做文字游戏，应该尊重历史，是一就是一，是二就是二。

所谓"早期"，指的是唐末至宋代，即是北方汉人第二次（安史之乱引发的）和第三次（靖康之难引发的）南迁大潮时期。在这一时期中，南迁汉人主要迁入地是赣南和闽西（汀州地）。而两地尤以赣南的宁都和石城及闽西的宁化和长汀为最。

从地区看：

赣南（今赣州市），唐天宝年间（742—755年）人口约37647户、275410口，北宋崇宁初年（1102年）310159户。相距350余年，增长7.2倍，年均增长率为5.7‰。崇宁到宝庆年间（1225—1227年）主客户321356户，125年增长18%，年均增长率1.3‰。

闽西（古汀州，时为临汀郡，含长汀、龙岩、宁化），唐天宝元年（742年）4682户、15720人，北宋崇宁初（1102年）汀州主客户81454户。天宝至崇宁350余年，人口增长15.8倍，年均增长率8.1‰。南宋宝祐年间（1252—1258年）汀州223432户、534890丁。崇宁至宝祐150余年，人口增长170%，年均增长率6.9‰。

粤东北宋时分属湖州和梅州，没有统一统计，可知的是，梅州地区宋代的人口增长远不如赣州和汀州。其人口大增长主要在明清时期。

以赣州和汀州比，在宋代两地人口增长，汀州比赣州高很多。赣州人口增长主要是宁都和石城。汀州人口增长主要是宁化和长汀。

宁都建县于三国吴嘉禾五年（236年），以115姓统计，唐及唐以前迁入18姓，宋迁入35姓，计53姓，占总数近一半。

石城建县于南唐保大十二年（954年），以151姓统计，唐五代迁入49姓，宋迁入73姓，唐至宋迁入数占总数80%。

宁化建县于唐开元十三年（725年），以218姓族统计，隋以前11姓族，唐40姓族，五代14姓族，北宋58姓族，南宋63姓族，至南宋共迁入192姓族，占总数88%。

长汀建县于唐开元二十四年（736年），原为新罗地，长汀缺乏单独资料。长汀的南迁汉人大多从宁化迁入，其增长时间比宁化稍后一点。从建县时间就可知，但它是汀州府治署，所以人口增长应与汀州相似。

清流于宋元符元年（1098年）建县，由宁化、长汀二县划分出来的，缺乏完整人口数。

宋代的迁入人口情况是：宁都35姓，占总数30%；石城73姓，占总数48%；宁化121，占总数的55%。无论从迁入总数还是从比例看，宁化在宋代迁入人口最多。

吴松弟《中国移民史》第四卷中，表9-9《客家氏族移民实例》，列了"迁客家地区始祖"128族，其中"迁入地"是宁化的98族，占总数的76%，在宁化98族中，标明迁入石壁的43族。从中也可以看出宁化的中心地位。

从宁化外迁的人口看，有明确外迁时间的147姓族，唐代（含唐代）5姓，北宋23姓族，南宋41姓族，元30姓族，明34姓族，清3姓族。两宋迁出64姓族，占44%；南宋后外迁108姓族，占73%。从人口总量看，南宋宝祐年间人口近20万人，明万历元年（1573年）只剩29199人。宁化人口外迁的主要方向是闽西南部、梅州地区。学者称宁化及其石壁是客家人播衍基地（巫秋玉，2000年）。早在1880年梅州黄遵宪就说"今之州人，皆由宁化县之石壁乡迁来"（《己亥杂诗》）。1898年梅州温仲和说："闽之邻粤者，相率迁移来梅，大约以宁化为最多。所有戚友询其先世，皆来自宁化石壁人。"（《嘉应州志》）1912年英国传教士艮贝尔说："岭东之客家，十有八九皆称其祖先系来

自福建省汀州府宁化县石壁村者。"(《客家源流与迁移》)

上述情况,在客家地区县绝无仅有,所以称之为"客家早期聚散中心"并不为过,这也是学者的普遍共识。

三、石壁同客家姓氏有广泛的渊源关系

宁化及其石壁同客家姓氏的渊源关系,从"关注度和聚散中心"中便可得知。我们还可以从更具体的方面作进一步探讨。

据公安部最新统计,中国前100个姓氏的总人口占全国人口总数的84.77%。客家人同宁化及石壁有渊源关系的有210姓以上,其中有98姓在100姓之中,只缺排名94的覃姓和排名99的向姓。客家姓氏人口应该同中国姓氏人口情况相似,所以我们认为同宁化及石壁有渊源关系的应为80%以上。这一比例还可以从其他方面得到引证。如英国传教士艮贝尔所说:"岭东之客家,十有八九皆称其祖先来自福建省汀州府宁化县石壁村者。"梅州客家联谊会编辑出版的《客家姓氏渊源》二集所载,迁自宁化及其石壁的分别占总数的90%和77%。新编《梅县志·人口》(广东人民出版社1994年版)记载:以1989年人口普查统计,人口总数为第一至第二十四的姓氏中,同宁化或其石壁有渊源关系的有18姓,占24姓的75%。24姓的人口总数为449479人,18姓的人口总数为382052人,占85%。刘南彪在《"客家"略说与"埔客"小考》(载袁光明《大埔客家源流》,广东人民出版社2008年版)记载:"由福建宁化石壁直接移埔的姓氏有36姓,占姓氏构成的36%。由长汀、上杭、武平、龙岩、永定等地移埔的30姓,占姓氏构成的30%。由程乡、兴宁移埔的20姓,占20%。其他类型的占20%。"说明宁化直接迁埔的最多,超过长汀等五县的总和。实际宁化非"直接"迁埔的还有不少,因为这些县多数客家姓氏都从宁化迁去的。如大埔李姓,其始祖是宁化开基祖李珠的后裔,李珠第四子火德,从宁化迁上杭,再播衍大埔,大埔的人口源流,把石壁作为一个节点。大埔县第二届世界大埔同乡联谊会举行时,在大埔县委、县政府大门上贴着一副醒目的楹联:"洪洞古镇,汀江石壁,茶岭薪传一脉;九州俊秀,四海英才,才草图报三春。"此联明确地把石壁作为新的起点,是大埔即"茶岭"几千年人口历史的里程碑。

我们列举了广东的梅县和大埔两县的人口状况,可见广东客家之一斑。

闽西南部的客家人大部分也是从宁化迁去的。如距宁化最近的连城县,其1993版《连城县志》记载:"县内居民均是中原后裔,先迁徙江西,在唐、元期间经宁化石壁再迁来连城。"闽西最南端的永定,其1994年版《永定县志》记载:"县邑居民大多是中原后裔,经宁化石壁转迁来永定落籍开基。"

台湾的人口渊源,据林嘉书《客家摇篮——石壁村》(载《华声报》1983年3月3日)文中说:"台湾至少有60个常见姓氏中的600多万人与石壁客家有关,其中300余

万是客家人,另外 200 余万是传自石壁,又从闽南南靖、平和、诏安、漳州等地迁台的闽南人。"据统计,宁化有 90 余姓与台湾有渊源关系。

四、石壁在客家文化孕育中的独特作用

这一方面,廖开顺教授在《石壁客家述论》的第二章第四节写得很清楚:石壁是客家文化主要的孕育中心。

(一)客家文化的创造主体在以石壁为中心的地区高度集中。(在本文中已阐述)

(二)客家方言的摇篮地。厦门大学中文系教授、博导黄典诚 1986 年在龙岩的闽西地区专业志业务讨论会上的学术报告中说:"可以说,客家话发源在福建宁化。"

郑州大学中文系教授崔灿在《论宁化石壁与客家方言的整合统一》一文中说:"宁化石壁不仅仅是在客家方言的整合统一方面起了重要作用,而且也为客家民系的形成打下了基础。应该说,宁化石壁是孕育客家之乡,客家民系的形成就是从这里开始的。"

中国社会科学院民族研究所研究员、《客家话通用辞典》主编罗美珍在《从语言入手探讨客家民系》(载《宁化石壁与客家世界论文集》,中国华侨出版社 1998 年版)中写道:"宁化石壁是客家方言形成时期最早的聚散中心。"

(三)客家文化最重要的孕育地。1. 培育自强不息的客家基本精神。2. 重建家园,重构家国一体文化的客家文化:①重建家园,重构家国一体文化的客家文化;②传承中原古老民俗文化;③传承中原建筑文化,聚族而居,保卫家园。3. 重教兴学,较早开启重文兴教之风。4. 对孕育客家文化的早期性作用:①与原住民融合的典范;②葛藤坑传说对客家文化心理起安定作用;③播迁对客家"四海为家"观念的强化作用。5. 对理学融入客家,建构客家文化的过渡作用。[①]

还有更多的从其他层面评价石壁的,如:

"石壁——客家文明的标志"(北京大学教授、博导郭华榕,2009 年)

"宁化石壁——客家世界最大的'土楼'"(南开大学教授、博导刘敏,2009 年)

"石壁是客家形成中的一个'拐点',起到重要的转型作用,是客家形成和定型的地域性标志。"(河南社科院副研究员杨海中,2014 年)

"如果没有前期在宁化石壁的酝酿和初步形成,便没有日后在闽粤赣边地区形成的客家民系。"(广东省方志办副主任、研究员侯国隆,2000 年)

上述只是对石壁评价中的几例,但很具代表性,笔者便可偷懒,不必多言了。

[①] 《石壁客家述论》,河南人民出版社 2012 年版,第 71-81 页。

五、石壁在学术领域的独特性地位

罗香林教授是客家学的开拓者、奠基人，也是把石壁引入学术领域的开拓者。他在1947年发表的《宁化石壁村考》中说："余曩作粤东各姓家谱叙录，已将南雄珠玑巷事迹，略为叙述。而陈元光与福老系源流问题，亦尝予所作《唐岭南行军总管陈元光考》一文，稍北叙述，惟黄巢变乱与石壁村及其与客家迁移之关系，则尚未提述，不无遗憾。"于是写下《宁化石壁村考》，"倘亦治中国民族迁移史实者所乐许乎"。罗教授在此文中的开篇便说："广东各姓谱乘，多载其上世以避黄巢之乱，曾寄居宁化石壁葛藤坑，因而转徙各地。此与客家源流问题，关系颇巨。""罗香林教授之所说'关系颇巨'极具深意，所以说，宁化石壁与客家世界的关系，非常值得深入研究，是关系客家学构建的非常重要的课题。"[①] 华东师范大学著名史学家吴泽教授则直截了当地说："不研究石壁，不算研究客家学。"

石壁作为一个村庄名称（或地域代称），自晚清始便受到学者的关注，当然，如果从族谱考查，受族人的关注则更早，可追溯到五代、北宋。但作为一个学术课题，应是从罗香林发表《宁化石壁村考》开始。且自此之后，石壁逐渐地成为客家学研究的一项学术热门。

石壁在客家领域受到如此高度的重视和评价，我们还可以从海内外客家学者对宁化学术研究的支持度看出一二。从1992年至2019年近30年间，宁化举办了客家学术研讨会11场，其中三场的名称为"宁化石壁与客家世界"，自2013年至2019年，连续举办7场的名称为"石壁客家论坛"，累计供稿的专家学者1268人次，稿数1202件，采纳677篇。供稿的学者来自日本、马来西亚、新加坡等国，以及中国台湾、香港和内地的15个省市区。宁化是个偏远的山区县，交通不是很方便，大家不顾劳累，有如此热情参与宁化的客家学术研究，充分体现宁化在客家领域学术地位的重要性，也充分彰显石壁在客家学术领域中的独特性，这在客家世界中是绝无仅有的。北京科技大学教授、博导冯秀珍："宁化石壁在当代客家研究中具有里程碑意义。""我国著名的历史学家翦伯赞先生说：'在中国近五千年的历史长河中，沉淀着无数的碧玉翡翠。这些才是我们民族最瑰丽的珍宝。'而客家文化里边沉淀着无数的碧玉翡翠，石壁（碧），可说是这些瑰丽的熠熠明珠之一。"[②]

---

① 胡绳武《石壁与客家世界·序》，山西人民出版社2009年版，第15页。
② 冯秀珍、金彤《略论宁化石壁在世界客家的独特性》，载《石壁与客家世界》，山西人民出版社2009年版，第51页。

六、石壁在客家血缘、文化寻根中的独特地位

"血缘关系是中国社会关系的核心。可以说,中国古代主流文化是在血缘关系上建构的文化。客家族群是中华文化最忠实的传承者,又是中原汉人移民,在族群要素中,血缘不仅仅是一种建构而是实存。""族群认同在本质上更是文化认同。但是,如果一个族群不认血缘和血统,那么,这个族群的认同感就会发生危机"[1],血缘确认和文化认同是身份确认的最重要的依据。歪曲客家是汉族身份者,主要是在血缘和文化上做文章。所以,血缘和文化的问题,也是捍卫客家的汉族身份的根本问题。

石壁是客家早期的聚散中心,她既是客家先民早期最主要的聚集地,又是"客家初民"的播衍中心,或称播衍基地。同时,石壁客家文化也具有早期性、集中性和完整性。所以是海内外客家血缘寻根和文化寻根的目的地。从20世80年代掀起的客家寻根热看,海内外客家寻根一般只寻觅到宁化就满足了,很少有再追根到中原。因为客家人,他们一般都把宁化及其石壁的祖先奉为始祖,宁化及其石壁是客家发源地的中心,而且这里有客家人的总家庙,所以他们便到此止步。我们询问了许多到宁化石壁寻根觅祖的客家乡亲为什么到宁化来,他们的回答主要是两个方面,一是根据族谱的记载,二是祖上有交代。马来西亚一个70多岁的刘姓客家人连续几年前来宁化参加祭祖大典,笔者到马来西亚访问时,他接待了我们,问他:"为什么年纪这么大,还连续去石壁祭祖?"他说:"父亲临终时交代:'我们祖上是从石壁迁来的,现在我们在梅县没有亲人了,你要去石壁祭祖。'"于是他尊从父嘱,年年都来祭祖。台湾温怀蕤也有相同情况。他也是梅县人,叔父临终时交代:"我们温姓是从石壁迁来的,客家的硬颈精神也是从石壁传来的。"温先生在台湾找笔者核实之后,也连续几年到石壁祭祖。正是客家人对石壁客家祖地的认同和崇敬,所以,在1995年石壁客家公祠落成之后,每年举行一届世界客家人的祭祖大典,从海内外前来的客家人,携儿带女,老幼偕同,从数百人,到数千人,如今达10000余人,一个万人的祭祀广场,挤得满满当当。连续举行25届,前来祭祖的有40多万来自五大洲的40多个国家和地区的客家人。有人很通俗地说:"如果不认同石壁是祖地,他们为什么到石壁来。"这便是石壁的独特性。

七、结　语

百余年的"石壁研究",学者们从不同学科、不同领域、不同层面,对宁化石壁进行长时间全方位的研究,得出的结论是:宁化石壁是客家早期的聚散地,是客家摇篮、

---

[1] 廖开顺《石壁客家述论》,河南人民出版社2019年版,第370页。

客家祖地。她在客家形成史中，其作用表现出了早期性、集中性和唯一性。她在客家世界中，具有独特性、典型性和代表性。正如许多权威学者所言，她是历史使然，不以人们的意志而转移。法国远东学院博导劳格文在《宁化县的宗族、经济与民俗》一书的《序论》中写道："我们通过宁化的集中研究，得到个吊诡的结论，虽然宁化拥有客家历史上非常重要的石壁平原，而且文化模式都是非常独特的，不见于其他客家地域……有一种文化上的混合而有自己的丰富和独特处。"[1]

中国人民大学教授胡绳武云："石壁，是一个不大的村庄，但其名声却传遍了客家世界，致使一些学者在写客家文章时，想回避而又无法回避，这大概就是客家历史使然。"[2] 原赣南师院教授谢万陆在《再论石壁》一文中说："我们说的武夷山南段，赣汀、闽江之上游，而石壁则是这一地域的中心，是摇篮的代表。当然，我们这样断言，绝非出于主观臆造，更不沾带个人感情的炒作，而是得意于天公（自然）的赐予，也依赖于历史的安排，非任何人所能左右。"[3]

当然，对石壁的学术结论，也有不同声音，如"构建说""符号说""心理学说"，来淡化或否定宁化石壁客家祖地的历史和文化。虽然发声者只是个别，但其影响不能小视。正如全球客家·崇正会联合总会总执行长黄石华博士所言："肯定了宁化石壁客家祖地在中国客家民系史上的重要地位和作用，无疑是正确的，也是完全必要的。我们说是正确的和完全必要的，是因为近阶段来，在评述客家祖地宁化石壁中出现了一些杂音，否定石壁客家祖地，否定石壁客家祖地文化，为此否定和批判罗香林教授的名著《客家研究导论》《客家源流考》和《宁化石壁村考》……诚如中共福建省委原副书记、全国政协港澳台侨委员会原副主任、福建省客家研究联谊会会长林开钦先生所说：'这些杂音虽不是客家研究的主流，但的确乱了一些视听。'""石壁客家祖地是历史发展的客观存在，是客家先民自中原南迁的产物，石壁客家祖地不仅是宁化的，也是中国和世界的。""西方学者自18世纪便开始注视中国的客家文化，注视宁化石壁客家祖地的历史及其文化，动用各种学科方法去认识它的精髓和积极动力。可是，时至今日，仍有极少数的学者不顾宁化石壁客家祖地及其文化的客观存在，极力将它边缘化，甚至污蔑宁化石壁客家祖地是人为虚构的，这不禁使人痛心叹惜。承前启后是人类发展的自然规律，世界上没有哪个族群可以因无视祖地的存在及其文化、放弃传统而得到进步的。""不管否定宁化石壁客家祖地的历史及其文化的学者其动机和出发点如何，但其产生的

---

[1] 杨彦杰主编《宁化县的宗族、经济与民俗》，国际客家学会2004年。
[2] 胡绳武《石壁与客家世界·序》，载《石壁与客家世界》，山西人民出版社2009年版，第14页。
[3] 《石壁与客家》，中国华侨出版社2000年版，第18页。

副作用和恶劣的影响不能不引起人们的高度警惕和严正反驳。"[1] "严谨求实的学术精神,既是科学精神,也是学术精神,是人们在长期的学术实践活动中形成的共同信念、价值标准和行为规范。"[2] 希望学者们都能秉承这一学术精神,客观求是地研究和认知宁化石壁,舍弃偏见,正确对待客家史和客家研究史。

---

[1] 黄石华《石壁与客家世界·序》,载《石壁与客家世界》,山西人民出版社 2009 年版,第 7 页。
[2] 胡政平、巨虹《学风与学术体系建设》,载《中国社会科学文摘》2020 年第 1 期,第 146 页。

汀州客家历史不容歪曲

江西师范大学历史系教授许怀林先生在《〈临汀汇考〉记录的汀州社会历史实情》一文，开篇便宣称："山峒开发，把山野变为文明的突出功臣是老土著"；"汀州的开发进步，是土著居民世代劳作的成果"；"不论从哪种角度考察，都没有客家从中原迁来的事实"。文中还说："应该确认客家人群原本是土著，他们的方言、民风习俗皆源于山峒，其文化发展的原动力来自山峒"等等①。

许文的上述观点，是否是"汀州社会历史实情"，本文就此作一些讨论。

一、"土著说"不符合中央政府的定论，也不符合客家人的共识

2006年2月28日中新网转发的新华网报道说，27日，正在日内瓦参加联合国人权理事会首届会议的中国代表团副团长董志华发言时表示，中国虽然没有土著人问题，但一直积极参与国际社会对土著人权利的保护行动。

中华人民共和国政府的观点是，中国自古以来就是一个统一的多民族的国家，包括汉族在内的56个民族都是中国的世居民族，五千多年来在自己的家园生生不息。

土著人和少数民族是两个不同概念。中国的56个民族都是中国的世居民族，因此不存在像世界其他一些地区存在的土著人。

2017年1月，文化部向福建下发《关于同意设立客家文化（闽西）生态保护实验区的复函》，同意设立闽西客家文化生态保护实验区。

2011年5月，国务院公布、文化部颁发《国家级非物质文化遗产——祭祖习俗（石壁客家祭祖习俗）》。

---

① 文刊载在2019年6月在广东梅州市举办的由嘉应学院客家研究院、中山大学历史学系主办的首届客家学论坛论文集。

1991年1月全国政协副主席杨成武亲莅宁化视察，亲笔题署"石壁客家祖地"。

1995年全国政协副主席叶选平为宁化石壁客家公祠题署"客家公祠"。

中央政府及一些领导人在不同时期，表明中国没有"土著人"，肯定了闽西（汀州）及宁化的"客家"定位。宁化的世界客家祭祖大典和长汀公祭客家母亲河都已举行20多届。这也表明世界客家人都认同古汀州是客家的历史。

对上述，许怀林先生全然不顾，借《临汀汇考》全书找不到"中原人南迁"的影子、无"客家"二字来否定汀州客家。中央政府及一些领导人对汀州（闽西）客家的肯定、对中国不存在"土著人"的阐述，是经过调查研究后作出的决定。如"客家文化（闽西）生态保护实验区"的批复，是福建省有关部门在2010年6月申报后，2017年1月才批复的，经过7年多的时间调查研究，才作出的决定。如此慎重的一项决定，许怀林先生竟然无视，难道一份当代的中央决定书和领导人的表态，还不如一本古人编写的古籍更具权威性？汀州是客家重要区域，是经过百年以上研究的结果，绝不是个别人想否定就可以否定的。

二、汀州客家是以南迁汉人为主体的族群

许文说"翻阅《临汀汇考》全书，找不到'中原人南迁'的影子，无'客家'二字"。"从汀州人自己的著作中看到，福建省内，汀州地区，历史上无所谓'客家'之说，尤其是没有'客家人大量从河南、安徽迁来'的论断。"但历史的真实是否如此？我们应该用唯物史观来看历史。

汀州唐开元二十四年（736年）检索3000户流民，唐天宝元年间（742年）4682户，北宋元丰元年（1078年）81000户，南宋宝祐年间（1253—1258年）22万户。五代后，汀州人口狂增，难道是"土著人"膨胀？！相反，在唐后期到元代，这段时期中，汀州的原住民（以畲族为主）是在不断减少。《资治通鉴》记载，唐昭宗乾宁元年（894年）"黄连峒蛮二万围汀州"，遭朝廷镇压，在浆水口（今顺昌）"破之"。当然，"峒蛮二万"的数字不一定真实，因为当时宁化人口也只有二万余人，参加造反的主要是青壮年，不可能全部人口都去。这一数字有几种可能，一是虚报，二是所谓"黄连"不仅仅是宁化人，包括长汀周边的人口，但无论如何，经过这一造反，使原住民人口大量减少，应是不争的事实。宋朝后，由于北方南迁汉人大量进入汀州，主客矛盾加剧，汀州的畲族人口大量外迁闽东和浙南，使原住民人口减少。所以，猛增的人口，只能是北方汉人大量涌入。

许文说："尤其没有客家人大量从河南、安徽迁来。"但历史事实正好相反。以宁化为例，宁化与客家有渊源的姓有210姓以上，有明确迁入时间的为218姓族。隋以前迁入11姓族，唐46姓族，五代14姓族，北宋58姓族，南宋63姓族，元13姓族，明18

姓族，清6姓族，唐至南宋迁入181姓族，占83%。人口发展情况也如此，唐天宝（742年）1500户，北宋元丰年间（1078—1085年）10000户，南宋宝祐元年（1253年）38000户，唐天宝至南宋宝祐增长24倍多。

从宁化168姓的原籍统计：河南59姓、"中原"28姓、山西15姓、山东17姓、河北13姓、陕西7姓、甘肃3姓、安徽7姓、江苏8姓、浙江5姓、江西3姓，还有辽宁、广东、四川各1姓。其中"中原"的姓，原文没标注具体省份，应该是大中原概念，或者就是指河南。许文说找不到"中原南迁的影子""没有客家人大量从河南、安徽迁来的论断"。那只能说是古籍的失误。以上资料足以证明宁化人口大量是从大中原南迁的。宁化是汉人入闽最主要的通道，宁化客家人流向主要是闽西南、粤东北。所以可以认为宁化在汀州具有代表性。

三、汀州的发展进步功臣是南迁汉人

许文说："闽西汀州的历史轨迹表明，开发与建设山区的主力是土著居民，是他们创造出山区经济文化的辉煌成就，最显著的大成果是设县、建立州，使广袤山区顺利进入主流文化圈。土著的这项大功劳，无'南迁者'与之瓜分。"

许文说："开拓山峒，把荒野变为文明的突出功臣是老土著。"说汀州历史上首位名人、最值得纪念的开峒功臣是巫罗俊。《人物考》的第一人巫罗俊，对地方有五大贡献：其一，黄连峒为巫祖所开辟。其二，抵御动乱，保境安民。其三，发挥林木资源优势，增加山峒经济实力。"复运筹算，为程卓之策"。其四，适时归顺唐朝，获得顺利发展条件。其五，"益纠众辟土"，提高了山峒政治规格。还说，杨澜发表感慨："罗俊原是山峒一土酋耳。""虽然巫罗俊只是山中土人，却有超人的智勇。"

应该说，所归纳的巫罗俊五大功劳是符合历史事实的。杨澜称巫为"土酋"是不是就是山中的"土人"？

宁化《平阳巫氏四修缮》载："东晋末，五胡乱华时，巫暹由山西平阳避乱兖州，转迁闽之剑津，为巫氏入闽始祖。至隋大业间，巫暹裔孙昭郎率子罗俊迁闽之黄连峒，为巫氏开基始祖。"清康熙李世熊《宁化县志》载：隋大业之季，"黄连人巫罗俊者，年少负殊勇，就峒筑堡卫众，寇不敢犯，远近争附之……"可知巫罗俊是随父从福建南平迁宁化，巫氏迁宁化后，当代便为开发黄连峒立下卓卓功勋。他的功劳除了上述五个方面之外，还有更为深层的意义：他"开山伐木，泛筏于吴"不仅沟通了宁化与吴地的经济文化，更重要的是让吴地知道了宁化，使宁化名声在外。特别是在当时，第一波汉人南迁大潮的中原人，主要都滞留在江淮地区，这就为后来的南迁汉人引了路，指引他们源源不断大规模涌入宁化。巫罗俊并非许怀林先生的所谓土著是移民三五代以上"由客变土"，由原来的移民民族变为"土著人"。而且"三五代以上由客变土"的理论也缺乏依据，这一许氏定义不知从何而来。杨澜说巫罗俊是"土酋"，其义应该指他是一地方群众领袖，并非正统的受命；他是正宗的中原汉人，绝非"土人"。而且当时巫氏所领导的"远近争附之"的民众，也非全都是本地原住民，也有不少是由北方迁来的汉人。据统计，隋末以前，迁居宁化的北方汉人有11姓之多。其中包括协助治理、开发黄连峒的罗令纪家族。

宁化《豫章郡罗氏闽赣联修谱志》载：最早入迁宁化的是忠房企生公派下，南北朝时始基闽之沙县，为福建肇基始祖。廿一世景春，其子万发，隋开皇间由沙县迁黄连峒，廿五世令纪开创宁化建县历史。罗令纪是宁化建县始祖。

李世熊《宁化县志》中的《连山庙记》写道："庙在黄龙岗，离城五里，即广济桥之上，神廖姓，忠名，陈隋间人。"

宁化在隋末初得到开发，入唐以后，北方南迁汉人不断迁入，特别是在安史之乱后到南宋宝祐这段时期，可以用蜂拥而至来形容。正是他们的到来，为山区带来中原先进的精神财富和物质财富——特别是人文理念和生产技术——使得汀州在宋代大发展，特别是宁化和长汀。

清流、上杭、武平、连城在宋代都先后建县。汀州八县完成六县建置。

儒家的教育理念在北宋就有很好的表现，从兴学科举及人物的出现，都足以说明。汀州宋代进士60名，县均14名，是赣闽粤三区的第二名，若加上特奏名101名，则三区第一名。汀州在宋代建县的6县中，宁化30名，长汀27名，分别为第一、第二名。宁化30名进士中，全部都是南迁汉人，开基祖的近代后裔。《嘉庆重修一统志》卷四二五《汀州府》，名列其中的唐宋历代汀州人物11人，也全都是南迁汉人。他们为推动教育和文明进程起很大作用。宋代汀州是客家人文中心。

宋代的汀州，是经济大发展的一个时期。由于南迁汉人的猛增和先进技术的引入，汀州在农业、矿冶、手工业和商业贸易等方面都有很大发展。

农业，由于人口激增，大量荒地得到开垦，改畲族人"刀耕火种"为水田稻作，大力发展水利，发展多种作物等等。

矿冶生产，从无到有。蔡骥在《闽西客家社会形成的背景》一文中说："至今为止，笔者在有关史料中发现50多个宋代闽西矿场、矿坑或矿务的名字。宋时的所谓'场''坑''务'者，均为矿业机构的名称，前两者为采矿地，后者为国家设置的矿冶税务所和矿产品收购站。""从宋代闽西矿业所具有的'双向开放性'特点，也能看到其对闽西的族群文化的融合地域文化的生成起了重要作用。概言之，一方面，官营的性质和相当的生产规模，决定了当时文化水准较高的汉族会在矿场作业和矿产品流通等方面占主导地位，从而使'汉化'成为族群文化的融合及同一化的基本方面。"[①]

[①] 载《第六届国际客家学研讨会论文集》，北京燕山出版社2002年版。

还有陶瓷业、造纸业、印刷术、纺织业、商业等等，特别是汀江的疏通和开发，这些就不用多说了。

上述汀州的大发展，难道犹如许文所言"主力军是土著居民""土著的这项大功劳，无南迁者与之瓜分"？如果是如此，为什么要等到南迁汉人涌进之后才发展？后梁贞明元年（915年），闽王王审知建铅场于宁化县，翌年铸铅钱与铜钱并用。这一决策，如果宁化是"土著人"的世界，有可能吗？"土著人"掌握铸造技术吗？而且是钱币，不是一般的铸造产品。

四、汀州的客家礼俗是古礼的传承

许文说："分歧不是闽西有没有北方移民，而是应该确认客家人群原本是土著。他们的方言、民风习惯皆源于山峒，其文化发展的原动力来自峒民。"

"客家人群原本就是土著。"我们在前面已经具体说明，客家人群的主体原本就是北方汉人，这有非常具体的例证。如客家刘氏，原本河南人，刘祥在婺州当刺史，为避黄巢战事，于唐乾符二年（875年）率全家族40多人（含家丁）迁居宁化石壁葛藤坑（今石壁镇南田村）开基。刘氏在宁化发展得很好，从唐末到元初，代代为官。刘祥被奉为刘氏中代始祖，是客家开基祖。刘祥墓如今仍存。刘氏这一历史，是刘祥孙刘沐于五代后晋天福二年春（937年）主持首修刘氏族谱记载下来的。又如张虎带家族开发石壁千家围，如今遗址尚存。如此的历史故事很多，不是没有，只是文者不知，或知之而隐去。

汀州的"方言、民风习俗源于山峒"一说，完全不符合事实。畲族保留了一些习俗，如晒祖图、春节祭祖图、不吃狗肉等，但如今已很少保留，特别是刀耕火种的耕作文化已不存在了，而方言则早已无存。客家礼俗源于中华古礼，传承了三代的婚、丧、节、庆，这是汀州客家礼俗的根基。

广东梅州清代传人、外交家、教育家黄遵宪（1848—1905年）《己亥杂诗》第二十四首曰："荜路桃弧辗转迁，南来远过一千年。方言足证中原韵，礼俗犹留三代前。"他在第二十六首诗下注曰："客人来州，多在元时，本河南人。五代时，有九族随王审知入闽，后散居八闽。今之州人，皆由宁化县之石壁乡迁来，颇有唐、魏俭啬之风，礼俗多存古意，世守乡音不改，故土人别之曰'客人'。方言多古语，尤多古音。"

关于汀州方言问题，许多语言学家都做了正确的判断和论证，它是源于古汉语的。客家方言被视为"最后期的古汉语"，汀州方言属客家方言是毫无疑义的，绝非源于山峒。

关于汀州礼俗，笔者在1995年由福建教育出版社出版的《客家礼俗》一书和2007年由海峡文艺出版社出版的《客家文化研究》一书中《论客家民俗的历史渊源》一文都基本阐明清楚，不再重复。明崇祯版《宁化县志·风俗》中说："宁化'冠婚丧祭间用古礼'，'男不逐末而事耕读，妇不蚕丝而专纺织'。"这些应该都是中原汉族遗风。许文所谓"源于山峒"一说，不知有何根据。

对待古籍，也有个史观的问题。古籍有其历史的局限性，包括杨澜的《临汀汇考》和被称为"天下两部半"之一的李世熊《宁化县志》，也有其历史局限性，而且还有观点的问题。宁化的许多历史资料，书中都找不到，如果我们唯古籍是从，那么，它所缺失的资料就永远让它缺失，凝固地认定历史，这难道是正确的态度吗？答案是否定的。更重要的是，不能因为它的缺失而随心所欲地做不符合历史的揣测，用历史虚无主义的思维去解说历史。

汀州人是客家人，这是历史，是海内外学者长期研究所论定的，也是所有客家人自我身份的确定。本来这是一个不是问题的问题，但许怀林先生还是要进行歪曲。更重要的是，为什么中央政府已明确表示中国不存在"土著人"，许先生还是要把汀州的客家人变成"土著人"？这不是什么"标新立异"的问题。

"土著说"背离客家的汉民族天赋身份，是企图取消客家这个族群的存在。"土著说"，在20世纪末已受到批判，可如今又死灰复燃，但历史是不容歪曲的，汀州客家永远是客家。

守护客家魂

——探讨客家文化生态保护的深层面

宁化石壁客家公祠建竣之后，紧接着在公祠前面立了一方"客家魂"的石碑，是时任全国政协委员、香港南源永芳集团有限公司董事长姚美良局绅斥资亲自立的。碑上镌刻浑厚雄健的"客家魂"三字，它蕴含着深厚的客家文化底蕴：此处是聚集客家先祖英灵和客家文化根基的地方。立碑之后，华南理工大学客家研究所所长谭元亨教授创作了长篇小说《客家魂》面世。宁化以"客家魂"作为刊名，已发刊数十期。大家认同的是："客家魂"是客家文化的底蕴，是客家精神的标志。所以，本文不是阐述"客家魂"碑的守护，而是探讨客家文化生态根基的守护和传承。

客家文化生态根基的守护和传承，需要理论引领、文化自觉和措施执行。

一、理念引领

文化是民族的血脉和灵魂，自然客家文化也是客家民系的血脉和灵魂。客家文化生态是客家民系生存的基础和灵魂。生态是"灵魂的载体"，所以要守护客家灵魂，就必须守护好客家文化的生态，生态不好，何谈灵魂。

客家文化生态保护要有理论引领，明确客家文化生态、保护文化生态的意义和如何保护文化生态、守正创新客家文化。

（一）文化生态

马建华在《文化生态保护的理念与方法》一文中说："文化生态是文化与环境、文化与文化之间相互作用的系统。其环境要素包括自然地理、生活方式、技术工具、经济形式、社会结构、教育体制、价值观念、意识形态、政策法规等。其中每个环境要素的变化都会影响到文化的变化。事物的普遍联系观点是文化生态学的基本哲学。"① 概括起来就是自然的和人文的两大层面。自然指的是自然环境和社会环境。人文方面概括起来主要是生产方式、生活方式、文化心理等。自然层面体现在客观的时空环境之中，而人文层面则多体现在物质和非物质的文化载体之中，如生产、生活和礼俗等方面，体现在多种事象和文化心理之中。如客家人尊崇的"宁卖祖宗田，不改（卖）祖宗言"的理念。这种"言"不仅指语言，同时指文化精神。田，谁种都是田，本质不变，无外乎就是耕种方式不同而已，但田还是田，纵使田没有了，客家人还是客家人，本质上没有变。而言，却不一样，它是代表民族（民系）最有标志性的文化，如果自己的语言失去了，这个民族（民系）的重要标志也就失去了，这就是"言"不能丢的根本。许多海外客家人回到中国大陆，在有些地方听不到客家话，很是遗憾。他们忧心忡忡，认为失去了客家话，将意味着客家之不存。已故的全球客家崇正会联合总会总执行长黄石华博士就经常提到，很是担心。

（二）客家文化生态保护的意义

上述关于语言的举例，就说明文化生态是关系保种、保族、保身份的根本问题。

习近平总书记深刻地指出："中国有坚定的道路自信、理论自信、制度自信，其本质是建立在5000多年文明传承基础上的文化自信。""文化自信，是更基础、更广泛、更深厚的自信，是更基本、更深沉、更持久的力量。"

王蒙在《改革开放与文化复兴》一文中说："从广阔的意义上来说，地球上的一切人类所活动所积淀的业绩与成果，包括科技、经济、国防与政治成就，都是在人的追求、人的需要、人的三观、人的道德使命情怀（包括人的初心、乡愁与抱负）、人的主体性与人的组织能力，亦即在人类的或族群的与国家的文化驱动下结出的果实。所以说，文化自信是最根本的自信。"②

上述已把文化生态保护的意义说得很清楚、很深刻、很全面。我们知道文化能对个人和社会有教化作用，能解决当代人们面临的一系列难题、思路和启示，解决和保证民系不至衰落乃至消亡的根本性问题。就现实来看，我国历史性的伟大扶贫工程中，文化扶贫、文化脱贫与发展，是非常重要的一项战略和措施，已凸显了文化的力量，这已经得到了历史的和现实的充分肯定。特别是那些贫困的人民得到的实惠。一段时间以来，客家社会中，特别是国外的客家精英们有普遍的危机感，对客家文化生态保护有强烈的迫切感。如全国政协原委员、香港南源永芳集团有限公司董事长姚美良局绅在90年代初期便常回大陆寻找保护客家文化的根基。他在1995年5月同马来西亚客家公会联合会

---

① 载《福建艺术》2011年第5期。
② 载《国是》2019年1期。

萧光麟博士带领马来西亚156人的"中国客家文化寻根访问团"来到宁化，当时石壁客家公祠正在建设中。姚美良深知这一工程对保护和弘扬客家文化有特殊作用，便迫不及待地要求宁化加快工程进度，在年内举行落成典礼和世界客家人的祭祖大典。此后，他接连两次来宁化了解、催促工程进度，为工程落成和祭祖大典出谋划策，在东南亚各地奔走，宣传宁化石壁是客家祖地，动员大家前来参加大典。在他推动支持之下，宁化于1995年11月28日在石壁胜利举行公祠落成和祭祖大典。是在他的大力宣传和支持下，才能有新加坡、马来西亚、泰国及香港、台湾140余位和内地北京、江西、河南、广东等地的客属团体代表前来参加。世界16个国家和地区共216个客属团体和个人、20个国内单位和个人发来贺电、贺信，热烈祝贺祭祖大典。大典期间，姚美良主持召开与会的社团代表会议，与会者一致同意每年举办一届祭祖大典，时间定在11月份，那时学校放假，以便带孩子前来朝拜祖先，感受客家文化。姚美良在大典上致辞说："客家公祠落成后，将是世界上所有客家人的总家祠，是客家人朝拜祖先的圣地。我们作为客家人，为客家人从此拥有属于自己的朝拜圣地而深感自豪。""我相信，石壁客家公祠落成后，将吸引无数海内外客家人前来寻根谒祖，并形成一年一度的客家人朝拜祖先、祭祖热潮。这将有利于团结海内外所有客家人，增强客家人及所有华人华侨的凝聚力，加强新一代华人华侨的民族意识和对祖先故土的了解，有利于弘扬客家文化、振奋民族精神，使客家人作为汉民族一支优秀的民系，在世界大舞台上发挥更大的作用和影响。"他正抱着这样的理念而不懈努力。1999年他英年早逝，在世的最后四年间他到宁化九次之多。

石壁客家公祠作为客家总家庙，其中有极其丰富的文化内涵和底蕴，并通过祭祖仪式激发了世界客家人对自己身份的认同和文化追求，从而形成了以宁化石壁为血缘寻根和文化寻根为目的地的寻根运动，使石壁祭祖大典一年一年地延续下来并不断地热起来，这就是文化的力量。

上述情况，说明客家人对自己文化根基追求的意识就如干柴碰到烈火，一点就着。这除了对自己文化的热爱，就是有强烈的危机感，这危机感来自对自己文化的坚守，更是因为客家文化流失太多了，生怕最后丧失。这也是客家文化生态保护的紧迫性和重要性之所在。

（三）保护和发展方略

保护，首先要寻找文化的"灵魂"及承载"灵魂"的载体，把其最大限度地释放出来。譬如传统节日，有些民间传统节日能数百年数千年传承下来，自然不只是一种让人喜欢的形式、行为，而是更有其内在的文化内涵，这一内涵就是它的精神内核，它的灵魂。我们知道，大多数民间传统节日都有其传统庙会，而庙会不外乎纪念民族英雄，或匡扶正义的好官，或民族的道德典范，或地方贤达，或驱邪保平安等等。通过庙会的仪式,宣传道德伦理、正能量的文化精神,这是传统文化灵魂的一种表现。苑利认为:"这些庙会不仅充满正能量,还蕴含着中国人丰富的精神世界和文化传统,而恢复充满正能量的传统庙会与仪式就是寻找传统节日灵魂的表现。"[①] 当然,民间传统节日中也有迷信的东西,有的把正面的内容用迷信的形式加以运作,使正能量的实质变味,这就需要在传承之中守正创新。

二、要有文化自觉

要探讨更深层的客家文化生态并把它保护好、发展好,要有文化自觉。这一自觉,首先是一种文化上的认识和觉悟,是一种内在的精神力量,有保护和繁荣客家文化强烈的责任感和不断追求,更是对文化创新与开拓的具体行动。

文化自觉,要有政府的保证,同时还要依赖于文化主体的公民。公民有了文化自觉,才有文化生态保护的主动性、群众性和全民性,形成如爱护自己眼睛一样爱护文化生态的自觉,将客家文化遗产原地原状保存下来,使之成为活化石而长久保存在文化生态之中。

文化自觉更重要的还是行动,要有方略、有具体措施的落实。在落实中,贯彻"守正创新"的原则和精神。如何"守正"?如何创新?如何发展?这些问题搞清楚之后,才知道"正"是什么。传统文化中,良莠都有,守良弃莠,是个原则问题,但如何区别什么是良,什么是莠,是个是非问题,要严格区分,不能一刀切,要接受过去的教训。要避免自然湮灭,防止无意识的损坏,更要抵制和反对有意的损坏。

我们强调文化自觉,不是依赖文化自觉,放任自流,党政领导是文化生态保护和发展的最基本最重要的保证。只有在党政直接领导下,提出保护和发展的方针、计划、措施并紧抓不放,方能使客家文化生态保护实验区的各项工作切实落实,取得切切实实的成就。这一文化重大工程的落实,还要靠党政领导及相关部门主动作为,协调一致,通力合作,形成客家文化生态保护和发展有效、持久的群众性运动。

三、措施落实

保持客家文化生态,不能只是坐而论道,要付诸行动。要有明确的目标,要有政策的保证和切实可行的具体措施,并有组织保证、制度保证、人力保证、经费保证,要营造有理论、有认识、有行动的氛围。

---

① 苑利《寻找与传承——谈传统节日中传统庙会与形式》,载《人民政协报》2021年3月15日第11版。

（一）组织保证

就是领导的保证，相应成立统揽全局的领导机构，并要有具体有力的抓手，就是具体抓落实的部门。因为这一文化工程涉及多方面，所以这一领导部门要超出单一部门的职能，综合各方面的力量抓全部文化工程的实施。

要制定纲要和具体方针、措施并拿出保护的具体项目和内容。如按文化符号分类，收集整理文化资源，按不同的类型提出具体的保护措施和转化发展的方向。措施中，要坚持"守正创新"和"创造性转化、创新性发展"的方针、理念。创新、转化、发展是为了更好地保护。如客家文化生态保护如何同乡村振兴有效对接，这是一个非常现实而有深远意义的方向。

（二）制度保证

制度建设是提高民众文明素质的重要一环。文明素质包括多种要素，自律意识的形成有两种方式，一是"道德自律"，它是道德驱动下形成的；二是"制度自律"，它是在制度约束下形成的。在严密的制度约束下，个人的行为就会形成惯性并最终成为主体的"下意识"或"自然反应"，这样，他律转化为自律。

制度具有根本性、长期性和稳定性，它使社会活力的释放和多元文化的实现有切实可行的工作抓手。

制度可以有全局性的，如县一级、乡一级、村一级。也可以有单项的，如某个历史遗址、某个古建筑，都可以单独提出保护措施和开发方向。

要制定一套行之有效的制度。如已经实行的文物保护的标志和相关规定，非物质文化遗产保护和传承人等等。要有奖惩措施，对保护、传承、创新有贡献者予以奖励，对破坏者予以惩处。这些都要有明确规定，并发动乡村制定乡规民约，还可以让宗族制定族规，就如护林防火，实行河长制一样。

（三）人为保证

人力，不只是专业人才、专业队伍。当然这些不可或缺，他们应是骨干。但更重要还是激发民众的主体作用。同时要发动和组织志愿者队伍，形成在专业人员的指导下的全民运动，才能真正有效地实现客家文化生态的保护任务。

在形成文化生态保护的群众性运动的同时，大力开展文保知识教育，加大宣传力度。要充分利用各种形式、各种渠道、各种机会和各种平台，进行文保的宣传活动，让大家都知道什么是传统文化生态，它的价值如何保护、如何创新、发展等等，使大家有共知、共识、共鸣，形成一种群众性的"觉悟"并引导到行动之中。

（四）经费保证

文化生态保护是一项伟大、复杂、繁重的大工程，需要大量的经费。所以要健全完善文化遗产保护资金社会化投入机制，建立以政府投入为主体，社会广泛参与的多元化运作方式，吸引民间资本，确保文保的经费来源。要制定相关的社会资助政策，对提供资助的企业和个人，一是要有荣誉奖励制度，二是要在税收政策方面优惠、减免，鼓励以个人名义设立基金会。还可以利用宗族的社会团体和宗族乃至个人承担有关的文化项目，如宗祠、墓地及其他宗族性的标志性项目。许多文物和遗址、遗产都有姓氏宗族的属性，他们有保护的积极性和责任，所以这方面的力量要充分发挥出来。要营造保护客家文化生态人人有责的氛围，动员全社会的力量。

（五）平台建设

文化平台是重要的文化阵地，包括祠堂、庙宇、舞台、园林、场馆等等。古旧的要保护、维修，有历史文化价值的要修复乃至如旧重建。也还要新建一些。近些年，各地建了不少博物馆、纪念馆、文化广场等等。把可移动文化保护起来，展示给人们，让它活起来，既起到保护作用，又起到启迪、教化作用。在文化广场、公园中，展示名人、传统习俗、传统语言等，喜闻乐见，在不知不觉的游园中得到教育，得到心灵的享受。宁化兴建的客家公祠、世界客属文化交流中心和长征出发纪念馆等大型建筑，吸引了世界客家人接踵而至，起到文化高地的作用。得到政府和客家人士的充分肯定，同时建设了大量的赋有文化内容的园林，而且不仅城区，在乡村建设中也少不了文化园林建设，把传统农耕文化、生活文化、宗族文化乃至民间俚语、方言都融入其中。同时把县城里的每条街道、桥梁、公园都命以富有历史文化内涵的名字，起到很好的文化生态保护作用。把传统文化保护和乡村振兴有效衔接起来，使文化获得新生，不仅使传统文化有效保护起来，同时充分地发挥了它无可限量的作用，反过来又有效地保护了文化生态。

我们从中看到平台建设不是为建设而建设，而应是在保护的基础上，贯彻创新、协调、绿色、开放、共享的发展理念，更好地服务于客家文化、经济、社会的发展。

在平台上，展现历史文化、农耕文化、民俗文化、建筑文化、伦理文化乃至语言文化等等，让平台成为人们的文化、经济的集体活动和展示公众的精神家园。

习近平总书记在福州三坊七巷考察时，对游客和市民谈话中强调："保护好传统街区，保护好古建筑，保护好文物，就是保存了城市的历史和文脉。对待古建筑、老宅子、老街区要有珍爱之心、尊崇之心。"[①] 讲话很有深意，保护客家文化生态同样要有珍爱之心、崇尚之心，有感情才能做好保护和发展工作。

---

① 载《三明日报》2021 年 3 月 26 日 A1。

客家文化生态保护实验区建竣不是一县一乡的事，而是全部闽西人的大事，是一项综合性、系统性、长期性的全新工程，是一个地区的总文化工程，所以需要各县之间互涵、融合、合作，既要协调共性，也要突出个性，合力把客家文化深层次的根性、灵魂凸显出来，通过保护、传承把客家文化精神激发出来，为中国特色社会主义建设、中华民族伟大复兴和民族统一作出客家人的特殊贡献。

客家孝道浅议

孝被认为是中华民族传统美德中最为重要的内容，被看作是传统社会的核心价值。"百善孝为先，揭示了孝为爱之源头、忠之基石、和之酵母、仁之根本。"（国务院参事室、中央文化史研究馆《工作通讯》2020年7月）客家是中华民族中汉族的一支民系。客家孝道，也是中华民族孝道的范围，它继承中华民族孝道，同时又有自己的特点。"敬恭桑梓，力行孝悌"被认为是客家文化、客家精神的重要组成部分，因为他们为避兵灾和饥荒而筚路蓝缕，颠沛流离，长期居无定所的逃难生活使他们更加思念家乡，思念祖先，从而发展为更强烈的孝的情怀。如在逃难途中，肩背祖先遗骸跋涉，定居下来方才下葬。

客家孝道有许多突出理念和表现，在集体规范、自觉践行的长期传承等方面都有其特点。

一、集体规范

中华民族孝道的规范早在先秦时期的"三礼"和儒学之中就有明示。但客家形成于宋，作为客家孝道，自然是在客家民系孕育之中开始表现，而实际可以追溯到中原汉人南迁时期，也就是在五代之前，如背着祖先遗骸南迁就是其突出表现。这些人大多是客家先民，所以应归入客家的范畴。他们进入赣闽粤边地之后，逐渐变为客家人。

中源汉人聚焦在赣闽粤边休养生息之后，不忘祖先遗训，开始规范新的孝道行为，集中表现在诗、谱、祠等方面。

（一）用诗的形式加以规范

如黄峭山的嘱子诗：

> 信马登程往异方，任寻胜地立纲常。
> 年深外境犹吾境，日久他乡即故乡。
> 朝夕莫亡亲命语，晨昏须荐祖宗香。
> 唯愿苍天垂保佑，三七男儿总炽昌。

黄峭山是邵武人氏，客家黄氏的开基祖。三妻二十一子。时为后周广顺元年（951年）正月初二，黄峭山召集二十一房子孙，宣布三位夫人各留长子外，其余十八房子孙各自择地生息立业。特作诗相赠，嘱咐子孙铭记，作日后相认依据。

客家刘氏族诗：

> 骏马骑行各出疆，任君随处立纲常。
> 年深外境皆吾境，日久他乡即故乡。
> 早晚勿忘亲命语，晨昏须顾祖炉香。
> 苍天佑我卯金氏，二七男儿总炽昌。

该诗是刘广传所作。刘广传出生于宁化石壁，也是客家刘氏开基祖刘祥的第十四代孙，南宋端平二年（1235年）登进士，授瑞金县令，后出镇潮州都统制，自宁化迁广东潮州，后迁梅县，二妻十四子。此诗起初为儿孙符节而作，后被刘氏族人奉为族诗。

客家《迁流传》：

> 人禀乾坤志四方，任寻胜地立纲常。
> 年深异境犹吾境，身在他乡即故乡。

这三首诗都明确表达了孝道的集体规范。三诗都有"立纲常"之语，"纲常"即为三纲五常。"三纲"者，"时常是指君臣、父子、夫妇这三大伦，之所以称其为'三纲'，是因为认为这三伦关系对其各伦乃至所有人伦关系起着规范和引领的作用，因为它们是一切人伦中最重要的，代表'人伦之纲'或'人之大伦'"。可以"理解称为'三纲'之本义"。[①]诗中的"须敬祖宗香"或"须顾祖炉香"等，都很明确。它是客家伦理意识、宗法观念，是孝道的一种规范。它表现了客家人"四海为家"的价值取向，是驳离中原"安土重迁""父母在不远游"观念的本质转变。

（二）客家族谱、族规、家训都充分体现孝道的内容和文化意识

族谱被称为"地方史书""文史宝库""无形的祖宗言"等等。宗族修谱，最主要

[①] 方朝晖《试论"三纲"的两种含义及其历史演变》，载《文史哲》2020年6月，第22页。

的目的就是为维系宗族的血缘体系,继承和垂范传统的宗法,传承孝道。

族谱中的族规、祖训,是一个宗族道德规范和价值取向的体现。各宗族的族规、祖训,尽管文字表述不尽相同,但内容并无大的差别。而其中最为一致的就是"孝道"的内容,无族不有。正因为族谱有延续血缘的功能,所以客家人对族谱尤为重视。他们在急忙离开中原老家时,大多都没办法带着族谱走(因为族谱不可能每家都有),而南迁后,一方面怕"断代",一方面离开故土而更加思念故土,思念祖先,所以他们到了赣闽边区后,安家未稳便急着建祠、修谱,而且延续不断地继承下去。我们经调查,发现宁化的修谱有早、广、密的特点。

早者,如客家刘氏开基祖刘祥唐乾符二年避害黄巢之乱,迁居宁化石壁,第三世刘沫于五代后晋天福二年主持首修客家刘氏族谱。客家杨氏始祖用蕃唐末适居宁化,北宋元祐五年(1090年)杨四郎主修杨氏族谱。吴氏始祖于后唐同光二年(923年)迁居宁化,宋开庆元年(1259年)首修吴氏族谱。

广者,宁化160姓中,有66姓有谱,凡人口较多的、有祠堂的姓都有族谱。没有族谱的姓,主要是人口很少,有的是非宁化籍的,或者到宁化工作、经商或从事其他职业的,没有形成宗族。

密者,宁化自五代开始编修客家族谱,明代兴起,清代密度最高,20世纪90年代又出现新的高潮,一般20至30年一修。起伏的情况,同社会政治背景有关。安远镇封氏于明代末迁入定居,至今繁衍11代,共200余人,至1995年已八修族谱。宁化张氏有42支,其中最早的首修于嘉祐八年(1063年),十修以上的32支,占76%。十三修的、十四修的达18支。其中一支自清道光五年(1825年)至民国二十六年(1937年)112年间,修谱5次,平均22.5年一修。宁化周氏修谱22次,管氏则达32次之多。

宁化这一修谱特点,可谓是客家地区的典型。

族谱中饱含了丰富的文化信息,族规、祖训也是其中的重要内容。而族规、祖训中孝道的规范又是重中之重的内容。这些内容每部族谱都不可或缺,毋用赘言。

(三) 祠堂和祠堂文化

祠堂象征着"祖神聚集"的地方,记录着宗族的血缘渊源。慎终追远、敬祖睦宗是中华民族的优良传统,更是客家民系的优良品德。

祠堂功能是多方面的,是族人祭祀祖先的场所,这是建祠的主要目的,上祀祖先,下系宗人。所以它是供奉祖先的场所,也是维系宗族的场所;是族人追悼祖先,表达孝心的场所;是族人集会场所;同时它还是展示宗族历史文化、教育族人的场所等等。

"尊祖敬宗,实为溯本追远之正务。"客家人对宗祠非常重视。有的客家人因为入迁定居不久,族人不多,财务也不够,无力单族建祠堂,便同相邻他姓宗族联合建祠。有的祠庙合一,把神和祖同祀一堂。有的则把祖屋作为"香火厅",待有能力后再建祠,但祖屋"香火厅"仍然保留,作为房系的祭祀场所。宁化有祠堂的房系都有香火厅。有的村同一姓有多座祠堂。如宁化县曹坊镇罗坊村有三座黄氏宗祠。据其原因,是不同的祖系各自建各自的宗祠。淮土镇大王村有三座王氏宗祠,其中的上、下祠是两个兄弟的支系所建,另一座是"总祠"。

宁化宗祠之多,建筑历史之古,建筑风格之传统都有其独特性。宁化一县是65姓235座祠堂,平均每姓3.6座,而张姓一姓宗祠达52座。建祠最早是宁化巫氏"青州公祠",建于唐麟德年间(664—665年)。宁化罗氏总祠建于五代,谓"井匦堂"。宁化祠堂基本都是宫殿式建筑,特别门楼,飞檐斗拱气势恢宏。

祠堂文化非常丰富,其特点是突出"孝道"的内容。如堂号,就有"追远堂""思远堂""思本堂""敦睦堂"等,冠堂号的22个。还有"思源堂""敦友堂""思源堂""思孝流微""孝友堂"等。而前三个堂号,宁化有21个祠堂,"敦睦堂"则有22个。祠堂内的堂联更有丰富的文化内涵,其中有宗族的历史渊源、名人事迹,对宗族和族人的期望和激励,以及伦理道德等等。各祠有不同的表述,而对"孝道"则十分明确、一致。如:

福建永定高陂王氏明经宗祠联:

出门思祖德,入户念宗恩;治平天下最,孝义古今稀。

福建连城县四堡马氏宗祠堂祠:

孝道必常怀,春露秋霜,祀列祖于明堂,彝伦悠序;思亲宜追远,水源木本,集群裔于寝室,俎豆重光。

广东梅州卜氏宗祠堂联:

尊祖敬宗,登斯堂可无愧否;光前裕后,展此地能勿思乎。

广西柳州柳江建都朱氏宗祠堂联:

尊祖敬宗,慎终追远,庆繁衍以椒柳;父慈子孝,兄友弟恭,此根本依葛藟。

当然,祠堂文化中表述"孝道"的还有很多,在此就不一一叙述。

二、客家孝道的实践

朱承在《"孝"是公共规范还是个人美德》中说："从关联政治的角度来看，'孝'具有公共规范的功能，能实现公共政治意义上的目的。作为一种公共规范，'孝'要求人们在社会生活中必须予以履行，具有强制性。但我们知道，从常人的生活感受角度来看，'孝'是子女对父母的情感、行为之综合体现，是个人的家庭事务，更是个人主观意愿内的事情。换言之，'孝'是人们在血亲关系基础上形成的对父母的私人情感和日常行动，具有个体性的意味，或者说'孝'更具有私人美德的意味。在这个意义上，行孝就不是公共政治的要求，而是个人美德的体现，是个人积极发挥个体的意志、情感和理性所形成的美德，虽然在道德意义上值得提倡，但并非严格的、强制性的公共规范。"（《中国社会科学文摘》2020年3月）

父母与子女之间的情感关联是孝的核心。这一关联除了在日常生活关爱、孝顺之外，还集中体现在丧葬礼仪之上。

《周记》云："以丧礼哀死亡。"丧礼是儿孙对祖先的一种哀悼，同时也是一种孝的体现。所以，自周以来，千百年来，中国人把它很好地沿袭下来，而客家人对此的沿袭有过之而无不及。如背遗骸逃难、二次葬、"捡骸贮金"就是典型。丧礼也极奢。杨澜在《临汀汇考》中抨击客家丧礼之弊端，他写道："送死必极奢，酒席尤丰。稍不如俗，群斥为不孝。中人之产立破。士大夫知其非格于俗，议不敬异……彼丰于酒，几等乐忧，不但破家伤亲，心非孝也。"宁化清代大书法家、名吏伊秉绶在清嘉庆年间撰修的《伊氏族谱》中，特别加上"族箴"条目，写道："翠庭先生闻兄偶录云"："吾邑中居丧不用浮奢者，独伊文虹先生家，其子孙已历九世矣！秉绶窃思：忍言死者有罪，则失之诬，即使有罪，邑谷能荐？则失之愚。至于举家信佛，六亲送斋，鼓乐齐哗，全无哀痛，不孝之大，吾族宜切戒！妇女之外氏倘不明礼忌，即以谱示之。"以上两则，虽然批评的是葬礼之弊病，但它所反映的还是"以丧礼死亡"的理念。宁化有的人家因无资办丧礼而把丧礼推迟举行，有的达三年之久。丧家虽有世俗的压力，但仍是孝的内核所致。

"孝"中存在着一个关键要素，那就是要对父母顺从，无论在家庭还是公共生活中，"顺从"都是秩序建构与维护的核心因素。客家人对"孝"的理解正有此义。客家话中很少讲"孝"的单词，一般都和"顺"连起来说，即"孝顺"。也就是说孝有顺的含义。在这里记一则故事：

奉节县于清末编修的《刘氏考订谱》中记载：十四世祖秀标公，生于大清乾隆三十九年甲午岁元月九日寅时，系广东省潮州府（今嘉应州）兴宁县南厢。14岁时，因家计窘迫，公母彭孺人谓公曰："吾土田所产，举家难赖，汝次兄已往川省，汝亦可自出营生，第留汝弟秀林在家可也。"公初不忍承命，彭孺人曰："母命也，切勿违。"公不得已，辞弟入川，往重庆府江津县里油溪镇，寻一宗主，与伊牧中。数年公独为之，积蓄渐厚，公年是三十，久慕慈亲彭孺人尚在家乡，妥归粤，欲扶彭孺人来，以伸孝养，孺人不允，公遂承欢膝下，不废晨昏，乃一年许，孺人曰："不孝有三，无后为大，汝仍还川，数年归觐可也。急叫命，毋违。"公承命还川娶祖妣菁孺人，为助于家。继此复归粤三次，计公三次归宁，共运回银三千两，至衣服饮食，每次必多具以归。不数年彭孺人没矣，凶音遥至（音云：孺人丧葬请举，业已治妥。且云孺人遗命，命公不必归粤。秀标公悲哀不已。从容修斋。公乃不复归粤）（原文有所删略）

刘秀标是客家刘氏开基始祖刘祥的十六世孙刘广传的十四代孙。此则故事充分地表述了"孝"和"顺"的客家传统。并把二者很好地结合起来。既要尽孝，又要听话，顺从母命，虽才14岁，但母命难违，只得顺从，同时在顺从的同时，仍然不忘尽孝，表现得淋漓尽致。以此故事在客家地区很普通，不仅族谱多有记载，地方史志也有很多记载。不胜枚举。"孝顺"虽不是客家的"专利"，但客家人确有特别之处。如近30余年来客家人的寻根运动，便是一种既是个人情感，也是集体的孝道表现。（下面有较详细的阐述）

三、当代客家孝的传承

中华姓氏起源可追溯到距今五千多年的伏羲氏时期。自伏羲开始，"正姓氏，别婚姻"，是中华文明的开始，始氏宗族的形成，确立了血缘的顺序，可以认为是孝道的开始。有了血缘关系的确立，便有了长幼之分，意味着尊长意识和孝道的萌芽。客家祖源在中原，中原是中华孝道文化的核心区，客家传承的就是中华正源的中华传统孝道，前面已有记叙。近代以来，特别是五四新文化运动以来，人们开始在西方文化自由平等思想的影响下，重新审视家庭关系，对父子之间的权力和意志服从关系进行了反思。新中国成立后，特别是"文化大革命"运动，对儒学的批判，破"四旧"、反"牛鬼蛇神"，中华传统文化遭到严重破坏，祠堂、族谱都被当作"四旧"，祠堂没被拆废的便被征作他用，族谱被收缴，进行焚烧、丢弃。葬仪、扫墓、祠祭都停止了。在国外，华裔客家人都已数代了，受西方文化的影响，青年人对中华传统文化、对中华传统孝道逐渐淡忘甚至嫌弃，使老一辈客家人普遍滋生了中国传统文化传承的危机感。中国改革开放后，海外客家人不断回国寻根觅祖，寻找祖地，这一行动通过客家组织和领导人的组织逐渐地形成一种运动，即客家寻根运动，并逐渐热起来，成为群众性的自觉行动。这一运动是以血缘寻根和文化寻根为核心内容的行为，实质上也是为了弘扬孝道的运动。

寻根不仅是海外客家人，中国内地在改革开放后，也活跃起来。在20世纪80年代的一开始，编修族谱也多起来，90年代达到高潮。如宁化，据2007—2008年调查统计，

1990年至调查时间新修族谱260部。比之前的98部，多了162部。祠堂被征用的归还原主，新建的也不少，扫墓、祭祀也恢复起来。传统恢复的同时，寻根活动也多起来，这些与海外的寻根运动相互呼应并相互促进。

20世纪90年代初，海外客家人寻根到宁化，他们带着族谱，但时过境迁，有的村庄不复存在，有的已改名了，有的开基者全部他迁，这使不少寻根者感到失望，但他们认定了宁化或石壁，所以临走时捧走石壁的一把土和一勺水，以作祖地"水土"纪念。此情此景，宁化的党政领导和办事者都看在眼里记在心上。为了满足客家人慎终追远、寻根谒祖的需要，宁化县政府决定斥资在石壁兴建客家公祠，1992年奠基。

1995年5月23日，马来西亚客家公会联会会长肖光麟亲率156人的中国客家文化寻根访问团来到宁化石壁寻根访问。这是宁化接待的第一支人数众多的寻根访问团，它开启了海外客家寻根运动，影响巨大而深远。该团由全国政协委员、香港南源永芳集团有限公司董事长姚美良局绅为总顾问。当时石壁客家公祠正在建设中，姚美良、肖光麟经过考察，认定石壁是客家祖地，要求公祠加快建设进度，年内落成，并举行祭祖大典。肖光麟在捐献仪式上动情地说："我此番组团来宁化寻根访问，就是要让海外五千多万客家人都知道和了解客家人南迁第一个落脚的祖籍地是在宁化石壁村，只有这里才是客家先祖所在地，是瞻仰宗族牌位的真正地方。将来我们还要组织更多的海外客家后裔来此祭祖。"他很好地践行了诺言，其后多次组团来到石壁寻根祭祖，并在石壁立碑。姚美良在致辞中说："宁化是无可非议的客家祖地。希望宁化县委、县政府要加大对海外的宣传力度，把宁化客家文化推向世界、推向海外，让更多的海外客家子孙都来认识宁化祖地，认识祖先并世代相传。"（《三明日报》1995年5月28日）

在姚美良、姚森良昆仲的大力支持下，石壁客家公祠落成暨首届世界客家石壁祭祖大典于1995年11月28日在石壁隆重举行。参加这一典礼的有来自马来西亚、新加坡、泰国和香港、台湾，以及梅州、河南、陕西、福建等地客家组织的代表60000余人，世界16个国家和地区216个客家团体和个人，20个国内单位和个人向大典发来贺电、贺函。有数十家媒体进行采访，向世界传播了大典的大量信息。

自此，以血缘寻根、文化寻根为宗旨的新客家运动很快热起来，并且持久地延续下来，直达今日，越来越红火。他们不仅到宁化，也到长汀、上杭等地，还去到河南。而前来的，仅宁化接待就有五大洲的40多个国家和地区，40余万人次。内地也有来自包括东北中东部的省市区。寻根者有各界各阶层的精英，也有普通百姓；有九旬以上的老翁，也有数岁的孩童；有坐轮椅的大洋彼岸的残疾人，也有青年客家妹子。有一位来自南美洲乌拉圭的姑娘，进至玉屏堂的神祖牌位前磕头大声痛哭，让人十分意外。一般人都会认为老年人更有念祖情感，而这位客家妹子打破了人们的世俗观念，在场者无不动容。

海内外客家寻根运动是一种孝道的集体表现。而孝道还有多种表现形式，个人在家庭、在社会上的表现是林林总总。在集体行为上也不少。如在国内上上下下成立包括血缘在内的姓氏文化研究会、宗亲联谊会。族长制被废除之后，各族都成立理事会主持宗族事宜，开展族间联谊。祠堂成为爱国主义教育阵地，扩大了"孝"的领域和内容。在修谱中，去伪存真，接续断代史，充实了体现现代伦理道德意识和价值观的文化内涵。如此，在组织、文化和行业上更加体现了既继承传统又不拘泥，让中华孝道更加适应当代社会文化的进步精神。

建言

开发客家祖地的设想和建议

县委、县人民政府：

石壁是客家祖地，这一认识逐渐被人接受，但如何真正确立石壁在客家社会的地位，使之成为客家人所共同仰慕的地方，成为客家旅游、膜拜的热点，从而吸引外资、更好地开发石壁、发展宁化，就此，谈几点个人的粗浅想法，供县委、县人民政府决策参考。

一、当前客家研究和活动的信息

客家社会的群众性组织，在海外有世界客属总会及其各地的分会、全美客家联谊会、泰国客属总会、新加坡客属总会、香港崇正总会、南洋客属总会、温哥华崇正会等，国内有广东梅县客家联谊会（名誉会长李坚贞、叶选平等）、深圳中国客家研究会。据悉，北京也成立了客家联谊会，华东师范大学原成立了客家人研究室，最近准备筹备成立客家研究中心，陈丕显、朱隆基同志都很重视，准备在上海拨出一块地建研究中心大楼，并筹备建立客家研究基金会。华东师大客家人研究室原编辑《客家史与客家人研究》一书，由华东师大出版社出版，去年陈丕显同志认为档次太低，刊名改为《客家学研究》，由上海人民出版社出版。该书第二辑一出版，非常畅销，一个香港同胞一次买去300本。1989年12月广东梅县召开广东梅县客家联谊会成立暨世界客属联谊大会，有美国等十个国家和地区的客家代表及大陆各地代表1200多人参加。会议开得非常好，大大提高了梅县的知名度和外界影响，会上代表捐赠不少礼金、礼品，仅礼金就有港币443200元、人民币29600元、日元260000元、美元15700元。

二、客家与石碧的关系

现在客家人遍布世界五大洲 70 多个国家和地区，共 5 万至 7000 万。据初步考查，他们大部分的祖先都由石壁（或宁化其他地方）迁出。据有关信息说明，李登辉的祖先是石壁人，还有如马来西亚吉隆坡奠其者叶亚莱、北加里曼州建立"兰芳大总制"的罗芳伯、圭也那的总统张亚瑟、新加坡原总理李光耀等也都是客家人。当然，他们是否都是宁化先辈的后裔，还有待进一步考证。近年来县志办不断挖掘、研究，提供客家方面的资料，特别通过今年春天的新闻采访活动，许多报刊和福建电视台都发表了石碧的信息，香港有的报刊也登载了，使石碧在外界的影响大大加强了，今年不少海内外的同胞前来拜访、寻根问祖，有的找到遗址，包了一撮土回去。

三、如何开发石碧，促进宁化的发展

宁化除了自然环境之外，在人文方面，有两大优势值得充分发挥其作用：一是革命老区。这是作为"发扬革命传统，争取更大光荣"一个极好的教材，是思想政治工作的有力武器。二是客家祖地。当今国内客家热正在兴起，海外的客家热久兴不衰，特别是近来的寻根问祖热高涨起来，台湾三个官姓同胞（祖籍石碧，是广东人）不惜花费几十万元（族人共同负担）寻根问祖，三次回大陆调查，大陆也有不少人前来寻根问祖。这一新情况，提醒我们必须抓住时机，充分利用客家这个牌子，作为对外开放吸引外资的桥梁之一，为此提出几点建议：

（一）加强舆论宣传工作

石碧的客家地位过去已研究和编写了一些材料，有的已发表了，有的将要发表，但宣传面还很不够广，而且要让史学界认定，还有相当距离，就连新编县志中的一些提法，省市也一再盘问，不太相信，许多人前来调查，由于掌握的资料有限，也难以应付，所以，加强调查研究并尽快地编出一本有充分说服力的书或资料是十分必要的。宁化客家研究会成立后，由于没有经费，无法开展活动。建议给客家研究会一定的调研和出版经费，以便更好地调查收集资料，加强宣传工作。厦门大学的教授陈国强打算到宁化同我们共同研究编写一部客家的书，也需要给经费（如吃住、外调以及出版费）。

若有经费保障，1991 年内定可编写一本 10 万字以上有关宁化客家的资料书，并公开向海外发行，相信必有益处。

筹备举行一次客家恳亲会暨学术讨论会。

除了加强史学方面的研究与宣传之外，还应加强文艺宣传。"芳草计划"已有这方面的内容，只待实施便是。

（二）在石碧搞一些必要的建筑设施

近年前往石碧采访、调查、访问的人不少，但是石碧原来建设基础较差，来访者感到古的不多，今的很少，厦大黄典诚教授为石碧写的一首诗中有"只今寂寞摇篮地，依旧萧疏蓬荜门"之句，民舍环境比较脏乱，许多来访者想照相留念但很难找到合适的地方。有的寻根问祖到石碧，确证其祖辈是石碧人，但已无遗迹，想烧香膜拜也无处进行，觉得故土已无萦怀之物，思故之情自然淡漠。为使石碧在外界造成更好更大的影响，在石碧搞一些建筑设施是十分必要的。

1. 治理村貌。现在已着手进行部分街道的整理，这是很好的，但要做全面规划安排。特别是道路、猪舍和环境卫生的整理，建议县直有关部门配合乡政府帮助石碧搞个规划，分期实施。

2. 在石碧适当的地方（公路旁）立一块"客家祖地"的大石碑。

3. 建一座公共建筑，供摆设外迁客家祖宗牌位、陈列客家文物、来访者休息座谈等，其名可谓"客家宗祠""客家陈列馆""客属公祠"等。此事在台的一些客家人再三倡议，他们想在台北搞一个，在石碧也搞一个，若能搞成，他们愿意捐助。本人在接待台胞时也曾试探，若建一个公祠，台湾是否有人捐助，回答是肯定的。

（三）更改地名

石碧，唐代以前叫"玉屏"，唐中叶改为"石璧"，五代再改"石壁"。后又改为今名。族谱史集均称"石壁"。史集和族谱各种资料所称"石壁"是个地域代称，并非仅指石壁村，其所包括的范围相似于现在的禾口乡。如今在海外记述石碧的称谓仍然都是"石壁"，也泛指石碧地区。所以说改"碧"为"壁"，在石碧新设乡的建立，或将禾口乡改名石壁乡，理由有三：一是石碧建设基础较差，一时难以搞上去，将禾口乡改石壁乡，使石壁的客观形象提高，也提供接待的方便；二是现石碧的范围大，访问者许多祖先原已在石碧本村，所以只达石碧便无处寻觅，地域上产生错觉，石碧接待也带来一定困难；三是给现在撰文、写书提供方便。现在我的记述中"石碧"都要加注，带来许多文字上的麻烦，而且容易误认为是两个不同的地方。

四、实施办法

1. 组织一个县、乡、村三级结合的领导班子，拟定一个总体方案和细则分期进行。
2. 提供一定的资金。除了县、乡、村都提供一些外，向外发动捐赠集资。如筹划建客家公祠，立一个牌位需捐赠一定数额的现款，向海内外发广告，通过此举，吸引一些客家同胞回来办企业或公益事业。

3. 加强石碧的抓点力量,现在主要是文化部门,人力较少,并且缺乏经济实力,最好能增加一个有经济实力的单位,做到宣传舆论与实际建设相结合。

4. 派人外出做宣传联络工作,包括国内史学界和海外客家组织及企业家,争取他们的支持和赞助。

1990 年 12 月 26 日

关于加速客家祖地开发促进旅游业发展的意见

宁化客家祖地的开发具有极大的潜力和深远的意义，它可以促进旅游业的发展，增加同海内外各方面人士的联系，并通过客家渊源关系引进项目吸引资金、技术和人才，以促进宁化县两个文明建设的发展。

为落实"加快改革开放"的精神，根据县委、县人民政府《加快改革开放的加速经济发展十六条措施（讨论稿）》第九条的精神，对开发客家祖地促进旅游事业的有关方面提出一些具体意见，若是可行，请予批转实施。

一、进一步确立旅游观光区

宁化县旅游业，应以客家祖地为依托，天鹅洞群为补充，或客家祖地、天鹅洞群互为依托，互为补充，从不同的角度吸引不同对象，使旅游对象更加广泛。因此，要把自东至西形成百里（公里）旅游走廊：东部，包含湖村（以天鹅洞群为主体）、泉上（以延祥古文化村和李世熊故居为主体）；西部，包含禾口（以石碧客家祖地为主体）、淮土（以淮阳老街刘、黄宗祠为主体。因为老街显得比石碧更为古老，刘氏祠代表客家刘姓始祖刘祥、黄氏祠代表客家黄姓始祖黄氏故地）；中部，即城区。一日整体旅游形成，便可以城区为中枢，东一天，西一天，中间再一天，形成三日游景区。

二、加速以石碧为中心的建设步伐

1. 石碧村根据已规划的三小区，目前已加速建设游览小区、客家公祠、客家接待站和客家民俗馆，要在上半年开工，春节前基本完工，明年清明节举行落成典礼。经济小区主街道在年内形成，民宅小区着手规划，年底搞出样板。

2. 从陂下始至南田沿路建设新街新村。陂下是石碧范围的东端，又是明代状元张显宗的故地。南田古称葛藤坳（坪），是客家人的另一个祖居地，在客家史上很出名，应列为石碧范围的观光点之一。

3. 淮阳是石碧范围的南端，据分析，隋末唐初宁化建镇始祖巫罗俊"开山伐木，泛筏于吴"是在淮土一带，木材自长溪下流石城小姑至直达长江。而且淮土老街保留比较完整，刘、黄氏祠也保存较好。刘氏祠的石狮是宋代造型，学者们考察时对此地很感兴趣。禾口至淮土的路上石坑里的"大夫第"是典型的客家围龙屋，很有研究价值。对古的要设法保护、维修，并在此基础上建设新乡村。

三、加快以天鹅洞为主体的洞群开发和配套开发

1. 近期在天鹅洞附近再开发一至两个洞。
2. 开发旅游农业和旅游林业。
3. 把开发延祥文化村作为中期开发项目，排上日程。宋代理学家杨时出生于将乐，但将乐很少杨时或其时代的文物，但是延祥却保留了杨氏丰富的宋、明、清文物，以及明清建筑群。清朝军机大臣孙毓汶送给延祥的寿匾至今仍挂在梁上。延祥的开发可以以泉上作为开发实验区建设结合起来，促进泉上的繁荣。

四、加强客家学研究和宣传

宁化的客家地位已在海内外形成很大影响，但是要取得学术界基本认同，还要做大量工作，要做更为广泛、深入的资料搜集工作，并进行系统的研究，编写出更加有说服力的论文、出版刊物和专著，更广泛地形成影响，使各界人士认同或接受宁化（或石碧）是客家摇篮、客家民系形成的中心地域，是客家人的祖居地等观点，从而使宁化在客家史的地位确立于史册。要达此目的，还要做大量工作：1. 要进一步调查研究，搜集资料。在县内广泛收集族谱，同时要走出去，到客家地区去进行考察研究。2. 挖掘地下文物，诸如石碧等地的古遗址、千家围以及考证各族谱记载的地方名今日之所在。3. 继续办好《宁化客家研究》，编写出版石碧客家史专著。4. 派人参加国内外各种有关会议，并出国去考察、宣传、集资。

五、在宁化举办国际客家文化艺术节

1. 内容：A. 编演大型文化踩街表演；B. 编演文化艺术晚会及联欢活动；C. 进行学术研讨；D. 游览天鹅洞；E. 参加考察客家民俗和古遗址；F. 祭祀；G. 经贸洽谈。
2. 时间：1993年清明节。

3. 人数150—200人，具体见《举办宁化国际客家艺术节的方案（草案）》。

六、开发客家旅游产品

根据客家人与东南亚华侨的生活文化习惯，开发宁化县富有特色的地方礼品，如"河龙贡米"要精制，小袋包装，渲染吉祥的色彩，成为一种吉祥物；辣椒干是东南亚人最喜欢吃的；薏米，亦可加工成粉；竹编；禾口土陶；祖地吉祥物；魔芋粉；阴币纸钱等等。

七、组织有关人员出境到新加坡、泰国、马来西亚、香港、台湾等地

一是宣传，二是筹集资金，三是收集资料，四是参加客家学的研讨活动，五是建立联系关系。最好年内安排两次出访，一是出访新加坡发动筹集资金，二是出席在香港召开的崇正总会成立71周年和世界客属总会十二届年会。

八、恢复石碧原貌，成立石碧乡建置

石碧，原称石壁，史料均用"壁"字，为同史料一致，宜将"碧"恢复为"壁"。石碧因为村级建置，所以建设等各方面很难有大的发展，若提为乡级建置，形成政治、经济、文化中心，便可加速建设速度。或者将禾口乡改名石碧乡，因现今的禾口乡址也非禾口村，若将禾口乡改名石碧乡，可把今乡址同石碧村统一起来，形成一个较大的地域范围。

九、成立石碧客家宗亲联谊会

宁化县现有客家研究会，属学术团体，不便更广泛地联络客家人，其活动范围受一定局限，为更广泛地联络客家人，便于同海外的客家组织沟通起来，拟成立"宁化石壁客家宗亲联谊会"，为群众性组织，其顾问、名誉理事长等职务都可以请海外知名人士担任，同海外客家组织建立正常密切的关系，同时也便于以此名向海外筹集福利基金。现在先成立筹委会。

十、加强领导

客家祖地的总体开发，要有一个领导机构进行直接领导，组织实施。1991年3月18

日县委下文成立"宁化县开发客家祖地工作领导小组",此组织的成员已有变动,是否将原组织进行调整实施,进一步明确职责,还是再成立一个领导机构,请县委、县府决定。在确定总的领导机构的同时,有些专项应确定专管领导。如石碧的建设、天鹅洞的开发等几项工作,领导小组办公室配1—2个专职人员,以便统筹联络各项工作。

以上意见若是可行,请批转实施。

1992年4月16日

关于打造"中国石壁客家祭祖大典"品牌的设想和建议

宁化"打客家牌"已有十余年,十余年来,在县委、县政府直接领导下,客家两会努力推动和实施,有关部门积极配合,取得历史性的成就,特别在对石壁的历史定位及在海内外的影响上,打下坚实基础,形成很大影响力。但总体看,其发展进度和实际效益等方面还是存在许多不足。究其原因,最主要是目标不明确,运行机制不适应,人力财力投放不够。鉴于此,如果要进一步打好客家牌,必须进一步厘清思路,明确目标,搞好机制,加大投入。就此提出个人一些不成熟的设想和建议。

一、目标的提议

宁化县委自1991年开始就有"打客家牌"的意向和举措,如决定兴建客家公祠,1992年举办首届客家民俗文化节和公祠奠基,成立客家研究会和客家联谊会等。然后在县委、县政府正式文件上明确提出把"打客家牌"作为改革开放、推动宁化经济、文化、社会发展的方略之一。同时采取了一系列措施实施这一方略,但始终缺少一个比较明确的短、中、长期目标,因此存在措施的懈怠性、随意性和暂时性。

客家两会这些年主要精力放在确立石壁的历史定位,广泛联谊,扩大影响力,营造石壁为世界客家人的朝圣中心。这一方略和实践是对的,也取得历史性的成就,但只是尽一个社团之所能,所以显得底气不足,行为乏力。

要把"客家牌"打好,打出实际成果,很重要的是树立品牌意识,确立品牌产品,取得品牌效应。

"石壁客家祖地"是一个品牌,这个品牌的效应,应该是达到确立、实现石壁为世界客家朝圣中心这一目的。为了达到这一目的,必要设置一些近、中期的目标,其一是打造一个不仅客家人认同,而且国家也认同的品牌,即"中国石壁客家祭祖大典"。

现在得到国家认可的华夏祭祀活动有黄帝陵祭祖大典、曲阜祭孔大典和新郑黄帝故里拜祖大典。这些已经形成定时的中华儿女非常尊崇的祭祀活动，已经成为中国重大的历史文化活动的一部分。这些地方由此获得丰厚的经济效益。我们宁化的"世界客家石壁祖地祭祖大典"自1995年开始，至今已举办12届。12届中，有县办、市县联办、省县联办等方式，近年举办机制推向海外，逐渐由国外客家社团主办，宁化承办。从机制上有所改革和扩展，但仍然举步维艰，既没有得到广泛的响应，更没有争办的气象。

目前客家热仍然方兴未艾，而且是在非客家地区热起来，如河南、西安、四川等地。西安是非客家地区。河南是中原的核心，同客家人也只是"远亲"的关系，近年来，看准了客家民系的庞大、族群意识的强烈，组织的广泛、活动的频繁，因此不懈地用中原文化吸引客家人。河南2003年举办了"世界客属第十八届恳亲大会"，从台湾引资，兴建投资2亿元的客家文化城。2007年4月在新郑举办"辛亥年黄帝故里拜祖大典"、在安阳召开全球客家·崇正会联合总会年会，8月将在偃师举行"中华客家朝圣城专家认证会"，拟兴建占地800亩、总投资约10亿元的"中华客家朝圣城"。这一建设的理念是要使偃师成为"客家人的麦加""客家人情系祖国的朝圣中心"。河南新郑已形成经中央首肯的一年一度的"黄帝故里拜祖大典"。四川也有许多举措，客家大本营的赣州、梅州、龙岩及河源各地也在争相打造各自的客家品牌。

上述形势，对宁化"打客家牌"是个严峻挑战和考验。如果不加强加速宁化的客家工作，将有功亏一篑的可能。为了实现石壁成为世界客家人的朝圣中心，使之香客不断、游客不止，首先要搞好每年一届的世界客家石壁祭祖大典这一大典，不仅要使海内外的客家人所认同、所支持，而且要取得中央的认可，纳入国家级的祭祀活动之一，使之具有权威性和影响力。

二、加强上层工作和学术研究

1. 做好上层工作。从现在起要对省、中央有关部门施加影响。在本省，取得省委、省政府把宁化石壁祭祖大典摆到与妈祖一样的位置，予以重视和支持。使文化部和即将成立的中华客属总会，把石壁祭祖作为一项联侨联台的文化工程。

2. 编好书刊。①办好《客家魂》。该刊现在是一年一期，是非正式出版物，所以其宣传面、影响力不大。为扩大宣传效果，一是增加期数，扩大发行；二是与三明客联会合作，让《三明客家》每年从2期增至4期，增加宁化方面的内容；三是利用《三明侨报》增设一版《宁化客家》，或在原有《三明客家》版中，增加宁化内容，每期都有，要有专人供稿。

②编好两本书。一是《中国石壁》或《中国石壁镇》；一是《宁化客家姓氏源流》（增订本）。最近石壁镇正在起动编写镇志，可以仍编镇志，但志书体例的局限较大，难以突出历史文化，故仅编镇志不够，要更有影响力并作为"石壁历史文化名镇""中国

石壁客家祭祖大典"的申办文字依据，还是写成突出石壁历史文化的《中国石壁》或《中国石壁镇》一书为好。

③举办第三届宁化石壁与客家世界学术研讨会。

④举办几次笔会。

3. 搞好客家博物馆。如果杨边崇正小学没有生源，是否可以考虑把它改造为客家博物馆。

三、搞好文物普查和文物保护

（一）收集族谱

客家主要姓氏有200多姓与宁化有渊源关系，至今只收到70多部族谱。宁化族谱的特点是首修时间早，修谱次数多，密度高。据不完全统计，宁化有族谱100姓以上，如今所收集的族谱不多，且不成套。最好是结合本届修志，发动各乡镇进行一次族谱、宗祠普查，尽可能把所有族谱收齐。

（二）进行文物普查、收集、保护、展览

宁化文物很丰富，但破坏、损坏、流失严重。组织一次抢救性的文物普查，把重要的尽可能收集起来，特别是关乎宁化的历史和人文的文物。对历史文化村落、姓氏祖坟、古墓、古老建筑、历史遗址等进行普查、登记、保护。

四、搞好几个大型活动

1. 切实搞好一年一届的石壁祭祖大典，把每届主办单位扩展到欧美。

2. 承办好2009年的"全球客家·崇正会联合总会"的年会。宁化县在今年4月份安阳举行的"全联年会"上已申办成功，开好这个会议，是为申办"世客会"（世界客属恳亲大会）打基础，一是"战前演习"；二是为申办"世客会"争取"选票"；三是扩大宁化在世界的影响；四是为争取中央有关部门认同和支持石壁祭祖活动。在全联会会议前后举行学术研讨会，在会议期间举行经济论坛等系列活动。

3. 申办世界客属恳亲大会（简称"世客会"）。鉴于宁化县的现有条件，最好锁定2012年，届时交通、接待方面可能更为成熟。申办"世客会"，应以宁化为主，由宁化承办，这样才有更大的影响力。因为在"世客会"的会议史上，尚没有一个县级单位能承办，如果以市级承办，已不足为奇，且不能彰显客家祖地的魅力。争取通过"世客会"在宁化的举行，确立客家石壁祭祖大典成为国家级的品牌地位，使石壁飞跃起来。

五、加强加速"硬件"建设

1. 加速客家祖地总体规划的实施。尽快分解项目，分期实施，特别要搞好推介引资工作。

2. 把石壁村的建设和客家祖地建设统一起来，实行两个一体化：一是石壁村与祖地建设的一体化；二是石壁镇与县城建设一体化。实行政策倾斜、资金投入倾斜、领导力量倾斜。

3. 加速会议场所、接待设施的建设。2009年的全联会面临最为突出的问题是会议场所和文艺演出场所的问题，应抓早抓快。

4. 加快交通建设进度。

六、建立健全工作运行机制

1. 成立宁化县客家工作事务办公室，为正科级别，作为"打客家牌"的职能机构，统筹实施客家工作。

2. 增加资金投入。宁化县的客家工作应是县党政工作的一部分，要由行政来抓，而不应依靠社团，所以不仅要解决好工作班子，也要解决好必要的资金。

3. 加强石壁客家祖地管理处的领导力量。管理处应定为副科单位，除正式任命专职领导干部外，为使石壁镇把客家祖地建设统筹起来，任命石壁镇一位副职领导兼任管理处第一主任。

4. 成立石壁客家祖地经营有限公司，以便建设资金的筹措和运作。

5. 健全石壁客家公祠董事会。董事会成立时，因时间紧迫，有些法律程序不完备，组织机构也不健全，有必要进一步健全和加强。

以上只是个人的拙见，特提出供参考。

2007年5月5日

建造客家历史文化名县的建言

宁化在客家历史上起着非常重要、不可替代的作用。20世纪80年代后，学者和有识之士逐渐揭开了宁化的神秘面纱，重展了其历史风采。随着县委、县政府打"客家牌"战略的推进，宁化的客家历史文化正日益发挥其社会和经济作用，初见成效，特别在知名度和影响力上，宁化及石壁的名声已远播世界。

但从宁化客家文化内涵的发掘和价值上看，现在只是初步开发。从宁化县打"客家牌"的战略目标看，差距甚远，特别在如何把文化产业转化为经济产业的发展上，进展十分迟缓。

宁化现在的经济主要依赖于资源型经济，特别是农林和矿产方面，加工业有所起步，文化产业是一条短腿。宁化的文化资源十分丰厚，客家的、红色的、历史的、自然的，都各具特色，丰富多彩。如果把它很好发掘、利用，形成文化产业集群，不仅文化自身能发挥巨大的经济产业效益，同时能带动和促进其他经济更好更快地发展。

把以客家历史文化为主体的宁化文化作为一种社会经济重要产业来推动，使其发展，而推进宁化为客家历史文化名县的正式定位，并得到各级政府的确定，是十分必要和有效的。

本文就以这一个案作些探讨。

一、历史文化的存在

宁化历史悠久，建县时间较早，开发时间早于现闽西的各县。在客家民系孕育诞生的宋代，宁化人口的集散、文化教育、经济开发等方面都领先于闽西各县，在闽粤赣的客家大本营各县中，也是佼佼者。所以，经众多学者研究定位为客家早期的聚散中心、客家摇篮、客家总祖地。宁化孕育了第一代客家人，世界客家人口80%以上同宁化及其石壁有渊源关系。这里是客家话的原生地、客家文化的原生地，起着承前启后的作用，如今丰富的文物、遗址犹存。

宁化是土地革命时期的中央苏区的重要组成部分，宁化人民为新民主主义革命作出巨大贡献，这一红色历史和红色文化，也是客家文化的范畴，因为这里是客家地区、客家人。

宁化自隋末，人才辈出，不乏中国历史名流和世界名流，汀州第一位进士伍正己、宋代进士29名、特奏名38名，是闽西、粤东客家各县的第一位。载入史册的名人有伍正己、江礼、郑文宝、伍佑、徐唐，占了《嘉庆重修一统志》中所列宋代汀州历史名人总数11名中的45.5%。若以北宋统计则占62.5%。入明之后，则有张显宗、李世熊、雷鋐、黄慎、伊秉绶等等。

宁化发生过不少重大历史事件，如唐代（894年）"黄连（宁化原称）峒蛮二万围汀州"。宋代（1230年）宁化盐商晏彪在潭飞漈（今方田乡南城）聚集盐商、乡邻举行声势浩大的农民武装起义，队伍达数万之众，攻打了闽赣十数县。元代初期（1344年）宁化曹坊曹柳顺为首聚集农民上万，举行武装斗争，攻打宁化、清流、连城、长汀和石城等地。土地革命时期（1933年）红军东方军攻打泉上土堡，等等。

在物质文化方面，隋朝末年便"开山伐木，泛筏于吴"，唐代已有陶、瓷生产；五代闽国王审知在宁化铸造铅币；有宋一代经济繁荣，开始建造水利工程、大量开垦农田，能生产"贡米"，耕地买卖，"户无不织之妇"，利用毛竹制造"日鉴天颜"的毛边纸，有龙门新旧二银场以及长永、大庇银坑，陶瓷生产、建筑业都已有相当规模。

无论是物质文化或非物质文化，宁化都非常丰富，如今仍保留不少原始建筑、历史遗址、历史文化，以及原生态的民俗文化、民间文艺。

二、打造文化名片的意义

文化是历史的见证，是文明程度的象征，不仅自身是经济的载体，同时还能更好地推动社会经济和社会文明的进步。所以把一地文化的繁荣作为社会经济发展主轴之一加以有力地实施，将有力地推动社会经济整体提升和发展。就宁化县而言，如果成为自市、省及国家机关认同并正式批准命名的"客家历史文化名县"，其意义则十分深远。

1. 宁化的历史文化遗产能得到更好的发掘和保护。宁化的历史文化，尽管进行了一些挖掘和保护，但还十分不够，许多历史遗址尚待考证。如隋末巫罗俊"筑堡卫众"的地址、宋代盐商晏彪聚众造反的潭飞磜遗址、许多姓氏始祖古墓、五代铸造铅钱的遗址、银场、银坑、宋代水利工程的遗址，还有不少古文化村落等等，都尚待考证。保护方面更是令人遗憾，许多历史和革命文物、遗址受到严重的破坏，一个非常有历史文化价值的延祥村古建筑已破落不堪，凡此等等。如果县里把文化工程作为经济发展的主轴之一来抓，对文化的发掘和保护就必定要作为一项重要措施来抓。如果得到上级政府的重视，各级政府也必然会对发掘和保护采取必要的措施，给予指导和管理。

2. 宁化历史文化遗产得到有效的利用。文化是一种无价的资产，但只有利用，才能产生效益。发掘越好，其显现的价值越高，保护得越好，其价值的长效性更好，但这种价值只是一种资产（资本），只有把资产转化为产品并进行营销，其实际价值才会显现。一是无形的，如宣传效应，能提高一地的知名度、影响力、竞争力，这种价值既是无价的，也是无限的；一是有形的，如开发为商品，直接销售，发展观光、旅游、研究事业，便能产生直接的经济效益和社会效益。如石壁的客家血缘文化资产，通过创建客家公祠这一载体，尽管经营得不十分好，但十余年来，已取得相当于投资的数十倍收入，而其影响力则无法估算。利用也是一种发掘和保护，而且相得益彰。

3. 巩固和提升现有文化品牌的地位和作用。宁化现有的客家早期聚散中心、客家摇篮、客家总祖地等品牌，虽然经学者考察论证并被客家人广泛认同，但相争激烈，宁化尽管有丰厚的历史文化佐证，但自我不发光，便可能被淡化，乃至掩盖。如果包含上述品牌内容的客家历史文化名县，由各级政府所肯定，并注册批准挂牌，上述定位便增添了一层权威的法律保障，变得无可争议，消除了不确定因素。

4. 提升、增强对外的知名度、影响力。客家历史文化名县的确定，将大大提升宁化及石壁在海内外的知名度、影响力，为确立石壁为客家朝圣中心打下更加牢固的基础，并由此而极大地带动以寻根、朝圣、文化观光为中心内容的旅游产业的发展，同时带动红色旅游、生态旅游及其他产业化旅游业。

5. 增强经贸的竞争力。文化品位的提升，人流的增加，将大大地增加经济、贸易的竞争力，综合经济实力的发展，反过来又促进文化事业的发展，两者互为促进，产生良性循环效应，使宁化整体素质提升而达到全面发展。

6. 为建立宁化客家历史文化名城，更好地挖掘、保护、利用宁化文化资源，也是为更好地继承客家文化，弘扬客家精神，更是贯彻中共十七大关于"铸造中国文化新辉煌"精神的一项重要举措。

三、建立宁化客家历史文化名县的方略

宁化是客家历史文化名县，是历史的存在，不争的史实，但至今只是历史，没有很好加以"包装"和推介，更没有注册"上户"，也就是说尚未得到官方权威的确定。要更好地发展宁化客家文化产业，建立宁化为"客家历史文化名县"这一称号显得十分必要和紧迫。为实现这一目标，需要做好自身的营建工作和申报工作。

（一）对宁化客家历史文化的定位

宁化是客家早期的聚散中心、客家摇篮、客家总祖地，这些构成宁化为客家历史文

化名县的核心要素。必须围绕这些要素，深层挖掘历史沉积的方方面面，特别是古遗址、文物、文字资料、生活资料、原生态的民间文艺等等，请专门部门和专家指导挖掘、实地考察、鉴定论证。

（二）加强挖掘、搜集、保护

古遗址，如巫罗俊隋末"筑堡卫众"的地点和城堡位置、五代铸造铅钱的地址和矿址、宋代银场银坑的地址、宋代泉上水利工程的遗址。宁化在唐宋间，客家先民200余姓定居宁化各地，各姓开基的地址、开基者（始祖）的墓葬或遗址。如今可查的始祖古墓只有十数个，要加以查找、鉴定。

古居民，宁化的土楼建筑之早、规模之大、分布之广、数量之多，在现在的客家地区各县中应是首屈一指，但如今保存的少之又少，仅存的也已经无人居住即将坍塌，很有必要进行一次普查、鉴定、登记，加以保护。

族谱，宁化现有160余姓，县客家两会多年来用心收集，但收集到的只有60余姓（宁化本地的）。所以许多姓氏资源无法整理完整，族谱的收集应排上重要日程。

文物急需抢救性收集。宁化的历史文物，早期被龙岩博物馆要走一些，近年又被三明博物馆收走不少，留存民间的不多，若不抓紧收集，很快将难以寻觅。

民间文艺，近年收集整理了一些，出版了《宁化客家音乐》《宁化排子锣鼓》，但流传民间的原生态文艺还不少，面临后继无人的境况，如淮土高棚百鸟灯的制作工艺、石壁的"打鬼子"、夏坊的"梅山七圣"崇拜及其庙会的游傩仪式（古代傩文化的遗留）、客家山歌等等。

古遗址、古建筑、古文化的挖掘和保护迫在眉睫，从最近石壁镇所举行的民俗文化艺术节，从延祥村古建筑的破落，从伊秉绶、雷鋐墓的破坏等等现象，便可看出保护历史文化的紧迫性和重要性。

（三）加强学术研究和宣传工作

十余年来，宁化县客家两会、宣传、文化部门在学术研究、著书立说、宣传舆论等方面做了不少工作，成绩显著，但还是要加大力度。存在的不足有：学术队伍薄弱，群体不大，特别是中青年人才缺乏；著书立说缺乏总体规划和有效支持以及鼓励措施，特别是个人自觉的著作、撰文，缺乏鼓励机制，不能有效调动个人的写作热情；宣传力度不够，县、乡所在地缺少浓墨重彩的"包装"和浓厚的文化气氛，宣传媒体少有宁化的文化内容，就连本县的广播、电视也是如此。

根据宁化的历史，她所承载的文化内涵必须要在学术研究和宣传舆论上更进一步地深化、广化、活化、强化。

深化，要挖掘宁化历史的核心特质，如作为客家摇篮在宁化所生成的客家文化是哪些,其生成背景、其源和流、其传承与变……

广化,就是涉猎文化概念所涵盖的方方面面,要包容大客家概念的文化,不能禁锢在宁化一县范围,要博采众长,多与外界交流,多向外界吸纳……

活化,要形式多样,生动活泼,不拘一格。特别要活跃乡村文化、原生态的民间文化,要学术理论、文学艺术、新闻报道、文艺表演齐头并进。

强化,就是加强领导,加强规划,加强责任,加强鼓励,加强交流。

学术研究、文化笔会、新闻来访、文艺会演等活动,要作出规划,增加频率。切实搞好一部电视剧、一首主题歌、一台文艺表演、一部县情电视片、一本精制画册、几部专著。现有的《客家魂》《宁化文艺》等刊,要提高质量,增加出版期数。或二刊合一,成为季刊。

(四) 搞好几个大型活动

1. 一年一度的"世界客属石壁祖地祭祖大典",是世界客家地区唯一规范化、常态化的国际性客家祭祖活动,这一活动要坚持不懈地搞下去,使之"定格",达到使世界客家人如同伊斯兰信徒朝圣麦加一样,不能不去的圣地。祭祀典礼要进一步升华,使这一活动更加经典、规范、神圣,并在这一基础上,申报升格为国家级的血缘文化祭祖活动,由国家权威部门定位为"中国宁化(石壁)客家祭祖大典"。

2. 搞好2009年"全球客家·崇正会联合总会年会"在宁化县的召开。

3. 申报、筹备好第二十四届世界客属恳亲大会。

4. 在上述两会期间举办"客家论坛""客家学术研究会"。

5. 举办第二届客家民俗文化节(第一届于1992年举行),或客家文艺会演(吸收客家四市区参与)。

6. 能否与台湾新竹市建立客家文化交流、合作机制。

(五) 建好文化载体

宁化客家文化可以分为两个中心区:历史文化是以石壁为中心的宁化西部文化。石壁不仅是宁化西部的代表,而且是闽赣连接区——客家摇篮区的代表,是客家摇篮的中心,是宋代客家人文中心和代表,所以石壁极具客家历史文化的代表性。现代文化,当以翠江镇为中心的宁化文化。这绝不是切割,而是考虑搭建文化载体的侧重点。从行政区域文化而言,宁化文化包含宁化历史文化和现代文化,当然也包含石壁文化,之所以加以区分,是因为石壁名声在外,甚至有只知石壁而不知宁化的现象。同时也是从客家人的认同考虑,再者是为了突出石壁,把石壁纳入县区的总体规划范畴,县乡一体化。鉴于此,在抓县区建设的同时也抓住石壁,把石壁建成客家历史文化的中心区,再把以湖村为中心的宁化东部建成优秀生态文化区。东西一线,构成宁化人文、生态、红色旅游链，达到三日游的规模。

1. 石壁的建设规划，不应只着眼于以客家公祠为主体的朝圣文化区，应综合考虑，把文化、经贸、旅游、交通综合起来，建成以血缘文化为核心的朝圣中心、以服务业为核心的旅游休闲中心、以发展经贸为核心的闽赣边贸中心、以交通业为核心的闽赣物流中心。把石壁的建设定位为"海西石壁客家祖地文化区"建设，上报省、市，争取得到认同和肯定，并列入海西建设的总体规划，争取"名位"和资金。

2. 城区要发挥其政治、经济、文化、交通的中心地位作用。就文化方面，重点建设世界客家文化交流研究中心（客家会馆）、覆盖全球的客家博物馆、革命教育基地（北山公园）、伊秉绶故居、黄慎草堂、张显宗纪念馆、客家文化街（客家大道）、客家剧院等，组建客家艺术团。

3. 东部天鹅洞群、蛟湖、杉木王群落、李元仲檀河精舍、但月庵、泉上土楼遗址、延祥文化村等都富有文化内涵。重点是搞好延祥村古民居、古文物的保护和维修，并申报古文化村，加以保护和利用。

四、搞好申报审批工作

宁化具有客家历史文化特质，是客家摇篮文化的代表，是研究客家文化、客家民系的孕育和诞生最具代表性的文化资源，而现在又亟须保护，因此，获得上级政府的认同和定位至关重要。做好这项工作要两手抓，一手抓挖掘、保护、提升、研究、宣传，一手抓申报。前者前面已言，后者亦需做大量的工作：

1. 确定职能单位，落实任务和责任。

2. 选准申报角度，"对症下药"，搞清申报渠道和程序，制定申报工作方案。

3. 做好相关文书工作及宣传工作。

4. 聘请客家学、文化学、考古学、人类文化学等方面的专家到宁化考察、论证，争取形成共识，作为申报的有力依据。

5. 利用2009年"全联会"和第二十四届"世客会"主席团会议，形成倡议书或报告（因为宁化客家文化是世界客家人的文化，由世界客家代表向当地政府报告或呼吁，应是符合法律程序）。也可以在年度祭祖大典中，请各地祭祖团代表签署文书，作为政府申报附件。

以上想法妥否，供领导决策参考。

2008年1月4日

关于在石壁建造海西客家历史文化主题公园的建议

宁化县委、县人民政府：

　　福建省的历史文化突显为妈祖、闽南、客家三大体系，是由中央至地方各级政府及学界所一致认同的。客家文化的地域面积，客家文化在世界的地位，客家文化的强势度和凝聚力，远远超过妈祖文化和闽南文化，正鉴于此，所以才有十分频繁的各种类型的客家活动，才有海内外不同地区、不同团体激烈的竞争。宁化县正是看到这一强势文化对社会、对经济发展的潜在动力，所以县委提出"打客家牌"的战略，并捷足先登，组织力量对宁化的客家历史文化进行研究，较快地出成果，对宁化的客家史作出科学定位，并建立世界第一座客家人的总家庙——石壁客家公祠，抓住了先机，占领了客家文化的地标性高点，使之成为世界客家人的血缘标志。十余年来，作为一种文化，对社会经济的推动力已逐步地显现出来。但由于种种原因，宁化的客家历史文化动力并未很好地发挥出来，这方面，张仕权同志在《加快宁化石壁客家祖地新一轮建设的探讨》一文中，说得很透彻。(见《客家魂》第13期)对以往"打客家牌"方略的实施，的确必须作一深入的剖析，以使这一正确方略能更好更快地促进宁化社会经济的发展。在此，仅就石壁新一轮建设，提点个人建议，供领导决策参考。

　　石壁客家祖地新一轮建设的主轴是什么？县里曾分别请厦门和北京的设计单位进行规划设计，但都不成功。其中一个很重要的原因是对石壁客家祖地建设的文化定位不明确。新一轮的建设，主旨是什么？用什么载体呈现客家祖地文化？客家祖地文化的内涵是什么？还有就是名称，称"石壁客家祖地文化园区""客家祖地旅游景区""客家文化园""客家朝圣文化园"，还是什么？内涵确定名称，名称确定内涵，应有一明确的设计。经考虑，是否可用"海西客家历史文化园"这一名称？

一、工程名称的依据

1. 冠以"海西",意在占领海西这一地域客家文化的先机。
2. 把单一的"祖地"概念变成一个综合性的客家文化概念,较易获得省政府和客家团体学者的认可,减少一些偏见带来的阻力,而作为省级的一项文化工程,批准实施。
3. 若得到省政府的批复便能得到资金的投入。
4. 能列为"海西"的建设工程,可提升石壁祖地的地位、权威性和影响力。在具体内容上仍然突出"祖地"要素,而不会淡化"祖地"的中心地位。
5. 向上申报这一文化工程项目,理由更为充分。石壁是客家历史文化的摇篮,早期的人文中心,是客家人的始发地,从海西的地域而言,石壁是客家摇篮文化的中心区,是代表,是客家人迁徙海内外的基点。所以,石壁是建造海西客家历史文化园最具代表性的地点,应是得天独厚。

二、工程文化内容

1. 体现朝圣祭祀文化。这是海西客家历史文化园的中心内容,以现有的客家公祠为主轴,突出血缘文化内容,建设祭祀文化区,扩大祭祀礼仪的综合性和多样性。充实姓氏源流的表达载体,建造单一姓氏始祖的祖祠(堂),营造浓厚的恋祖、尽孝、肃穆的氛围。
2. 体现客家历史。展示客家民系的迁流史、形成史、创业史。
3. 体现民俗文化。展示包括建筑在内的客家民俗。
4. 体现客家精神。建立客家人物区,彰显有史以来的各类客家人物,以体现客家精神。
5. 体现客家原生态民间文化。展示客家教育、文化、艺术、音乐、戏曲、舞蹈、竞技,除展品外,可现场表演,搭建游客参与性平台。
6. 生态观赏。供休闲、观赏、锻炼。
7. 旅游服务,建造吃、住、购建筑。

三、项目的设计、申报与实施

如果以上设想可以,应从三方面同时进行。

一是写好项目申报文件,以政府名称报省审批。据悉省政府正在抓妈祖、客家两方面的文化工程，并有一笔资金投入。前段省委书记、省长分别对客家工作作了批示。目前，是申报客家文化工程的极好时机，应抓住这一难得机遇，争取得到上级的重视和支持。

二是明确主旨，搞好规划。请各方面的专家学者前来，充分讨论，明确定位，作出决策，确保规划设计的成功。

三是积极筹措资金。可以采取多种形式的投入，一是争取上级的资助，二是单项招建，三是民间捐资，四是政府斥资。

四是成立工程小组或指定职能单位操办，加强领导，抓紧做实。

2008 年 11 月 19 日

打造文化品牌　做好文化产业

——关于做好客家祖地文化产业的思考

一地的经济发展，交通的带动非常重要，但是文化的作用，却往往被忽视。经常能听到一种说法是"交通瓶颈"，交通对经济发展的制约和带动是显而易见的，但在解决交通的同时，提升文化的作用也很重要。前些年经常能听到"文化搭台，经贸唱戏"，这句话现在听得不多，而换上更深含义的话语是："只有文化大国才可能成为世界强国。"中宣部部长刘云山说："如果不能迅速建立自己的文化优势，就难以在激烈的国际竞争中捍卫自己的战略利益，就会处于被动守势。"发展文化产业对弘扬和培育民族精神，增强民族的凝聚力、创造力、竞争力，带动和促进地方文化、经济和社会发展显得越来越重要。

宁化的经济发展，在用好政策和自然资源的同时，要抓住交通和文化的带动作用。交通正在解决，很快会好转，文化作为战略产业，也已提上日程，如何真正做好这篇文章，确实有许多问题值得探讨。

一、挑战与机遇

进入 20 世纪 90 年代之后，"客家热"在国内外迅速升温，客家地区、非客家地区都争"打客家牌"。如七朝古都的洛阳偃师市也在大力"抢"客家牌，中原的中心区河南，也不惜花大力气打造客家文化形象工程，而闽西、粤东、赣南三地更不在话下。宁化，由于行政区划，再加上前些年几乎孤军作战，作为客家祖地、客家圣地，在客家文化旅游圈中，不但没有起到核心作用，甚至常被边缘化。尽管海外客家社会对宁化石壁普遍认同，但内地不同区域出于地方保护主义，相互间不是协调、整合、协作，而是相互排斥、挤压、否定，这不仅失掉外力的配合、互补、互促，而且也孤立自己，伤害自己。这种自立山头的倾向，严重地损害整体客家文化产业的开发和发展。

今年 5 月份，国务院出台了《关于支持福建省加快建设海峡西岸经济区的若干意见》，宁化处于海西的大环境中，对发展文化产业，促进经济发展无疑是难得的极好机遇。国务院《意见》中，把"拓展闽南文化、客家文化、妈祖文化等西岸共同文化内涵突出海峡旅游"主题，使之成为"国际知名的旅游目的地和富有特色的自然文化旅游中心"作为战略定位提出。《意见》还提出："整合文化资源，打造一批地域特色明显、展现海峡西岸风貌、在国内外具有影响力的文化品牌，重点保护发展闽南文化、客家文化、妈祖文化、红土地文化、船政文化、畲族文化、朱子文化等特色文化。"国务院提出的文化品牌中，宁化的客家文化、红土地文化、畲族文化都是海西的核心、重要区域地。就三明市而言，还加上朱子文化。海西重点文化，把宁化的客家文化、畲族文化、红土地文化凸显出来，宁化打好这些文化品牌，已不可视之为仅仅是地方工作，而是执行国家战略的重大举措，当然也是发展地方的必须，是地方党政的重大使命、重大责任。

国家的指示，省、市的重视和支持，给我们以强大动力和推力，顺应时局，借助外力，做好工作，刻不容缓。

二、夯实核心文化价值体系

文化产业，既有文化性质，又有产业属性，是文化与产业相互交融的产业。从文化而言，宁化客家核心文化是什么？宁化客家文化产业又是什么？

宁化石壁在客家历史上的重要作用，数十年来，经专家学者反复论证，定位为"客家早期聚散中心""客家摇篮""客家祖地""客家圣地"等等。这些定位所包含的文化，应该都是宁化的客家核心文化，从这些定位的文化内涵看，以人口流动为主要标志的聚散中心和以客家民系孕育时期的人文中心为标志的摇篮文化都是构成客家祖地的基础和条件，如果没有血缘、文缘的要素，"圣地"也就缺乏文化内涵，难以成立。宁化长期打的是"客家祖地"品牌，"圣地"是"祖地"的延伸。作为核心文化，应该是客家祖地文化，它饱含客家文化中最为重要的、最为集中的、最为原始的客家文化要素：一是血缘文化。历史和现在有80%以上客家人同宁化及其石壁有血缘关系，其中，绝大部分认同在宁化的开基祖为始祖。二是文化内涵。客家文化中许多可以追溯到其源头在宁化及其石壁。如客家的"硬颈精神"、《客家迁流诗》、客家方言、客家习俗中的许多重要伦理和礼仪、饮食中的许多习俗和品种、民居的建筑工艺和形式、教育理念和教育成果、人物，以及物质文化的许多方面，等等，这些在宁化及其石壁凸显其原始性、早期性、开创性、集中性和典型性。三是文化的外延。宁化及其石壁客家始祖是客家文化的创造者，同时也是传播者，他们及其后裔，不仅把血缘播衍到客家世界，同时，他们又是文化载体，把祖地文化传播到客家世界，因此，宁化及其石壁成为寻找客家始祖和客家文化的原点。石壁隐藏的是客家的根文化。

关于文化产业，有专家认为："以文化为基础，按照工业生产标准，运用市场运作、产业管理等一系列方法，综合开发出文化的经济价值和社会价值，为人类提供文化产品和文化服务的行业的总称。"宁化可开发的富有经济价值和社会价值的文化产品和文化服务项目不少。首先是客家寻根旅游产品，它既是文化产品，又是文化服务产品。作为文化产品，主要是提供客家人血缘寻根和文化寻根的产品。①血缘方面，如客家公祠和姓氏宗祠、族谱、始祖开基遗址、始祖坟墓、祭祀场所等等。②文化方面，如博物馆、传统风情、民俗表演、书画、书籍、展览、古建筑、文物等等。③与宁化历史相关联的自然资源产品。④产业文化，有文化含量的商品，如传统饮食的客家擂茶、客家酒娘、五代时期在宁化制造的铅钱复制品等等。⑤与文化产品营销相适应的服务业。

发掘核心文化的价值，并把它形成文化体系、产业体系开发，其经济价值和社会价值也就体现出来。

三、打造核心文化品牌

品牌，是文化的象征，是产品的价值体现，具有磁性效应。宁化客家文化品牌就是石壁客家祖地。经数十年众多学者的不断研究论证，宁化"石壁客家祖地"这一定位，或称之为品牌，有厚重的史料依据和理论依据，学者认同"她是历史造就的"，历史是无法改变的。这一品牌，现在已不仅是学界论道、客家人认同，而且是得到了省和中央部门的认同，如中共福建省委常委、副省长陈桦在福建省客家研究联谊会第三届三次常务理事扩大会议（2009年7月11日）的讲话中提出："'世界客家人总家庙'宁化石壁客家公祠"［林开钦《客家民系的四个特征（代序）》，福建人民出版社2009年版］。如文化部组织评选命名宁化为"中国民间（宁化客家祖地习俗）文化艺术之乡"，如宁化石壁客家祖地被评为三明市十大名片之一，这些说明石壁客家祖地品牌已得到从民间、学界到各级政府的认同，已有实实在在的基础。但这一品牌要具有更实质的操作性，还必须努力提升这一品牌下的核心文化内涵，使更多的核心文化内涵也成为知名品牌，如此才能提升石壁客家祖地的品牌效应。

1. 把每年举行的"世界客属石壁祭祖大典"提升到国家级的祭祖文化活动。石壁祭祖大典连续举行了15年，省委、省政府领导把石壁客家公祠定位为"世界客家人的总家庙"，其象征意义犹如伊斯兰教的麦加，如果把石壁祭祖活动连续而且不断提升其规模和品位，而后申报并得到国家相关部门的"注册"批准，不是不可能，就看努力的程度。

2. 努力打造石壁成为国家级的客家文化名镇。石壁现在已列为省级客家文化名镇，如果进一步做好石壁镇的文化发掘、保护、开发和建设，这一目标应该不难实现。

3. 申报更多的物质和非物质国家及文化品牌。现有的国家品牌有"河龙贡米"，而更多的如延祥贡芽、玉扣纸、客家擂茶、藤茶饼、红菇、"客家历史书画之乡""畲族官刀舞""延祥古村""宗祠总汇"等等，既是原生的又是独特性的文化项目很多，只要好好打造，就可成为品牌。

群星璀璨，众星拱月，自然把石壁客家祖地衬托得更加辉煌。

四、做好文化产业

宁化有特色文化资源优势。宁化县委、县政府自20世纪90年代就提出"打客家牌"的战略，20年来一直在做，取得了阶段性的成就，现在更明确地提出"做成客家始祖文化产业"，作为宁化经济社会发展的四大产业之一，正在实施之中。要真正做成做好文化产业，除了方向明确之外，更重要的是措施有力，抓紧抓好。

（一）打好四张牌，提升软实力

1. 打好"血缘牌"，增强族群凝聚力、向心力。宁化石壁是客家祖地，最重要的标志是80%以上客家人同宁化及其石壁有血缘关系。石壁客家公祠已被公认为是世界客家人的总家庙，要充分利用这一高点，做足做好这一文章，特别在客家族谱、宗祠、古墓、古村址等方面，进一步挖掘、整理、保护、宣传，增强世界各地客家人对石壁的怀念、向往、崇敬的凝聚力，使石壁在客家人的心目中真正树立起祖地、圣地的麦加形象。

2. 打好"文缘牌"，建成文化传承基地。石壁是客家摇篮，石壁客家文化具有早期性、原始性、典型性、集中性。客家人，特别是海外客家人对客家文化的传承有强烈的危机感。石壁要成为解除"危机感"的基地，把客家文化的原生态集中地展示出来，作为客家文化永久传承的教育基地、示范博物馆。

3. "打好畲族牌"，展示族群交融的历史，促进族群间的和谐团结。客家民系是汉人族群与畲族族群交融而形成的一支民系，没有畲族人的交融，便没有客家民系的诞生。宁化是畲族聚居区之一，要把畲族文化和畲汉交融的历史展出现来，既印证客家民系的孕育历史，又增进民族团结。

4. "打好宁台牌"，为中国的和平统一作贡献。台湾600多万客家人绝大部分同宁化和石壁有渊源关系，两岸客家文化也是根脉相传。清代宁化客家人士为保卫宝岛作出牺牲，宁化开山祖巫罗俊成为台湾一些地方的保护神，宁化与台湾的血缘、文化、神缘乃至商缘都有十分密切的关系。加强联系，密切往来，促进两岸的和平发展。

（二）建好三个文化功能区，提高文化硬实力

1. 建好以石壁客家公祠为核心的世界客家朝圣中心。着眼于国家级祭祀活动场所的

标准，着眼于世界客家人每人一生最少到石壁拜祖一次的规模，根据南开大学博导刘敏教授所提"不要让她变成无个性的喧嚣的闹市，丧失作为客家祖地的肃穆、恬静、自然"，搞好规划设计，抓紧实施，使之真正成为世界客家人朝觐祖先的圣地。

2. 建好世界客家文化交流中心。在建的世界客家文化交流中心必须很好体现"世界""客家""文化""交流"这几个关键词的内涵，抓紧竣工之后，很好体现和发挥其交流中心的功能作用。

3. 改建石壁村，使之恢复宋代的石壁风貌，真正成为历史文化村。①设计有宋代风格的民居。②恢复古村名，如李家坪、杨家排、吴家屋和三十六窝七十二棚。③恢复北宋末年宰相詹学传学馆、修葺奉祀刘邦、项羽、张良为一庙的汉帝庙等等。

（三）建成四大产业链，推销四大文化产品

1. 包括血缘和文化在内的客家寻根旅游产业、产品。
2. 书画、民俗为主要内容的文化产品。
3. 客家饮食原生精品产业、产品。
4. 以"贡品"为龙头的土特产业、产品。

（四）整合资源，建好小区，联盟大区，搭建文化大舞台

1. 整合资源。宁化有极为丰富、独特的文化资源：人文方面，有客家原始文化、畲族文化、红土地文化、名人文化、建筑文化、宗族文化、宗教文化等等；自然方面，有天鹅洞群、蛟湖、牙梳山、东华山、杉木王群落、生态林、三江源等等。需要发掘、加工、雕琢、整合，形成客家文化核心区。

2. 整合资源，打造以石壁客家祖地为核心的三明市区域和龙岩市区域，构成二市联盟。

3. 整合资源，跨区域联盟，打造自闽北的武夷山沿福建西部到闽南，构成福建西部区域海西客家文化圈。

4. 跨大区域，建造客家大本营客家文化生态保护区。这一区域涵盖福建的南平、三明、龙岩、漳州，广东的梅州、韶关、河源，江西的赣州、吉安、抚州等客家基地区，通过整合、联盟，构建客家文化产业的小舞台、大舞台，达到优势互补，互利共赢。

五、科学规划，统筹安排，分期实施，提速发展

1. 作为县里的产业战略，做好全面、科学规划十分必要。目标明确，克服盲目性，方能获得最佳成果。突出重点，近、中、远期的目标明确，措施有力，争取短期见效应，中期出成果，长期大发展。

2. 加大力度，深层挖掘，强化保护，有效利用。宁化对客家历史文化的挖掘和研究，做了许多很有成效的基础工作，但由于资金、人力的不足，对宁化的历史文化"家底"并不完全清楚，还有许多有价值的文物鲜为人知，仍然沉睡着。加上保护措施的薄弱，文物流失、遭破坏的现象十分严重。对那些不可再生的文物，要下大力气，在深挖的同时，强化保护、抢救，并充分利用。利用也是有力的保护。

3. 加大宣传力度，使石壁客家祖地文化在客家世界中获得最大限度的认同感、凝聚力、吸引力。唱红一首歌、打响一部电视剧、制作一部电视宣传片等措施都是很好的渠道，同时学术研究和学术著作也不可忽视。学术研究上，在继续进行"石壁在客家历史上的重要作用"课题深层次研究的同时，拓展研究范围，如建立"石壁客家文化产业论坛"的机制，在每年祭祖大典期间同时进行。

4. 加强交流，请进来、走出去，沟通感情，增进友谊，深化亲情。

5. 加强领导，成立文化产业开发办公室，规划、指导产业的开发和市场运作。建立社会化运作机制。可以建立政府与企业的联盟机制，既发挥行政资源优势，又调动社会力量，增强人力、财力的输入，创造一种产业社会化联盟模式，共同构建客家文化的大产业、大舞台、大市场。

2009 年 12 月 7 日

关于建设"石壁世界客属祭祖祈福圣地"的建议

宁化石壁是世界客家祖地，已经得到广大客家人和学术界的认同。20多年来，前来寻根谒祖的海内外客家人越来越多。每年一届的世界客属石壁祖地祭祖大典，不仅得到世界客家人和学术界的赞同和支持，更得到国家的认可，把石壁祭祖习俗作为历史非物质文化遗产确定下来。如何把祭祖大典升华、把客家祖地历史文化光大，把石壁升级为不仅是客家祖地，更是祈福圣地，成为近年来学者关注和讨论的话题，并提出许多建设性的意见。这一文化工程，是宁化当前应该重视并用力构建的客家事业。下面就学者的论说作一综合，供县委、县政府决策参考。

一、关于建设石壁祭祖祈福圣地的提议

关于石壁是世界客家人的"祈福圣地"的论定，早在1995年客家公祠落成之际，南源永芳集团有限公司董事长姚美良局绅就已经提出，他把石壁比喻成麦加。1997年首届石壁与客家世界学术研讨会上，新华社主任记者刘国柱发表题为《让历史作证——论石壁乃客家圣地》论文。2013年，在首届石壁客家论坛上，《人民铁道报》副总编、高级记者雷风行发表《从"客家祖地"转向"客家圣地"的抉择》论文。

近年关于这一议题的论文不断增加，特别是2018年的第六届石壁客家论坛上发表的论文有：三明学院教授廖开顺的《建设"石壁世界客属祭祖与祈福圣地"的思考》，福建省侨联原副主席谢小建的《打造全球客家侨胞寻根朝圣中心的几点意见》，中华世界民族和平展望会秘书长、中华海峡两岸客家文经交流协会副秘书长江彦震的《寻根谒祖、朝圣祈福——把客家祖地石壁打造为全球客家朝圣祈福中心的研讨》，广西师范大学教授刘道超的《寻根谒祖，朝圣祈福——把客家祖地石壁打造成为全球客家朝圣祈福中心必须首先解决的关键性问题》，中共三明市委党校教授涂大杭的《将宁化石壁打造成全球客家朝圣祈福中心》，建宁县客联会长王登远的《石壁在海峡两岸客家寻根祈

福中的地位和作用》。

还有一些不以"祈福朝圣"为题而论述了有关"祈福朝圣"论点的文章，不一一列举。

有关这方面的文章，都充分地论证打造石壁为"全球客家朝圣祈福中心"的必要性和可行性，并提出了许多很好的措施和策略，富有建设性。

二、建设"客家祭祖祈福圣地"是客家祖地文化提升、光大的需要

"世界客属石壁祖地祭祖大典"已举办了24年，此举已得到世界客家人的认同和支持，石壁已成为世界客家人寻根祈福心灵圣地，有强烈的归属感。石壁祖地血缘文化和历史文化已得到客家人和学者的广泛认同。但是如何使客家人对石壁树立起心灵上的归属感，达到"血脉归心""家园归心""魂魄归心"，真正犹如伊斯兰教徒对麦加一样的崇敬，必须把石壁从祖地提升为祭祖祈福圣地，使"祖地"和"圣地"叠加，才能使石壁成为全球客家人的祭祖祈福朝圣中心，使石壁祖地确立其唯一性。因为"祖地"会被泛指或淡化。实际已经如此，如称"闽粤赣边都是客家祖籍地"，既是"祖地"的一种泛称，也是对石壁的淡化。作为石壁，她的"祖地"定位，不仅仅是祖先住过的地方，而是有更加厚实的历史、血缘、文化等方面的内涵，是一种特指，有她的特殊性和唯一性。"圣地，本指对宗教有重大影响或与宗教创始人有极大关系的地方。后来扩展为有重大作用和历史意义的地方，石壁属于后者。"廖开顺说。这一圣地特指石壁世界客家祖地，其实，祭祖朝圣的"圣地"就是"祖地"，但是，"石壁客家祖地"的概念已经在客家世界广泛传播、深入人心，不能用"石壁客家圣地"取代"石壁客家祖地"，而是把"石壁世界客属祭祖与祈福"作为"石壁客家祖地"的副称呼。在"祖地"的基础上，把她提升到更高的精神文化层次的"圣地"地位。其二，这一圣地属于世界客属。其三，圣地的基本功能是祭祖和祈福，祭祖主要是行为与仪式，祈福是心理和目的。其四，圣地即包括朝圣，所以在表述中不再使用"朝圣"一词，如果改成"石壁世界客属朝圣与祈福圣地"，朝圣与圣地有所重复，而"祭祖"被淡化。石壁本是世界客家祖地，必须通过"祭祖"二字体现石壁既是祖地，也是圣地。

三、把石壁提升为"客家祭祖祈福圣地"的现实可能性

"石壁既是客家先民最重要的聚居地、客家民系的主要形成地、客家播迁的主要始发地，又是全球客家人心中的精神原乡，所以，石壁客家祖地实际上具有圣地的作用和意义。建设石壁祈福圣地，除了它具有圣地性质以外，也取决于石壁本身是一块'福

地'。"廖开顺还说。第一，石壁（包括宁化县和周边地域）是客家躲避战乱的"福地"。第二，石壁是客家先民繁衍人口的"福地"。宁化人口从唐开元建县时不到一万人，到南宋宝祐达20万之多，人口密度超过当时的福州。第三，石壁是客家先民发展经济的"福地"。宋代，宁化经济全面发展，同汀州府所在地长汀，同属汀州的经济中心。第四，石壁是人文福地。它在宋代、清代都是汀州的人文中心，特别是宋代，进士及第者和名人都居汀州府的首位，也是客家地区的领先者。伍姓一族宋代进士12名（含唐1名），另有特奏名17名，共29名，是客家祖地地区所未见的。另外，石壁葛藤坑，更是避难兴家的"福地"。概之，石壁是客家民系得以形成的"福地"。

石壁福地，既是历史的，也是当代的，更是永恒的。几十年通过寻根谒祖、祭典祖先，把世界客家人凝聚起来，把客家历史的、血缘的、神灵的、宗教的、民俗的各种根性文化激发出来，传承下去。在客家寻根祭祖热潮中，客家精神振奋起来，许多客家人士都在这一客家文化寻根运动中兴旺起来。这是从文化精神层面而言。同时，数十年来，客家文化平台的硬件建设也已有相当规模，让海内外客家人赞叹不已。所以说，现在把石壁提升为"祭祖祈福圣地"的精神基础和物质条件已经成熟，恰逢其时，顺应民心。

四、建设祭祖祈福圣地的措施

建设石壁世界客家祭祖祈福圣地的措施，或称"思路""对策""思考"等等。涂大杭教授所说的思路是：成立宁化石壁客家朝圣祈福传承体验交流中心；梳理传承保护客家朝圣祈福文化中心的优秀内容；展示宣传弘扬好客家朝圣祈福文化的优秀内容；在石壁客家朝圣祈福文化活动中体现客家精神；在世界客属石壁祖地祭祖大典中示范朝圣祈福；经常性开展宁化石壁客家朝圣祈福体验式活动等六个方面。

福建省侨联原副主席谢小建所提的"应如何打造"是：继续加大宣传力度，进一步扩大影响力，真正确立和巩固石壁客家祖地的地位；继续加强全球客家侨团的联系和联谊，以求获得更广泛更有力的支持，增强全球客家团体的协同性；继续争取各级和社会的重视和支持，力促客家祭祖大典更加"名正言顺"；继续改进完善公祭活动的组织形式，充实祭祖内容；继续营造祖地的软硬环境，为海外客家侨胞寻根朝圣提供便利，创造更好条件；继续拓展思路打好文化旅游牌等六个方面。

廖开顺教授的"思考"是：要建设"天下归心"的圣地。在"圣地"建设中，对于祭祖大典仪式，主要有三方面的主要工作：要继续坚持仪式的严肃性和程序化；充分发挥祭祀者的主体性作用；尽量提升"世界客属石壁祖地祭祖大典"的规格，因为规格愈高，归心力愈强。

综合学者的意见，建设石壁客家祭祖祈福圣地的措施，主要有以下几条：

第一，加强舆论工作，使石壁祖地形象不断提升。

1. 继续进行客家历史文化研究，巩固石壁客家祖地地位。扩大和强化宣传力度，深入挖掘和探讨客家祖地的文化内涵，从更广层面和更深层次论证石壁是"客家祖地"。同时，以"石壁福地"为主题，搜集"石壁故事"。石壁是客家先民避难趋福、安身立命、发家致富的福地；石壁是客家民系能够形成的福地；石壁葛藤凹是避难呈祥的福地；石壁是发展经济的福地；石壁是各姓氏开基立业、人丁兴旺的福地；等等。把以石壁祖地、石壁福地为中心内容的故事搜集、编写出来，编辑成册，广泛传播。可以采取征文形式，广泛发动投稿，出版通俗易懂、内涵丰富的《石壁故事》，增强石壁对客家人的感染力。

2. 进一步办好石壁客家论坛。论坛已成为海内外学者聚会交流学术的重要平台，要充分利用这一凝聚力，争取更广泛、更高品位的学者，热衷、参与、支持这一文化盛举，愈办愈好，不断提升学术品位。在学术不断深入、不断创新的同时，每届都要有有关石壁客家祖地和建设石壁祭祖祈福圣地的专题，有时也可以当主旨开展研讨。

3. 加强以"祭祖祈福"为内容的环境营造。突出"圣地""福地"的口号、标语。如"朝圣祈福，天下归心""朝圣祈福，家兴人旺"等等。

第二，加强文化平台建设，建设祈福平台，增加祈福偶像和内涵，让朝圣者有更多的祈福目标和朝拜偶像。除了在祭祀区设置更多的祈福偶像、平台之外，在客家祖地文化园的二期工程设计上，要有更多的祈福内容，如设立"客家圣母"，营造"葛藤崇拜"，设立"石壁文史馆"等等。

第三，继续办好"世界客属石壁祖地祭祖大典"，它是客家人血缘寻根、文化寻根的盛举，坚持祭祖仪式的严肃性和程序化，加强祭祖者的主体性，把石壁打造成为血缘寻根和文化寻根的目标地和祈福圣地，像伊斯兰教徒对待麦加一样，一生不能不来的祈福圣地。

五、加强同海内外客家社团和客家人的交往和联谊

重视"请进来"，但不要忽略"走出去"，有来有往才能加深友谊。要下力气培养更多的"姚森良"，树立更多的榜样和领头人，多一点鼓励，定期或不定期评选"石壁功勋"，或再创新一种荣誉称号赠予客家祖地在各地的宣传者、组织者、领军人，让他们成为祖地同各地的联系纽带，形成心连心的网络结构。

要充分利用和做好"海峡两岸交流基地"和"中国华侨国际文化交流基地"这两篇文章，充分发挥这两个基地的桥梁作用。

六、以圣地、祭祖、祈福为主题推进文化创意

建设"石壁世界客属祭祖与祈福圣地"离不开文化创新,主题是圣地、祭祖、祈福。文化创意是加强文化宣传的重要措施。一个创意物件,放在家里,可以增强感染力,时时提醒心境,加强对祖地、圣地的归属感。同时也是发展文化经济、旅游经济的重要举措,补充宁化旅游文化产品的不足。要大力推动这一文化创意产业的发展。宣传、发动、组织、培训、助销等都是必要的措施。要像推动宁化客家小吃产业一样,有组织、有人员、有经费、有平台,进行评比和展销。

2019 年 4 月

突出乡愁建新村　发展特色乡村游

宁化是千年古县，自然也有不少千年古乡古村，它们都隐含着各种不同乡愁。如何结合美丽乡村建设，突出一乡一村的乡愁，唤醒沉睡的文化，打造精品旅游点、乡，既是发展乡村文化产业的需要，也是乡村经济转型、发展农村、提升村民幸福生活的需要。本文就如何更好地在美丽乡村建设中搞好规划，突出乡愁，发展乡村旅游，提一些拙见。

一、科学规划

党的十八大以来，宁化根据中央精神，加强传统村落保护，实现可持续发展，做了大量有益工作，实施了美丽乡村建设的成功范例。为保护传统村落的乡愁，推动农村经济转型，探索了一些经验，打下一定基础。但如何统筹规划，突出乡愁，发展特色乡村旅游，农村经济转型，还值得进一步探讨。

2013年中央农村工作会议提出："农村是我国传统文明的发源地，乡土文化的根不能断，农村不能成为荒芜的农村、留守的农村、记忆中的故园。"2014年4月，住房和城乡建设部、文化部、国家文物局、财政部四部委出台《关于切实加强中国传统村落保护的指导意见》。2014年全国政协召开双周协商座谈会，中央财政安排专项扶持传统村落保护资金等等。几年来，从中央到地方采取了有力措施帮助传统村落的保护和建设，取得初步成果。落实中央和有关部门的意见和措施，首先要盘清传统村落的"文化家底"，为传统村落"建档立户"。

宁化是千年古县，作为文明史，可以追溯到四万年前，文化脉络清晰，文化内涵丰富。概括起来可以分解为以下几个方面：

1. 以客家祖地为特征的血缘文化；
2. 以葛藤坑故事为内容的客家摇篮文化；

3. 以汉、畲民族传统相结合的民间习俗文化;

4. 以特色美食为特征的饮食文化;

5. 古老汉、畲农耕特点的农耕文化;

6. 以三江之源为特征的自然生态文化;

7. 以古代建筑为载体的建筑文化;

8. 多元的客家音乐文化。

然而,以上的文化特征并非各地都同样突出,各地有各地的亮点,如:

石壁是客家祖地的核心区,区内的南田是葛藤坑故事的发生地,既蕴含着深深的客家血缘文化,又富有客家摇篮文化特征。

湖村有规模庞大的天然溶洞群和内陆深水湖。

泉上有著名古建筑群落,是有重要历史文化遗迹的文化村,是著名文史学者李元仲故里和闽学四贤之一李侗的第四代孙李信甫的开基地。

安远有风光绮丽的省级自然保护区牙梳山、险峻的朝天寨及寨中的三官堂,以及二战时期闽赣省委的遗址。

河龙是"国标"河龙贡米的原产地,有动人的历史以及历史悠久的稻田养鱼。

治平是畲族乡,有丰厚的畲族文化,有全县第一高峰、汀江发源地鸡公岽、云罗山,是"日鉴天颜"的玉扣纸的主产地。

淮土的淮土溪,是宁化开山祖巫罗俊隋末开山伐木,泛筏于吴的遗址,淮土凤山是工农红军二万五千里长征的集结地和出发地之一。淮土是"国标"薏米、山茶油的主产地。

济村历史悠久,有风景绮丽的东华山寺仙顶,有数万顷生态林和毛竹林及深山瀑布。

曹坊是土地革命时期宁化第一个共产党支部所在地,是宁化西南半县农民武装起义的发起地,有省级古建筑文化村和现代农业示范园。

宁化有16个乡镇、200多个建置村,四分之一的村落"文化家底"比较清楚、突出,大多数村落需进一步调查,摸清家底。根据宁化历史和现实状况,搞好宁化的乡村建设规划要两手抓,家底清楚、富有亮点的先行规划设计、实施;家底不清的进行深入调查研究,厘清家底,然后再行规划设计。

宁化的美丽乡村建设已初步建好一批,开始设计实施一批,这两批加起来,占建置村总数的十分之一以上。如果能在三五年内建好四分之一的村落,而且使其产生效益,就是很大成就。这些村落不仅乡镇得以有效保护,而且农民得到实惠,还能促进农村经济的转型,把文化产业发展起来,特别是把农村旅游产业发展起来,使它能够有力地促进经济转型,同时带动其他村落。

在规划中,要根据不同"文化家底",突出乡愁,抓住主线,划分区域,彰显个性,通盘整合。

乡愁是什么？乡愁就是传承在村落中的历史故事，蕴含在村落中人们心灵深处的乡土情怀。乡愁是一地的文化主线、精神核心。

抓住主线，就是抓住核心文化。

划分区域。各地乡愁不尽相同，当然也有共性，区域划分就是把相似个性联合起来，如以人文为主线的，以自然为主线的，以农耕为主线的。抓住特点，带动一般。

彰显个性。就是突出特色，个性鲜明，才有亮点。

通盘整合。就是资源整合、民心整合、资金整合，连线成片，红花绿叶，相互映衬，相得益彰。特别要发动群众，依靠群众，让群众自觉参与，融入其中。

二、精心设计

设计要紧紧抓住一地的主轴。宁化的主轴是：千年古县、客家祖地、三江源头。在设计中，要紧扣主轴，不要离谱。同时要在总体主轴下，根据一地的乡愁，突出亮点，整合各方。同时要坚持保、修、建的原则，尽量保护传统文化，如建筑、楹联、山寨、遗址、古墓、自然生态。能修缮的不要重建，尽量维修，保护原貌。为了改善环境和居住条件，适当地新建一些是必要的。如住房和环境，但要保持传统的相貌，千万不要搞成不土不洋，不中不外，不伦不类。留住乡愁，观感很重要，如果面目全非，那就失去了乡愁。

宁化石壁杨边村采取保、修、建的方针，保护了一批房屋，维修了一批房屋，新建了一批房屋和亭台、景观。维修、新建都保住了传统风貌。在环境方面，利用小溪、池塘建成了休闲场所，建了乡土民谚棱墙，建了露天传统农耕器具和手工艺器具展示园，还塑制了一把大酒壶，涓涓"米酒"凌空而下，构筑了一个"小桥流水人家"，充满文化氛围的客家村落。它把石壁镇的许多乡土文化都聚集一村。这个村还有一个相当规模的现代农业示范园，有传统的、有现代的农耕文化，有观赏的景观，有动手可采的果园，成了宁化新型的客家"农家乐"景地，成了新农村旅游地的典范，成了城市居民和农民获得双赢的佳作。这一模式作为一县的试点村建设无可非议，作为全局而言，可能包揽太多。其他村落建设，应根据本村的特点设计。如同样是石壁镇的南田村，就应紧扣"葛藤坑传说"这一故事内涵。因为现在的南田村就是古代的葛藤坑的中心区，葛藤坑不只是南田村，应包含江头和江口村，从江头到江口是连成一片的凹地。要尽可能地按照原来的村貌设计、建设。南田村是南迁汉人经过站岭，翻越武夷山脉进入福建的第一个落脚地，曾经在这里居住过20多个姓氏，现留住的仍有10多个姓。当时可能是一个姓居住一地，就有一个地名，所以设计村落建设时，要可能保留传统姓氏村貌。这里有唐、宋、元代的古墓，如刘姓、杨姓等开基祖的坟墓都还在，要保护好，可以建成一个唐、宋陵园，可以考虑塑造葛藤坑故事主人公塑像。如电视剧《大南迁》的主人公"利嫂"，可谓"客家圣母"，建"客家圣母庙"或客家圣母大型塑像，她既是该村的魂，也是客家精神的灵魂。利用荒坡荒山广种葛藤，"复原"葛藤坑，既是一笔农业收入，又可供观赏。客家人端午节挂葛藤的习俗是从这里开始的，把端午节挂葛藤的习俗搞成文化节，让这一传统复活起来。把站岭的双亭维修好，把通往站岭的古道修好。再搞一些农家乐小屋，供游客歇脚、吃住。还要把南田村名恢复为"葛藤坑"村。上述建设搞好后，对客家祖地文化内涵和观光区的品质有很大提升，葛藤坑村就像石壁客家祖地朝圣区一样，成为海内外客家人不能不去的地方，成为石壁的第三个朝觐圣地（即石壁客家公祠、东华山寺、葛藤坑、客家圣母）。

如此，以石壁客家祖地朝圣区为中心，左右连接杨边和南田二村，在这近10公里的连片村落，规划设计成我村我根、我村我品、我村我业、我村我家的文化旅游高品位、高品格、高品质、高品牌的聚朝觐、观光、旅游为一体的大景区，实现连片的生态、生产、生活"三生"共赢，为石壁的经济转型打下基础，为宁化乡村建设起示范作用。

三、设计实施

突出乡愁建新村，发展特色乡村游。从本质而言，其实就是挖掘民俗民风、古老技艺、民间故事等特色地域文化资源，营造山水乡愁之美，构建乡村生产生活之美。宁化是客家祖地，客家的血缘文化、根性文化是客家世界所认同的地域特征，故土情深，把各姓氏的开基祖坟墓、开基地址很好地挖掘出来，把祖屋、宗祠和族谱很好地保护和利用，这是客家人长期苦苦寻找的软文化和硬文化。在村落建设中，把这项根本性的工作落实好，就抓住了乡愁的主题。然后作为观光农业、休闲农业和体验农业，也就是把农耕文化做好。这不仅是保护和传承的需要，更是营造生产美、生活美的物质基础。宁化在唐宋时期是土著（主要是畲族）和南迁汉人杂处相互磨合、融合的地方，如今还保留着土著农耕生活的一些技艺和习俗，是已被南下汉人所接受、成为客家人农耕生活的一部分，是祖先世代赖以生存的资源的一部分，有的濒临绝迹，要好好保护，有的有特点的，已失传的，要有计划地适当进行恢复、修复、留住。这也是很好的旅游文化资源，可以发挥其经济效益。

要有计划地实施。宁化有200多个建置村、上万个自然村，每个乡镇都在建美丽乡村，如果每年每乡镇建一个村落，三五年便可建成全县的四分之一以上。在每年建设的村落中，要避免太注重观光性，忽视有闪光点而比较偏僻的村落，不要图表面而忽视内质，现在是有些倾向。这样做，当然也可使这一村落的群众得到改善生活环境的实惠，但那些有更为突出文化底蕴的村落，却得不到唤醒，而这些村落往往又是比较贫困，所以在实施建设美丽乡村的计划中,要很好同"精准扶贫"结合起来,应更多地考虑既能满足外地人身心需求,又能让农民就地就业、农副产品就地增值、农俗就地传承、农业经济就地转型,既提升农民的幸福指数,使贫困脱掉,又满足外地乃至外国游客的需要,获得皆大欢喜。所以要精准选点,要根据乡愁特点,既考虑交通方面,又考虑亮点突出的村落,有步骤地向纵深发力。更重要的是县一级要精准选点,统筹安排,点线结合,形成网络,脚踏实地,稳步推进。

乡村游是当今城市生活的新倾向,作为客家祖地的宁化,搞好村落的乡愁建设,不仅是满足城市人口生活的需要,更是满足世界客家人文化寻根的需要,是客家祖地文化内涵的延伸和深化,是客家祖地文化寻根的提升和发展,不仅能更加巩固宁化客家祖地的地位,同时使宁化旅游文化产业有质的提升和发展,也是客家文化生态保护的重要措施。

进一步贯彻习近平总书记重要指示，推动宁化客家事业大繁荣大发展

自 20 世纪 90 年代初，宁化县委提出"打客家牌"的战略决策，开启了宁化客家事业建设。1998 年 2 月，时任中共福建省委副书记的习近平同志莅临宁化视察后，对宁化的客家地位和客家工作作了重要全面的指示，极大地推动了宁化客家事业的发展。在习近平总书记指示的指引下，宁化党、政一任一任接力，不断用力，不断发展，取得历史性的成就。这已经做了初步总结，并发表在《时代三明》总 89 期上。在 30 周年座谈会上，出席会议的领导和嘉宾、学者一致充分肯定和高度赞扬，我们觉得成就是肯定的，但如果站在更多、更广、更深的角度审视，与开始的期待衡量，还有不少差距。如：

一是客家世界对石壁客家祖地的认同、信仰度不够广泛、深刻、自觉。

二是石壁客家祖地的历史作用和现实作用，还未取得上级的充分肯定和更多支持。

三是宁化对客家祖地文化的自信度和自觉性不够高。

四是客家文化转化和促进经济转型发展不够有力，尚未形成具有规模的文化产业。

这些制约了宁化客家事业更有力的发展。要更好地推动宁化客家事业的大繁荣大发展，我们认为要做好如下几个方面的工作：

一、进一步贯彻落实习近平总书记 1998 年 2 月在宁化视察后的重要指示

习近平同志 1998 年 2 月在中共福建省委副书记任上，15 日莅临宁化考察后，对宁化客家工作作了如下指示：客家祖地源远流长，要把它作为一篇大文章来做，做好了，对全县两个文明建设有很大的促进作用。一是要做好客家统战文章，做好台、侨、港、澳工作；二是研究客家文化，树立石壁祖地的权威性；三是要做好客家民俗、节庆、服饰、礼仪、待客、姓氏源考等资料的收集整理工作；四是要开展客家旅游活动；五是要充分利用客家人士的牵线搭桥作用，推动经贸发展。

习近平总书记的讲话内容是经中央党校出版社核实的，具有很高的权威性。是迄今对客家工作作的唯一最全面的指示，具有极高的指导意义，不仅对宁化，而且对全国客家地区都有指导意义。所以我们必须高度重视，从上到下要进一步学习，进一步领会，再贯彻落实，把它作为宁化客家工作之纲。一是要对贯彻落实讲话的情况作进一步总结，肯定成绩，揭示不足，确定发展方向。并将总结报告上级，见于报端。二是要把讲话内容分解到有关职能单位，做出贯彻方案，并确定总抓单位检查、督促，及时通报。三是要加强讲话的宣传，在进行全民教育的同时，更多地向上级汇报，提高上级对讲话的重视程度，并作出明确的态度，争取上级对宁化每年的祭祖活动支持，列入省级乃至国家级文化活动。

二、加强联谊，凝聚亲情，促进客家寻根运动的发展

前来宁化寻根谒祖及祭祖大典的海外客家人士逐渐减少，近两年是疫情影响，但整个趋势是在"降温"。主要原因：一是近些年缺少出境访问、沟通感情、组织发动；二是在国外的领头人和代表性的客家社团的组织发动减弱，特别是马来西亚的姚森良和客家公会联合会，以及南洋客家总会、全联会等等，很主要的原因是来往少了，我们参加他们的活动少了。姚森良主要是年事已高，但仍在坚持。海外寻根热度降温与我们的联谊工作有直接关系，要发展宁化的客家事业，做好统战工作，很重要的措施是要使海内外客家人对石壁客家祖地有更广泛、更高度的认同和信仰。这方面宣传、沟通加强联谊是最重要的。

联谊的核心是沟通，通过沟通相互了解，增进友情、亲情和乡情。建立组织与组织、个人之间的友谊非常重要。

沟通的方式很多，如拜访、出席各种活动，纸媒、通讯等各种渠道来往。这方面，近些年明显减少，必须要加强。现在出境管理较严，但除了争取更多的机会出境外，要加强电讯、书信以及刊物的来往，互通讯息，拉紧感情纽带。

搞好接待工作。既要热情、周到，更重要的是要让来者有更丰富的收获，特别是文化含量、心灵、感情和物质上都有收获。

要发动更多的客家人前来寻根观光、朝拜，必须要培养、组织在各地的代理组织和代理人。还有一个很重要的渠道是宗族，充分利用宗族的影响力，同海内外宗亲的血缘关系，作为联系纽带，牵动起来，宣传、发动、组织起来，这对宁化的文旅事业有很大的促进作用。

宁化石壁客家宗亲联谊会是加强海内外客家联谊最主要的组织，要加强组织领导，充分发挥作用，加强海内外客家人的联谊。

三、加强学术研究、舆论宣传，建设学术队伍

30年来，客家学术研究取得世人瞩目的成绩，得到各方面的充分肯定和赞扬，称宁化的石壁客家论坛是客家地区唯一持续每年举办一届的学术活动。"宁化客家学术研究是县级客家研究的里程碑"，形成"石壁学"和"石壁学派"等等，这些是学者们善意的肯定，并非贬义。我们虽然在学术研究上取得成绩，但在学术成果的传播和应用、学术队伍的建设等方面还很不够，还要在继续搞好学术研究的同时，加强传播和学术队伍建设。

一是继续搞好学术研究，坚持办好每年一届的石壁客家论坛。石壁客家论坛已成为客家地区的知名文化品牌，在坚持办好中，努力提升学术系统化、普惠化，为资政、为客家学建构、为"树立石壁祖地权威性"作出新贡献。

二是编辑出版更为通俗、更为大众化的地情书刊。讲好宁化故事，在坚持学术性的同时，更加具有可续性、趣味性，扩大传播率和读者群。

三是充分利用纸媒和互联网的作用。新媒体是利用数字技术、网络技术、移动技术，通过互联网、无线通信网、卫星等渠道以及电脑、手机、数字电视机等终端，向广大群众传播。宁化的有关部门通力合作，很好利用这些渠道把宁化的历史和现状告诉海内外客家人，让更多人知宁化、思宁化、爱宁化、到宁化。

四是努力宣传和树立"石壁客家祈福圣地"的形象，推进石壁成为"祖地+圣地"的客家文化圣地，推进客家人文化、血缘寻根和祈福圣地的图腾形象。

五是建设好一支宁化本土学术队伍。现在宁化学术研究更多地依赖外地学者，本土学者队伍相对比较薄弱，特别是年轻人的参与较少，相关部门的参与也不积极主动，似乎有断层之忧。所以加强培养和建设本土学术队伍时不我待。这方面宁化客家文化交流研究中心和宁化县客家研究会责无旁贷。要建立一些交流会、研究会、读书会的机制，给客家文化爱好者更多的知识、平台、优待等方面的关怀，切实壮大宁化的学术队伍。在此同时，还要加强与海内外学者的联系，巩固和扩大县外的学者群。他们是宁化学术研究的推动者和支持者，对宁化学术研究有很重要的作用和功劳。本土和非本土学者有很大的互补性，我们要把这些力量很好组织起来形成一支高质量的稳定的学术队伍。

四、加强文化平台建设和利用

宁化县已建设了一些文化平台，它们分别占据了不同的客家文化高地，特别是石壁

客家公祠、世界客属文化交流中心、客家美食城和长征出发地陈列馆。但是有的还没有建设完善，有些功能未能发挥，有的原有规划，但尚未启动，如客家博物馆、名人馆以及石壁客家祖地文化园二期工程。

关于宁化客家文化平台建设，县委王胜文书记已在《福建日报》《三明日报》分别发表了文章。县长吴茂生在宁化县人大会议上的工作报告中，也提出了明确意见和计划，只要把它落实好就很好，就是很大的进步。

五、客家祖地文化的保护、传承、转化，促进经济繁荣和发展

习近平总书记说："宁化客家祖地源远流长，要把它作为一篇大文章来做，做好了，对全县两个文明建设有很大的促进作用。"

宁化客家祖地文化具有早期性、唯一性、独特性和全面性，深入挖掘研究客家祖地文化，将文化优势转化为经济发展优势，促进宁化客家事业的蓬勃发展，是宁化"打客家牌"的主要目的。长期以来，我们在传统文化挖掘和研究上下了较大功夫，也取得很大成绩，但在文化转化上成效并不显著，距离初衷较远，所以我们在继续挖掘、研究、传承的同时，如何加强创造性转化和创新性发展，形成宁化客家祖地文化产业、经济社会的大繁荣大发展，是一项摆在面前的重要任务，我们要在强化文化产业意识、整合发展文化产业资源、用活发展文化产业政策、用好文化平台、用好凝聚人才、完善机制和培育特色品牌等方面，统揽全局，合力推进。

我们可以借鉴广东梅州的经验，发展宁化的文化桥梁。梅州的目标是要建设成为广东区域品牌建设示范市，中国知名的客家文化产业城，全球客家人的心灵家园。由广东南方广播影视传媒集团、广东南方报业传媒集团、梅州市广播电视台、北京国丰原投资有限公司等四家股东成员联合投资设立"梅州客家文化产业发展有限公司"，全力打造广东乃至全国范围最具代表性的客家文化产业项目，建起了颇具规模的文化产业基地和产业园。

刘善群在2008年1月提出了"建设客家历史文化名县的建言"，文章在一些报刊上发表，但没有引起重视。虽然工作在做，但没有明确目标和措施，不见有明显成效。我们认为，宁化是客家祖地，有丰厚独具特色的客家文化，已经具有很高的典型性和权威性，如果高高举起习近平总书记的"树立石壁祖地的权威性"这面旗帜，就能很好地畅通各种渠道，为建立客家文化强县鸣锣开道，很好利用这一得天独厚的权威资源，招商引资，发展宁化的客家文化产业，推动整个经济社会的发展。

宁化编辑出版的每册论文集，都有关于发展文化产业的好文章，他们经过田野调

查，写出来的文章既有理论又有具体典型经验，很有参考和实用价值，建议有关单位和"两办"秘书很好看一看，把好的、具有参考价值的文章介绍给相关领导，作指导决策之资。

　　以上是两位长期从事客家工作的志愿者之言，不一定有用，如果能被吸纳万分之一，也是我们的荣幸，不枉一番热心。

张恩庭　刘善群　谨呈

2022年2月25日

评论

拓荒客学　薪传文化

——著名客家文化研究专家和拓荒者刘善群先生

● 林华光 ●

刘善群，男，1935年5月生，是三明客家文化研究的领军人物、资深专家和拓荒者。国家文化部华夏文化促进会客家研究所特邀研究员、北京联合大学台湾研究院客家研究中心客座研究员、宁化县客家研究中心名誉主任。从十年修志开始，刘善群把近30年的时间投入到客家祖地建设中，推动了本土客家研究从拓荒到深耕的发展，数十年心血研究的成果为宁化石壁客家祖地地位的确立、客家祖地品牌的打响提供了有力的学术支持，推动石壁客家祖地得到世界客属乡贤和客家学界更普遍的认可。他首倡成立宁化县客家研究会，倡议兴办宁化石壁与客家世界学术研讨会、石壁客家论坛，且著书颇丰，著有《客家礼俗》《客家与宁化石壁》《客家与石壁史论》等客家学专著10余部，发表客家学术论文50余篇，撰写电视小说《客家葛藤凹》，主持编修新中国成立以来首部《宁化县志》，主编、编审《石壁之光》《客家魂》《宁化石壁与客家世界论文集》等书刊。

刘善群先生是三明市唯一的一位福建省文史研究馆馆员。文史研究馆员不同于图书馆馆员或文化馆博物馆馆员，受聘者都是文史界耆年硕学之士、社会名流和著名专家学者。刘善群先生于2017年6月22日被福建省人民政府聘为"福建省文史研究馆馆员"。8月2日，省长于伟国给刘善群等新聘文史研究馆员授予聘书。

编史修志　不忘初心

刘善群先生牢记周恩来总理提出的"把知识和经验留给后代"的嘱托，做到了"胸中有大义、心中有人民、肩头有责任、笔下有乾坤"，撰写了许多力透纸背的著述。他高中毕业以后一直在宁化工作，从基层做起，对家乡怀有赤子初心。1984年他由中共宁化县委办主任转任县志办主任，从此开始了他的客家研究历程。30年来初心依旧，孜孜不倦进行文史研究，发挥了存史资政、滋润人心的作用。刘善群的各类著述、编撰、主编的文献多达千万余字，可以分类如下：

其一，学术著作，有《客家与石壁史论》《宁化史稿》《客家礼俗》和《石壁客家述论》部分章节。其二，主编的1992年版《宁化县志》，是宁化县继清代李世熊县志之后的又一部著名县志。其三，个人学术论文60余篇。其四，编著的客家文化书籍，有《客家与宁化石壁》《记忆》《历程》《宁化客家传统文化大观》（合著）、《老年梦》等。其五，主编（或执行主编）的论文集、丛书、刊物等，有《宁化石壁与客家世界学术研讨会论文集》《宁化与客家世界》《宁化石壁客家祖地丛书》《石壁与客家》《石壁之光》《宁化石壁客家祖地》等书籍和《宁化客家研究》《客家魂》等刊物，多达40余种。其六，长篇电视文学剧本《客家葛藤凹》。

存史资政　滋润人心

刘善群先生充分发挥优势，突出特色，积极推动中华优秀传统文化的传承弘扬与传播发展，深入挖掘深厚的历史文化、丰富地域文化、多样的现代文化，积极传承文化血脉，传递社会责任，为当代建言、为后世立言，他对客家研究事业的三个重要贡献是：

（一）书写中国移民史闽赣粤客家分支，实证客家民系的存在和源流

1949年至1977年，中国大陆客家研究基本沉寂（但在香港大学任教的罗香林于1950年出版第二部重要著作《客家源流考》）。即使在赣南、闽西客家地区，人们对客家也知之甚少，更缺少客家认同。大陆客家研究兴起多年以后，人们逐渐认识客家，但又有论者否认客家先民以中原汉人移民为主体，对是否存在客家进行分析，甚至认为客家只是一个文化概念，是一个方言群体。这都在一定程度上否定或者淡化了客家民系的存在。事实上，客家是历史和现实的存在，客家民系是客家文化的主体，客家文化的存在必然有客家民系这个实存。客家学一大基础性研究就是实证客家的存在和源流关系，大多数客家研究者沿着罗香林先生的思路和逻辑进行各地客家源流的追溯，刘善群就是一位客家学基础研究的杰出代表。

作为一位优秀的地方志专家，刘善群的客家研究重在科学实证，用他本人的话来说就是"让事实说话"。在30年的客家研究中，他用大部分时间和精力，对中原汉人移民进入闽赣粤边地的路线、各地人口增长状况进行定量和定性相结合的分析。在定性分析上，他从西晋"永嘉之乱"到南宋的中原汉人三波移民大潮这个背景中，分析到达闽赣粤边地的汉人移民状况，认为宋代以后北方移民更大规模迁入赣闽粤边地，主要迁出地以淮河以南为多。宋代以来赣闽粤三地人口的增长速度与比例，从高到低是闽西、赣南、粤东。唐末五代到两宋时期汉人移民主要聚集在赣闽接合部，他们是客家先民的主体。在定量分析上，刘善群所查阅和引用的族谱、史料、数据等极其丰富，难以数计。

刘善群引用大量的史实和数据旨在证明：如果没有大批外来移民，不可能有如此迅猛的人口增长，因此，以南迁汉人为主体的客家民系是实存的，而不是一个构建的概念或族群，客家民系也不是以赣闽粤的原住民为主体。

（二）为石壁客家祖地定位，促进客家研究石壁学派形成

对于宁化石壁的研究已达一个世纪，晚清和民国时期的石壁研究散见于各类文献。1933年11月罗香林出版《客家研究导论》，发现"惟黄巢变乱与石壁及其与客家迁移之关系，则尚未提述，不无遗憾"，认为"广东各姓谱乘，多载其上世以避黄巢之乱，曾寄居宁化石壁村葛藤坑，因而转徙各地。此与客家源流关系颇巨"，于是罗香林1947年特别发表《宁化石壁村考》一文，正式将石壁作为客家学研究对象引入学术领域。石壁研究是客家研究必须的一章。虽然石壁研究已逾百年，但是，真正全面梳理石壁客家源流，挖掘石壁客家文化是从1984年刘善群主编《宁化县志》开始。他全面分析了宁化及其石壁有利于客家先民聚集和垦殖的自然环境，汉人移民与原住民的融合，客家文化生长的社会条件，在集聚汉人移民、繁衍人口和发展经济的基础上，客家先民重构中原宗法制社会和传承宗法制文化，兴办教育，培育客家人文精神，早期的客家方言的形成等各个方面，作出石壁是客家民系主要形成地的结论。对于客家民系形成之后向各地的迁徙，刘善群以"播迁"名之，既是早期客家人的迁徙，也是客家文化的传播。对于石壁为客家祖地的定性和定位，刘善群和余保云、张恩庭等研究者做了大量的族谱研究、史料考证和田野调查。特别对奠定石壁客家祖地的两个基本条件，即客家先民的集聚和客家人的播迁，作了大量调查实证，从中分析海内外客家与宁化石壁的祖源关系。刘善群用大量的人口数据说明南迁汉人在宁化及其石壁的高度集中。而南宋以后，宁化人口急剧外流，人口数量锐减。刘善群提出"南宋是客家人的第一次大迁徙"。对于宁化石壁客家人的播迁，也引用了大量的史料和数据。因为宁化石壁在集聚汉人移民和形成客家以后的播迁两方面都具有早期性、集中性、姓氏和人口较多的特点，因而宁化石壁拥有与世界客家最多的渊源关系，播衍各地的石壁客家人大多数是客家发端始祖。这些实证得到很多专家的认可。石壁客家祖地确立后，也有观点将赣闽粤边地客家聚居地都作为"客家祖地"。从客家人遍布全世界这个视野来看，赣闽粤边地客家居地确实都是客家祖地，但是，石壁客家祖地更具有早期性、典范性，诚如罗香林先生所说的："广东各姓谱乘，多载其上世以避黄巢之乱，曾寄居宁化石壁村葛藤坑，因而转徙各地。此与客家源流关系颇巨。"通过刘善群以及一批宁化本土客家研究者的科学实证，广大专家学者的理论阐述，可以清晰看到石壁客家祖地是赣闽粤客家大祖地中的典范和代表。

刘善群提出"客家区内文化区域划分""客家历史孕育、诞生、成熟、发展的阶段性""宁化石壁是全世界大多数客家人的祖籍地""石壁是客家民系形成初期的中心地

域""宁化石壁是客家文化的节点、客家播衍的基点"等一系列学术观点。他将客家学奠基人罗香林以及历史上其他学者论述石壁的观点作出全面而深入的实证,形成自己的论述体系,在客家学界产生重大影响,推动了宁化石壁与客家世界之关系的学术研究不断拓展与深化,得到海内外很多客家研究专家的认可并参与研究。通过举办四届石壁与客家世界研讨会和四届石壁客家论坛,凝聚一批专家学者,围绕石壁在客家民系形成中的作用和地位发表论文,已经形成一个客家研究石壁学派或称研究群体。这个群体的特点是:尊重传统,注重实证,在罗香林客家研究的基础上追本溯源,坚持传承和发展客家优秀文化,推进客家认同,注重海峡两岸客家文化交流,以中华民族的伟大复兴为使命,研究和推进客家地区经济社会发展。众多的研究者关注和参与石壁研究,既有知名专家学者,也有新一代的研究生。而刘善群先生是继罗香林先生之后,对石壁研究和促进石壁研究群体形成的又一位重大贡献者。

(三) 推进学术、联谊、祭祖、传播活动,传承和发展客家文化

刘善群努力推进客家研究学术活动。继宁化客家县定位以后,1990 年 4 月,经刘善群向县委建议,宁化县客家研究会成立,刘善群任会长,这是闽赣客家地区最早的县级客家学术群团。刘善群带领本县一批研究人员,沿着罗香林先生关于石壁的论述的线索,进行大量的长期的田野调查,广泛搜集、阅览族谱,考察姓氏来源、石壁客家方言、民俗事象等,赴外地参加客家学术研讨会,与宁化本土学者一起,编著大量的书籍资料和刊物,连续举办四届石壁与客家世界学术研讨会和四届石壁客家论坛,包括合办的一届海峡两岸客家高峰论坛,邀请全国和海外专家来宁化共同研讨,得到了大批知名学者和专家对石壁客家祖地的认可。他还应邀担任文化部华夏客家研究所、北京联合大学台湾研究院客家研究中心和三明学院客家研究所等科研机构的客座研究员。

他积极传播客家文化。例如,于 2011 年出版电视连续剧文学剧本《客家葛藤凹》,全书近 30 万字。文学剧本将客家广泛流传的葛藤坑民间传说,演义为一个具有本质真实的文本,塑造了以利嫂为代表的客家先民群体形象,以及他们在葛藤凹艰难的物质生产开拓,与原住民畲族的血缘、文化融合的过程。文学剧本改编后,先后拍摄为电影《客家葛藤凹》和 32 集电视连续剧《大南迁》,得到广大观众好评。在解放军总政治部宣传部举办的第二十七届全军电视剧"金星奖"评奖中,《大南迁》获得长篇电视连续剧三等奖。

刘善群提议、发动或组织客家祭祖、联谊等活动。在海内外客家寻根谒祖热潮兴起的 20 世纪 90 年代,宁化县兴建世界客家公祠,1995 年落成,至 2016 年已经成功地连续举办了 22 届,接待了来自世界五大洲 24 个国家和地区的客属 60 多万人次,为海内外客属重建了寻根谒祖和心灵归属的圣地,祭祖习俗列入第三批国家级非物质文化遗产名录。近几年,宁化建设省级重点项目客家祖地文化园,其中以客家公祠为核心,由新建

祭祀区、石壁民俗文化村、世界客属文化交流中心和客家美食文化城、客家祖地博物馆、客家慈恩生态文化园等项目组成，这都离不开刘善群先生的建言献策和身体力行的参与。在文化与经济日趋融合发展的时代，刘善群对客家文化生态保护及文化产业、旅游业的发展，不断提出新的思路和建议。以上建议大多成为现实或在建设与发展中。

以德为重　以才辅之

刘善群先生以他的"三立"人生获得如此殊荣。人生有很多种活法，是因为有不同的人生价值取向。《左传·襄公二十四年》中写道："太上有立德，其次有立功，其次有立言；虽久不废，此之谓不朽。"立德、立功、立言，这"三不朽"，体现了儒家的人生理想，也是为人、处世、成业的朴素道理。客家赤子、石壁功勋刘善群先生就是这样追求人生的。

人生三立，以德为先。德是抽象的，又是具体的，需要一生的修为，体现在大事、大节和无数的细小行为中。刘善群年逾八十，同事们都尊称他为刘老。不仅仅是因为他年长，更是崇敬他的道德文章。刘老读书之多，学识之富，特别是治史和客家研究，在大学做个教授绰绰有余，而他每出版一部新著，赠予他人时都要亲笔而工整地写上"指正""敬赠"等语，谦谦君子之风足见。

2011年10月，宁化县人民政府授予第五批石壁功勋荣誉称号，一共7人。石壁功勋，是海内外客家著名人士和研究专家中，对宁化石壁有卓著贡献者，而刘老本人让自己屈居七人中的最后一名，这是他的一种心意、境界和风格。与刘善群先生接触过的人，都能感受他那客家人的朴实，朋友的豪爽，长者的细致，以及文雅而不乏风趣的谈吐，很容易成为他的朋友，甚至挚友。其实珍惜生命也是一种美德，刘善群先生七老八十了，却总是精神矍铄，思维敏捷，穿着整洁，颇有时尚，追求事业和珍爱生命两德并重，很让人艳羡。

客家文化的研究者们都是从向刘老学习开始的，不只是学术上的切磋，更是他的客家赤子之心感染了大家。刘善群是土生土长的宁化客家人，出于历史的原因，没有机会上大学，高中毕业以后，就一直在宁化工作。先做基层的林业工作、社教工作队等。在普通的工作中，不忘客家立德立志传统。

1963年元旦，28岁的刘善群在日记里写道："回首往事寂寂，仰望前程壮丽，应昂首直进，莫当时间奴隶。征途坎坷，应慎重，莫任性。以德为重，以才辅之；以览为先，以钻辅之；以电影为主，以小说辅之，以实根基，兼并实习。"

2011年，已经75岁的刘老，居然在学术之外写出长篇电视小说《客家葛藤凹》。都知道，主要从事文字材料和论著写作的人，大多缺乏形象思维，对于文学创作，较难发挥才智。读了刘善群的1963年日记，才知道他从青年时代起就爱好文学艺术，几十年坚持不懈，才有古稀之年创作的一挥而就。

他在日记中写的"以德为重，以才辅之"，也是他三立人生观的写照。他在宁化县的工作，一直做到县委办公室主任，这个职位特别需要仕才和文才，进入了仕途的快车道。在他的年龄不足五十的时候，突然转向慢车道，出任县志办主任。一般人处于这个职位，往往开始赋闲人生，可是，刘善群却在一个看似清闲的位置上，开始了他大写宁化和客家历史的立言立功。

三部论著　好评如潮

有三部重要著作集中反映刘善群客家研究的整体思路，以及他的主要观点和全面论述。首先是1984年他主编的第六部《宁化县志》，第一次把客家写入宁化县志。做县志办主任，往往都要重修或修订一部县志，而很多新版的县志，往往只是续接、增补一般的常规性内容，难以有重大突破。

宁化县有优良的修志传统，明嘉靖年间首纂《宁化县志》，万历、崇祯年间两度重修。清康熙年间由著名学者、宁化人李世熊编纂的《宁化县志》，是全国名志。民国初年宁化编纂了第五部县志。五修县志，到刘善群时期，只保存后三部。断修六十余载。刘善群主编的新中国第一部《宁化县志》，集历史上宁化县志之大成，以志为主，述、记、图、表、录、照片并用，全志35卷，100多万字，翔实地记述宁化的历史与现状、自然与社会。

刘善群在新县志编纂过程中发展，过去的宁化县志，即使在李世熊的《宁化县志》这样的全国名志中，也对客家只字未提。当然，这有时代的原因，客家曾经是一个隐性的族群，作为汉族的一个民系，或曰族群，它与汉族并没有实质上和外在的明显区别，不同于少数民族。一直到清代末期广东发生土客械斗，罗香林先生给予客家以汉族民系的明确定位，发表客家论著，客家才广为人知。李世熊编纂《宁化县志》，或不便涉及客家。揭开宁化客家面纱的使命，历史地落在刘善群的肩上。

刘善群进行了大量的史料研究和广泛的田野调查，八年中，与同事走访了26个省市区，搜集了上千万字的资料，在新的《宁化县志》中，把客家作为宁化人文的一大特色编入，为宁化石壁在客家史上的作用和地位作了初步定位，这对于宁化是一个很了不起的贡献。

1992年冬天，127万字的宁化县第六部县志正式出版，被专家誉为"当今志林中一部上乘之作"，得到社会各界的广泛认可和好评，省内外10多个县市的同行前来宁化取经，并邀请刘善群去担任评委，誉他为方志界的大家。

刘善群先生的第二部重要著作是个人专著《客家和石壁史论》，方志出版社2007年出版，30万字，集中阐述了他的学术观点。他从中国移民史的大背景着眼，从中原汉人三波移民大潮，到宁化石壁等地域汉人移民的集聚，闽粤赣边地客家先民集聚与播迁，姓氏与人口数量的变化，经济与文化教育的比较，客家方言分析等等，理论分析与实证结合，不但科学而清晰地阐述了宁化石壁在客家民系形成和发展的摇篮、祖地作用，而且对整个客家民系的形成与发展都作了详尽的分析。

《客家与石壁史论》中一些重要的观点，譬如客家民系形成的几个历史阶段；客家民系形成于南宋末年说；广义的石壁是一个以石壁为中心的相连接地域，是客家先民最重要的集聚地和播迁地；客家民系形成以后的迁徙为播迁；宁化一带的客家话与梅州客家话的区别以及各自的代表性，都具有很强的说服力，为客家研究界很多专家所认可。

刘善群先生的第三部重要著作《宁化史稿》，则不拘于宁化的客家历史，追溯到唐代建县之前的宁化，包括史前、秦汉，很多资料鲜为人见，再历述隋唐、五代、两宋、元明清，一直到苏区时期的宁化重要史实，并且附录宁化和平解放以后的大事纪要。这部大书，史料全面，史论引领，其中又紧扣客家精神立论，注入时代精神。他写作《宁化史稿》的时候，已近八十高龄，比他30多年前编纂《宁化县志》，有很多新的史料发现、新的感悟和理论的升华。正如他在后记里所说的，"20世纪80年代开始，客家研究逐渐热起来，这一潮流冲击了宁化""二十余年，对客家史、对宁化客家史的研究，逐渐把宁化揭发出来，尽管不是太彻底，尚有许多不明真相，但总是丰富一些"。

如果说以上三部著作主要是宏观，刘善群的另外两部个人著作，《客家礼俗》和《客家葛藤凹》，则一是研究客家文化事象，一是写客家人，切入到客家的社会和人物的深层次。1993年出版的《客家礼俗》是刘善群第一部个人专著，这是一部人类学著作，对客家民俗的田野调查以及归纳和升华，是人类学研究不可缺的过程。《客家礼俗》是福建省较早的客家文化丛书之一。

为写好《客家礼俗》这部著作，刘善群深入钻研中华原典《礼》，包括周礼、仪礼和礼记，同时进行比较文化研究，对中原、江淮、江右，汉族文化、畲瑶文化，以及宁化周边不同民族、民系、地域的文化特点进行比较，下足了学问功夫。其中，对闽粤赣客家大本营范围内各文化小区的划分，具有开拓性的观点和论述，得到担任丛书主编的著名专家和社会的好评。全套丛书两次重印，都销售一空。

刘善群的长篇电视小说，或曰电视文学剧本《客家葛藤凹》，近30万字，2011年由海风出版社出版。当年刘老已达76岁高龄，却能使用"电视小说"这样新潮的文学样式，不乏缠绵的情爱纠葛描写，足以显示他的文学素养和潇洒才气。小说将客家广泛流传的葛藤坑民间传说，演义为一个具有本质真实的文本，塑造了以利嫂为代表的客家先民群体形象，以及他们在葛藤坑艰难的物质生产开拓，与原住民畲族的血缘、文化融合的过程。

《客家葛藤凹》一个个人物性格丰满，个性突出，民俗风情的描述原汁原味，三条情节主线波澜起伏。剧本历史文化意蕴厚重，揭示了中原汉人大南迁的深层原因是吏治腐败、民不聊生，在充满忧愤的历史叙写中，塑造了具有浩然正气的中国脊梁式人物利中汉等，歌颂了以利嫂为代表的客家先民顽强的生命力和仁义精神。文学剧本改编后，先后拍摄为电影《客家葛藤凹》和32集电视连续剧《大南迁》，得到广大观众好评。在解放军总政治部宣传部举办的第二十七届全军电视剧"金星奖"评奖中，《大南迁》获得长篇电视连续剧三等奖。

立言立德　笔耕不辍

　　刘善群先生从20世纪80年代开始，笔耕不辍，著述和编著千万言。进入21世纪以来，已经很少有人用笔写作，而他依旧以纸笔写作，其中的艰难可想而知。他"立言"的过程，既是"立德"，也是"立功"的过程。1990年4月，经他向县委建议，宁化县客家研究会成立，刘善群任会长，这是闽赣客家地区最早的县级客家学术群团。年底他再以个人名义向县委、县政府提交开发客家祖地的建议和设想，开发石壁、建设客家公祠、举办客家民俗文化节、举办世界客家祭祖大典等。

　　对于客家研究，经他的提议，把石壁与客家世界学术研讨会拓展为包容更加广泛的、定期的石壁客家论坛。在文化与经济日趋融合发展的时代，他对客家文化生态保护及文化产业、旅游业的发展，不断提出新的思路和建议。以上建议大多成为现实或在建设与发展中。其中最经典的是建立世界客家公祠，1995年落成，同年举办首届世界客属祭祖大典，至2017年已经成功地连续举办了23届，接待了来自世界五大洲24个国家和地区的客属60多万人次，为海内外客属重建了寻根谒祖和心灵归属的圣地，祭祖习俗列入第三批国家级非物质文化遗产名录。

　　刘善群先生的心和海内外客属的心，海内外客属与石壁，已经紧密地联系在一起，正如他在2000年5月22日的日记中所写的："22日由马六甲前往居銮。居銮是对客家事业有重大贡献的姚森良、姚美良昆仲的家乡。由于多年的感情，到了居銮，见到姚森良先生，似乎到了家乡，有一种难以言表的亲情。"

　　近几年，宁化县成立了客家地区唯一的县级事业单位客家办，建设省级重点项目客家祖地文化园，其中以客家公祠为核心，由新建祭祀区、石壁民俗文化村、世界客属文化交流中心和客家美食文化城、客家祖地博物馆、客家慈恩生态文化园等项目组成，总占地千亩以上，总投资20亿元以上。这都离不开刘善群先生的建言献策和身体力行的参与。

　　2017年8月5日，刘善群先生客家学术研究30周年成果研讨会在宁化举行，来自河南、广东、江西等省及厦门、福州、龙岩、三明等地的26位专家学者，都曾经研读过刘善群先生的著作，对他的学术成果给予客观和高度的评价。

　　2018年举办第二十二届祭祖大典的前几天，我们去了新扩建的石壁客家公祠，走进集散广场，老远就看见刘老也来查看祭典准备工作。高大的背景立在前方，再前面是一组组客家先民和先贤的雕像，以及墙面上巨大的《避兵燹》《敬天穆祖》《石壁宁》浮雕，我的心里突然产生一种高山仰止、景行行止的感觉，是那些庄严而沧桑的雕塑和刘老的精神让我油然而产生敬意。

近年来，我和黄树清馆长先后三次到宁化，看望慰问刘善群先生，与他面对面交流宁化客家文化。他说，宁化客家文化，如葛藤绽新枝，更待繁花开。汉族客家民系创造的客家文化历经1000余年，是中华文化的重要组成部分。客家文化以其包容性、根植性、向心性、价值性而著称。然而，如何保护与传承宁化客家文化，眼下仍困扰着当地政府及民众。宁化客家文化的保护和传承，需要进一步的挖掘与建设，此项工作任重道远。这些年，世界各地的客家文化研究方兴未艾，发展也很快。

一个地方的文化，最熟知的应该是生于斯长于斯的人，他们也是发掘和保护的主要力量。刘善群先生积极投身客家祖地建设，助推客家文化旅游产业发展。1990年12月，他以个人名义向县委、县政府提出《开发客家祖地的设想和建议》。最核心的内容是开展客家研究、建设客家祖地。

刘善群先生建议让客家祖训传得更远。据《客家言志》记述，客家先贤有光耀中华的"祖训家规"。客家人的祖训族规不但写入族谱，也把体现传统价值的祖训族规提炼为楹联挂在门两侧，悬于宗祠，刻入桥亭，贴于戏台。纵观客家地区的家规族训，不论以任何形式出现，都蕴含教喻子孙做人的道理，为后人树立为人处世的典范、自我修养的标杆。

历经岁月沧桑和世事的变化，对后人的教育方式也不断出新，但家规祖训对后代的影响是其他教育形式不可替代的，这种有效的村民自治方式，在今天的社会管理上都还值得借鉴，是如珍珠般珍贵的客家文化遗产。经刘善群整理的客家祖训为："人往四方，励志名扬；崇宗敬祖，恋土爱乡；孝悌忠恕，笃守伦常；尊师尚学，修身勤上；宜习正业，奋发农桑；端行正品，和睦礼让；戒赌戒淫，惩恶扬善；法礼不违，伦理不乱；毓德垂后，千古相传；谨遵祖训，世代隆昌。"

客家祖先为了自己的后代能恪守孝道，和邻睦族，坦荡做人，在族中乡间有好名声，除平日的言传身教外，还会想出不少其他方式对后代进行良好的教育和影响。从围龙屋墙壁屏柱上凿写的家规家训的文字，就可看出先辈的这种良苦用心。

客家地区的祖训族规包罗万象，这一方面反映了客家地区民间修谱风气之盛，每一个姓氏都在不同历史时段兴修族谱，每一本族谱都记载祖训族规；另一方面也反映了客家人强烈的宗族观念、忧患意识、崇正愿望和发展诉求。从一个族姓来看，只有家族成员很好地遵循祖辈的教诲，才能凝心聚力，加快发展，抗御外侮，家和万事兴。从整个客家社会层面看，面对生存环境的险恶和生产生活过程中人与自然、人与社会、人与人以及人的内心之间产生的矛盾，就必须用中国传统文化所倡导的核心价值观作为最高准则,用来指导、规范人们的思想和行动,从而化成克服困难的动力,化成宗族团结的黏合剂,实现"各类其美,美人之美,美美与共,天下大同"的目标。

客家先贤的祖训家规寓意深刻,言近旨远,彰善瘅恶,是先辈为人处世、教育后裔的金玉良言、箴言警语。客家先贤言传身教,客家后人取精用宏。

2017年8月5日,刘善群先生客家学术研究30周年成果研讨会召开。会议进一步肯定刘善群的研究成果,总结并探讨刘善群研究客家文化的经验,推进客家文化的传承与研究。三明市客家联谊会会长刘振郁,宁化县政协主席李平生,宁化县委常委、宣传部部长郑丽萍和来自各地的客家学专家学者、宁化客家学者参加了会议。

李平生代表县委、县政府向大会的召开表示热烈祝贺,向莅临盛会的各位嘉宾表示热烈欢迎。他希望,新时期弘扬宁化乡土历史文化的同志们应以本次研讨会为新的起点,继续在前人的足迹上"不忘祖宗言",继续把刘善群先生这面弘扬宁化客家历史文化的旗帜高高举起,继续为传承、弘扬客家优秀传统文化,为实现宁化县"一城四区"建设目标,乃至为中华民族伟大复兴中国梦的实现贡献新的更多的文化力量。

会上,刘振郁和与会专家学者研讨刘善群客家学术研究30周年成果。刘善群讲述了自己30周年客家研究心路历程。

宁化县委常委、宣传部部长郑丽萍指出,本次研究会参会人员地域广、层次高。客观评价了刘善群先生客家研究作品,有利于推进客家学研究;学习借鉴刘善群先生为人处世风范,有利于弘扬客家精神。希望通过本次研讨会,进一步团结海内外客家学专家学者,勠力同心,砥砺前行,推动宁化县客家工作再上新台阶;也衷心希望全县客家学者能以刘善群为榜样,不忘初心,坚持不懈,当好弘扬宁化客家历史文化的接班人、传承者,为客家事业作出新的更大的贡献。

(原载《馆员风采》,海峡文艺出版社2019年版)

刘善群先生客家学术研究 30 周年成果简介

● 张启城 ●

刘善群，福建省宁化县人，1935年出生，曾任中共宁化县委办公室主任、宁化县县志办公室主任、《宁化县志》主编。现为文化部华夏文化促进会客家研究所特邀研究员、北京联合大学台湾研究院客家研究中心客座研究员、三明学院客家文化研究所特邀研究员、全球客家·崇正会联合总会执行长、三明市客家联谊会顾问、宁化县客家研究中心名誉主任、宁化石壁客家宗亲联谊会名誉会长、宁化县客家研究会名誉会长。

刘善群是成就显著、影响重要的客家学、方志学学者。他首创宁化县客家研究并坚持不懈近30年，是三明客家学界第一位系统、深入研究石壁与客家形成和发展之关系的客家学者，历年撰写出版专著《客家礼俗》《客家与宁化石壁》《客家与石壁史论》《记忆》《历程》、电视小说《客家葛藤凹》，合著《石壁客家述论》，先后在海内外发表论文60余篇。主编《宁化县志》，执行主编《宁化石壁与客家世界学术研讨会论文集》《宁化与客家世界》，合作主编专著《宁化石壁客家祖地丛书》《石壁与客家》《石壁之光》《宁化石壁客家祖地》和杂志《宁化客家研究》《客家魂》等共40余种。刘善群主编的1990年出版的《宁化县志》正式将宁化定位为"客家摇篮""客家祖地"。刘善群自20世纪80年代起提出并不断完善"客家区内文化区域划分""客家历史的阶段性""宁化石壁是全世界大多数客家人的祖籍地""石壁是客家民系形成初期的中心地域""宁化石壁是客家文化的节点、客家播衍的基点"等一系列学术观点，把罗香林等重要客家学学者论述石壁的学说体系化、全面化、深入化和实证化，在客家学界产生重大影响，推动了宁化石壁与客家世界之关系的学术研究不断拓展与深化，并由此形成在客家学界独树一帜的"石壁学派"。中国社会科学院侨联副主席、文化部华夏文化促进会客家研究所所长丘权政教授在刘善群代表作《客家与石壁史论》序文中说："刘善群研究员的这本力作，论述的不仅仅是宁化石壁这一地方的历史，更重要的是它从某种意义讲，为汉族史乃至中华民族史填补了一个空白。"《客家与石壁史论》获三明市社会科学研究优秀成果一等奖。第一套县级客家文化丛书《客家祖地石壁丛书》2000年问世后，客家学者高度评价,《人民日报》、中央人民广播电台和地方报刊大量报道。电视小说《客家葛藤凹》被八一电影制片厂改编拍摄成电影和电视连续剧,在世界客属第二十五届恳亲大会期间首映。刘善群的客家学、方志学成就及事迹被《中国专家大辞典》《中国当代方志学者辞典》和《世界华人杰出专家名典》收录。

　　刘善群在孜孜不倦、精益求精地进行田野调查、学术研究的同时,积极参与并组织开展学术交流、客家联谊活动,历年多次应邀出席国内外客家学术研讨会并发表交流论文。在他的倡导、策划和组织下,1992年在宁化举行客家史与客家文化学术研讨会,1997年、2000年和2009年,先后举行3届石壁与客家世界学术研讨会,来自美国、新加坡、印尼、瑞典、泰国、日本、中国的300余位知名专家、学者出席。刘善群等联合主编并出版的三本200余万字的石壁与客家世界学术研讨会论文集,以丰富的史料,科学地论证客家民系与宁化及其石壁的历史关系,为宁化及其石壁作了客家南迁的早期中转站、聚散中心,是客家摇篮、客家人的总祖地的历史定位。历年多次应邀参加世界客属恳亲大会等重大客家活动,积极倡导和推动始于1995年的以文化寻根谒祖为主要内容的新客家运动,积极策划组织2001年在宁化举行的中国客属首届恳亲联谊大会。十几年来,新客家运动在客家世界蓬勃发展方兴未艾,成为世界客家事业的一大亮点。

　　刘善群客家研究成果为宁化客家工作乃至为世界客家事业的发展作了理论上的导引。在他理论研究的基础上,宁化县自1991年起把"打客家牌"列为宁化经济社会发展战略之一,大力开展,持续推进。在他的提议下,1991年宁化开始为世界客家人建立一座总家庙——石壁客家公祠,1995年主体落成之际举办首届世界客属石壁祖地祭祖大典,至2011年连续成功举办了17届,30多个国家和地区上千团队40余万人次前来石壁祭祖观光、投资兴业,为世界客属交流联谊,特别是为海峡两岸交流合作作出了显著贡献,大大提高了宁化的知名度,促进了宁化旅游业和经济贸易的发展。刘善群在锲而不舍推进提升客家研究的同时,非常注重理论成果的转化运用,在他和宁化其他同仁的建言和努力下,石壁客家公祠得以拔地而起,世界客属石壁祖地祭祖大典得以拉开帷幕。在宁化近年打造"石壁客家文化园""世界客属文化交流中心""客家美食文化城""慈恩湖客家文化休闲度假区""客家民俗文化第一村""葛藤村客家影视城"等客家文化项目和配合三明市申办、筹备世界客属第二十五届恳亲大会工作中,年近八旬的刘善群一如既往呕心沥血,出谋划策,尽心尽力,四处奔忙,特别是在提高项目客家文化内涵方面,参与项目策划,亲自设计编撰文化工程内容,凭借客家学者的独特优势,为促进宁化"做成客家始祖文化业""建设海西知名的文化旅游目的地"等战略性工作,发挥了不可替代的重要作用。同样是由于他和同仁们的努力,宁化县于1991年成立福建省第一个县级客家研究组织——宁化县客家研究会,1992年成立石壁客家宗亲联谊会,2009年成立宁化县客家工作办公室和客家研究中心。刘善群是宁化县客研会创会会长并历任多年,为建立健全客家研究机构队伍,培养人才,奖掖后学,不遗余力,成效显著，贡献突出。

刘善群几十年如一日兢兢业业、硕果累累，品德高尚，乐善好施。他不计报酬、无私奉献、吃苦耐劳、敢拼会赢的可贵品质；敢为人先、开拓创新的进取精神；爱国爱乡、有容乃大的赤子情怀，闪烁着客家精神的光辉，是实践"福建精神"的生动体现。

(张启城，宁化县客家工作办公室主任、客家研究中心副主任)

刘善群先生客家学术研究 30 周年成果研讨会致辞

● 李平生 ●

尊敬的刘善群先生，尊敬的各位领导、各位专家学者、各位来宾：

五洲客家音，四海桑梓情。很高兴同大家相聚在这里，共同研讨刘善群先生 30 周年客家研究成果，共同商榷推进客家研究、弘扬客家文化、光大中华文化、繁荣客家事业大计。首先，我谨代表中共宁化县委、宁化县人民政府，向大会的召开表示热烈祝贺！向莅临盛会的各位嘉宾表示热烈欢迎！

刘善群先生是宁化客家研究的时代旗手、领军人物、资深专家，30 年来，锐意拓新，笔耕不辍，著作等身，著有《客家礼俗》《客家与宁化石壁》《客家与石壁史论》《宁化史稿》《宁化客家传统文化大观》等客家学专著 10 余部、客家学术论文 50 余篇、电视小说《客家葛藤凹》，主持编修新中国成立以来首部《宁化县志》，并主编、编审《石壁之光》《客家魂》《宁化石壁与客家世界论文集》《客家祖地石壁丛书》《宁化县客家研究中心·石壁书系》等书刊。首倡成立宁化县客家研究会，倡议举办宁化石壁与客家世界学术研讨会、石壁客家论坛，为宁化客家祖地的定位、客家民系的研究、客家学学科体系的构建提供了坚实有力的理论支撑。在辛勤客家研究的同时，刘善群先生积极践行客家"爱国爱乡、硬颈毅行"之精神，以极大的热情投入宁化乃至全球客家事业，倡议建立被誉为全球客家人总家庙的石壁客家公祠、被誉为全球客家人桑梓地的石壁客家祖地文化园等客家建设项目，依托石壁客家公祠，1995 年召开世界客属石壁祖地祭祖大典，迄今已成功举办 22 届。随着祭祖大典的连年举办、客家工作部署的不断推进，石壁祖地祭祖大典已经成为全球客家人追根溯源、敬祖穆宗、恳亲联谊、文经交流的庄严圣典、神圣桥梁。石壁客家祖地文化园已经获得"海峡两岸交流基点""中华国际文化交流基地""国家四 A 级旅游景区"等多项殊荣，石壁客家祖地品牌已经成为宁化走向世界的"金字招牌"。借此机会，向以刘善群先生为代表的不懈坚持弘扬宁化乡土历史文化的同志们，向长期直以来关心支持宁化客家事业发展的各级领导、各位专家学者、各界朋友，表示衷心的感谢！

客家谚语说,"宁卖祖宗田,不忘祖宗言"。这里的"祖宗言"就是指优秀客家传统文化之精髓、灿烂中华文明之要义。客家人的先辈,世世代代、祖祖辈辈,以"祖宗言"为安身立命之根本、谋事创业之圭臬,书写了客家历史上的一个个经典、一座座丰碑。新时期弘扬宁化乡土历史文化的同志们应以本次研讨会为新的起点,继续在前人的足迹上"不忘祖宗言",继续把刘善群先生这面弘扬宁化客家历史文化的旗帜高高举起,继续为传承、弘扬客家优秀传统文化,为实现宁化"一城四区"建设目标,乃至为中华民族伟大复兴中国梦的实现贡献新的更多的文化力量。

最后,预祝研讨会圆满成功!祝各位嘉宾身体健康、事业有成、万事如意!

谢谢大家!

(2017年8月5日)

(李平生,宁化县政协主席)

刘善群先生的客家文化研究成果为三明"打客家牌"提供了有利条件

——在刘善群先生客家学术研究 30 年成果研讨会上的讲话

● 刘振郁 ●

各位领导、各位同志：

今天在这里召开刘善群先生从事客家研究 30 年成果研讨会很有必要，很有意义，我代表三明市客家联谊会表示热烈祝贺！

众所周知，三明是客家祖地、客家大市，是闽赣粤边客家大本营的组成部分。历来市委、市政府对"打客家牌"，弘扬客家文化，推动经济社会发展高度重视。但是，"打客家牌"要有必要的条件，否则，客家牌就打不成。而刘善群先生的客家研究正好为这一问题的解决提供了条件。刘善群先生的研究是多方面的，硕果累累，有学术论著，有志书史稿，有电视小说，后被改为电影《客家葛藤凹》和电视剧《大南迁》，还有编撰收集的民俗、礼俗、族谱、姓氏文化包括族规、祖训等，都各有特点，显示了大家手笔。但是他研究的着力点放在客家源流和客家文化方面，具体就是宁化及其石壁包括沙溪和金溪流域在客家民系形成、发展、播迁过程中的地位和作用，这也是三明"打客家牌"要解决的前提条件。

刘善群先生通过多方面的研究，包括对中国史、民族史、战争史、移民史等的研究，结合宁化特别是石壁的情况进行研究，确立了石壁在客家史上的地位和作用，并经海内外许多专家学者研究，确认了刘善群先生对石壁在客家史上的地位和作用的提法，即"石壁是客家祖地""石壁是客家摇篮""石壁是客家早期聚散中心"等，这一地位的确认，为三明市"打客家牌"提供了先决条件：

一是确认三明市是客家祖地。这是三明"打客家牌"的首要条件。石壁在客家史上的地位的确立，实际是宁化地位的确定，是宁、清、归地位的确立，因这三县原是一个县即宁化县。这一定位也是沙溪和金溪流域大石壁地区地位的确立，这两个流域的县都是邻县，唐宋时期同样接纳了大量南迁汉人，又同时参与了闽粤赣边客家民系形成全过程，所以都是客家祖地。

二是为石壁兴建客家公祠，举办世界客属祭祖大典，开展客家联谊交流活动，提供了基础。

三是为三明进入国家文化部设立的客家文化生态保护试验区创造了条件。

四是为与台湾客家联谊交流提供了条件。刘善群先生通过研究弄清了台湾有200多个姓氏祖先是从三明迁台的，其中宁化就有100多个姓氏。"亲不亲，客家人"，多年来，台湾客家有许多团队到三明特别是宁化寻根祭祖，这为与台客家开展交流打通了道路。

五是为反"台独"提供了依据。刘善群先生的研究除阐述客家形成、发展、播迁的全貌外，他还专门撰写过一篇文章阐述客家文化的根在中原，台湾客家与大陆客家同文同种，台湾客家祖先是从大陆迁台的。这为反对"台独"分子搞文化"台独""去中国化"提供了有力武器。

有了以上条件，三明市"打客家牌"顺理成章。近年来打客家牌掀起了热潮，创出了成效，如我们举办过以"客家亲，祖地情"为主题的第二十五届世客会，举办过第七届海峡两岸客家高峰论坛，连续举办了22届石壁祭祖大典活动，创立了石壁客家论坛，建设了一批客家博物馆、客家文化园。宁化石壁兴建了客家祖地文化园、世界客属文化交流中心、清流灵台山定光文化园，竖起世界上最高大的定光大佛塑像等。这些与刘善群先生研究活动的先导和研究成果的支撑是分不开的。

谢谢刘善群先生为三明客家事业的发展和文化的繁荣所作出的卓越贡献！

2017年8月5日

（刘振郁，三明市客家联谊会会长）

在刘善群先生客家学术研究 30 周年成果研讨会上的总结讲话

郑丽萍

尊敬的各位领导、各位专家学者、各位来宾：

经过为期一天的学术研讨与学术交流，本次研讨会已接近尾声。现根据会议的安排，由我对本次研讨会作个小结。在此我讲"两句话"。

第一句是"两个特点"。本次研讨会呈现出两个显著特点。一是参会人员地域广、层次高。受邀参加研讨会的 26 位专家学者，来自河南、广东、江西等省及福建的厦门、福州、龙岩、三明、清流、宁化等地。一些高等学府和客家研究机构如广州华南理工大学、广东深圳大学、广东嘉应学院、江西赣南师范学院、三明学院等均有资深客家研究专家、教授、博导参会。特别是谭元亨、周建新、廖开顺、杨彦杰、张佑周等是客家学界杰出学者，著作等身，影响广泛。二是研讨发言评价客观、立意高远。受邀参加研讨会的专家学者大都认真研读了刘善群先生大量客家研究著述或论文，有些甚至是先生多年好友、多年客家研究同伴。在大量阅读其作品、全面了解其人品的基础上，与会专家赞誉刘善群先生为"宁化客家研究拓荒牛""宁化客家研究的领军人物""力促客家事业发展的热心推动者""三明客家研究的旗帜""新时期客家人的楷模"等，是不足为过、客观公允的。研讨刘善群先生客家研究作品的同时，与会专家对其在繁荣客家事业、推进客家研究等方面的意义也表现出较为关注，如杨彦杰认为"刘善群 30 年来的客家研究'石壁'是最重要的议题，必将有助于学术研究的进一步发展"；周建新认为"刘善群先生是客家祖地研究与建设第一人"；刘振郁认为"刘善群先生的客家研究成果为三明'打客家牌'提供了有利条件"；等等。

第二句话是"两点共识"。通过与会专家严肃认真研讨，形成两点共识。一是深入研究刘善群先生客家研究作品，有利于推进客家研究。探寻客家历史，不能不探寻石壁历史；研究客家文化，不能不研究石壁祖地文化。刘善群先生 30 年来，沿着"石壁"这一研究核心，锐意拓新，笔耕不辍，著有客家学专著 10 余部、客家学术论文 50 余篇、近千万言，为客家民系的研究提供强大、有力的理论支撑，是研究客家民系、研究客家历史文化的文史宝藏。二是学习借鉴刘善群先生为人处世风范，有利于弘扬客家精神。综观刘善群先生80多年的人生坎坷历程，无论顺境还是逆境，一直为人正直、敢于担当，一贯为官清廉、慎独慎微。进入21世纪后，宁化县委、县政府考虑如何加大石壁客家祖地宣传力度和提升影响力，提出"创作唱红一首歌、编排演好一台戏、创作拍好一部电视剧"的构想，刘善群先生心头浮上一种莫名的责任感，几经周折，三易其稿，终于创作了首部反映客家民系形成历史的电视小说《大南迁》；年近八旬之际，刘善群先生有感于"古县志，囿于各种原因，对历史的追溯有限，史料的搜集更有限。要通晓一县之古今，尽管费时，也难如愿"，于是萌发编史念头，写下了三明乃至全国县域一级第一本史书《宁化史稿》。此外，在事关构建客家文化交流平台、举行石壁祖地祭祖大典、举办客家学术活动、发展客家文化经济等方面，同样也倾注了刘善群先生大量心血和汗水，表现出生命不息、研究不止的高尚学者精神，堪称新时期践行客家精神的楷模。

最后，衷心希望通过本次研讨会，进一步团结海内外客家学专家学者，勠力同心，砥砺前行，推动宁化客家工作再上新台阶；衷心希望宁化客家学者能以刘善群先生为榜样，不忘初心，坚持不懈，当好弘扬宁化客家历史文化的接班人、传承者，为宁化客家事业作出新的更大的贡献！

以上是我对本次研讨会的粗浅认识，不对的地方，请批评指正。

谢谢大家！

(2017年8月5日)

(郑丽萍，中共宁化县委常委、宣传部部长)

刘善群 30 年客家事业述评

　　　　　　●　廖开顺　●

　　刘善群先生的客家事业包括客家研究和客家工作等，从 1984 年担任县志办主任，已逾 30 年。他在罗香林先生石壁研究的基础上，系统而深入地研究石壁与客家民系形成和发展的关系。他尊重前人和当代客家研究成果，对历史学、社会学、民俗学和中国移民史进行刻苦钻研和科学运用，以科学的精神进行大量的田野调查，形成自己的客家研究系列观点和论著，对发掘和建设石壁客家祖地，传承和发展客家优良文化作出独特而重大的贡献。

一、30 年客家事业初心依旧

　　刘善群出生于 1935 年，是土生土长的宁化客家人，高中毕业以后一直在宁化工作，从基层工作做起，对家乡怀有赤子初心。1984 年他由县委办主任转任县志办主任，从此开始了客家研究历程，30 年初心依旧。

　　刘善群的各类著述、编撰、主编的文献多达千万余字，可以分类如下：其一，学术著作，有《客家与石壁史论》《宁化史稿》《客家礼俗》和《石壁客家述论》部分章节。其二，主编的 1992 年版《宁化县志》，是宁化县继清代李世熊县志之后的又一部著名县志。其三，个人学术论文 60 余篇。其四，编著的客家文化书籍，有《客家与宁化石壁》《记忆》《历程》《宁化客家传统文化大观》（合著）、《老年梦》等。其五，主编（或执行主编）的论文集、丛书、刊物等，有《宁化石壁与客家世界学术研讨会论文集》《宁化与客家世界》《宁化石壁客家祖地丛书》《石壁与客家》《石壁之光》《宁化石壁客家祖地》等书籍和《宁化客家研究》《客家魂》等刊物，多达 40 余种。其六，长篇电视文学剧本《客家葛藤凹》。

　　《左传·襄公二十四年》曰："太上有立德，其次有立功，其次有立言；虽久不废，此之谓不朽。"立德、立功、立言，这"三不朽"是儒家的人生理想，也是刘善群的人生追求。文人的"立功"往往从著述立言开始,孔子说"有德者必有言"。刘善群先生道德文章兼备。他读书之多,学识之富,特别是治史和客家研究,几十年笔耕不辍,堪称典范。2017年6月22日,刘善群被福建省人民政府聘为福建省文史研究馆馆员,8月2日福建省人民政府于伟国省长向刘善群等新聘馆员颁发聘书,并代表中共福建省委、福建省人民政府向受聘者表示祝贺,向他们长期以来为福建经济社会发展作出的贡献表示感谢。刘善群先生荣任省文史馆员,是实至名归。

二、重要著作与学术观点

(一)《宁化县志》:解开尘封的客家面纱

1984年刘善群开始主编(撰稿)第六部《宁化县志》,开始进行客家研究。宁化县第一次编纂《宁化县志》是明代嘉靖年间,万历和崇祯年间两度重修。清康熙年间由宁化人李世熊编纂的《宁化县志》为全国著名县志。民国初年宁化编纂第五部县志。到刘善群时,只保存后三部,断修六十余载。刘善群主编的《宁化县志》也是新中国第一部《宁化县志》,集历史上宁化县志之大成,35卷,100多万字。刘善群在县志编纂过程中发现,过去的宁化县志对客家只字未提。当然,这有时代的原因,客家曾经是一个隐性的族群,作为汉族的一个民系,或曰族群,它与一般汉族并没有实质上和外在的明显区别,不同于少数民族。一直到清代末期广东发生土客械斗,罗香林对客家以汉族民系的明确定位,发表客家论著,客家才广为人知。李世熊编纂《宁化县志》或不便涉及客家。揭开宁化客家面纱的使命,历史地落在刘善群的肩上。在罗香林对宁化石壁研究的基础上,刘善群进行了大量的史料搜集和田野调查。八年中,他与同事走访了26个省市区,搜集了上千万字的资料,在新的《宁化县志》中,在罗香林对宁化为纯客家县定位的基础上,再次对宁化进行客家县的定位,将客家文化作为宁化县最重要的人文特色编入县志。1992年127万字的第六部《宁化县志》正式出版,被有关专家誉为"当今志林中一部上乘之作",得到社会各界的广泛认可和好评,省内外10多个县市的同行前来宁化取经,并邀请刘善群去担任评委,誉他为方志界的大家。

(二)《客家与石壁史论》:客家研究的代表作

刘善群的个人专著《客家与石壁史论》2007年由方志出版社出版,30万字。在与廖开顺、蔡登秋等专家合著的60余万字的《石壁客家述论》一书中,刘善群负责第一章"客家民系在赣闽粤边地的形成与发展"、第二章"石壁在客家民系形成中的作用和地位"主要内容的撰写。这些章节与他的《客家与石壁史论》共同构成他关于客家民系和石壁客家祖地的论述体系,阐述了他系列的学术观点。

刘善群从中国移民史的大背景入笔，从中原汉人三波南下移民大潮到赣闽粤边地客家先民集聚，再到宁化石壁等地域客家先民的集聚和姓氏人口数量的变化、经济与文化教育的比较、客家方言分析等等，理论阐述与实证结合，对整个客家民系的形成与发展作了详尽分析，科学而清晰地阐述了宁化石壁在客家民系形成和发展中的作用。其中一些重要的观点，譬如客家民系形成的几个历史阶段；客家民系形成于南宋末年说；广义的石壁是一个以石壁为中心的与周边相连接地域，是客家先民最重要的集聚地和播迁地；客家民系形成以后的迁徙为播迁；宁化一带的客家话与梅州客家话的区别以及各自的代表性，都具有很强的说服力，为客家研究界很多专家所认可。

（三）《宁化史稿》：客家古县的全景观照

刘善群的第三部重要著作《宁化史稿》不拘于宁化的客家历史，追溯到唐代建县之前的宁化，包括史前、秦汉，很多资料鲜为人见，历述隋唐、五代、两宋和元明清，一直到苏区时期的宁化的重要史实，并且附录宁化和平解放以后的大事纪要。这部著作史料全面，史论引领，其中又紧扣客家精神立论，注入时代精神。他写作《宁化史稿》的时候，已近八十高龄，比他30多年前编纂《宁化县志》，有很多新的史料发现、新的感悟和理论升华。正如他在后记里所说的："20世纪80年代开始，客家研究逐渐热起来，这一潮流冲击了宁化"，"二十余年，对客家史、对宁化客家史的研究，逐渐把宁化揭发出来，尽管不是太彻底，尚有许多不明真相，但总是丰富一些。"

（四）《客家礼俗》：客家礼俗的精华荟萃

1993年出版的《客家礼俗》是刘善群第一部个人专著，是一部人类学著作。对客家民俗的田野调查，以及归纳和升华，是人类学研究不可缺的过程。虽然当今有关客家民俗的书籍汗牛充栋，而《客家礼俗》却是福建省最早的客家文化丛书之一。这部书贯穿着礼与俗的相互依存关系：礼俗是民俗的精华，礼是超越性的，俗是世俗化的，以礼统俗，以俗融礼。为写好这部著作，刘善群深入钻研中华原典《礼》，包括周礼、仪礼和礼记，同时进行比较文化研究，对中原、江淮、江右，汉族文化、畲瑶文化，以及宁化周边不同民族、民系、地域的文化特点进行比较，下足了学问功夫。其中，对闽粤赣客家大本营范围内各文化小区的划分，具有开拓性的观点和论述，得到担任丛书主编的著名专家和社会的好评。全套丛书两次重印，都销售一空。

三、刘善群客家事业的三个重要贡献

（一）书写中国移民史闽赣粤客家分支，实证客家民系的存在和源流

1949年至1977年，中国大陆客家研究基本沉寂（但在香港大学任教的罗香林于

1950年出版第二部重要著作《客家源流考》）。即使在赣南、闽西客家地区，人们对客家也知之甚少，更缺乏客家认同。大陆客家研究兴起多年以后，人们逐渐认识客家，但又有论者否认客家先民以中原汉人移民为主体，甚至对是否存在客家进行质疑。这都在一定程度上否定或者淡化了客家民系的存在。事实上，客家是历史和现实的存在，客家民系是客家文化的主体，客家文化的存在必然有客家民系这个实存。客家学一大基础性研究就是实证客家的存在和源流关系，大多数客家研究者沿着罗香林先生的思路和逻辑进行各地客家源流的追溯，刘善群就是一位客家学基础研究的杰出代表。

作为一位优秀的地方志专家，刘善群的客家研究重在科学实证，用他本人的话来说就是"让事实说话"。在30年的客家研究中，他用大部分时间和精力，对中原汉人移民进入闽赣粤边地的路线、各地人口增长状况进行定量与定性相结合的分析。在定性分析上，他从西晋"永嘉之乱"到南宋的中原汉人三波移民大潮这个背景中，分析到达闽赣粤边地的汉人移民状况。认为宋代以后北方移民更大规模迁入赣闽粤边地，主要迁出地以淮河以南为多。宋代以来赣闽粤三地人口的增长速度与比例，从高到低是闽西、赣南、粤东。唐末五代到两宋时期汉人移民主要聚集在赣闽接合部，他们是客家先民的主体。在定量分析上，刘善群所查阅和引用的族谱、史料、数据等极其丰富，难以数计。比如，他列举宋代赣州的人口增长，绍兴年间（1131—1162年）主客户合计120985户，淳熙年间（1174—1189年）主客户合计293344户，宝庆年间（1225—1227年）则达321356户，从绍兴到宝庆的六七十年中，净增200371户，增长率267%。特别是从绍兴到淳熙的三四十年中，净增172359户，增长率242%。又如，宋代汀州的人口分析，从崇宁到庆元（1195—1196年），前后不过数十年的时间，汀州境内户数净增长137184，增长率为268.3%，年均增长率超过9‰，也远远高于全国同期平均水平。他还大量列举姓氏来源、村落的形成等实例。如，他根据20世纪90年代的调查统计，赣南宁都全县大约有村庄4500多个，由"老客"（唐宋以前迁入的移民）始建或扩建的村庄2700多个，占总村数80%。刘善群引用大量的史实和数据旨在证明：如果没有大批外来移民，不可能有如此的人口增长，因此，以南迁汉人为主体的客家民系是实存的，而不是一个构建的概念或族群，客家民系也不是以赣闽粤的原住民为主体。可以说，刘善群对赣闽粤汉人移民的著述，是中国移民史关于赣闽粤客家地区移民的一个分支。刘善群通过人口实证，证明客家的实存，客家的主体是汉人移民。很难从定量分析上否定他的定性结论。

（二）为石壁客家祖地定位，促进石壁研究群体形成

对于宁化石壁的研究已达一个世纪，晚清和民国时期的石壁研究散见于各类文献。如清代光绪年间广东嘉应学者温仲和的《嘉应州志》，1912年广东的英国传教士艮贝尔的《客家源流与迁移》，1927年美籍华裔学者谢廷玉在《中国社会与政治科学论》杂志

发表的论文《客家的起源和迁移》等。1933年11月罗香林出版《客家研究导论》，发现"惟黄巢变乱与石壁及其与客家迁移之关系，则尚未提述，不无遗憾"，认为"广东各姓谱乘，多载其上世以避黄巢之乱，曾寄居宁化石壁村葛藤坑，因而转徙各地。此与客家源流关系颇巨"，于是，罗香林于1947年特别发表《宁化石壁村考》一文，正式将石壁作为客家学研究对象引入学术领域。石壁研究是客家研究必须的一章，中国人民大学胡绳武教授在2009年第三届石壁与客家世界的论文集的序中指出："正是这一颇巨的关系，所以大凡论及客家史，都难以回避石壁。石壁，是一个不大的村庄，但其名声却传遍客家世界，致使一些学者在写客家文章时，想回避石壁而又无法回避，这大概就是客家历史使然。"

虽然石壁研究已逾百年，但是，真正全面梳理石壁客家源流，挖掘石壁客家文化是从1984年刘善群主编《宁化县志》开始。任何历史悠久的地域文化的形成都有一个三维空间，即地理环境、经济土壤和社会结构。在闽赣粤边地产生的客家文化也具有地域文化性质，石壁则是客家文化形成的主要地域之一。刘善群对客家文化形成的三维空间进行了全面而深入的研究。在地理环境的分析中，他全面分析了宁化及其石壁有利于客家先民聚集和垦殖的自然环境，汉人移民与原住民的融合，客家文化生长的社会条件，在集聚汉人移民、繁衍人口和发展经济的基础上，客家先民重构中原宗法制社会和传承宗法制文化，兴办教育，培育客家人文精神，早期的客家方言的形成等方面，作出石壁是客家民系主要形成地的结论。对于客家民系形成之后向各地的迁徙，刘善群以"播迁"名之，既是早期客家人的迁徙，也是客家文化的传播。

对于石壁为客家祖地的定性和定位，刘善群和余保云、张恩庭等研究者做了大量的族谱研究、史料考证和田野调查。特别对奠定石壁客家祖地的两个基本条件，即客家先民的集聚和客家人的播迁，做了大量调查实证，从中分析海内外客家与宁化石壁的祖源关系。如，对客家先民的集聚，刘善群论述："唐宋时期，聚集汉人移民较多的是闽赣连接地区，即赣南的宁都、石城，闽西的宁化、清流、长汀，其中，最为突出的是宁化。南宋末以前，宁化聚集了有明确入迁时间可查的168姓之中的142姓族，占85%，石壁村则接纳了40余姓。这种状况在客家地区各县中绝无仅有。吴松弟《中国移民史》第四卷，表9-9《客家氏族移民实例》（第365—368页）中，列入130族，在'迁客区始祖'中，迁入地是宁化的达97族，占总数的74.6%，而迁入宁化的97族中，明确迁入石壁的44族，占宁化总数的45%，占130族的33.8%。它足以说明南迁汉人在宁化及其石壁的高度集中。""南宋中后期，宁化人口达到顶峰"，"宁化人口应在汀州六县平均数之上。户数应在4万左右，人口数应在20万左右"。而南宋以后，宁化人口急剧外流，人口数量锐减。刘善群提出"南宋是客家人的第一次大迁徙"。对于宁化石壁客家人的播迁，也引用了大量的史料和数据，如"自宁化及其石壁迁出的客家祖先，大多数是在宋代，尤其是南宋和南宋以后，据125姓族的文字资料统计，自宁化及其石壁外迁的情况是：五代以前9姓族，北宋8姓族，南宋48姓族，元代24姓族，明代32姓族，清代4姓族。两宋外迁56姓族，占45%。南宋（含南宋）后外迁108姓族，占87%，其中，南宋和元代外迁72姓族，占58%"。因为宁化石壁在集聚汉人移民和形成客家以后的播迁两方面都具有早期性、集中性、姓氏和人口较多的特点，因而宁化石壁拥有与世界客家最多的渊源关系。"据现有文字资料统计，客家主要姓氏中，同宁化及石壁有渊源关系的达210种以上"，"播衍各地的石壁客家人大多数是客家发端始祖"。这些实证，得到很多专家的认可。如厦门大学陈国强教授、福建省社科联周立方研究员1992年在《宁化石壁研究的意义》一文中指出："这些从石壁迁到闽、赣、台及其他各地的客家人，多自称一世祖出自石壁，故宁化石壁自然成为'客家摇篮''客家的发祥地''客家祖地'。"赣南师范学院（今赣南师范大学）谢万陆教授在《石壁论——宁化石壁在客家民系形成中的定位》一文中说："经过300年的繁荣稳定，石壁地区的人口渐成人满为患之势，再加上元兵在江南的全面推进，亦打破了民系的平静，客家人于是迅速外迁"，"除部分迁居江西外，大部分往闽西南部的上杭、永定迁向粤东，至清代再陆续迁往湘桂及西南各省乃至港台国外。成为客家人孕育成熟后，走向更大发展的集散地，所以后世世界各地的许多客家人均认他们当年定居于石壁的一代为始祖"。

所谓客家祖地，既是作为远祖的客家先民的主要聚集地和繁衍地，更是早期播迁的客家祖先的居住地。石壁客家祖地确立后，也有观点将赣闽粤边地客家聚居地都作为"客家祖地"。从客家人遍布全世界这个视野来看，赣闽粤边地客家聚居地确实都是客家祖地，但是，石壁客家祖地更具有早期性、典范性。诚如罗香林先生所说的："广东各姓谱乘，多载其上世以避黄巢之乱，曾寄居宁化石壁村葛藤坑，因而转徙各地。此与客家源流关系颇巨。"通过刘善群以及一批宁化本土客家研究者的科学实证，广大专家学者的理论阐述，可以清晰看到石壁客家祖地是赣闽粤客家大祖地中的典范和代表。

刘善群提出"客家区内文化区域划分""客家历史孕育、诞生、成熟、发展的阶段性""宁化石壁是全世界大多数客家人的祖籍地""石壁是客家民系形成初期的中心地域""宁化石壁是客家文化的节点、客家播衍的基点"等一系列学术观点，他将客家学奠基人罗香林以及历史上其他学者论述石壁的观点进行全面而深入的实证，形成自己的论述体系，在客家学界产生重大影响，推动了宁化石壁与客家世界之关系的学术研究不断拓展与深化，得到海内外很多客家研究专家的认可并参与研究。通过举办四届石壁与客家世界研讨会和四届石壁客家论坛，凝聚一批专家学者，围绕石壁在客家民系形成中的作用和地位发表论文，已经形成一个石壁研究群体。这个群体的特点是：尊重传统，注重实证，在罗香林客家研究的基础上追本溯源，坚持传承和发展客家优秀文化，推进客家认同，注重海峡两岸客家文化交流，以中华民族的伟大复兴为使命，研究和推进客家地区经济社会发展。或有人将石壁研究群体称为客家研究的石壁学派，作为石壁学派对待似乎不够成熟，但是，确实有众多的研究者关注和参与石壁研究，既有知名专家学者，也有新一代的研究生。而刘善群先生是继罗香林先生之后，对石壁研究和促进石壁研究群体形成的又一位重大贡献者。

（三）推进学术、联谊、祭祖、传播活动，传承和发展客家文化

1. 组织客家研究学术活动。对宁化客家县定位以后，1990年4月，经刘善群向县委建议，宁化县客家研究会成立，刘善群任会长，这是闽赣客家地区最早的县级客家学术群团。刘善群带领本县一批研究人员，沿着罗香林先生关于石壁的论述的线索，进行大量的长期的田野调查，广泛搜集、阅览族谱，考察姓氏来源、石壁客家方言、民俗事象等，赴外地参加客家学术研讨会，与宁化本土学者一起，编著大量的书籍资料和刊物，连续举办四届石壁与客家世界学术研讨会和四届石壁客家论坛，包括合办一届海峡两岸客家高峰论坛，邀请全国和海外专家来宁化共同研讨，得到了大批知名学者和专家对石壁客家祖地的认可。他还应邀担任文化部华夏客家研究所、北京联合大学台湾研究院客家研究中心和三明学院客家研究所等科研机构的客座研究员。

2. 传播客家文化。为了传播客家文化，刘善群于2011年出版电视连续剧文学剧本《客家葛藤凹》，全书近30万字。文学剧本将客家广泛流传的葛藤坑民间传说，演义为一个具有本质真实的文本，塑造了以利嫂为代表的客家先民群体形象，以及他们在葛藤坑艰难的物质生产开拓，与原住民畲族的血缘、文化融合的过程。一个个人物性格丰满，个性突出，民俗风情的描述原汁原味，三条情节主线波澜起伏。剧本历史文化意蕴厚重，揭示了中原汉人大南迁的深层原因是吏治腐败、民不聊生，在充满忧愤的历史叙写中，塑造了具有浩然正气的中国脊梁式人物利中汉等，歌颂了以利嫂为代表的客家先民顽强的生命力和仁义精神。文学剧本改编后，先后拍摄为电影《客家葛藤凹》和32集电视连续剧《大南迁》，得到广大观众好评。在解放军总政治部宣传部举办的第二十七届全军电视剧"金星奖"评奖中，《大南迁》获得长篇电视连续剧三等奖。

3. 提议、发动或组织客家祭祖、联谊等活动。在海内外客家寻根谒祖兴起的20世纪90年代。宁化县兴建世界客家公祠，1995年落成，同年举办首届世界客属祭祖大典，至2016年已经成功地连续举办了22届，接待了来自世界五大洲24个国家和地区的客属60多万人次，为海内外客属重建了寻根谒祖和心灵归属的圣地，祭祖习俗列入第三批国家级非物质文化遗产名录。近几年，宁化县成立了客家地区唯一的县级事业单位客家办，建设省级重点项目客家祖地文化园，其中以客家公祠为核心，由新建祭祀区、石壁民俗文化村、世界客属文化交流中心和客家美食文化城、客家祖地博物馆、客家慈恩生态文化园等项目组成，总占地千亩以上，总投资20亿元以上。这都离不开刘善群先生的建言建策和身体力行的参与。刘善群先生的心和海内外客属的心，海内外客属与石壁，已经紧密地联系在一起，正如他在2000年5月22日的日记中所写的："22日由马六甲前往居銮。居銮是对客家事业有重大贡献的姚森良、姚美良昆仲的家乡。由于多年

的感情,到了居銮,见到姚森良先生,似乎到了家乡,有一种难以言表的亲情。"在文化与经济日趋融合发展的时代,刘善群对客家文化生态保护,文化产业、旅游业的发展,不断提出新的思路和建议。以上建议大多成为现实或在建设与发展中。

(廖开顺,三明学院客家文化研究所原所长、教授,宁化县客家文化研究中心顾问)

我的三重致敬

谭元亨

各位来宾：

大家好！

刘老是我多年相识的老朋友、老同道、老知己，从开始涉足客家研究及创作开始，刘老与我形影不离——我说的"形影不离"，是指他的人与他的书，一个执着于客家研究的学者与我如影相随，一部部客家学术与文学作品让我手不释卷。是刘老，奠定了宁化作为客家祖地的思想理论基础，更是考证与实证的历史文化标志；更是刘老，身体力行，在理论与创作的双栖，如鱼得水，左右逢源，在客家学界影响甚巨。刘老的成就还有很多，但这两点就足以"立言"了，这是中国文人的至高境界。

我这里向刘老表示三重敬意——

第一重是，由于历史的原因，在大陆，也包括台湾，客家学沉寂了太久，这边反地方主义，那边则是戒严。直至 20 世纪 80 年代，大陆改革开放，台湾"解严"，客家研究才重新起步。在台湾"还我客语运动"的同时，大陆的客家研究亦重新复苏。然而，由于客属地大都在"穷山恶水"上，不及沿海如珠江三角洲等地经济迅速腾飞，那种自怨自艾的消沉，可谓遍被山林，有人甚至认为取消客家这一提法方可融入发达地区，得到发展。而刘老正是这个时候启动了闽西的客家研究，其意义已不仅在学术上，而在重振这样一个有历史光荣传统的族群，避免取消，后来居上。我也正是这个时候，读到刘老诸如《客家人与宁化石壁》《关于客家民系形成的中心地域探讨》等文章，立时醍醐灌顶，浑身通透——我是 80 年代中师从史学大师吴于廑时，写出《世界民族大迁徙中客家民系南渐新论》的，恰巧与刘老一个从微观、一个从宏观上切入到客家研究上。其时，备感寂寞，可对话者寥寥无几。因此，我对改革开放后，最早进入这一领域的学者，始终怀有深深的敬意，没有他们，我的客家研究也就可能夭折。正是刘老的这一段时间的研究作品，给了我极大鼓舞，为道不孤矣，于是，刘老后来一系列学术与文学作品也就源源不断入我法眼。

第二重敬意，则是刘老始终立足于本地，如同挖井一样，孜孜不倦，掘出了一汪又一汪客家研究的活水来。20世纪，在学术界，有"北王南陈"及"史学二陈"之称，两陈中的一陈，则是陈垣，毛泽东称他为国宝，他却是土生土长的文化大师，有称他为"土学者"，与胡适"洋博士"作对照。我想，刘老亦堪当此称。宁化，是客家族群形成的转折点，被誉为"客家祖地"。在北胡南蛮东夷西戎的传统中国观中，越过武夷山，便已是夷地了，而非汉地或华地，而正是有了宁化这一祖地，这一在夷地边际的汉家祖地，才得以认同客家人的汉族身份，提振了客家人传统文化的底气与锐气。刘老从方方面面，田野调查、族群成长、谱牒、宗祠、民俗等等，对客家人自中原传统而来的文化予以有力的论证，这正是"土"的价值所在。慎终追远，不忘先祖，方可继往开来。刘老一部部专著，《宁化史稿》是那么厚重，《宁化县志》则立意甚远，考证翔实，字字珠玑，《宁化客家传统文化大观》有如万花筒，嫣红姹紫，让人目不暇接，让我如入宝库，光彩夺目，喜不自禁。没有如陈垣、刘善群这样的土学者，传统文化之根又怎能遍及中国广袤的土地呢？

第三重敬意，则是刘老不仅学术造诣颇深，文学创作也挥洒自如。如果说，学术研究是理性的，有其逻辑的轨迹，那么文学创作则是感性的，有其情感、胸臆的抒发，二者应当是互补、相得益彰的，而非有人认为互相隔膜甚至彼此妨碍。正是这一"双栖"，我更视刘老为同道、为知音，因为我也是这么做的。中国古代"传统"文史哲不分家，苏轼作为大诗人，其文论同样精彩；司马迁的"太史公曰"高屋建瓴，既有文学影响又有学术深度。刘老的长篇《客家葛藤凹》改编成的电视剧为客家人所追捧，首先在于他对自己所在的族群、所生长的土地爱得深沉，唯有这样，方可以真挚的情感打动人、征服人，引起共鸣，产生共振。从人类学角度来看，神话或史诗产生于一个族群童年时代的梦幻，而长篇文学作品，则代表了这个族群的长成与成熟。刘老的长篇创作正是这样一个标志，一个族群黄钟大吕之作呼之欲出！

这三重敬意不是一般人所能全部得到的。谨在刘老从事客家研究与创作30周年之际，愿宁化以刘老这么锃亮的文化品牌，把闽西、把国内外的客家研究推上一个更高的台阶！

谨再向刘老致以崇高的敬意。

当今，人称"八十正当时，九十不稀奇，一百笑眯眯"。刘老不老，宝剑不老，盼他正当时的新著，再接再厉，为客家学夯实更坚固的根基。

（谭元亨，广州华南理工大学教授、博士生导师，客家文化研究所所长）

刘善群：客家祖地研究与建设第一人

周建新

刘善群先生，这位德高望重的长者、知识渊博的智者、深具客家情怀的仁者，他的名字与宁化、与客家祖地紧紧地联系在一起，他的心与闽西客家的心、与海内外客属的心紧紧地联系在一起，是宁化县乃至闽西客家地区的一张金锃锃、响当当的文化名片。

一

刘善群先生是一位著述丰富、成就斐然的优秀民间学者，他扎根宁化，潜学研究，是客家祖地研究第一人。早在1984年，刘善群就发表论文《略从姓氏流迁话石壁》，迈出了宁化人写宁化客家史的第一步。1987年，他又编印《客家第二祖籍——宁化石壁》，引起震动，成为宁化客家研究的拓荒之书。此后，他又率先提出"宁化石壁是客家祖地"这一定论，并为宁化石壁客家祖地这一历史地位的确立、客家祖地品牌的打响提供了有力的学术支持。例如，1992年他主编出版《宁化县志》，把客家作为宁化人文的一大特色编入，阐述宁化石壁是客家摇篮的观点，为宁化石壁在客家史上的作用和地位作了初步定位；2000年出版专著《客家与宁化石壁》，与张恩庭合作主编《客家祖地石壁丛书》并负责撰写其中一册；2007年出版《客家与石壁史论》；2008年撰写论文《客家祖地阐释》《建设客家历史文化强县的建言》；2012年与三明学院廖开顺教授、蔡登秋教授等合著的《石壁客家述论》出版，其成果还多次获得省、市政府奖励。目前他所论著、编辑、合著、合编的客家研究著作近百本（期、册、篇），论文数十篇，字数上千万字。数十年心血研究的成果，让石壁客家祖地得到客家学界普遍的认可。鉴于刘善群先生在客家研究领域的贡献以及在客家学界的影响，文化部华夏客家研究所、北京联合大学台湾研究院客家研究中心，以及三明学院客家研究所等科研机构先后聘请他为客座研究员，这也是为数不多的获此殊荣的客家地方文史工作者。

二

刘善群先生是一位知行合一、身体力行的出色社会活动家，他立足石壁、精心打造，是客家祖地品牌的创建者和践行者，先后策划举办了众多以祖地客家为主题的活动、论坛和庆典。1990年4月，经他向宁化县委建议，宁化县客家研究会成立，刘善群先生担任会长，这是闽赣客家地区最早的县级客家学术群团。他和张恩庭等宁化县客家研究会同仁筹划举办宁化石壁与客家世界研讨会，编辑《客家魂》等刊物，编印宁化客家研究丛书，自2013年起又创办了首个县级客家学术论坛——石壁客家论坛，并已连续举办5届活动。1990年底他再以个人名义向县委、县政府提交开发客家祖地的建议和设想，开发石壁，建设客家公祠，举办客家民俗文化节，举办世界客家祭祖大典等。在他的奔走呼吁与不懈努力下，1995年世界客家公祠正式落成，并于同年隆重举行了世界客属石壁祖地祭祖大典，此后每年一届，至2016年已经举办了22届，接待了来自世界五大洲24个国家和地区的客属60多万人次，为海内外客属重建了寻根谒祖和心灵归属的圣地，客家祖地祭祖习俗也被列入第三批国家级非物质文化遗产名录。在刘善群先生的努力下，成立了全球第一个也是唯一的县级客家事务管理部门——宁化县客家工作办公室，建设了省级重点项目客家祖地文化园。文化园以客家公祠为核心，由新建祭祀区、石壁民俗文化村、世界客属文化交流中心和客家美食文化城、客家祖地博物馆、客家慈恩生态文化园等项目组成，总占地千亩以上，总投资20亿元以上，是一项客家文化宏大工程。

三

刘善群先生是一位不忘初心、与时俱进的金牌宣传员，他紧跟前沿，顺应潮流，是客家祖地文化的传播者和文化大使。2005年，根据当地流传久远的"葛藤凹传说"，刘善群先生开始创作电视小说《客家葛藤凹》，近30万字，2011年由海风出版社出版。当年刘善群先生已达76岁高龄，却能使用"电视小说"这样新潮的文学样式，不乏缠绵的情爱纠葛描写，足以显示他的文学素养和潇洒才气。2012年3月，由刘善群先生的电视小说《客家葛藤凹》改编的电视连续剧《大南迁》在客家祖地宁化正式开机拍摄。2014年8月，首部客家民系史诗、32集电视连续剧《大南迁》由东南卫视、陕西卫视、广东卫视等多家卫视晚间黄金时段同时播出后，立即引起众多媒体广泛关注，得到广大观众好评。在解放军总政治部宣传部举办的第二十七届全军电视剧"金星奖"评奖中，《大南迁》获得长篇电视连续剧三等奖。此外，刘善群先生还利用他个人的威望和影响，曾经陪同有关领导、同事，多次到香港、台湾、广东、上海及印尼、马来西亚、泰国等地联谊访问，积极联系与沟通世界客属社团和乡亲，为宁化石壁客家祖地争取支持不辞辛劳、呕心沥血、劳苦功高，真可谓是最资深、最知名也是最尽责的客家祖地宣传员、客家祖地文化大使。

2011年10月，刘善群先生被宁化县人民政府授予"石壁功勋"荣誉称号，真是实至名归、当之无愧，这也是对他为宁化石壁、客家祖地的研究和建设所做卓越贡献的最好肯定。刘善群先生不愧是客家祖地研究和建设的第一人！我们衷心期待他健康长寿、笔耕不辍，为宁化客家、福建客家乃至全球客家事业作出更大的贡献。

（周建新，深圳大学文化产业研究院执行院长、文化部国家文化创新研究中心副主任、客家研究所所长，教授、博士生导师）

刘老：客家学界的标杆人物（摘录）

宋德剑

一、为人

说到刘老的为人，不能不说刘老是一个平易近人、和蔼可亲的长者，关爱后人的先进。可以说刘老的这种热情，一方面源于身居山区客家的淳朴、热情、好客的人文性格以及对宁化客家这片土地的热爱，希望更多的人来关注、研究宁化客家，他作为宁化客家研究会会长勇担责任去做好弘扬宁化客家文化的工作。

二、做事

说到做事，刘老可谓立足宁化，胸怀天下。

刘老做事，我不完全了解或曰归纳最为集中地体现在以下两个方面：

一是全力打造石壁公祠，将其塑造为全球客家人的心灵家园。可以说从这个意义上讲，这是刘老对石壁公祠的打造做的一件大事，对于宁化乃至福建的经济社会文化发展作出了重要的贡献。

二是创作《大南迁》，活态传承客家文化，拓展客家文化的传播空间。刘老高瞻远瞩，通过自己对客家研究的深邃把握，创作《大南迁》，并且在多家省级电视台热播。《大南迁》对于客家文化的传播与传承具有深远的文化意义。

三、做学问

刘老的客家研究能以地方历史文献资料为依托，以中国历史的宏大叙事为背景，来关注国家背景下客家历史文化的形成与发展，实现了一个地方文史工作者的超越。这一点是非常了不起的。刘老的著作很多，内容很丰富。平心而论我只粗读了几本，对于刘老的研究成果、研究观点印象特别深刻，也特别认同以下两方面：

一是客家形成的文化传播论。刘老在其《宁化史稿》鲜明地表述：客家文化的形成并非南迁汉人人数众多，而是在中央王朝政治权力向边陲伸展过程中，官师推动、理学传播等多种因素交叉作用的结果。也是客家文化在建构过程中主动认同中原文化的结果。

二是创新方志编撰体例，重视客家文化叙述。

2017年8月3日于嘉应学院

（宋德剑，广东嘉应学院客家研究院副院长、粤台客家文化传承与发展协同创新中心执行主任、中国客家学专业委员会副主任委员）

新时期客家人的楷模

——刘善群先生从事客家研究 30 年有感（摘录）

● 杨海中 ●

客家人一向以具有坚韧不拔、不惧艰难、无私硬颈的精神而闻名于世，新时期以来又以爱国爱乡、勇于开拓、不断进取的精神在改革开放中取得了丰功伟绩。刘善群先生就是这样的人，30 多年来，他思想解放，辛勤耕耘，成果丰硕，在宁化客家文化研究与客家文化建设方面作出了突出贡献，为人们树立起了一座高大的丰碑，成为新时期客家人的楷模。

了不起的老人

浏览刘先生大量论著及了解了刘先生的一些事迹后，我的第一个印象就是，他和新郑市赵国鼎先生一样，是一位了不起的人，一位了不起的专家、学者与社会活动家。

说刘善群先生了不起，一是指他选择了与普通人不同的艰苦道路，以坚韧的毅力、扎实的行动，不懈的追求，在当地政府的大力支持下，将宁化打造成了新时期客家文化建设的高地。二是指他以执着的追求，宽阔的视野，勤奋的耕耘，在客家文化研究中取得了不同凡响的丰硕成果。三是指他具有很强的组织能力与社会活动能力，在宁化客家文化建设中一直发挥着关键性的作用和重要的影响力。

了不起的成就

在《宁化县志》的基础上，刘先生有感于还不能全面了解宁化的历史，又积近 20 年之力，撰写了 60 多万字的《宁化史稿》。就全国而言，县有志书而无史著。宁化既有志，又有史，这是刘先生的又一重大创举。

就全面研究客家而言，刘先生的《客家与石壁史论》为一部重头之作，2007 年方志出版社出版后在学术界影响甚大。该书用"摇篮""祖地"四字，非常简洁而明确地概括了石壁在客家民系形成和发展中的作用,十分经典,是对宁化客家研究的重大贡献。

此外,刘先生还出版了《客家礼俗》《客家与宁化石壁》《记忆》《宁化客家传统文化大观》《宁化与客家世界》《敬天穆祖》《石壁与客家》《石壁之光》《宁化石壁客家祖地》等论著,从分析客家各类文化事象入手,从理论与实际的结合上,对宁化石壁在客家发展史的贡献及其重要性作了很有见地的论述。

在客家文化的普及方面,刘先生也是成绩斐然,非同一般。以他撰写的文学脚本为基础拍摄的电影《客家葛藤凹》和32集电视连续剧《大南迁》,受到了广大观众及客家学术研究领域专家的好评。而这一工作量极大的文学创作,都是他在七十高龄之后完成了,这一在文学与艺术创作中的了不起成就,更令人肃然起敬。

了不起的精神

刘善群先生是宁化县土生土长的客家人,几十年的积累与奋斗使他成为客家学研究方面地道的学者、纯正的专家。

刘先生在70岁时写了《记忆》,年近八旬时又写了《记忆·晚年之乐》,两书虽然叙述了大半生的经历与感悟,但总的说来,很是低调,这从一个侧面反映了其谦谦君子的精神面貌。

刘先生在著述和事功方面取得如此重大成就,给人们以极大的启迪,在他身上集中体现了客家人的许多优良传统和优秀品质,其中尤为鲜明和突出的有以下几个方面:

(一) 高度的责任感与文化自觉

什么叫"自强不息"?什么叫"舍我其谁"?什么叫"老骥伏枥,志在千里,烈士暮年,壮心不已"?什么叫"老牛亦解韶光贵,不待扬鞭自奋蹄"?刘先生以自己的执着与勤奋,高度的责任感与事业心,为这些经典的话作了最好的注脚。这种高度的文化自觉与文化自信精神,是非常难能可贵的。

(二) 高度敏锐的洞察力与理论思维

研究刘善群先生的学术经历可以看出,刘先生不仅热爱家乡、热爱客家研究,而且天分很高,具有敏锐的洞察力和很强的理论思维能力,谋事能够从大局着眼,从长远考虑。

刘先生之所以思想解放,做事果断,是与他有较高理论水准,能够与时俱进分不开的。

(三) 理性的探索与实事求是

研究客家文化的目的之一是为现实社会发展、经济繁荣服务,这一点在宁化客家研究会成立之初就是很明确的。但为现实服务不能庸俗化、简单化、标签化，而是建立在坚实的理论基础之上，以科学的结论为支撑。刘先生80周岁前夕出版的《宁化史稿》可谓其这方面的代表作。

刘先生研究宁化客家的可贵之处就在于，他始终保持清醒的科学思维，不以感情替代理性，不以想象替代事实，不作牵强附会的结论。如宁化石壁作为"客家祖地"的定位，十分准确，但它又没有丝毫的排他性、唯一性，这就使得在客家民系形成过程中处于重要地位的梅州、赣州等地欣然接受，籍贯不同地域不同的客家人踊跃前来认祖归宗。

正是由于准确地把握了宁化石壁是原生客家文化滋生地、中心地和再播中心，所以刘先生能够从全局、从整体的高度认识到中原文化（即河洛文化）在客家文化形成过程中的主导作用。基于这种高度理性探索和实事求是的精神，刘先生对宁化石壁客家文化特点的一些概括十分客观与公正。

刘善群先生为家乡宁化的社会经济文化建设与发展贡献良多，尤其在客家文化研究方面，30年来，笔耕不止，硕果累累。然而，人们不必一本一本、一篇一篇胪列其成果，也不必一件一件、一桩一桩细说其事功，只要想一想由他提出并得到社会公认的关于宁化石壁在客家民系形成中定位的三个词："客家祖地""客家摇篮"和"再迁中心"，就已经足够了。此外，刘善群先生还以他模范的工作、高尚的情操，在宁化人民心中树立起了一座无形而高大的丰碑，在他身上所体现的客家人的宝贵精神，也是永远值得我们很好学习与继承的。

（杨海中，河南省社会科学院副研究员）

情系桑梓，紧扣时代脉搏，力推客家祖地建设
——记刘善群先生从事客家研究30周年（摘录）

邹春生

前面学者和文史工作者作了很精彩的发言，其中有关对刘老的介绍和评价，我深受感动并表示赞同。借此机会，我也想谈谈自己的两点体会和感受。

首先，谈一谈刘老的辛勤笔耕对于宁化"客家祖地"这一文化定位的意义。

刘善群先生的作品确实是丰富而且多彩的。刘善群先生在他的作品中，一直关注着这个主题，即宁化在客家发展过程中的历史地位和作用。早在1991年，他参加了上海首届客家学研讨暨客家联谊会并提交了《客家人与宁化石壁》一文。次年，参加香港国际客家学研讨会和香港崇正总会71周年会庆，并提交了《关于客家民系形成的中心地域探讨》。在《关于客家民系形成的中心地域探讨》一文中，他集中阐述了宁化石壁在客家发展史上的作用，并提出"客家民系形成的中心地域是以宁化石壁为中心的闽赣连接区"，成为后来学术界开展"客家摇篮"和"客家祖地"大讨论的先声。刘善群先生在此后的探讨和撰述中，也一直围绕着"客家祖地"这一主题。他的工作成果，为宁化作为"客家祖地"这一文化定位的确立，提供了深厚的资源性材料。

其次，谈谈刘老个人成就的取得对于我们以后客家事业发展的启示。

刘老在客家研究方面的成功，原因当然很多，但我必须强调以下两点：

一是要紧抓时代的脉搏，满足客家社会的现实需要。刘老的著述之所以被认可，得以出版或拍摄成电影电视而获得巨大成功，就是因为他能紧跟时代的脉搏，满足了客家社会的现实需要。刘老的睿智做法，也引导我们去思考，我们今后的客家研究该去做什么，怎么去做。要弄清这些问题，首先我们就得先认真思考客家人迫切需要解决的现实问题是什么。"紧抓时代的脉搏，满足客家社会的现实需要"，既是刘善群先生成功的经验，也是我们客家研究的逻辑起点。

二是地方政府应发挥其巨大的组织功能，重视地方文史工作者的作用。刘善群先生在客家研究方面的成功，还与宁化县政府的大力支持有关。客家文化是一种地域文化和族群文化，它的开发和整理，需要地方文史工作者的热忱参与。事实上，在宁化客家文

化发掘过程中,以刘善群先生为代表的文史工作者自始至终都饱含着对家乡的无限热爱,积极投身于其中的工作:主动承担起宁化客家文化资源的调研和普查工作,撰写和发表了一系列关于宁化客家文化的论文或论著,组织和接待海外客属乡亲联谊,等等。

(邹春生,江西赣南师范学院客家研究中心副主任、博士)

刘善群与客家祖地研究（摘录）

周云水　江劲松

刘善群先生是继客家学大师罗香林之后，在客家研究领域崛起的领军人物之一，他在客家学研究方面继往开来和勇于创新的精神，值得客家研究的后来者学习和继承。

一、客家祖地研究的拓荒者

1. 较早将人类学田野调查、口述史研究方法和方志考究学等方法综合运用于客家祖地研究。
2. 提出"石壁客家祖地"的概念，占据全球客家族群的精神高地。

宁化在客家发展上起着十分重要的作用，外界乃至国外的学者在这方面有不少研究，但过去县志只字未提，宁化学者的论著也未见提及。作为第一部对宁化客家史作定位的《宁化县志》，其对客家史的注意和重视、研究成果，走在福建、江西客家县的前面。1990年，宁化县成立客家研究会，刘先生亲自出任宁化县客研会会长，拓荒和深耕宁化客家研究。

二、客家祖地社会发展的推动者

除了学者和民间文化研究者的角色之外，刘善群先生还是客家祖地建设和经济文化发展的推动者。综合历次大型活动的社会效应，刘善群先生的客家研究成果为宁化石壁客家祖地地位的确立、客家祖地品牌的打响提供了有力的学术支持，推动石壁客家祖地得到世界客属乡贤和客家学界更普遍的认可。

除了创作、筹办活动，刘善群还和有关领导、同事，多次到香港、台湾、广东、上海及印尼、马来西亚、泰国等地联谊，沟通世界客属社团和乡亲，为宁化石壁客家祖地争取朋友、争取支持。第二十五届世客会之前，刘善群先生力促世界客属文化交流中心三馆（联谊馆、族谱馆、图书馆）的建成，还捐出500多册图书。

三、客家祖地研究模式的倡导者

刘善群先生的研究，开启了民间学者与学院派良性互动的模式。从社会人类学方法论上而言，刘善群先生关于客家祖地的研究开创了国内族群研究实地调查之风气，为当代学术界对疍民的研究提供了值得借鉴的范本和族群文化比较分析的基础。

如果从人类学与当代人类问题的关系来看，以刘善群客家祖地研究模式来看，宁化致力于客家传统文化的研究和开发，通过地方民俗传统的重构和再造，利用文化资本带动经济和社会发展，无疑是当代人类学需要关注的一类新问题。

（周云水，嘉应学院客家研究院研究员、人类学博士；江劲松，广东客家文化经济研究院秘书长、《客家风情》副总编）

在宁化做客家田野调查

——刘善群先生从事客家研究 30 周年有感（摘录）

● 杨彦杰 ●

1995 年，我们在对永定、上杭、长汀做初步考察之后，很快就来到了宁化。这也是我们第一次与刘善群、张恩庭两位先生见面。

刘善群先生向我们讲述了宁化县的历史概况和当地的客家文化，娓娓道来，如数家珍，一听就知道他是个有学养、有内涵、可遇而不可求的学者。后来，刘善群先生还带我们去了延祥村。这个村子很大，尤其是有许多建得很好的"九厅十八井"，这让我们知道客家人的建筑其实并不是单一样式，永定有土楼，长汀有围龙屋，宁化有"九厅十八井"，加上随处可见的普通平房，这些才是客家人的生活实态。刘善群先生对延祥村很熟悉，我一度以为他就是那个村子里的人，后来才知道他的人生阅历远比我们想象的要丰富得多。一个学者的出现绝非偶然，确实是靠长期艰苦的磨炼累积而成的。

几年没见，刘善群先生的著述爆发式地增长，完成出版了《客家与石壁史论》《宁化史稿》等重要著作，撰写出版了长篇电视小说《客家葛藤凹》，并被改编拍成了电视连续剧。一个耄耋老人，身上的余热比年轻人还多，真是宝贝。

学术界历来有"厚积薄发"的说法，我觉得刘老就是"厚积薄发"的典型。它的出现看似偶然，其实也很自然，是长期累积的结果。同时，我觉得在他身上有三个优点与做学问密切相关，在这里很值得一提：

一、对家乡的热爱

爱是一种力量，是催人奋进的无声号角。刘善群先生对于宁化虽然不生于斯，却长于斯，对于这片热土他充满深沉而热烈的情感。1990 年还在县志办的时候，当他看到客家研究已渐起风潮，就主动向县委提出《开发客家祖地的设想和建议》，并提供了很多具体意见，从而为宁化县委确定"打客家牌"的发展战略奠定了智力基础。进入 21 世纪以后，当宁化县的发展进入另一个新阶段，如何创作拍好一部电视剧成为难题的时候,他又主动默默地尝试,一遍又一遍地创作修改电视小说《客家葛藤凹》。虽然这是他自己想做的,以前也有积累,但对于一个年过七旬从来没写过小说的老人来说,其艰辛可想而知。后来这部小说被改编拍成电视连续剧一举成名,引起了很大反响。刘善群先生自己也觉得这是"有生以来最具挑战性、最有人生意义的一件作品"。2007年,刘善群先生另一部学术专著《客家与石壁史论》出版,获三明市社会科学优秀成果一等奖。2014年他撰写的《宁化史稿》出版。这些重要成果都是在70岁以后完成的,并没有"领导交办"。刘善群先生经常幽默地说,做这些事情都是自找的,是"自投罗网",同时也是"责任的驱使"。其实责任的背后就是真情,是对这片土地深切的爱。有了这种内在动力,才有敢于担当的责任意识,才有源源不断的努力和自觉行动。

二、求实创新的思想方法

做学问与做任何事情一样,创新是核心要义。刘善群先生30年来的客家研究"石壁"是最重要的议题,很多重要成果,包括数十篇论文和多部专著都是围绕这个主题展开,并且在研究论证的过程中不断引向深入。这些探索不仅深化了人们对客家形成历史的认识,而且把宁化引入客家研究的大视野中,"石壁"成为客家学界的热词,随着讨论的深化,必将有助于学术研究的进一步发展。

三、恬淡的人生态度

喜好恬淡、不追求名利是刘善群先生的人生哲学,也是他的个性使然。其实这种人生态度恰恰是做学问的基础。从县委办公室主任转去当县志办主任,从一个显赫的岗位上退出来很多人可能不理解,而刘善群先生却满心欢喜。他真心想做一些自己喜欢的事。编方志八九年,在此过程中开始投身客家事业,一干就是30年。他已经模糊了退休与不退休的界限,忘记了"今夕是何年",有时间就读书、写作、思考,不断追求进步,挑战自我。这种工作状态其实也是人生的一大乐趣,是生活的一部分。把个人兴趣和工作有机结合起来融入日常的作息之中,确实可以达到忘我的境界。所谓宁静致远,就是在不求名不求利的平静心态下专注于事业,这样才能做出大成绩。刘善群先生在耄耋之年反而成果有如泉涌,就是最好的证明。

(杨彦杰,福建社会科学院研究员)

贺诗一首

李启宇

善群长者研究客家三十年，硕果累累，诗以贺之。

石室兰台苦探寻，
兼从田野证原形。
等身著述生花笔，
祖地开山一世名。

厦门李启宇敬呈
丁酉年夏月

（李启宇，厦门市方志办原副编审）

向刘先生学习，深入耕耘一片土地（摘录）

张佑周

作为刘善群先生的老朋友，我很高兴接受此次会议的邀请。

首先，衷心祝福"刘善群先生客家学术研究 30 周年成果研讨会"成功举办，祝贺刘先生功成名就，祝愿刘先生健康长寿！请让我讲三点：

第一，我对刘善群先生客家研究的主要评介是：

1. 刘善群先生的"宁化石壁说"。

2. 《客家文化丛书》作者中还有两个像张佑周那样在客家祖地上生于斯长于斯的作者王增能和刘善群。

第二，刘善群先生的学术品格：

1. 坚持不懈，倾情石壁。

2. 海纳百川，有容乃大。

第三，向刘先生学习，深入耕耘一片土地。

（张佑周，龙岩学院客家学研究中心主任、教授，龙岩市社科联副主席）

宁化客家文化事业刘老现象与精神弘扬（摘录）

俞如先

以刘善群（后面简称刘老）先生为核心的团队，几十年来，扎根祖地，不懈耕耘，把客家事业运作得风生水起，培育了享誉世界的客家祖地品牌，成功打造了客家人认同共有的精神家园。宁化客家事业发展的意义已不仅在于闽西，而且还在于整个客家世界。

为什么是宁化？为什么是宁化现象？经验、启示有很多条，其中，最主要的一条就是，在宁化客家事业推进的过程中，历史地选择、形成了客家事业的领军人物、核心灵魂，他就是刘老。刘老对宁化客家事业的发展功不可没，对客家世界客家祖地品牌的打造功不可没。

刘老作为宁化客家事业发展的领军人物、核心灵魂，其地位和作用可以用三句话来概括：

其一，刘老是客家事业发展领军核心。

其二，刘老是客家品牌宣传、打造的闪亮旗手。

其三，刘老是德高望重的风范大家。

刘老的精神风范概括而言主要体现在以下四个方面：

第一，满怀热爱和自信。

第二，敢于突破、敢于超越自我。

第三，淡泊名利，勤勤恳恳。

第四，稳打稳扎，创新创造。

我们要以刘老为榜样，立足岗位，知行合一，践行刘老精神风范，建功立业，齐心协力把客家事业推向新的高峰。

（俞如先，中共龙岩市委党校副教授、博士）

论刘善群在客家文化传承中的作用（摘录）

涂大杭

刘善群先生是客家文化的追梦人，在客家文化的传承中发挥了拓荒作用，具体体现在客家文化的史料、内容、精神、载体等方面的传承中发挥了拓荒作用。刘善群先生还在客家文化传承中做了许多耕耘工作，在不少方面进行了深耕，发挥了深耕作用，取得了一系列的客家文化研究成果，主要体现是在传承祖地客家文化、石壁客家文化、宁化客家文化、合作传承客家文化方面深耕取得了成果，发挥了作用。

本文拟就刘善群先生在客家文化传承中所发挥的重要作用作一些探讨。

一、刘善群在客家文化传承中发挥了拓荒作用

客家文化在宁化在三明，从一个人所未知的领域变成一个值得宁化值得三明骄傲的新领域，刘善群先生功不可没。他在客家文化的传承中发挥了拓荒的作用，取得了重要成果，作出了特殊贡献。

（一）在客家文化史料的传承中发挥了拓荒作用；
（二）在客家文化内容的传承中发挥了拓荒作用；
（三）在客家文化精神的传承中发挥了拓荒作用；
（四）在客家文化载体的传承中发挥了拓荒作用。

二、刘善群在客家文化传承中发挥了深耕作用

（一）在传承祖地客家文化方面深耕取得了成果，发挥了作用；
（二）在传承石壁客家文化方面深耕取得了成果，发挥了作用；
（三）在传承宁化客家文化方面深耕取得了成果，发挥了作用；
（四）在合作传承客家文化方面深耕取得了成果，发挥了作用。

总之，刘善群先生在客家文化的传承中具有非常重要的拓荒和深耕作用，"拓荒牛"是对这种作用比较准确的通俗的定位和称呼。实际上，刘善群在客家文化的发展中也具有特殊作用，2017年8月5日召开的"刘善群先生从事客家研究30周年成果研讨会"就是对这些特殊作用的一种尊重、肯定和爱护。

（涂大杭，中共三明市委党校哲学教研室主任、教授）

永不凋谢的葛藤花

——我与刘善群先生的平淡情谊（摘录）

● 蔡登秋 ●

每个人的脑海中，都会有一些挥之不去的记忆。

每个人的内心中，都会有点点滴滴的崇敬波澜。

其中之一，便是客家文化研究的辟路人刘善群老先生。他在我的客家文化研究工作中，既没有提供振聋发聩的理论先导，也没有推荐坐而无忧的学术山头，但他提供给我的是朴实的、实证性的客家文化史实和资料，提供给我的是求证与叩问历史真相的学术方法，提供给我的是钩深索隐的求知态度和高顾遐视的人生态度。

研究之余，刘老也与我谈些人生杂碎，此中才知刘老有过不平凡的人生。原来刘老儿时还不是宁化淮土人，而是潮汕仔。日寇侵占，家破人散，在面临饿死之际，被迫卖于人贩，二度转手才到其养父母刘氏家中，从此刘老先生就成了宁化淮土人。思念亲人与家乡总是人之常情，不平凡的童年苦难记忆不免激励人勤勉与奋进。"吃得苦中苦，方为人上人"，虽然人不一定要做人上人，但这一古话自有其中道理，至少刘老先生经历过苦中苦，才会在古稀之年依然发奋著书，为宁化客家及世界客家学术研究提供了大量的实证资料和观点，为宁化客家事业作出不同凡响的贡献，这何尝不是一朵事业之花在灼灼绽放呢？

（蔡登秋，三明学院文化传播学院传播媒介系主任、教授，客家文化研究所所长）

三明客家研究的一面旗帜（摘录）

郑树钰

我们经常讨论人生价值。一个人怎样活着才有价值？我和廖允武先生在香港崇正会·联合总会总执行长黄石华先生90诞辰之际曾写一篇祝寿赞颂的文章，说黄老是客家人的一面镜子，赞颂黄老先生为客家事业作出卓越贡献的辉煌的人生。今天我们也可以说刘善群先生是我们三明客家人的一面镜子，他对客家事业和文化的繁荣发展所作的卓越贡献为我们树立了榜样。为什么他能这样？我认为廖开顺教授撰写的《客家赤子刘善群的"三立"人生》这篇文章作了回答。"三立"是指《左传·襄公二十四年》中写的立德、立功、立言，谓之不朽。刘善群先生是遵循这三不朽而追求自己的人生价值，刘善群先生被誉为"石壁功勋"！

我认为刘善群先生在三明客家研究方面是一面旗帜，有三大贡献：

一、开创了三明客家研究的历史

刘先生在三明客家研究方面是开篇人物，确实是拓荒者，他的研究唤醒了三明人的客家意识，三明人现在以自己是客家人而感到自豪，特别是宁化人，对自己是客家祖地人而感到骄傲。

二、确立了石壁在客家史上的地位

刘先生的著述或编著都各有特点。"县志""史稿"类内容丰富，包括政治、经济、文化等，史料翔实，语言精练，忠实记述和反映了历史，一部志就是一部社会发展史，一部大型历史画卷，一部像李世熊的名志《宁化县志》那样的经典作品。特别是把"客家"编入县志，给了"客家"应有的地位，这也是其编的志书的一大特点，他这一做法在宁化历史上属第一人。他的论著都是原创，具有理论性、前瞻性、针对性，做到了论点鲜明，论据扎实，数据准确，逻辑严谨，结构完整，语言流畅。其他著作也都引人入胜，显示出了大家纯熟的笔力。

三、有力助推了世界客属石壁祖地祭祖大典和客家联谊交流活动

刘善群先生所做的工作和所作的贡献是多方面的，除了以上所述外，他的研究还为客家文化生态保护建设、海峡两岸客家文化交流和反"台独"等提供了实质内容和条件。我们为刘善群先生拥有丰硕的研究成果而高兴，我们今后遇见他时仍会称他为"刘老"，彰显对他的敬重和钦佩！

（郑树钰，三明市文化局原局长、三明市文联原主席、三明市客家联谊会副会长，副教授）

客家研究的领军人物，闪耀志坛的一颗星光（摘录）

● 李升宝 ●

刘善群先生最为人所称道的是对客家事业的执着追求，攻坚克难和严谨的学风，开拓了新中国成立后客家研究的先河，不仅是客家研究的领军人物，也是志坛一颗耀眼的星光，为客家研究作出卓越贡献。

无论方志或客家研究，在最初都是鲜为人知，必须披荆斩棘，扫除前进道路的障碍。面对复杂事物和艰难环境，刘善群都是勇于做一个敢吃螃蟹的第一人，勇往直前，毫不畏惧，组织和带领众多同仁共同参与，在知识枝头累结丰硕之果。他主编新中国成立后第一部《宁化县志》期间，在承继先贤李世熊的全国佳志基础上，针对当时实际，1990年在《中国方志》刊发了《论主编意识在编纂中的实现》一文，充分肯定主编的作用，在全国志界引起热烈反响。他不仅注重本地的进度和质量，还协助一些志办解决诸多难题，推动方志事业的发展。

他深知，一项事业仅靠个人或一个蕞尔小邑的实践有极大囿限，必须组织众多学者共同参与。倘若没有对石壁史料进行深入挖掘，没有众多学者的共同参与，力求从各方面进行客观、充分的论证，即使被当地人士所共识，断没有石壁今日的红火，成为世界客家人寻根谒祖之地。刘善群却有敏锐的目光，拓开视野、呕心沥血地找准目标深入虎穴，锲而不舍，走出一条独特的创新之路，对客家研究作出如此卓越之贡献，抒写客家研究的新华章，实现生命新的辉煌。

（李升宝，福建省作家协会会员、三明市政协文史研究员、清流县志原主编）

先行者与拓荒牛（摘录）

廖允武

刘善群先生是我平时最敬重又佩服的人。我由衷佩服他主要有三点：一是他勇于拓荒，使宁化乃至三明的客家研究形成气候；二是由于他的努力和促成，使宁化在客家中的地位得到世界客家人的一致认可，任谁也撼不动；三是他不计名利、鞠躬尽瘁，一生从事客家研究，著作等身，至今仍然笔耕不止，令人赞叹。

一个人的精力是有限的，但刘善群把有限的精力投入到无限的事业中，因此，他能在有限的时间里做出无限的闪光业绩，促进了宁化乃至三明客家事业的极大发展。这正是我佩服和敬重他的地方。

（廖允武，三明市客家联谊会副秘书长、三明市民间文艺家协会原主席，副教授）

老骥伏枥　笔耕不辍

——我心目中的客家研究专家刘善群先生（摘录）

陶　谦

在客家祖地，有多位学识高深、立志于地方文化和客家研究的老者，勤劳耕耘在这块有着浓郁文化氛围的大地上。他们之中多数是为宁化地方经济、社会发展做过一定贡献的老党员、老领导、老干部，也有一部分是热心地方文化的探索者和追求者。年逾八旬的刘善群先生就是这些人中的一位佼佼者。

刘善群成了宁化无人不晓、无人不知的人物，其老骥伏枥笔耕不辍的精神和无私奉献家乡的情怀也受到上级党政领导和组织的肯定和认可。例如2015年3月27日，时任中共福建省委常委、省委秘书长叶双瑜同志在阅读刘善群先生的力作《宁化史稿》后，就特别在《福建日报》"读报"栏目中撰文《客家精神的历史画卷——读刘善群先生力作〈宁化史稿〉》，在充分认可宁化是客家祖地同时，对刘善群的品德及其大作进行高度评价和褒扬。该文说："刘善群先生是我省（指福建）党委办公室系统前辈，也是享有盛誉的宁化本土客家研究的拓荒者和领军人。他秉持一种历史纵深感和文化的独特思辨，数十载辛勤笔耕，开创了宁化客家历史著述的全新领域，将传承乡土历史文化视为己任，凭借多年研究地方志、客家历史的深厚积淀，完成了长达60余万言的《宁化史稿》，全方位、集大成地记述了宁化客家祖地历史文化全貌，实为可敬可佩。""相信通过《宁化史稿》这一浓缩的历史画卷，将会吸引更多的人参与客家文化的研究、保护、传承，把勤劳勇敢、艰苦创业、团结诚信、见贤思齐、尊老爱幼、爱国爱乡的客家精神养分与社会主义核心价值观相结合，推动客家文化创造性转化、创新型发展……"笔者认为，叶秘书长的评价，不仅代表的是上级党委和政府对刘老几十年笔耕不止的肯定和赞扬，而且代表着广大宁化人以及客家研究者的共同心声。

俗话说"安度晚年"，是说一个人辛苦了一辈子，到退休年龄后，就该好好歇歇。这是一般人的活法。但我从刘善群身上及他的专著中发现，刘老与常人不一样。他把自己的晚年生活继续交给了宁化，交给了他所热爱的客家研究事业，使命感和责任感一直是他晚年生活的主题。资料显示，在完成《宁化县志》的编撰之后，他仍笔耕不辍，又有许多客家研究和宁化地方史的力作问世，有一些作品还曾荣获三明地区社科成果奖。其中，由他创作的电视剧脚本《客家葛藤凹》更显出了刘老先生深厚的文化功底和对客家研究的执着追求。

今日，我们汇聚一堂，共同庆贺和回顾刘善群先生30年来在客家研究方面所取得的丰功伟绩，不仅是对刘老工作的肯定，而更重要的是学习和弘扬刘老在客家研究方面的经验和精神，进而推动宁化品牌更上一层楼，使客家祖地品牌更亮丽、更有起色。

(陶谦，《黄河科技学院学报》编审、中国河洛文化研究会理事)

我们的良师益友刘善群先生（摘录）

谢起光

30余年来刘善群先生为石壁立论，写文章，日复一日，年复一年。他一生致学，广积博采，海纳百川，兼容谦逊，既是一个严肃认真的文史研究者，同时又是一个儒雅风趣的文化人。在繁杂的工作之际，他也写写诗歌、散文、小说；尽兴时，也挥毫泼墨。与他谈古能见沧桑、厚重，与他说今也显新潮、风趣，不拘一格。然而，在他所有文字里却灌注了一个爱和一个执着的精神。他曾卓有独见地与我们谈论过"自强不息"的意义，而把这个视为客家人的精神，并把这个精神融进了他的大型电影电视《客家葛藤凹》的文字创作中，有血有肉地塑造石壁客家先贤的开拓进取的风范。

（谢起光，宁化县文联原主席，客研会原副会长、名誉会长）

不懈耕耘、不懈探索、不懈追求，抒写精彩"三立"人生（摘录）

● 刘根发 ●

当鄙人接到邀请函的那一刻，我想起了古训："大上有立德，其次有立功，其次有立言；虽久不废，此之谓不朽。"立德、立功、立言这"三不朽"，体现了儒家的人生理想；立德、立功、立言这"三立"人生，也是炎黄学子矢志追求的人生目标。刘善群师长以他对县志编纂、客家研究和客家事业的那份无比热爱、那份执着追求、那份价值贡献，践行了"三不朽"的人生理想，诠释了"三立"人生的全部内涵。

对刘善群师长作如下评价和定位应是恰如其分的：客家学石壁学派的领军客家学家，也是引领客家理论研究的积极倡导者和力促客家事业发展的热心推动者，更是值得后来者学习的可敬佩的师长。

一、客家学石壁学派的领军客家学家

作为客家学石壁学派的领军人之一，刘善群师长在学术创新、理论建树方面取得的成果尤为突出，系统论述了宁化/石壁在客家史上的重要地位和作用，就几个事关宁化/石壁客家源流的重大命题，提出了重要论断，作出了重要定位，基本建立了客家学石壁学派的一整套理论体系，获得了海内外客家学界的广泛认同和高度评价，是客家学石壁学派的创建者、领军客家学家。

二、客家理论研究的积极倡导者

从建议成立宁化县客研会和宁化县客研中心、联合举办不定期的"宁化石壁与客家世界"和定期的"石壁客家论坛"学术研讨会，到具体做好每届学术研讨会的筹备工作，刘善群师长既善于把握时机、积极倡导、因势利导，又身体力行、亲力亲为，凡事关宁化/石壁客家源流的重大命题，认真从学术上掌控好发展方向，是客家理论研究的积极倡导者，也是立言、立功的重要方面。

三、客家事业发展的热心推动者

从建议开发建设石壁客家祖地/文化园、举行祭祖大典、成立宁化县客家办和升格石壁客家祖地管理处，到每一次研究讨论项目建设、组织祭祖和陈列布展方案，都留下了刘善群师长热心建言献策的声音、躬身现场指导的脚印，他不仅擅长理论研究，而且热心实践活动，尽可能地将客家理论研究成果转化成看得见、摸得着、有效益的实际成果，是客家事业发展的热心推动者，也是立功的重要方面。

四、值得后来者学习的可敬佩的师长

以前不谈，就从30多年前谈起。30多年前，刘善群师长已过"天命之年"，由县委办主任转任县志办主任，由政体转入文坛，成为人生旅途的一个重要节点。县志办主任这个职位相对比较单纯，一般人往往开始赋闲人生，直至退休，淡出职业舞台，悠哉乐哉，安享天伦之乐。但刘善群师长却没有赋闲人生，即使退休后也是"退而不休"，用他全部的感情、思想和行动，全身心投入县志编纂、客家研究和客家事业，开启了一个新的人生舞台，开始新的人生求索，抒写"三立"人生。不论是从事县志编纂、客家研究，还是参与客家事业，即使年过花甲，又过古稀，再到耄耋，刘善群师长就像一头不知疲倦的"拓荒牛"，"珍惜每一分钟"，一直在不懈耕耘理论田野，不懈探索未知领域，不懈追求人生价值。按他自己的话说"这便是我的老年梦"。有媒体评说刘善群师长是"客家研究的拓荒牛""客家文化的追梦人"，比喻得十分形象、贴切，他本人也深表赞同。"拓荒牛"也好，"追梦人"也罢，都是在理论田野不懈耕耘，在未知领域不懈探索，在人生路上不懈追求。

（刘根发，中共宁化县委党史研究室原主任、中国管理科研究院特约研究员、宁化县社科专家学者库首席成员）

刘老："三立"人生树榜样（摘录）

朱建华

如果没有刘老、张老等老前辈30多年如一日对客家工作的开疆拓土、拨云见日、建功立业，就没有宁化乃至闽西北客家工作的今天，就没有客家办的成立。饮水思源，任重道远，所以我们要不忘初心，继续前行。

刘老待人和蔼；

刘老做事用心；

刘老生活俭朴；

刘老创新意识很强；

刘老工作效率极高；

刘老认真对待学问。

刘老身上值得我们学习的可贵品质还有很多很多。正如廖开顺在《拓荒牛》序言中所总结的：

一是著书立说，编著史志，成果丰硕，可谓学问成功，是为立言。

二是定位石壁，认证祖地，名扬客家，可谓事业成功，是为立功。

三是为人处事，修身养性，堪称楷模，可谓道德成功，是为立德。

今天，我们在这里回顾和阶段性总结刘老30年来从事客家研究取得的丰硕成果，目的就在于更好地向刘老学习，总结经验，听取专家学者的意见和建议，指导今后工作的更好开展。

一是要更好地凝聚海内外客家人的智慧和力量。

二是要不断培育壮大客家研究的队伍和力量。

三是要更好地提高客家祖地的服务能力和水平。

四是要号召广大领导干部向刘老学习，度过健康有意义的人生。

（朱建华，宁化县委党校常务副校长、宁化县客研会名誉会长）

感谢　敬佩　鞭策（摘录）

张万福

第一，感谢。今天各位外地来的专家学者在这里欢聚一堂，参加刘善群先生客家学术研究30周年成果研究会议。大家对刘善群先生高度评价，充分肯定，这不仅是对刘老的褒奖和真诚赞许，也是对石壁客家祖地的认同和宁化客家工作的支持，我作为宁化客联会的一员，在此表示衷心感谢。

第二，敬佩。刘老是一位和蔼可亲的长者，我非常敬佩他。第一，他有高尚的品德，他为人正直，作风正派，我现60多岁了，是一个土生土长的本地人，从未听到过别人对他的非议，这太不容易了。第二，他有执着的追求，30多年兢兢业业对客家研究。第三，他有进取的精神，老骥伏枥，志在千里。真心祝愿刘老健康长寿，再立新功。

第三，鞭策。今天参加这个会议我受到很大启迪和鞭策，激励着我今后的学习、工作，奉献。

（张万福，石壁客家宗亲联谊会驻会副会长、秘书长）

给宁化子弟带来客家文化自信（摘录）

俞祥波

我从事新闻工作多年，一直关注宁化客家文化事业的发展、客家文化的研究和刘老先生，关注并参与客家祖地建设。刘老先生是我非常钦佩的一位学者、长者。他从日常的阅读研究、交流和县志编撰中找到线索，以惊人的毅力、果敢担当的学术胆识、高度的责任感和使命感，从浩瀚的史料中抽丝剥茧，左右求证，取得了丰硕的成果，基本确立了宁化是客家祖地的共识。

2012年，我前往刘老家中，采访刘老的客家文化研究之路，在较为全面地了解情况之后，我撰写了《刘善群：客家研究拓荒牛》的报道。其中，拓荒，是指刘老作为宁化客家文化研究奠基者、开创者的地位和作用而言；"牛"，一则谐音"刘"姓，另一则指刘老勤勤恳恳、埋头苦干、坚忍不拔、稳步向前、严谨细致的学术研究和做人精神。

本人对客家文化研究学术领域的认识有限，更多的是愿意从普通宁化客家子弟的角度来说刘老的另一个层面的贡献，即，他的研究、他的推动、他的成果，带给宁化子弟更多的客家文化自信。包括三个方面：

一、给宁化子弟带来宁化客家文化自信

宁化客家文化与宁化的发展相融相生，正是在刘老的启蒙下，宁化子弟对客家文化的认识从无到有，从有到丰，从弱到强，逐渐建立起一种客家文化自信。

二、对宁化客家文化影响力更加自信

从"我们宁化是客家人，客家人就是热情好客"的餐桌常见语，到"宁化是客家祖地，海内外的客家人都是我们这边繁衍出去的"的介绍，都证明了在宁化子弟的心目中，客家文化是有影响力的，充满了自豪感。

三、对宁化客家祖地建设和客家文化传扬的未来更加自信

随着宁化经济社会文化等各项事业的蒸蒸日上，随着客家祖地建设的持续深入，刘老及周围、海内外学者打下的坚实理论基础，将十分有利于客家祖地的发展，有利于客家文化的传承与提升。客家祖地和宁化客家文化不是昙花一现，而是根深叶茂，抽枝长叶。

（俞祥波，宁化县融媒体中心副主任）

进取意识　智者心态　家国情怀（摘录）

戴长柏

今天参加"刘善群先生客家学术研究30周年成果研讨会"，于我是一次难得的学习机会，一是向刘老学习，学习他博览群书、老骥伏枥的进取意识，宁静致远、淡泊明志的智者心态，精益求精、严谨治学的敬业精神，忧国忧民、建言献策的家国情怀。二是向师长们学习，学习各位专家、学者的才华与学识，以及对于客家学研究的执着与奉献。

刘老不仅是一位客家学者，也是一位作家，他古稀之年创作了一部26万字的自传体散文《记忆》。作品始终贯穿一条鲜明主线，那就是对客家历史文化的追溯、思索和推论。他以执着的生活信念，丰厚的文化积累，渊博的历史知识，果敢的责任担当，讲述了一位与时代同行、与信仰对话的客家学者的生活轨迹。在艺术性方面，刘老对语言有特别的领悟力和驾驭力，在客观冷静的叙述中，他拉家常式的语言表达，朴实中见风华，平静中见文采，不时彰显静水下的深流，平凡中的伟大。他的语言如行云流水，自然天成。在思想性方面，《记忆》是一部生动的人生励志教材，它启迪人们如何面对逆境和困难，如何保持定力、不忘初心，对于自己所热爱的事业，投入全部的精力和热忱，最终成就事业、成就梦想。

他创作的电视小说《客家葛藤凹》（后被改编成电影《葛藤凹》和电视连续剧《大南迁》），再现了唐朝后期中原汉人大规模辗转南迁的历史画面和客家民系孕育、民族融合的历史过程，深刻揭示了客家人"硬颈毅行、崇文重教、尊祖睦族、爱国兴家"精神形成的历史人文原因。它的创作出版，对于弘扬客家精神，传承客家文化，凝聚全球客属精神力量，推动经济社会向前发展具有积极的现实意义。

（戴长柏，福建省作家协会会员、中共宁化县委宣传部宣传科负责人）

学习刘善群先生的治学之德（摘录）

戴先良

第一，先谈谈刘老的治学之德。这里有两点值得我们学习，一是刘老的好学。刘老在谈及电视小说《客家葛藤凹》时说自己不讳先抛出观点，不论正确与否。孔夫子说："十室之邑，必有忠信如丘者，不如丘之好学也！"这句司空见惯的话，要做起来还真不容易。这是我钦佩刘老的地方。第二是刘老的自谦，这和好学是一样的。唯其能谦，故善于向人学习，善于向社会学习，海纳百川才能成其大。

第二，谈谈刘老的治学之难。我想套用清代散文流派桐城派的一个理论来评述。桐城派祖师姚鼐曾提出为文需要三方面的本事，即义理、考据、辞章。刘老一直在宁化工作，早期治地方史志，后来做客家文化研究，是标准的地方学者，但他的学术触角早已伸到更深远的区域。刘老从早期客家研究的迷茫期，到客家石壁学说逐渐地浮出地表，再到形成较为明朗的理论体系和学术脉络，到把客家研究与人类社会的命题相关联，这是需要广博的学识作为基础的。这是他在义理方面攻克难关所达到的成就。

刘老扎根于本土，与本地学者相互砥砺，做深入的文史考据，加上他本就是编撰方志，所积淀的地方文史学养、考据结合理论，也就如鱼得水了。这是在做考据方面的优长。

至于说到辞章，这是地方文史工作者最难攻克的地方。我们从不少的地方文史资料中可以找到很好用的文献，但关于它们的体例、逻辑、繁简、准确是很难保障的，有很多文章写得粗率、枝蔓、琐碎，这在刘老的著述里也是绝对没有的。我想，他在这些方面的成就也是和修纂地方史志以及不懈努力分不开的。

（戴先良，宁化县文化馆副馆长）

感谢 感恩 祝福（摘录）

刘 恒

一是感谢主办单位邀请我参加"刘善群先生从事客家学术研究 30 周年成果研讨会"，让我能与这么多领导和专家学者共同研讨善群叔的丰功伟绩，学习善群叔为人、处事和做学问。

二是感谢善群叔把我引上客家学术研究之路，这在我人生之路上意义非凡。

（刘恒，宁化县水保办办公室主任、宁化县客研会副会长）

创会元勋　同仁楷模

●　吴来林　●

今天，数十位来自各地的学者专家群贤在座，欢聚一堂，共同研讨刘善群先生客家学术研究30周年学术成果，是客家学界的一项盛举，是宁化客家祖地的一大喜事。刘善群先生是宁化县客家研究会的创会会长，是我们非常尊敬的前辈长者，作为县客研会的晚辈同仁，我们感觉非常高兴。刘善群先生为客家事业辛勤耕耘几十年，不懈努力几十年，德高望重，成就非凡，今天举行此次活动，很有意义，很有必要，非常应该，非常及时。前面，已有20多位学者、专家作了精彩的发言，对刘善群先生客家学术研究30周年的成果以及为人处世、立言、立功、立德等各方面，客观评述，高度赞扬，热情推崇，非常全面，非常中肯，非常精辟。我们在这里再对刘善群先生与宁化县客家研究会的关系作个简要的回顾，对刘善群先生在宁化客研会从无到有，从小到大，从偏居山城到远近知名，从白手草创到成果累累的发展历程中，所发挥的作用，所建立的功勋，谈一点粗浅的认识，对刘善群先生在创建、引领客研会风雨兼程数十年中，所展现的精神风采，所树立的品德标杆，谈一点粗浅的感受。

一、首倡创会，集聚队伍

20世纪80年代，改革开放带来思想解放、观念多元，客家学波澜再起，渐成热潮。在外界客家研究浪潮的激荡下，宁化客家研究于80年代中后期起步，并很快就有声有色。当时，客家研究、客家工作在包括宁化在内的客家县份，还是一个新生事物，了解的人不多，质疑的声音不少，闽赣粤客家地区尚未出现客家研究组织。在此时代背景下，刘善群先生想人之所未想，见人之所未见，于1990年12月以个人名义向县委、县政府提出《开发客家祖地的设想和建议》，其中建议成立客家研究组织即宁化县客家研究会，得到了县委的肯定与采纳，并于次年3月正式成立，刘善群先生任会长。

宁化县客家研究会是闽赣粤客家地区首先成立的县级客家研究组织，据我们所知，也应该是全国、全世界第一家县级客家研究组织。该研究会的成立，为宁化从那时到现在的近30年的客家研究，提供了基本的组织保证。依托这一组织，集聚了一大批宁化本土的客家研究学者和爱好者，为日后宁化县客家研究取得不凡建树，提供了有力的队伍支撑。不仅如此，还可以说从那时起到现在的宁化客家祭祖联谊、客家平台建设等工作的突飞猛进，日新月异，与宁化县客研会的成立，与宁化客研会组织开展的客家研究所发挥的理论前导作用、舆论宣传效应，密不可分，关系甚巨。从这个意义上说，宁化县客家研究会的创立，是宁化县客家事业的重要起点之一，或者说是宁化客家事业从无到有、从小变大、从成功走向成功的关键节点之一。刘善群先生是成立宁化客研会的首倡者、创会会长，是宁化本土客家研究队伍的领军人、关键少数，举足轻重，在其中所发挥的作用，所建立的功勋，不言而喻，不必多说。

进入新世纪后，为适应形势需要，促进宁化客家事业加快发展，刘善群先生又首先提议成立宁化县客家研究中心，并于2009年4月正式挂牌运作。县客家研究中心属三明市政府批复成立的官方机构，与县客家办两块牌子，一套人马，其聘任的宁化客家学术研究人员则基本上为县客研会同仁。从客家学术研究宣传这方面说，县客家研究中心是在县客家研究会的基础上成立的，可以说其前身即是客研会，也可以说是客研会的官方体制版、规格升级版。

宁化县客家研究中心成立后，仍然是刘善群先生首倡，与三明学院等单位联合发起、创办石壁客家论坛，自2013年至今已举办四届，并组织编著出版"宁化县客家研究中心·石壁书系"，目前已出版论著10种。其中，刘善群先生兼任研究中心名誉主任，同时仍然兼任县客研会名誉会长，带领县客研会一批同仁，积极参与县客家研究中心的工作，充分发挥县客研会积累20年的学术研究优势，充分运用县客研会与县客联会之前举办了三届宁化石壁与客家世界学术研讨会的成功经验，协力推动宁化客家研究及学术活动向纵深拓展，向高地攀登。短短几年，宁化县客家研究中心成绩显著，广获赞誉，从学术研究宣传角度，追根溯源，也可以说是成立于20多年前的县客研会的厚积薄发，春华秋实。刘善群先生既是客研会的创会会长，又是成立客家研究中心的首倡者，是客研会、客家研究中心的灵魂人物，其居功至伟，毋庸赘言。

二、率先垂范，引领前进

宁化位处闽赣边界山区，从地理位置而言，是在两省的角落，相当偏僻。这也是宁化成为客家摇篮、客家祖地的一个重要原因。一般而言，远离政治、经济、文化中心的区域，经济、文化相对也比较落后，但是宁化在一般规律中呈现出令人瞩目的特殊性，尤其是文化方面，千余年来在一直领先周边区域，是世所公认的"人文秀区""文化大县"。造就宁化这一特殊性的因素是多方面的，其中千余年前随客家先民而来的中原文化对这片土地的浸润濡养，应该是至关重要的因素。

近30年来，宁化文化呈现日益兴旺的气象，尤其是对于客家历史文化的研究宣传，传承弘扬，异军突起，流光溢彩，并且经由客家祖地的角度，对宁化历史文化作了前所未有的发掘、研究、保存、传扬，其对宁化文脉传承发展的全面性、完整性、深入性、具体性，纵观宁化自有文字记载的历史，从未有过。这一方面固然是"人文秀区""文化大县"积淀深厚，地灵人杰，承平日久后所必然出现的现象，就像优良的种子，只要时节因缘成熟，必然开花结果一样。另一方面，人为本位，事在人为，人是一切文化的出发点与归属地，是包括文脉传承在内的一切人文现象的决定因素。从这方面来看，近30年来宁化文化日益枝繁叶茂，生机蓬勃，与县客研会集聚、团结、影响、促进会内外的宁化一批当代文化贤达，志存高远，脚踏实地，呼朋引伴，发愤精进，唇齿相依，关系匪浅。从这个意义上说，宁化县成立客研会并卓有成效地延续至今，这一现象本身就是宁化文化史上的一幕胜景、一项奇观。而在客研会不断成长壮大，呼唤集结当代文化贤达，不断为传承发展客家祖地文脉抒写华章、焕发光彩的过程中，刘善群先生率先垂范，言传身教，一马当先，引领前进，至关重要。

早在县客研会正式成立之前，刘善群先生受命主编中华人民共和国首部《宁化县志》期间，他就开始了客家研究，重点是宁化（石壁）客家祖地研究。1984年，撰写《略从姓氏话石壁》发表于同年10月出版的《宁化方志通讯》；1987组织编印《客家的第二祖籍——宁化石壁》一书；1990年，撰写《石壁，客家人的祖地》一文，在次年1月3日的《三明日报》上发表，"石壁客家祖地"的提法和论证首次见诸报端。1991年，县委、县政府肯定与采纳了刘善群先生《开发客家祖地的设想和建议》，把"打客家牌"列为宁化发展战略之一。宁化县客家研究会正式成立后，刘善群先生对于客家学术研究愈发热情洋溢，一发不可收拾，数年内先后完成《客家人与宁化石壁》《关于客家民系形成的中心地域探讨》等一批论文及专著《客家礼俗》。上述论文受邀参加1991年5月在上海举行的"首届客家学研讨暨客家联谊会"、1992年9月在香港举行的"国际客家学研讨会和香港崇正总会成立71周年会庆"交流研讨，并分别登载于1991年新加坡崇文出版社出版的《客家渊源》、1993年上海人民出版社出版的《客家学研究》、1994年出版的《国际客家学研讨会论文集》等书刊。《客家礼俗》则是谢重光主编的《客家文化丛书》（10本）之一，1995年由福建教育出版社出版。

此后，随着田野调查的持续开展，基础资料的日益丰富，学界交流的频次增加，刘善群先生的客家学术研究渐入佳境，思考更加深入，观点更加新锐，论说更加全面，理论形成体系。1999年，编撰完成《客家与宁化石壁》专著，是《客家祖地石壁丛书》（8本）之一，2000年10月由中国华侨出版社出版，获得学术界、新闻界等社会各界的高度评价。时任福建省副省长的汪毅夫，全球客家·崇正会联合总会总执行长黄石华，国际客家学会会长、文化部华夏文化研究所所长丘权政等著名学者为丛书作序，给予很高赞誉,新华社、《人民日报》等顶级媒体报道宣传,积极推介。《客家祖地石壁丛书》是客家地区中第一部县域文化丛书,而刘善群先生所著的《客家与宁化石壁》,从论著主题、理论构架、深度广度、日后影响等方面看,无疑是上述丛书中的领衔之作、核心之作、扛鼎之作。2007年,方志出版社出版刘善群先生又一部重要专著《客家与石壁史论》,邱权政先生在为此书作的序中说:"这部论著,不是一部普通的书,而是很有远见卓识的一本极有学术价值的力作。"在随后的七年中,刘善群先生先后完成电视小说《客家葛藤凹》(2011年海风出版社出版)、《历程——宁化县客家工作20年回眸》(2012年中国文化出版社出版)、《石壁客家述论》(合著,2012年河南人民出版社出版)、《宁化客家传统文化大观》(合著,2012年中国文化出版社出版)、《宁化史稿》(2014年福建教育出版社出版)及回忆录《老年梦》,总计120余万字,七年中年均完成18万字左右。这仅是论著方面,不包括期间撰写的多篇论文及客家工作的设想、建议等其他文章。

除了上述成书出版的著作,刘善群先生历年完成《试论客家民系形成的阶段性》《试论宁化石壁的客家历史作用》《石壁价值的论证与开发》等学术论文50余篇,参加国际客家学研讨会、海峡两岸客家高峰论坛、石壁客家论坛等高端客家论坛交流研讨,刊载于上述论坛论文集和《客家》《三明客家》《时代三明》《客家魂》《中国地方志》《福建方志》《福建文史》等数十种报刊。1991年5月,刘善群先生率客研会同仁编辑出版《宁化客家研究》创刊号,为中国县级第一本客家刊物,1995年创办《客家魂》,并历任主编至今。此外,历年主编、编审《宁化县志》《石壁之光》《宁化石壁与客家世界论文集》《客家祖地石壁丛书》《宁化县客家研究中心·石壁书系》等书刊千万言以上。

2003年,《客家与宁化石壁》获三明市第一届社会科学优秀成果二等奖;

2009年,《客家与石壁史论》获三明市第四届社会科学优秀成果一等奖;

2010年,电视小说《客家葛藤凹》获三明市第三届百花文艺奖三等奖;

2011年,宁化县人民政府授予刘善群"石壁功勋"荣誉称号;

2015年,根据《客家葛藤凹》改编的32集电视连续剧《大南迁》,获第二十七届全军电视剧"金星奖"三等奖;

2017年,刘善群受聘为福建省文史研究馆馆员,8月2日,省长于伟国在聘任仪式上颁发聘书。

三、风雨兼程,春华秋实

榜样的力量是无穷的。旗帜的作用是关键的。在刘善群先生以身作则,典型示范,引领前进下,宁化客研会、客联会的同仁携手并肩,风雨同行,筚路蓝缕几十年,胼手胝足几十年,春华秋实几十年,硕果累累几十年,积极参与、协力推进客家活动、平台建设等宁化客家事业。客家历史文化研究宣传方面,持续组织开展田野调查采风,史料普查发掘，除上述刘善群先生著述之外，历年还组织编著出版图书《石壁之光》《宁化客家姓氏》《姓氏源流》《宁化祠堂大观》《宁化客家民俗》《民间传说》《宁化掌故》《宁化客家人物》《宁化客家美食》《宁化民间音乐》《宁化（石壁）客家祠堂》《石壁调查》《宁化历代诗文选》《论石壁》，杂志《宁化客家研究》，年刊《客家魂》，以及各类文献资料汇编、画册、海报等宣传品，数量共百种以上，篇幅达数千万言之巨。

宁化县客研会的优异表现，获得了当地党政、客家学界、海内外客属社团的好评与称赞。县客研会、客联会成立10周年、20周年之际，许多海内外客属社团发来贺电、贺函，宁化党政主要领导在庆祝大会上致辞祝贺，充分肯定以刘善群先生为代表的客研会在发展宁化客家事业中的成绩与贡献。三明学院客家研究所原所长、著名客家学者廖开顺教授在论及刘善群、张恩庭两位老前辈的文章中说，他们"团结了一批客家贤达，如余保云先生、谢启光先生等，以及更多的年轻人。在客家县，很少见到宁化县这样一个由本土专家组成的客家事业团队"。北京科技大学教授冯秀珍在《略论宁化石壁在世界客家的独特地位》中说："如同石壁建立客家公祠是历史的选择一样，在当代，石壁（宁化）成立了中国大陆第一个县级客家研究机构，召开了第一次客家研讨会，创办了第一份客家研究杂志，发布了前所未有、具有重大历史意义的客家研究宣言。这些第一，均发生在石壁（宁化）。此后客家研究如火如荼地铺开，石壁（宁化），其功不可没。""在当代中国大陆的客家研究的热潮中，宁化石壁起着前沿阵地的作用，筑就了县级客家研究的时代里程碑。"

镌刻在冯秀珍教授所言"时代里程碑"上的姓名，应该说有一长串，如张恩庭、余保云、谢启光老前辈等等，而其中最闪亮最耀眼的，当属刘善群先生无疑。回顾宁化县客研会20多年从无到有，从小到大，从偏居山城到远近知名，从白手草创到成果累累的发展历程，回顾刘善群先生在其中首倡创会，集聚队伍；率先垂范，引领前进；风雨兼程，春华秋实，所发挥的作用，所建立的功勋，所展现的精神风采，所树立的人格标杆，带给我们的教育启示的意义是多方面的。我们认为，刘善群先生在从事客家研究、客家事业的数十年中所表现出来的精神品格、道德操守、人生境界，主要是下述三个方面，也是县客研会后生晚辈以及一切注重人生意义、有志建功立业的同仁们，应当学习领悟、仿效弘扬的三个要点：

（一）居仁由义，爱国爱乡

治国先齐家，爱国先爱乡。和平年代，基层人员爱国爱乡的精神情怀，主要从本职工作中、建设家乡中体现出来。如果不是这样，如果连家乡都不热爱的人，说自己如何如何爱国，经不起推敲。就像连父母都不爱的人说自己如何如何友爱他人一样，不合逻辑，空谈而已，瞎扯而已。

爱国爱乡是客家精神特质之一，也是刘善群先生身上突出的闪光点之一，而这种亮光，主要是从他数十年发愤努力为家乡建设作出的贡献中闪现出来。他在 20 世纪 80 年代主编的《宁化县志》，是宁化第六修县志，是首部给宁化作出"客家摇篮""客家祖地"定位的县志，宁化这一最重要县情特色从此得以彰显。可以说没有上述定位作为立足点，就没有之后的宁化客家事业。为了家乡的建设发展，刘善群先生首倡的"打客家牌"成为宁化发展战略之一后，他几十年如一日，积极配合，大力推动。历年撰写了多篇关于宁化客家事业的设想、建议方面的文稿，如《建设客家历史文化名县的建言》《活化葛藤凹，活化文化业——宁化客家文化产业发展的一些思考》等等，为祭祖大典等客家活动、客家公祠等项目建设、发展旅游等客家文化产业，殚精竭虑，建言献策。

前几年宁化实施客家公祠改扩建工程，刘善群先生几乎是全程参与，协助联系设计团队，多次参加设计评审会，提出许多指导性的修改意见建议，并且倡议召开了客家祖地文化园建筑与文化工程专题学术研讨会，还亲自撰写石壁祖地文化园祭祀区甬道铭文、文化柱铭文等。2017 年 1 月，文化部同意设立客家文化（闽西）生态保护实验区，范围为"古汀州八县"，宁化是其中之一，刘善群先生闻讯后，很快就写出了属于建言献策性质的《宁化客家文化生态的保护和发展》一文，7000 多字，仍然在为宁化客家文化生态保护建设和宁化客家事业进一步发展，劳心劳力，尽心尽力。

数易其稿，终于在 2010 年完成的电视小说《客家葛藤凹》，除了考虑对接大众传媒，宣传普及客家历史文化，还有另一方面的意图，就是配合县委、县府提升客家祖地的宣传力度和影响力决策部署，唱红一首歌，编排好一台戏，创作拍好一部电视剧等。2012 年，《客家葛藤凹》正式出版后，被改编成 32 集电视连续剧《大南迁》，播出、获奖及产生的影响等情况，业已耳熟能详，就不具体说了。

需要着重指出的是：包括上面的举例说明，刘善群先生自创建客研会以来所做的一切，并非本职工作，没有任何义务，全是自觉而为，自愿而为，主动而为，积极而为，这就尤其不易，尤其少见，尤其难得，尤其可贵！刘善群先生居仁由义的品德、爱国爱乡的情怀，由此可见，表露无遗，不言而喻，不必多说了。

（二） 自强不息，硬颈毅行

刘善群先生的人生履历，精彩地诠释了"天行健，君子以自强不息"的传统文化精神。原本可以安闲度日的退休老人，却一头扎进客家学术研究、客家事业发展之中，"发愤忘食，乐以忘忧，不知老之将至"。年届七旬之后，完成《客家与石壁史论》等 6 部著作及一系列论文等文稿；年届八旬，完成《宁化史稿》，篇幅达 65 万言；八旬又三的今年，完成《宁化文脉研究》《石壁客家祖地实证》，各 5 万余言，并即将在《客家论丛选集》一书中正式出版。

勤奋耕耘之外，坚持自己认为正确的理论观点，是一位学者最可贵的学术品格之一。刘善群先生自主编《宁化县志》开始客家研究至今，对于他所提出的学术观点的不同声音一直存在，但他不为所动，愈挫愈奋，义无反顾，渐行渐远，不断成熟学术观点，不断坚实理论架构，坚持参与学界切磋，坚持阐明自己的观点。什么是"硬颈毅行"的客家精神？刘善群先生的所作所为就是一个很好的注解，一个生动的例证。

无论什么理论、何种观点，不同的声音，甚至相反的看法，总是会有，永远会有，特别是在产生了影响之后，影响重大，声音就越多。坚持自己认为正确的，各说各话，彼此交流之外，说给时间听，说给历史听，让时间去论证，让历史去定论，应该是最客观的认识、最理性的选择。

（三）厚德载物，奖掖后进

伟人毛泽东有句名言：人是要有一点精神的。客研会是民间组织，无编制，无经费，所做的事情是义务的、无偿的，参加与否，介入的程度深浅，完全自愿自由。创建这样的组织，全身心投入，坚持几十年，不计报酬，不求名利，并且做出令人称奇的成绩，非常不易，难能可贵，尤其是在前十几二十年那种"时间就是金钱，效率就是生命"时代观念中。换言之，即在一切向钱看、无利不起早的社会氛围里，在进行上述的客家研究宣传等等工作的同时，还牺牲大量的休息、娱乐时间，接待陪同海内外学者专家田野调查、参观采风，接受各级各类媒体的采访，隔三岔五，难计其数，不辞辛劳，不厌其烦，这实在是需要一点精神的，没有很高的精神境界、深厚的德行修养是不可能做到的。而刘善群先生就做到了，客研会、客联会的张恩庭、余保云、谢启光等一批老前辈们也都做到了。

至于刘善群先生待人接物，长者风范，宽厚待人，乐善好施，对后生晚辈热情教诲引导，多方奖掖扶持，春风化雨，在座的各位学者专家很多都是刘善群先生的老朋友，彼此相识相知，在刘善群先生身边工作的后生晚辈，更是体会深刻，感同身受，前面大家的发言中都说到了，这里就不多说了。需要再说明一下的是：前面说到前十几二十年的时代观念、社会氛围，我们并没有看轻金钱、反对效率的意思，只是金钱物质与文化精神、经济发展与生态环境、局部与整体、短期与长远等等，这些如鸟之双翼不可偏废，如人之头足各有其用，应统筹协调，综合把握。传统文化中叫"中庸""中道"等，现在则叫"科学发展观""四个全面、五位一体"等，"两学一做"开展有日，党员同志都耳熟能详了，不多说了。

总之，上述的刘善群先生的精神品格、道德操守、人生境界三个主要方面，由于我们学习还不够，领悟还不够，也许说得不够全面，不够深刻，不够到位，但是我们相信，桃李无言，下自成蹊，只要客研会的同仁们，特别是后生晚辈们，仿效刘善群先生榜样，弘扬刘善群先生精神，不懈努力，发愤精进，宁化县客研会就一定能不断取得新成绩，作出新贡献！

（吴来林，宁化县客家研究会原会长）